우리에게 6·25 전쟁이란?

김창진 저

도서출판 진영사

우리에게 6·25전쟁이란?

김창진 저

2018년 09월 21일 초판 인쇄
2018년 10월 01일 초판 발행
2020년 03월 06일 개정판 발행

발행인 박 진 영
발행처 도서출판 진영사
인천광역시 부평구 갈산동 185번지 풍진빌딩 303호
전화 : 032)505-4207
팩스 : 032)505-4206
E-mail : 0183734207@hanmail.net
등록 : 122-91-77317

ISBN 978-89-6541-468-1 93390
값 25,000원

개정판을 내면서

급한 마음 반, 의욕 반으로 책을 출간하다 보니 많은 부분에서 부족함이 보였다. 사소한 것으로 간주하고 넘어갈 수도 있었지만, 오탈자가 다수 발견될 때는 마음이 편치 못하였다. 짧은 문장력으로 쓰다 보니 다소 애매하게 해석할 수 있는 부분도 발견되었다. 또한 책의 분량이 다소 부담스럽다는 의견도 있었다. 이러한 모든 것을 하루라도 빨리 바로잡고 싶은 마음으로 개정판을 내게 되었다. 책이 출간되고 얼마 되지 않은 시간이 흘렀지만 보람을 느끼게 하는 격려의 말씀도 많이 들었다. 대표적인 내용이 이 책자에서 전쟁 이외의 내용을 접하게 되었다는 의견이었다. 비록 주변의 자료를 활용하여 목록에 따라 편집한 것에 불과하지만 6·25 전쟁에 대한 연구 방향을 잘못 잡지는 않았다는 생각과 함께 보람을 느끼게 해주는 말씀들이었다. 지면을 빌어 감사의 말씀을 드리고 싶다. 우리나라는 현대사에 들어 두 번의 분단을 겪은 나라이다. 한번은 해방에 따른 분단이었고 또 한번은 전쟁에 따른 분단이었다. 물론 전쟁 이전에도 분단 상태였다. 그러나 전쟁은 비극을 딛고 통일을 쟁취할 수 있는 기회의 순간으로 다가오기도 하였다. 국군 제6사단은 압록강 초산의 국경선까지 진격하였다. 통일은 손에 잡힐 듯 가까이 와 있었다. 그러나 그것은 한순간에 신기루처럼 사라져 버렸다. 강대국들은 자국의 실리에 따라 전쟁에 개입하였고 종전을 추진하였다. 험난하고 머나먼 길을 돌고 돌아 와 보았으나 분단선은 여전히 사라지지 않았다. 그 후 세월은 흘러 대한민국은 세계적으로 부유한 국가로 변신하였다. 무엇보다 민주화를 함께 이루어냈다. 그 이면을 살펴보면 위기의 순간에 몸과 마음을 바친 고귀한 희생이 있었기 때문이다. 전쟁의 후유증은 아직도 계속되고 있다. 천만 이산가족의 고통이 대표적인 사례이다. 이제는 통일을 이루어야 한다. 통일을 이루기 위해서는 전쟁의 상흔을 극복하는 노력이 필요하다. 그것은 상호신뢰를 기반으로 한다. 이를 위해서는 더 많은 세월을 필요로 하겠지만 반드시 온다는 신념을 갖고 싶다. 이 책자에서 전쟁만을 말하고자 하지 않은 이유도 여기에 있다. 전쟁과 함께 발전한 다양한 분야를 다루다 보면 상호 이해와 신뢰가 구축되리라고 생각하였다. 책자를 출간하기로 한 이유 중의 하나는, 통일을 위해서는 6 · 25전쟁에 대한 교육의 패러다임에서도 변화를 모색할 필요가 있다는 것이었다. 싸움의 대상과 이를 막아낸 것을 조명하는 것은 전쟁사 연구에 있어서 중요한 부분이다. 그러나 그 못지않게 전쟁이 우리의 다양한 분야에 미친 영향에도 관심이 필요하다고 생각하였다. 대부분의 6 · 25 전쟁사 교육과 관련된 책자는 주요 전투에 대체적으로 초점을 맞추고 있다. 이것은 전쟁을 발발시킨 주체를 명확히 밝히고 그 과정에서 자유를 수호하기 위해 희생되어 간 수많은 선열들의 피와 땀에 대한 호국정신을 계승하고자 하는 것을 우선으로 하였기 때문으로 이해된다. 너무나 당연하다. 그렇지만 그 반면에 6 · 25전쟁 시기였음에도 꾸준한 발전을 이어 온 우리나라의 다양한 분야에 대한 조명과 그에 대한 교육은 다소 소원했던 감도 있었다고 여겨진다. 따라서 전쟁과 함께 성장한 다양한 분야의 활동을 엮어보는 것도 의미가 크다고 생각하였다. 그리고 이러한 내용을 포함하는 것이 다른 각도에서의 신뢰 회복과 구축이라고 확신하면서 책자를 완성하게 되었다. 그렇지만 이 책자에서 이러한 구상을 충분히 담아내지는 못한 것 같다. 부족한 부분은 저자의 한계로 이해해 주기 바란다. 나름의 노력을 거쳐 개정을 마쳤으나 부족한 점은 또 다시 발견될 것이다. 그렇지만 이를 보완하는 노정을 계속하다 보면 보다 많은 것을 담아낼 수 있다고 생각한다.

2020년 새해를 맞아 연구실에서 저자 석야(石野) 씀.

목 차

Chap. 1 대한민국

제1절 대한민국 국호(國號)

제2절 대한민국 국가상징

제 1 절

대한민국 국호(國號)

1. 우리나라의 국호 대한민국

우리나라의 이름은 대한민국이다. 우리는 대한민국이라는 국가에서 자유롭게 살아가면서 각자의 이상과 행복을 추구한다. 이것은 대한민국이라는 국가가 존재하기 때문에 가능한 것이다. 이처럼 국가는 국민의 생명보호와 자유로운 활동을 통한 자아실현의 구현을 보장해 주는 보호막인 셈이다. 동서고금의 역사를 볼 때 희생 없이 지켜진 나라는 없다. 우리는 한때 국가를 잃었고, '대한'이라는 나라의 이름도 잃었던 시절이 있었다. 그러나 우리는 독립된 나라를 되찾기 위해 하나가 된 투쟁을 하였다. 독립투쟁에서 우리의 선조들이 외친 말은 '대한독립'이었다. 그 결과 독립된 국가를 갖게 되었고 '대한'이라는 말은 다시 살아났다. 그 이후에는 동족 간의 전쟁을 겪었다. 3년의 전쟁을 버티게 해준 것은 자유로운 '대한민국'을 수호하겠다는 국민적 의지와 희생의 결과였다. 그 후 전쟁의 폐허를 딛고 발전을 거듭하여 이제는 세계적인 경제대국으로 성장하였다. 그뿐만 아니라 진정한 자유를 누리기 위하여 먹고 살기 어려운 현실에서도 끊임없는 민주화 투쟁을 전개하였다. 이것은 '대한민국은 민주공화국'이라는 헌법의 가치를 실현하고자 한 국민들의 자유를 향한 의지의 표현이었다. 그 결과 우리나라의 민주주의는 크게 발달할 수 있었다. 이처럼 우리나라의 크고 작은 역사적인 현장에서는 어김없이 '대한민국'이라는 구호가 등장하였다. 그리고 이를 중심으로 단결된 힘을 보여 왔다. 스포츠 경기 등에서 "대한민국!" 이라는 말 한마디의 외침은 우리를 굳게 결속시키는 신비의 힘을 가지고 있다. 우리에게 '대한민국'이라는 단어는 힘의 근원이자 가장 큰 상징으로 자리 잡고 있는 것이다. 따라서 선조들이 목숨을 바쳐 독립을 쟁취하고 민주주의를 수호하고자 했던 우리나라 '대한민국'의 유래를 살펴보는 것은 매우 의미 있고 중요한 것이라고 생각한다. 이런 뜻에서 제1장에서는 대한민국의 국호와 국가상징에 대하여 살펴보기로 한다.

2. 대한민국 국호의 유래

그렇다면 대한민국이라는 국호가 만들어진 배경과 근원은 무엇일까? 먼저 헌법에서 그 근원을 찾아볼 수 있다. 우리나라의 제헌절은 7월 17일이다. 여기에서 제헌(制憲)이란 '헌법을 만들어 정함'의 뜻이다. 즉, 헌법을 제정하여 공포하고 시행하였다는 것이다. 그날이 1948년 7월 17일이다. 제헌헌법[1)]에 '대한민국'이라는 용어가 등장한다. 우리나라의 국호는 헌법에서 근원을 찾아볼 수 있다. 1948년에 제정된 제헌헌법 제1조 제1항은 '대한민국은 민주공화국이다', 제2항은 '대한민국의 주권은 국민에게 있고 모든 권력은 국민으로부터 나온다'라고 천명하고 있다. 명확하게 국호를 '대한민국'이라고 하고 있다. 1948년 7월 2일 제22차 국회 본회의에서 국체는 '민주공화제', 국호는 '대한민국'으로 한다는 내용에 대해서는 표결에 부친 결과 대다수가 찬성하여 통과되었다. 우리가 많이 인용하는 '헌법 제1조 대한민국은 민주공화국이다'라는 헌법의 내용에 대해서는 이의가 없었다는 것이다. 흥미로운 것은 태극기에 관한 내용이다. 최초에는 '제2조 국기는 태극기를 국기로 한다'였다. 그러나 13명의 의원으로부터 수정동의가 있었고 국기에 관한 내용은 헌법에 삽입하지 않는 것이 좋겠다는 의견이 유력하였다. 따라서 표결에 부친 결과 102:40

1) 제헌헌법은 국회가 구성되고 불과 1개월 반이라는 짧은 기간에 제정되었다. 그러나 내용 면에서도 정당성을 확보하고 있다는 평가이다. 국민주권, 민주공화국, 기본권보장, 법치주의, 대의제, 권력분립 등 현재 대한민국을 이끌고 있는 원리와 이를 실현하는 제도의 틀이 모두 제헌헌법에 기초하고 있기 때문이다. 그러나 한 가지 아쉬운 점은, 그 당시의 대다수의 국민적 열망은 친일파 척결과 대한민국의 완전한 독립이었다. 따라서 국민의 열망을 반영하여 헌법에 친일파 정리를 위한 조항은 필수적으로 포함이 되었어야 마땅하다고 볼 수 있다. 그러나 헌법에서는 친일파에 관련하여 어떠한 언급도 없다는 것은 온전한 민의를 반영했다고 보기에는 미흡한 점이 있다. 제헌 국회의원의 임기는 2년 이었고 임기기간은 1948년 5월 31일~1950년 5월 30일까지였다.

京鄕新聞

國體·民主共和制

國號는大韓民國

第二讀會에서通過

〈국호 대한민국〉 경향신문(1948.7.2.)

대한민국 영문國號 ROK

1919年 6월에 첫 사용

〈영문국호 ROK〉 동아일보(1989.2.25.)

의 압도적 의견으로 부결되었다. 그리고 '국기는 제정될 때까지는 태극기를 사용하나 헌법에 성문화하지는 않는다'로 정리하였다. 영문표기의 ROK(The Republic Of Korea) 국호는 1919년 6월에 임시정부에서 처음 사용했으며, 이때부터 세계 각국에 알려지기 시작한 것으로 보인다. 그렇다면 국호 대한민국은 언제부터 사용되어 왔을까? 그리고 대한민국으로 한 이유가 무엇일까? '대한민국'이라는 국호를 사용한 역사를 살펴보면 임시정부시절의 임시헌장(1919년 4월 11일)과 임시헌법(1919년 9월 11일)에서 찾아볼 수 있다. 여기에서도 '대한민국'이라는 국호가 등장한다. 먼저 임시헌장[2]에서 보면, 제1조 '대한민국은 민주공화제로 함'이라고 밝히고 있다. 임시헌법[3]은 제1장 제1조 '대한민국은 민주공화국임'으로 명시하고 있다. 이와 같이 임시헌장과 임시헌법에서의 국호도 '대한민국'으로 명시하고 있었다. 좀 더 역사를 추적해 보면, 고종황제 시절에 국호를 '조선'에서 '대한'으로 변경하고 '대한제국'을

2) 선서문, 10개조로 구성되어 있다. 출처: 국가법령정보센터.

3) 8장, 본문 58개 조로 구성되어 있는 하나의 완결성을 지니고 있는 헌법이다. 임시헌장의 선포문과 선서문을 통합하여 임시헌법의 전문으로 규정하였다. 출처: 국가법령정보센터.

내외에 선포한 사실을 발견할 수 있다. 고종실록을 보면 고종과 대신들이 나눈 대화에서 조선에서 대한제국으로 국호를 변경한 이유를 이해할 수 있다.

"정사를 모두 새롭게 시작하는 지금에 모든 예(禮)가 다 새로워졌으니 원구단(圜丘壇)에 첫 제사를 지내는 지금부터 마땅히 국호(國號)를 정하여 써야 한다. 대신들의 의견은 어떠한가?" 하였다.

이에, 심순택이 아뢰기를, "우리나라는 기자(箕子)의 옛날에 봉(封)해진 조선(朝鮮)이란 이름을 그대로 칭호로 삼았는데 애당초 합당한 것이 아니었습니다. 지금 나라는 오래되었으나 천명이 새로워졌으니 국호를 정하되 응당 전칙(典則)에 부합해야 합니다."하였다.

조병세가 아뢰기를, "천명이 새로워지고 온갖 제도도 다 새로워졌으니, 국호도 역시 새로 정해야 할 것입니다. 지금부터 억 만년 무궁할 터전이 실로 여기에 달려 있습니다."

이에 고종이 이르기를, "우리나라는 곧 삼한(三韓)의 땅인데, 국초(國初)에 천명을 받고 하나의 나라로 통합되었다. 지금 국호를 '대한(大韓)'이라고 정한다고 해서 안 될 것이 없다. 또한 매번 각 국의 문자를 보면 조선이라고 하지 않고 한(韓)이라 하였다. 이는 아마 미리 징표를 보이고 오늘이 있기를 기다린 것이니, 세상에 공표하지 않아도 세상이 모두 다 '대한'이라는 칭호를 알고 있을 것이다."

심순택이 아뢰기를, "삼대(三代) 이후부터 국호는 예전 것을 답습한 경우가 아직 없었습니다. 그런데 조선은 바로 기자가 옛날에 봉해졌을 때의 칭호이니, 당당한 황제의 나라로서 그 칭호를 그대로 쓰는 것은 옳지 않습니다. 또한 '대한'이라는 칭호는 황제의 계통을 이은 나라들을 상고해 보건대 옛것을 답습한 것이 아닙니다. 성상의 분부가 매우 지당하니, 감히 보탤 말이 없습니다."

조병세가 아뢰기를, "각 나라의 사람들이 조선을 한이라고 부르는 것은 그 상서로운 조짐이 옛날부터 싹터서 바로 천명이 새로워진 오늘날을 기다렸던 것입니다. 또한 '한' 자의 변이 '조(朝)'자의 변과 기이하게도 들어맞으니 우연이 아닙니다. 이것은 만년토록 태평 시대를 열게 될 조짐입니다. 신은 흠앙하여 칭송하는 마음을 금할 수 없습니다." 하였다.

이에 고종이 이르기를, "국호가 이미 정해졌으니, 원구단에 행할 고유제(告由祭)

의 제문과 반조문(頒詔文)에 모두 '대한'으로 쓰도록 하라." 하였다.[4] 이렇게 제정된 '대한제국'이라는 국호는 일제에 의한 강점기 시대를 거치면서 사용하지 못하였다. 나라와 함께 나라의 이름마저 빼앗긴 것이다. 그러나 앞에서 살펴본 바와 같이 상해 임시정부 시절에는 임시헌법에 국호를 명확하게 명시하여 사용하였다. 그로부터 해방 후 임정요원들이 귀국할 때까지 약 27년간 사용되었다. 그러나 해방 후 통일정부를 수립하지 못하고, 남과 북은 각자의 정부수립을 하게 되는 상황에 놓이게 된다. 남한에서는 1948년 5월 10일에 총선거를 실시하여 제헌의원을 선출하고 7월 17일에는 제헌헌법을 공포하게 되는데, 여기에 대한민국이라는 국호는 헌법 제1조에 명시되어 현재까지 사용하고 있다. 이어서 1948년 12월 12일에는 프랑스 파리에서 열린 유엔총회에서 '대한민국'이 한반도의 유일한 합법정부임을 승인하였다. 즉, 대한민국을 국호로 하는 나라임을 국제사회가 승인한 것이다. 유엔 총회에서는 소련의 극렬한 반대에도 찬성 48표, 반대 6표, 기권 1표의 압도적 지지로 '대한민국'을 승인한 것이다. 유엔은 한국의 유엔 승인이 담긴 결의안 제 195호를 최종적으로 통과시켰다. 유엔총회 결의 제195호 제 2항은 다음과 같이 규정하였다.

> "임시위원단의 감시와 협의가 가능하였으며 또한 한국 국민의 대다수가 거주하고 있는 한국의 지역에 대해 실효적 지배권과 관할권을 가진 합법정부가 수립되었다는 것과, 동 정부는 한국의 동 지역의 유권자의 자유의사의 정당한 표현이자 임시위원단에 의해 감시된 선거에 기초를 두고 출범하였다. 그러므로 동 정부가 한국내의 유일한 정부라는 것을 선언한다."

정부는 승인을 받기 위한 유엔에 장면 특사를 파견하는 등의 외교적 노력에 최

4) '고종실록', 36권, 고종 34년 10월 11일. 上曰: "欲與卿等有所議定者矣。今於一初之政, 百禮俱新, 自今肇禋圜丘之時, 宜用定有天下之號也。大臣之意何如?" 舜澤曰: "國家, 因箕子舊封朝鮮之名, 仍以爲號, 未始爲切當。今於邦舊命新之日, 定有天下之號, 應合典則矣" 秉世曰: "天命維新, 百度皆新, 有天下之號, 亦宜新定。自今伊始, 萬億年卜世祈永之本, 實在於此矣。" 上曰: "我邦乃三韓之地, 而國初受命, 統合爲一。今定有天下之號曰'大韓', 未爲不可。且每嘗見各國文字, 不曰'朝鮮', 而曰韓者, 抑有符驗於前, 而有竢於今日, 無待聲明於天下, 而天下皆知大韓之號矣。" 舜澤曰: "自三代以來, 有天下之號, 未有承襲于前者矣。而朝鮮乃箕子舊封之號也, 堂堂帝國, 不宜因仍其號矣。且大韓之號, 稽之帝統之國, 無襲舊者矣。聖旨切當, 無敢贊辭矣。" 秉世曰: "各國人之以朝鮮稱韓者, 其祥已兆於平昔, 而政待天命維新之日矣。且韓字扁旁, 因朝字扁旁, 亦奇合而不偶矣。此萬世開太平之應也。臣不勝欽仰攢頌矣。" 上曰: "有天下之號旣定, 圜丘壇告由祭文及頒詔文。竝以大韓, 書之可也。"

선을 다하였다. 유엔에 의한 대한민국 정부의 승인 의미는, 우리나라에 대한 국제적 위상과 권위를 부여함으로서 신생 독립국가의 출범을 보장하였다는 것이다. 또한 이것은 6 · 25전쟁이 발발하였을 때도 중요한 근거가 되었다. 즉, '북한은 불법적인 침략 행위를 중단하고 38도선 이북으로 다시 돌아갈 것'을 결정한 근원이 되었던 것이다. 그리고 유엔 회원국의 참전을 비롯하여 다른 국제기구로부터의 경제적, 인도적 지원을 받는 원동력이 될 수 있었던 것이다. 그 후 우리나라의 유엔가입은 1991년에 이루어졌다.5) 한편 북한은 김일성의 지시에 따라 1948년에 국호를 '조선민주주의인민공화국'으로 하였으며, 영문 명칭은 DPRK (Democratic People's Republic of Korea)로 정하였다.

장하다 大韓民國 世界에 빛나네

認承標語

承認慶祝國

粉碎하자 三八線 打破하자 人共國

朝鮮語學會 研究發表會

阿峴里에 簡易驛 通勤者爲해 新設

大韓商議所는 聯合體로 改編

출처: 경향신문(1948.12.12.)

〈유엔 승인을 축하하는 각료들〉 출처: 국가기록원

유엔 승인을 경축하기 위하여 12월 15일 실시하는 '정부승인 경축대회'를 알리고 있다. 정부에서는 13개의 표어를 선정하였다. 그중에는 '분쇄하자 38선, 타도하자 인공국' 등 북한의 공산정권을 비판하는 내용이 다수 포함되어 있다. 그리고 대한민국의 유엔 승인에 대한 감격과 감사의 내용을 담고 있다.

5) 1991년에 이르러 구 소련의 해체와 동구권의 몰락 등 국제정세가 급변하는 속에서 우리정부는 유엔가입 실현을 최우선 외교과제로 추진하였으며 결실을 보게 되었다. 이때 북한도 동시에 가입되었다.

대한민국임시헌장[6)]

제0조

신인일치로 중외 협응하야 한성에 기의한지 삼십유일에 평화적 독립을 삼백여주에 광복하고 국민의 신임으로 완전히 다시 조직한 임시정부는 항구 완전한 자주독립의 복리로 아자손려민에 세전키 위하여 임시의정원의 결의로 임시헌장을 선포하노라.

선 서 문

존경하고 경애하는 아 이천만 동포 국민이여, 민국 원년 삼월 일일 아 대한민족이 독립선언함으로부터 남과 여와 노와 소와 모든 계급과 모든 종파를 물론하고 일치코 단결하야 동양의 독일인 일본의 비인도적 폭행하에 극히 공명하게 극히 인욕하게 아 민족의 독립과 자유를 갈망하는 사와 정의와 인도를 애호하는 국민성을 표현한지라 금에 세계의 동정이 흡연히 아 집중하였도다. 차시를 당하야 본정부일전국민의 위임을 수하야 조직되었나니 본 정부 일전국민으로 더불어 전심코 육력하야 임시헌법과 국제도덕의 명하는 바를 준수하야 국토 광복과 방기확고의 대사명을 과하기를 자에 선언하노라. 국민 동포이여 분기할지어다. 우리의 유하는 일적의 혈이 자손만대의 자유와 복락의 가이요. 신의 국의 건설의 귀한 기초이니라. 우리의 인도일 마침내 일본의 야만을 교화할지요. 우리의 정의일 마침내 일본의 폭력을 승할지니 동포여 기하야 최후의 일인까지 투쟁할지어다.

6) 1919년 4월 11일 제정되어, 1919년 4월 11일 시행된 대한민국 임시의정원에서 최초로 제정·공포한 헌법이다.

정 강

1. 민족평등 국가평등 급 인류평등의 대의를 선전함.
2. 외국인의 생명재산을 보호함.
3. 일체 정치범인을 특사함.
4. 외국에 대한 권리의무는 민국정부와 체결하는 조약에 일의함.
5. 절대독립을 서도함.
6. 임시정부의 법령을 위월하는 자는 적으로 인함.

대한민국 원년 사월 일 대한민국임시정부

제1조 대한민국은 민주공화제로 함.

제2조 대한민국은 임시정부가 임시의정원의 결의에 의하야 차를 통치함.

제3조 대한민국의 인민은 남녀 귀천 급 빈부의 계급이 무하고 일체 평등임.

제4조 대한민국의 인민은 신교 언론 저작 출판 결사 집회 신서 주소 이전 신체급 소유의 자유를 향유함.

제5조 대한민국의 인민으로 공민 자격이 유한 자는 선거권 급 피선거권이 유함.

제6조 대한민국의 인민은 교육 납세 급 병역의 의무가 유함.

제7조 대한민국은 신의 의사에 의하여 건국한 정신을 세계에 발휘하며 진하야 인류의 문화 급 평화에 공헌하기 위하야 국제연맹에 가입함.

제8조 대한민국은 구황실을 우대함.

제 2 절

대한민국 국가상징

상징이란 추상적인 사실이나 생각, 느낌 등을 기호나 구체적인 사물로 나타내는 것을 말한다. 그러므로 상징이란 누군가에게 메시지를 전달하려는 의도를 갖고 나타내는 기호나 구체적인 사물을 의미한다. 그리고 그 사물을 상징물이라고 한다. 그 중에서도 국가상징은 국제사회에 한 국가가 존재한다는 사실을 알리기 위해 자신들의 나라를 잘 알릴 수 있는 내용을 그림·문자·도형 등으로 나타낸 공식적인 징표이다. 해당 국가의 역사와 정체성, 미래를 향한 희망 등을 포함하여 나타내는 것이다. 이것은 국가공동체의 구성원인 국민적 자긍심의 상징이라 할 수 있다. 국가상징은 국가적 가치관이나 신념을 표현하고 있다. 그러므로 이것은 어느 날 갑자기 만들어지기 보다는 장구한 기간을 거치면서 자연스럽게 국민적 정서가 스며들어 만들어지는 것이 일반적이다. 이렇게 해서 만들어진 국가상징은 어느 국민을 막론하고 그 상징에 공감하며 가치를 느낀다. 국가의 상징은 대외적으로는 해당 국가를 대표하고, 대내적으로는 통합을 유도하는 기능이 있다. 쉬운 예로 월드컵 경기에서 자주 볼 수 있는 것 중의 하나가 각국의 국기이다. 이처럼 가장 대표적인 국가상징물인 국기는 국민에게 공동체 의식을 느끼게 하며 하나로 결집시키는 기능을 한다. 그리고 가장 중요한 것은 국가의 건재함을 표현하고 있다는 것이다.

1. 태극기

우리나라 국기인 '태극기'(太極旗)는 흰색 바탕에 가운데 태극 문양과 네 모서리의 건곤감리(乾坤坎離) 4괘(四卦)로 구성되어 있다. 태극기의 흰색 바탕은 밝음과 순수, 그리고 전통적으로 평화를 사랑하는 우리의 민족성을 나타내고 있다. 가운데의 태극 문양은 음(陰 : 파랑)과 양(陽 : 빨강)의 조화를 상징하는 것으로 우주 만물이 음양의 상호 작용에 의해 생성하고 발전한다는 대자연의 진리를 형상화한 것이다. 네 모서리의 4괘는 음과 양이 서로 변화하고 발전하는 모습을 나타낸 것이다. 그 가운데 건괘(乾卦)는 우주 만물 중에서 하늘을, 곤괘(坤卦)는 땅을, 감괘(坎卦)는 물을, 이괘(離卦)는 불을 각각 상징한다. 이들 4괘는 태극을 중심으로 통일의 조화를 이루고 있다. 이와 같이, 예로부터 우리 선조들의 생활 속에서 즐겨 사용하던 태극 문양을 중심으로 만들어진 태극기는 우주와 더불어 끝없이 창조와 번영을 희구하는 한민족(韓民族)의 이상을 담고 있다. 6 · 25전쟁에서 태극기의 의미가 국민들에게 크게 각인된 사례가 있다. 서울을 수복하고 대한민국 해병대가 중앙청에 태극기를 게양하는 모습이다. 이 태극기를 보면서 서울시민들은 서울수복의 감격을 가장 크게 느꼈을 것이다. 해방 직후인 1945년 9월에 총독부의 일장기 하강식은 한국인들에게 일본의 패망을 보여는 감격적인 장면이었을 것이다. 태극기의 변천사를 살펴보면 건 · 곤 · 감 · 리의 위치와 태극문양이 변화가 있었음을 알 수 있다.

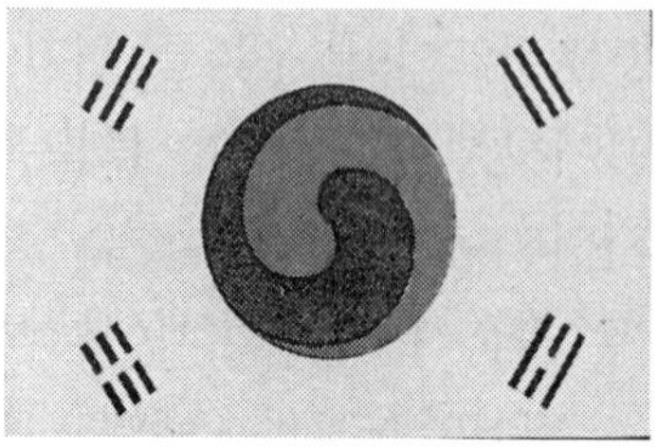
조선말~대한제국 시기[7]

일제강점기[8]

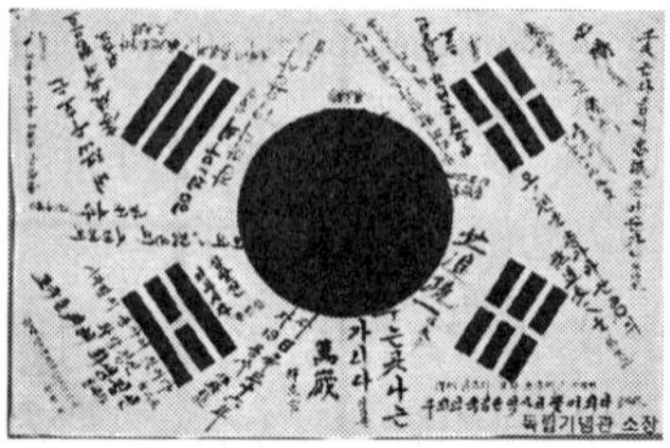

광복 후[9]

우리나라에서 근대 국민국가의 상징으로서의 국기 문제가 처음으로 논의된 것은 운양호 사건(1875년 8월 고종12년)이 계기가 되었다. 일본 군함 운양호가 강화도에

7) 미 해군성에서 발행한 「해상국가들의 깃발」이라는 책자에 실린 태극기이다. 출처: 국가기록원
8) 임시정부 주석 김구가 1941년에 중국에서 미국으로 가는 매우사(미우스 오그) 신부에게 준 태극기로 김구선생이 친필로 쓴 당부의 글이 있다. 출처: 국가기록원
9) 6 · 25전쟁 당시 경주에서 자원한 학도병 등이 출정 전에 자신의 각오와 서명을 적은 태극기이다. 출처: 국가기록원

불법으로 접근하다가 포격을 당한 사건을 트집 잡아 갖게 된 한・일 회담에서 처음으로 국기 문제가 거론된 것이다.[10] 그 내용은 다음과 같다. '일본의 군함 운양호에는 일본을 상징하는 일본기를 엄연히 게양하고 있었는데도 그것을 무시한 조선 수비병이 포격을 먼저 가했다'는 것이다. 따라서 이 사건으로 생긴 모든 손해배상은 조선이 책임져야 한다는 것이었다. 그러나 그 당시 조선은 국기(國旗)란 용어가 존재하지도 않았다. 따라서 자주독립국의 위신과 세계적인 추세에 따라 국기를 제정하자는 의논을 처음으로 제기하게 되었다. 그 후 1882년(고종 19년) 5월 22일에 체결된 조・미수호통상조약 조인식이 직접적인 계기가 되었다. 이 조인식에서 조선은 흰색 바탕에 빨강과 파란색의 태극문양을 만들어 임시로 사용하였다. 그 후 1882년 9월 박영효(朴泳孝)는 고종(高宗)의 명을 받아 특명전권대신(特命全權大臣)겸 수신사(修信使)로 이 국기를 지니고 일본으로 가던 중 선상에서 태극문양과 그 둘레에 8괘 대신 건곤감리(乾坤坎離)4괘 만을 그려 넣은 '태극・4괘 도안'의 기를 만들어 바로 그달 25일부터 사용하였다. 10월 3일에 이 사실을 보고하자, 고종은 다음 해인 1883년 3월 6일 왕명으로 이 '태극・4괘 도안'의 '태극기'(太極旗)를 국기(國旗)로 제정・공포하였다.

1948년 2월 8일 평양역 광장에서 인민군 창군식을 하였는데 북한은 태극기를 사용하였다. 당시의 사진에서 이러한 사실이 확인된다. 인공기를 제정한 것은 정권수립일 하루 전인 9월 8일로 알려져 있다.

〈북한의 인민군 창군기념일〉

10) 김상섭, 『태극기의 정체』, 2001, p.61.

북한의 국기는 남홍색공화국국기(藍紅色共和國國旗)이며, 이를 줄여서 인공기라고 부른다. 조선헌법 제정 작업 시작과 함께 제작이 시작되었다. 북한은 1947년 11월 중순 김일성의 지시에 따라 북조선인민회의 제3차 회의 결정에 따라 조선임시헌법 제정위원회를 발족시키면서 이 위원회 안에 일단의 미술가들을 배치하고 국기와 국장을 만드는 일을 맡겼다.[11] 그러나 북한에서도 1945년 8월 15일 광복 후부터 1948년도 까지는 태극기를 사용한 사례가 많이 확인되고 있다.

2. 애국가

애국가(愛國歌)는 '나라를 사랑하는 노래'라는 뜻을 갖고 있다. 우리나라는 애국가에 별도의 이름을 붙이지 않고 국가(國歌)로 사용하고 있다. 애국가를 공공행사에서 부르도록 규정한 근거는 '국민의례규정'(2010년 제정, 대통령훈령 제272호)이다. 대한민국의 애국가가 헌법에 규정되어 있지 않으므로 국가로 인정할 수 없다는 주장이 한때 있었다. 그러나 2004년 헌법재판소는 이에 대해 애국가는 관습헌법으로 국가(國歌)의 지위를 갖는다고 판결한 바 있다.[12] 근대 초기 우리나라의 애국가에는 여러 종류가 있었다.[13] 갑오경장 이후 각종 애국가가 널리 불리기 시작하여 1896년 무렵 각 지방에서 불린 애국가만도 10여 종류에 이르렀다. 대한제국 정부는 1902년 8월 15일 「대한제국애국가」를 정식으로 제정 · 공포하며 애국가를 하나로 정리하려 했다. 이 애국가는 당시 군악대 지휘자 F. 에케르트(F. Eckert)가 작곡한 것으로 1904년 5월 각 학교에도 배포되었으나, 이후에도 많은 애국가가 지어졌다. 지금의 애국가가 나오기 전 스코틀랜드 민요 '올드 랭 사인(Auld Lang Syne)'의 곡조를 빌린 곡을 애국가로 부르기도 했다. 1936년에 만들어진 안익태 작

---

11) 임채욱, 『북한 상징문화의 세계』, 2002, p.37.

12) 2004년 헌법재판소는 '신행정수도건설특별법 위헌소송'에서 "대한민국의 수도는 서울, 국기는 태극기, 국화는 무궁화, 국어는 한글, 국가는 애국가 등은 관습헌법의 지위를 갖는다."라고 판결하였다. 즉, 오랫동안의 세월을 거치면서 국민의 상식으로 굳어졌다는 것이다. 그러므로 법률에 '애국가=국가'라는 명시가 없다고 하여도 애국가는 국가로서의 지위를 갖는다는 것이다.

13) 출처: 국가기록원, 「기록으로 만나는 대한민국 70년」

곡의 애국가는 대한민국 임시정부에서도 퍼져 있었으나, 국내에 들어오지 못하다가 1948년 8월 15일 대한민국 정부수립과 함께 우리 국가로 공식 채택되었다.

애국가는 지금도 '안익태 작곡'이라고만 돼 있고, 작사자의 성명은 없다. 1955년 주한 미국대사관이 애국가 작사자를 문교부에 문의했는데, 당국은 '안창호 작사, 안익태 작곡'이라고 답했다. 이 사실이 그해 4월 2일 '서울신문'에 실리자 윤치호의 가족이 항의했다. 그러자 국사편찬위원회는 '애국가작사자 조사위원회'를 결성하였다. 국사편찬위원회의 애국가작사자조사위원회는 1, 2차에 걸쳐 회의를 열었지만 안창호가 작사가 인지, 윤치호가 작사가인지 결론을 내지 못했다. 안창호·윤치호 합작설, 윤치호 단독 작사설 등이 맞선 가운데 7월 28일 마지막 3차 회의가 시작됐다. 조사위원 19인 중 13인이 출석해 그동안의 사료를 바탕으로 윤치호 작사 확정을 논하고 있었다. 그러나 "확정을 미루자", "돌이킬 수 없는 자료가 발굴될 수도 있다."는 반대 목소리가 나왔다. 그리고 표결 결과, 11인은 윤치호로 확정했으나, 2인은 유보하자고 했다. 결국 만장일치가 아니라는 이유로 애국가 작사자가 윤치호라는 확정은 미뤄졌다. 당시 심사위원장이었던 최남선은 보고서의 끝에 "1907년 윤치호 작이 진본이라면 애국가 작사가는 윤치호라고 해도 무방하다."는 말을 남겼다. 애국가 작사가를 확정 짓기로 한 국사편찬위원회의 최종회의에 대한 국민들의 관심은 지대했다. 당시 신문 대부분은 '최종회의를 개최하고 무기명 투표까지 한 결과, 결국 희미한 최종결정을 지었다'는 반응이었다. 문교부는 "애국가 작사자를 모르는 것은 우리 문화의 수치일 뿐 아니라 우리나라의 수치"라며 불편한 심기를 드러냈다. 일부에서는 '작사자 미확정'이 '작사자 미상'으로 오도되었다는 주장, 윤치호 작사를 결정짓지 못한 데는 윤치호가 친일파라는 이유 때문이라는 주장도 나왔다. 그는 독립협회 운동을 전개하고 105인 사건에 연루되어 징역을 살았던 애국지사였으나, 이후의 행적이 친일파로 알려졌기 때문이었다. 지금도 애국가 작사자에 대해 안창호와 윤치호 설이 맞서고 있다. 윤치호가 1945년에 자필로 애국가 가사를 적고 '1907년 윤치호 작'이라 명기한 애국가 친필본은 1997년 유족의 기증으로 현재까지 미국 에모리대에 보관 중인데, 여기에는 '1945년 9월 아버지께서 친히 써 주신 것'이라는 딸의 기록이 적혀 있다. 이것을 두고 1907년이 아니라 1945년에 쓰인 기록이므로 위작, 혹은 가치가 없다는 주장이 제기되기도 하였다. 시민단체 '문화재 제자리 찾기'는 2014년 '애국가 제자리 찾기 100인 위원회 출범식'을 열고, 에모리대에 보관된 윤치호의 자필 애국가 원본 환수 운동을 시작했으나, 아직 환수하지 못하고 있다. 상하이 임시정부시절 애국가 작사자가 누구인지를 묻는 동지에게 김구 선생은 "우리가 3 · 1운동을 태극기와 애국가로 싸웠는데, 누가 지었는지가 왜 문제인가?"라고 했다고 한다. 애국가 가사를 누가 지었는지 굳이 밝히지 않아도 좋다는 뜻일 것이다. 일부에서는 애국가는 누구 한사람이 가사를 쓴 것이 아니라 윤치호, 안창호를 비롯한 다수의 사람들이 창작하고 보급했던 민족의 노래라고 주장하는 쪽도 있다. 1970년대와 1980년대에는 영화 상영 전에 "본 영화에 앞서 애국가를 상영하니 모두 기립해 달라."는 방송이 나오던 때가 있었다. 애국가가 나오면 부동자세를 취하고 일어서는 일은 극장 밖의 일상생활로도 이어졌다. 계절에 따라 오후 5시나 6시 국기하강식 때에는 애국가가 흘러나오고 이어서 '국기에 대한 맹세'가 울려 퍼지면 누구나 가던 길을 멈추고, 오른손을 왼쪽 가슴 위에 올린 채 서 있었다. 1971년 3월부터 1989년 1월까지 계속된 '국기에 대한 맹세' 시간이었다. 이 의식은 1989년 1월 20일 당시 문공부의 발표에 의해 폐지되었다. 문공부는 "매일 오후 5시 또는 6시에 시행해오던 애국가 방송을 1월 23일부터 하지 않도록 방송사에 협조 의뢰하는 한편, 이날부터 영화관에서의 애국가 상영도 폐지하기로 했다."고 발표했다.

북한 애국가는 헌법에 국가로 규정되어 있다. 그전의 북한헌법에는 국장, 국기, 수도만 규정되어 있었는데 1992년 4월 헌법을 전면적으로 개편하면서 국가가 헌법에 들어가게 된 것이다. 북한 애국가는 북한의 상징 깃발(인공기)보다도 먼저 착수돼서 1947년 6월에 만들어졌다.

- 남북단일팀과 상징물 한반도기-

국제적인 스포츠 경기에서 남북한 단일팀이 한반도기를 앞세우고 입장하는 장면은 통일로 가는 하나의 상징적인 장면을 보여준다. 단일팀에 대한 논의는 1984년 LA올림픽에 단일팀을 구성하기 위한 체육 회담이 3차례 열렸었다.[14] 1차 회담에서 북한이 호칭으로 KORYO(고려)를 제안하면서 깃발을 흰색 바탕에 황토색 조선지도로 하자는 제안을 처음 하였다. 그 이후 단일과 통일의 상징물인 현재의 한반도기가 만들어진 것은 1989년 3월부터 열기 시작한 체육회담에서 구체화되기 시작되었다. 당시는 중국 베이징(北京) 아시아경기대회를 앞두고 있었다. 이때 '제11회 베이징 아시아경기대회 남북단일팀 구성 참가문제'라는 의제로 체육회담이 열린 것이다. 회담에서는 한반도기뿐 아니라 호칭과 단가에 대한 의견 교류도 함께 진행되었다. 제1차 회담(1989년 3월 9일 평화의 집)에서의 양쪽 제안 사항은 다음의 내용이었다.

① 단기

남측은 흰색 바탕에 녹색 한반도 지도와 그 아래 'KOREA'라는 표기를 넣은 한반도기를 제안했다. 북측은 흰색 바탕에 황토색 한반도 지도 그리고 푸른색 또는 붉은색으로 'KORYO'라는 표기를 넣은 한반도기를 주장했다.[15]

② 단가

남측은 우리민족 민요인 아리랑으로, 북측도 1920년대의 양측 모두가 불렀던 아리랑으로 제안하였다. 따라서 단가는 아리랑으로 결정 일치를 보았다.

---

14) 1차 회담은 4월 9일에, 2차 회담은 4월 30일에, 3차 회담은 5월 25일에 열렸다.

15) 북측이 황토색을 주장한 것은 농경민족임을 의미한다는 것이었고, 우리 측에서 주장한 녹색은 희망과 생명을 의미하는 것이었다.

③ 선수단 명칭

남측은 KOREA, 남북단일팀으로 제안하였다. 북측은 KORYO, 약칭으로 KRY, 고려선수단으로 제안하였다.

제1차 회담의 결론은 단가에 대해서만 합의를 보았고 단기는 부분적인 의견일치를 보인 셈이었다. 제2차 회담(3월 28일)에서는 선수단기의 문자표기는 어떠한 특정 글자를 넣지 말기로 합의하였다. 그 이외에 팀 명칭과 단기의 색깔 등에 대해서는 다음으로 유보하였다. 그러나 예정되었던 제3차 회담(4월 28일)은 밀입북한 문익환 목사[16)]를 당국이 구속하는 일이 발생하자 북측에서 일방적으로 연기를 통보하였다. 양측은 그해 10월 20일에 열린 3차 회담에서 흰색 바탕에 하늘색 한반도 지도를 그려 넣은 한반도기를, 한 달 뒤인 4차 회담(11월 16일)에서 선수단 호칭을 'KOREA'로 하는데 사실상 합의했다.

〈2002년 부산 아시안게임에서 한반도기〉

그러나 9차 회담(1990년 2월 7일)에서 북측은 3개 원칙을 주장하였다. 그리고 이를 받아들이지 않으므로 회담은 결렬됐다고 선언하였다. 따라서 1990년 베이징 아시아경기대회 단일팀 참가가 무산되는 바람에 한반도기는 빛을 보지 못한 채 남북 체육회담사의 한 역사로 묻히는 듯했다. 그러나 1990년 11월부터 이듬해 2월까지 국제경기대회 단일팀 구성과 참가를 위해 4차례 열린 남북 체육회담에서 양측은 '흰색 바탕에 하늘색 한반도 지도'를 단일팀 깃발로 한다는 합의를 거듭 확인했다. 1990년 10월 남북은 1991년 4월 일본에서 열리는 41회 세계탁구선수권대회와 6월 포르투갈 6회 청소년축구선수권대회와 관련한 단일팀 구성에 합의하였다. 따라서 1989년 체육회담에서 합의했던 단일팀의 호칭, 단가와 함께 단일기를 사용할 것을 최종 확정하였다. 이러한 회담의 성과물로 나타난 한반도기는 1991년 일본 지바세계탁구선수권대회, 2000년 시드니올림픽, 2002년 부산아시안게임, 2003년 대구하계유니버시아드대회, 2004년 아테네올림픽 등의 남북공동입장 때 사용되었다. 2018년 평창 동계올림픽에서 여자 하키팀이 단일팀을 구성하였다. 이때의 개회식 행사에서는 양측의 이견으로 한반도기를 앞세우고 남북 선수단이 함께 입장하지는 못하였다. 우여곡절의 역사를 거친 한반도기는 남북공동행사의 공식 깃발로 자리 잡게 되었다.

16) 현행법상 방북은 당국의 허가를 받아야 한다. 그러나 당시에 문목사는 허가 없이 1989년 3월 25일에 방북하여 김일성을 방문하는 등의 일로 구속되는 사건이 있었다. 국가보안법위반에 따른 구속이었다.

Chap. 2 전쟁 고찰

제1절 전쟁의 개념

제2절 6·25전쟁의 명칭

제 1 절
전쟁의 개념

1. 전쟁의 양면성

전쟁은 인류의 오랜 기예이다. 흔히 인류의 역사는 전쟁의 역사라고 말한다. 이 말을 증명이라도 하듯이 지금도 세계 도처에서 전쟁은 계속되고 있다. 전쟁은 필연적으로 인명을 살상하고 재산의 피해를 가져오게 한다. 따라서 수많은 성현들은 전쟁 없는 세상을 만들기 위해 노력하였지만 근절되지 않았다. 오히려 문명의 발달이 계속될수록 더욱 파괴력과 살상력이 큰 무기가 출현하여 그 잔혹상은 더하고 있는 것이 현실이다. 이와 같이 인류와 함께 해온 전쟁의 지속성과 이를 방지하기 위한 수많은 노력에도 근절되지 않는 전쟁 특유의 속성 등을 고려해 보면, 인류의 생존이 계속되는 한 전쟁의 역사도 함께 할 것이라는 것은 의심의 여지가 없을 것이다. 즉, 문명의 발달로 인한 전쟁의 양상은 바뀔 수 있어도, 전쟁은 계속될 것이라는데 이견은 없을 것이다. 전쟁은 개인에게는 생과 사의 갈림길에 놓이게 할뿐 아니라 비록 살아남았다 하더라도 가족과 재산의 소멸과 파괴로 슬픔과 좌절을 안겨준다. 심지어는 수십 년간 그 트라우마에서 벗어나지 못하고 생을 마감하기도 한다. 우리나라의 이산가족이 그 대표적인 사례로 볼 수 있다. 전쟁은 개인에게는 물론이고 국가에게는 이를 복구하는데 감당하기 어려운 상황에 놓이게 한다. 그 결과 전쟁 이전보다 피폐해진 정치·경제·사회·문화 등으로 국가의 전반적인 환경은 열악해지게 된다. 이처럼 전쟁은 살상과 파괴라는 부정적인 단어로 요약된다. 그러나 인류는 전쟁을 치르면서도 계속적으로 문명을 발전시켜 왔다. 즉, 파괴를 지향한 전쟁이 발전의 동력이 되기도 하였다. 전쟁은 두 문명이나 두 지역 간의 충돌이며 서로의 문화와 사회적인 교류를 촉진시키기도 한다. 이러한 결과를 놓고 보면, 전쟁은 파괴라는 속성을 가지고 있으면서도 아이러니 하게도 이를 발전의 계기로 만드는 양면성을 함께 지니고 있는 것이다. 물론 전쟁이 없었다면 안정된 상태에서 더 우수한 발전을 이루었을 것이라는 가정도 나올 수는 있을 것이다. 그러나 전쟁이 교류를 촉진했다는 사실은 틀림이 없다. 그러므로 우리는 어떠한 난관에서도 좌절하지 않고 고통을 견디며 발전을 계속해 온 인류의 위대함을 인정하지 않을 수 없다. 이러한 현상은 우리나라 역사상 가장 비극적인 전쟁이라고 하는 6·25전쟁에서도 예외는 아니었다. 전쟁이 계속되는 동안에 그나마 변변치 않았던 산업시설은 모두 파괴되었다. 그리고 전후에는 이를 복구하기 위한 각고의 노력이 필요하였다. 그러나 전쟁 중이라고 하더라도 우선 먹고 살 문제는 해결되어야 했다. 뿐만 아니라 전쟁물자를 공급하고 장병의 전투의지를 고취시키기 위한 다양한 분야의 활동이 요구되었다. 이러한 요구는 미약하게나마 발전을 기약할 수 있는 희망의 싹이 되었다. 전쟁은 정상적인 소비가 아닌 파괴를 통하여 생산을 반복하게 하는 모순적인 활동이다. 그러나 그 여정을 지나고 보면 발전의 자국은 전쟁에서도 중단되지 않았다는 것을 알 수 있다. 그것은 전쟁물자와 관계되는 분야에만 국한되는 것은 아니었다. 정치·경제·사회·문화의 다양한 분야에서 발전의 틀을 유지되면서 앞으로 가고 있었다. 마치 전쟁은 발전을 위한 또 하나의 과정이라는 듯 각자의 분야에서 묵묵히 견디어 내고 있었던 것이다.

2. 전쟁의 정의

그렇다면 인류역사와 함께 해 왔다는 전쟁을 정의해 보기로 하자. 그동안 다양한 분야의 전문가들이 각각의 분야별 특징을 기반으로 하여 전쟁을 정의한 바 있다. 먼저 표준국어사전에서 말하는 전쟁의 사전적 정의를 보면, ① 국가와 국가, 또는 교전단체 사이에 무력을 사용하여 싸움 ② 극심한 경쟁이나 혼란 또는 어떤 문제에 대한 아주 적극적인 대응을 비유적으로 이르는 말 등으로 정의하고 있다. 사전적 정의에서 전쟁의 주체는 국가 또는 사람으로 조직된 집단으로 보고 있다. 전쟁은 이들 간의 싸움이거나 어느 상황과의 싸움(대응)을 의미하는 것으로 풀이

하고 있다. 예를 든다면 환경문제에 있어서 '먼지와의 전쟁', '교통과의 전쟁', '폭염과의 전쟁' 등에서 보듯이 심각한 문제해결 자체도 '전쟁'으로 인식하기도 한다. 전쟁에 대한 정의는 전쟁의 원인을 규명하는 차원으로 볼 수 있으므로 중요한 의미를 가진다. 각각의 분야를 대표하는 이론가 입장에서 내린 전쟁의 정의 배경에는 그 원인을 분석한 결과가 내포되어 있기 때문이다. 또한 정확한 원인을 파악하는 것은 그에 대한 해결책이나 효과적인 대응책을 제시할 수 있는 것이다. 1925년에 미국에서 전쟁의 원인을 규명하는 회의에서 나온 내용을 조사해 본 결과 약 250개 이상의 원인이 나왔다고 한다. 참으로 다양한 내용이 나왔을 것이다. 이처럼 많은 정의가 나온 것은 각자의 분야를 중심으로 전쟁을 바라보았기 때문으로 분석된다. 오랜 역사 속에서 불멸의 군사이론가로 추앙받는 동양의 손무와 서양의 클라우제비츠(Clausewitz)가 설파한 전쟁의 정의를 살펴보겠다.

〈손자〉

손자는 그의 저서 『손자병법』의 첫머리에서 "兵者國之大事(병자국지대사) 死生之地(사생지지) 存亡之道(존망지도) 不可不察(불가불찰)", "不戰而屈人之兵(부전이굴인지병) 善之善者也(선지선자야)"라고 하였다. 풀이하면 다음과 같다. '전쟁은 국가의 존망을 결정하는 중대사이므로 마땅히 살펴서 하여야 한다. 그러므로 싸우지 않고 적을 굴복시켜 승리함이 최선의 방법이다.'라고 하였다. 손자는 전쟁에 대한 냉철한 현상이해와 통찰을 통하여 전쟁지도자로서의 전쟁수행을 위한 기본적인 인식을 강조하였다.

전쟁은 아무리 승리로 종결하였다 하더라도 그 피해는 불가피한 것이다. 그래서 손자는 싸우지 않고 이기는 방법을 최선이라 하였으며, 이를 우리는 흔히 손자의 부전승사상이라는 말로 요약하기도 한다. 손자는 전쟁의 폐해에 대하여 깊은 통찰을 하고 있었다. 때문에 그는 이를 최소화하는 것이 으뜸이라는 결론에 도달하여 '싸우지 않고 이기는 것이 최선'이라고 한 것이다. 동양의 전쟁관을 중국의 전쟁사상이라고 하여도 과언은 아니다. 그의 사상을 조금 더 깊게 생각해보면, 손자라는 대전략가이자 군사이론가조차도 전쟁을 없앨 수는 없다고 본 것이다. 그러므로 전쟁을 수행할 수밖에 없는 상황이라면 '싸우지 않고 해결하는 것이 최선의 방법'이라고 손자병법의 첫머리에서 말한 것이다. 현대의 개념으로 본다면 억제전략으로 볼 수 있다. 클라우제비츠(1780~1831)는 『전쟁론』에서 "전쟁이란 상대를 굴복시켜 자기 의지를 실현하기 위하여 사용하는 폭력행위이며, 다른 수단을 가지고 하는 정치의 연장이다."라고 하였다. 전쟁은 정치목적을 실현하는 하나의 수단임을 분명하게 명시하고 있다. 전쟁을 수행하는 목적은 자기(국가)의 의지를 실현하는 것이며, 그 수단은 폭력(무력)을 사용한다는 것이다. 또한 클라우제비츠는 목적을 달성하기 위한 목표를 명확히 제시하였다. 그 목표는 적의 굴복이라고 하였다.

〈클라우제비츠〉

즉, 상대를 굴복시키는 것이 자기의지를 실현하는 것으로 본 것이며, 이를 위해서는 적을 격멸해야 한다는 것이다. 철저한 격멸은 상대를 굴복시킬 수 있으며, 이것이 자기의 의지를 관철시킬 수 있다고 본 것이다. 클라우제비츠의 전쟁관은 절대전 사상이 주류이다. 그의 전쟁관의 핵심은 폭력의 무제한적인 행사이며 철저하게 적을 격멸하여야 한다는 것이다. 그는 전쟁을 유혈에 의존하는 직접적인 방법으로 수행하는 것이 종결의 유일한 방법으로 본 것이다. 따라서 적을 무력화시키기 위한 힘의 무제한적인 발휘 등이 그의 사상의 근간을 이루고 있다.

동양과 서양의 대표적인 군사이론가의 정의에서, 각각의 전쟁관과 전쟁수행 방법을 엿볼 수 있다. 어느 면에서는 동·서양의 전쟁에 대한 인식과 정서의 차이를 보여주는 의미 깊은 정의이기도 하다.

3. 전쟁의 유형

전쟁의 정의에서 잠시 논하였듯이 인류의 역사가 계속되는 한 전쟁은 계속될 것이라는 것이 일반적인 관측이었다. 다만 그 양상은 다양한 유형으로 전개될 것이다. 전쟁의 유형을 분류해 보는 것은 예상되는 전쟁양상에 대비하여 집중적인 노력으로 이를 대비하는 데 있다. 따라서 당면하고 있는 국가적인 특성을 고려하여 이를 예측하는 능력이 요구된다. 전쟁의 유형을 구분하는 방법은 시대가 변함에 따라 다양한 요소로 변화하였다. 전쟁의 유형은 연구자에 따라 다양한 방법으로 구분되고 있다. 일반적으로는 전쟁수행을 위한 목적, 방식, 전쟁의 규모, 전쟁 동원 수단, 참여 정도, 전쟁 수행 기간, 무기 체계의 성격 등에 의해 구분 하고 있다.

전쟁은 전쟁을 수행하는 주체의 목적에 따라 이념전쟁, 종교전쟁, 제국주의전쟁, 독립전쟁, 예방전쟁, 침략전쟁, 방위전쟁, 통일전쟁 등으로 구분할 수 있다. 전쟁의 목적은 이외에도 다양하게 나타나는데, 두 개 이상의 목적을 가지고 전쟁이 수행되기도 한다. 이념전쟁은 서로 다른 이념을 가지고 있는 국가나 정치집단 간의 전쟁이다. 6·25전쟁도 남북이 각각의 이념을 갖고 대립하였다. 중국의 국공내전이나 베트남의 전쟁도 이념을 기준으로 진영이 구분되어 전쟁을 하였다. 종교전쟁은 동일 종교 또는 배타적인 종교간의 전쟁이다. 종교적 신념이 서로 다른 두 세력에 의한 충돌이다. 서로 다른 종교의 영향권에서 벗어나기 위해서 또는 타 종교 세력을 자신들이 신봉하는 종교의 통제 하에 두기 위한 목적으로 벌이는 전쟁이다. 1096년에서 1270년까지 전개된 '십자군전쟁', 1618년부터 1648년까지 벌인 '30년전쟁' 등이 여기에 속한다. 제국주의전쟁은 세력의 확장을 위하여 벌이는 전쟁이다. 세력 확장은 영토의 확장에서 출발하며 이는 결과적으로 경제적인 이익을 획득하는 것과 결부된다. 과거 식민지를 확장하기 위하여 서구의 열강이 주축이 되어 타국을 침략한 전쟁 등이다. 나폴레옹, 칭기즈칸에 의한 영토 확장을 위한 전쟁은 제국주의전쟁과 가깝다고 볼 수 있다. 독립전쟁은 독립을 쟁취하기 위한 전쟁이다. 그러므로 대부분 식민국가를 중심으로 전쟁이 전개된다. 우리나라의 경우, 일제 강점기 시절에 임시정부의 조직으로 무장을 갖춘 독립군은 일제에 맞서 수많은 전투를 전개하였는데, 이를 독립전쟁이라고 할 수 있다. 미국의 독립전쟁 등이 있으며, 식민지배를 많이 받았던 아시아와 아프리카를 중심으로 20세기에 많은 독립전쟁이 있었다. 예방전쟁은 전쟁을 예방차원에서 상대국을 미리 공격하는 것이다. 적이 전쟁을 발발시키기 이전에 공격함으로써 예방의 목적을 달성하는 전쟁이다. 대표적인 예방전쟁이 이스라엘에 의해 이집트를 기습공격 했던 '제3차 중동전쟁'이다. 침략전쟁은 정당한 이유없이 타 국가를 무력으로 공격하는 것이다. 국제법상으로는 위법적인 부당한 공격이다. 6 · 25전쟁이 발발했을 당시 유엔에서는 북한을 침략자로 규정한 바 있다. 방위전쟁은 침략전쟁에 대응하기 위하여 수행하는 전쟁이다. 국제법상 정당한 전쟁행위가 된다. 통일전쟁은 이념이나 정치 또는 종교적인 문제 등으로 분단된 상태에서 국가를 통일하기 위해 벌이는 전쟁이다. 이 경우 내전의 성격이 나타나는 경우가 많이 발생한다.

전쟁수행방식에 의하여 정규전과 비정규전으로 구분된다. 전쟁사의 대부분은 정규전으로 수행되었다. 사실상 정규전의 수행은 많은 부분에서 비정규전을 병행하여 수행한다. 이 경우 주는 정규전으로 수행되고 보조방식으로 비정규전을 배합한다는 것이다. 작전의 효율성과 작전목적 달성 차원에서 실시한다고 볼 수 있다. 정규전은 대부분 전선의 전 · 후방이 명확히 구분된다. 비정규전은 전후방의 구분이 불분명한 전쟁이다. 비정규전은 상대보다 전력이 약할 때 주로 채택하게 된다. 제2차 세계대전에서 프랑스의 레지스탕스 활동, 월남전에서 베트콩에 의한 작전 등이다. 비정규전은 적 지역에서의 교란과 파괴, 심리전, 제한된 목표 공격 등으로 적의 전력을 전환시키기 위하여 실시하기도 한다. 이러한 작전수행은 결과적으로 적의 전력을 약화시킴으로써 정규전을 수행하고 있는 아군부대가 상대적인 전투력의 우위를 점할 수 있게 하기 위한 것이다. 앞에서 설명한 정규전의 보조적인 수단이다. 소련의 아프가니스탄 침공 시 아프가니스탄 정부군과 국민이 실시했던 작전 등은 비정규전의 성격을 갖고 있었다.

전쟁공간에 의한 분류로는 전면전쟁(General War)과 국지전쟁(Local War)으로 구분한다. 전면전쟁(General War)은 그 의미와 같이 전 · 후방 할 것 없이 전 국토의 모든 범위가 전장이다. 전쟁의 승패에 따라 국가가 존망의 기로에 서게 되었을 때 이를 극복하기 위하여 국가 전체가 전장화되고 군사력을 포함한 국가의 모든 가용수단이 총동원되는 전쟁이다. 국지전쟁(Local War)은 일정한 영토나 지역 안에서 소규모의 분쟁 형태로 진행된다. 6 · 25전쟁 이전의 38도선 부근에서의 국군과 북한군의 전투상황은 특정지역에서의 전투행위였으므로 이것은 국지전으로 볼 수 있다. 그러나 6월 25일 기하여 전면적인 남침으로 전국토가 전장으로 변한 상황은 전면전이었다. 그렇지만 유엔군의 입장에서의 전쟁은 한반도에서만 국한되는 국지전이기도 하였다.

형태에 의한 분류로는 총력전(Total War)과 제한전(Limited War)으로 구분한다. 총력전(Total War)은 국가의 모든 역량인 국가의 자원, 보유한 모든 무기 등이 동원되어 전쟁을 수행한다. 이에 따라 국가는 모든 분야의 자원을 투입하게 되어 무제한적인 전쟁성격을 나타내며 전면전의 경우가 여기에 해당된다. 제한전(Limited War)은 무기의 사용 등을 의도적으로 축소한 전쟁을 말한다. 따라서 같은 전쟁이라도 주체에 따라 총력전과 제한전으로 구분될 수 있다. 6·25전쟁에서 우리나라는 총력전이었던 반면 유엔군의 입장에서는 제한전 이었다.

치열도에 의한 분류는 전쟁의 강도에 따라 구분한다. 고강도 전쟁(High Indensity War)은 핵전력을 포함한 대규모의 전면전쟁으로 세계전쟁을 예로 들 수 있다. 중강도 전쟁(Middle Idensity War)은 핵과 화학, 생물학전을 제외한 국가 간의 재래식 무기로 치루는 일반적인 전쟁의 형태이다. 저강도 전쟁(Low Indensity War)은 저강도 분쟁(Low Indensity Conflict)으로 불리기도 한다. 내란, 반란, 폭동, 국제테러 등의 직접적 또는 간접적 원인에 의해 발생하는 군사 분쟁이다. 다분히 정치적 요인에 의해 발생하며 발생지역에 커다란 정치적, 경제적 영향을 미친다.

무력사용에 의한 분류로는 냉전(Cold War)과 열전(Hot War)으로 구분한다. 냉전(Cold War)은 제2차 세계대전 이후 자유진영과 공산진영의 총성 없는 높은 수준의 긴 대립상태를 냉전이라 하였다. 열전(Hot War)은 실제로 전쟁을 하는 상태를 말한다. 무기에 의한 분류는 핵무기의 보유여부에 따라 구분하는 것이다. 핵전쟁은 핵을 사용하는 전쟁이다. 이는 핵무기 보유국 일방 또는 쌍방이 핵무기를 사용하는 전쟁이다. 핵무기 보유국 간의 전쟁일 경우와 핵무기 보유국과 비보유국 간의 전쟁일 수도 있다. 국제적으로 인정되는 핵보유국은 5개국이다. 비공식적 핵보유국은 인도, 파키스탄, 이스라엘 등이다. 총 8개국이 핵보유국인 셈이다. 그러나 2012년 북한도 스스로 핵보유국임을 선언한 바 있다. 재래식전쟁은 핵무기를 제외한 무기를 사용하여 수행하는 전쟁을 말한다. 일반적으로 전쟁이라 함은 이를 지칭한다. 최근에는 테러수단을 동원한 테러와의 전쟁이 있다.

이밖에도 전쟁은 다양한 분류 기준을 적용하여 구분할 수 있다. 인류에 의한 문명의 발달은 다양한 수단으로 전쟁을 수행하게 만들었다. 토마스 햄즈(Thomas X. Hammes)는 전쟁에서 사용되는 수단에 따라 이를 1세대전쟁, 2세대전쟁, 3세대전쟁, 4세대전쟁으로 구분하였다. 1세대 전쟁은 가장 원시적이고 단순한 칼과 활을 사용하는 전쟁이었다. 그러나 화약이 발명된 이후 무기는 급속한 발전이 있었다. 이때를 2세대 전쟁이라고 한다. 산업혁명을 거치면서 수송수단이 발전되었고 이것은 기동전이라는 새로운 전술을 탄생시켰다. 이를 3세대전쟁이라고 한다. 3세대전쟁의 핵심은 기동력이었다. 1980년대 말부터 '4세대전쟁'이라는 새로운 전쟁의 개념이 도입되었다. 그 후, 9 · 11테러를 거치면서 4세대전쟁은 새로운 전쟁개념으로 발전되기 시작하였다. 4세대전쟁은 모든 가용한 제반 시설을 이용하여 적국의 정책결정자들이 전쟁수행을 제한되게 만드는 것이다. 그 결과 전략목표 달성에 실패하게 하거나 혼란을 야기 시키는 것이다. 또한 원하는 목표에 도달하기 위해서는 과도한 노력과 비용이 들것이라는 인식을 가지게 하여 정책결정을 어렵게 함으로써 전쟁의 목적을 달성하고자 하는 진화된 형태의 전쟁을 말한다. 가용한 모든 네트워크를 동원하여 정책결정자의 심리적 인식을 마비시켜 전쟁의 목적을 달성하기도 한다. 예를 들면 현대의 사회구조는 컴퓨터, 수도, 전기 등으로 통제되어 있다. 이중 어느 하나만이라도 그 기능을 하지 못한다면 국민의 일상생활은 대단히 혼란스럽다. 만약 이것을 복구하는데 많은 시간이 걸린다면 그 혼란은 더욱 가중될 것이다. 그 결과 정부에 대한 원성과 정부정책을 신뢰하지 못하는 현상이 집단적으로 발생하게 되면 어떻게 되겠는가? 정책결정자들은 불신의 대상이 되게 되며 그 결과 효과적이고 적시적인 전쟁수행은 대단히 어려워지는 결과를 맞게 될 것이다.

제 2 절

6 · 25전쟁의 명칭

1. 한국전쟁과 관련된 용어의 정의

한국전쟁과 관련한 용어는 어떻게 정의되고 있는가? 현재의 사용실태는 한국전쟁과 6 · 25전쟁을 혼용하여 사용하고 있다. 과거에는 이를 6 · 25사변이라고도 하였으며 6 · 25동란이라 부르기도 하였다. 여기에서 등장하는 전쟁 · 사변 · 동란부터 살펴보고자 한다. 전쟁(戰爭)이란 앞에서 언급한 협의의 개념인 전쟁에 대한 정의를 이해하면 무난할 것 같다. 협의의 개념으로 본 전쟁은 '국가와 국가', 국가와 집단' 사이에서 발생하는 무력을 수반한 투쟁이라 하였다. 사변(事變)이란 사전적 의미로는 ① 선전포고도 없이 국가 간에 이루어지는 무력 충돌 ② 사람의 힘만으로는 감당하기 어려운 천재나 그 밖의 중대한 사건 ③ 전쟁까지는 이르지 않았으나, 경찰의 힘으로는 막을 수 없어 병력을 사용하지 않을 수 없는 국가적 난리나 변고라고 정의하고 있다. 동란(動亂)은 폭동, 반란, 전쟁 따위가 일어나 세상이 몹시 어지러워짐으로 정의한다. 전쟁이라는 용어는 국가와 국가 간의 전쟁이라는 인식이 강한 반면, 동란이나 사변은 내전적인 의미가 내포되어 있다. 우선 사변이라는 용어를 사용한 배경을 살펴볼 필요가 있다. 사변이란 용어는 주로 1980년대 이전으로 볼 수 있는데 이는 우리나라의 헌법에서 그 근원을 이해할 수 있다. 현행 헌법상 북한은 국가로 인정하지 않고 있다. 헌법[1]에서의 북한은 우리나라와 체제를 달리하는 집단으로 규정된다. 그러므로 이념이 첨예하게 대립되는 냉전체제 아래서 헌법에 기반을 둔 보편적인 의식은 사변이라는 용어사용에 타당한 측면이 있었다. 그러나 1990년대 들어 남북한뿐 아니라 국제사회도 대변혁을 겪게 된다. 먼

1) 헌법 제3조 대한민국의 영토는 한반도와 그 부속도서로 한다.

저 남북한의 경우, 1991년 9월 17일(한국시간 9월 18일) 제46차 유엔총회에서 남북한은 동시에 유엔에 가입하게 된다. 유엔 회원국이 되었다는 것은 유엔에서 북한을 국가로 인정했다는 것이다. 그리고 이어서 소련이 1991년 12월에 붕괴되었다. 이로써 냉전체제는 실질적인 종식을 맞이하게 되었다.[2] 그 이전에 한국은 소련과의 국교를 1990년 9월에 수립하고, 중국과는 1992년 8월에 수교를 하였다. 남북한의 유엔 동시가입과 냉전체제의 종식으로 이어지는 급격한 변화는 6월 25일 한반도에서 발생한 전쟁에 대한 용어의 정의를 보다 명확히 할 필요성이 제기되었다. 또한 당시에 우리나라를 지원한 국가는 총 63개국에 달하였으며, 북한은 소련과 중공으로부터 지원을 받았다. 전쟁의 기간, 참여국 등을 보아도 당연히 전쟁으로 부르는 것이 타당하다. 이러한 일련의 현상을 고려해 보면 일단은 전쟁이라는 용어에는 대체로 공감할 것이다. 그렇지만 한국전쟁 또는 6 · 25전쟁 중 어느 것이 타당한지는 좀 더 따져볼 필요가 있다.

2. 가장 적합한 용어는?

젊은 세대들이 6 · 25전쟁이 어느 시대에 발생했는지도 모르는 경우가 많다고 한탄하기도 한다. 그러나 그 이유 중의 하나가 명칭이 다양하게 불리다 보니 그 자체가 혼란을 준 것은 아닐까? 이제는 모두가 공감하는 명칭으로 통일시켜 부르는 것이 필요하다는 주장이 제기되기도 한다. 1997년 10월 21일 관련부처에서 추천한 전문가를 초청하여 명칭 관련 학술세미나를 개최하였다. 용어마다 의미하는 중점이 달라질 수 있는데 남침 자체에 비중을 두면 6 · 25전쟁, 한반도에서 발생한 국제전이라는 의미를 강조하면 한국전쟁이라는 용어가 적합하다는 견해가 있기도 하다. 6 · 25전쟁이라는 명칭은 발발한 날짜를 전쟁명으로 사용하는 관례가 거의

2) 소련이 붕괴되기 이전인 1989년 12월 소련의 고르바초프와 미국의 레이건은 지중해의 몰타에서 회담을 갖고 냉전 종식을 선언하였다. 이러한 선언을 하게 된 배경에는 폴란드와 헝가리, 체코에 이은 동독의 민주화 요구는 1991년 11월 베를린 장벽을 무너뜨리게 된다. 이러한 현실을 고르바초프는 인정한 것이다.

없어 국제적 통용이 곤란하다는 주장이 제기되기도 하였다. 한국전쟁은 한반도의 역대전쟁을 포괄하는 것이므로 국내명칭으로는 부적합하다고 보는 견해도 많다. 또한 외국인의 입장에서 보면 한국에서 발생한 전쟁이므로 용어의 타당성이 있으나, 우리가 사용할 경우에는 마치 다른 나라의 전쟁을 지칭하는 것처럼 인식될 수 있다는 반대의 주장도 있다. 1998년 6월 미 육군성에서 'The Korean War'에 대한 공식 번역을 요청한 바 있었는데, 검토한 결과 이를 '6·25전쟁'으로 통보하였다. 정부에서는 1998년 9월 24일 국무총리 주재 회의 시 '6·25전쟁'으로 명칭을 통일하였다. 국방부에서 주관한 2000년 6·25전쟁 제50주년 기념사업과 2010년 기념사업에서도 공식명칭을 '6·25전쟁'으로 하였다. 이를 보면 국방부의 경우 2000년부터 '6·25전쟁'으로 공식명칭을 정했다고 볼 수 있다. 2004년 4월 교육인적자원부에서는 교과서 편수용어로 '6·25전쟁'이라 하였다. 이를 보면 정부부처에서의 공식적인 용어는 '6·25전쟁'이다. 그렇다면 외국의 경우는 어떻게 부르고 있는가? 미국을 비롯한 국제사회에서는 대체로 'The Korean War'로 부르고 있다. 북한을 지원한 중국에서는 '조선내전' 또는 '항미원조전쟁(抗美援朝戰爭)'으로 부른다. 일본은 '조선전쟁', 러시아는 '조선내전', 북한에서는 '조국해방전쟁'으로 부르고 있다.

Chap. 3

분단과 두 개의 정부수립

제 1 절

분단의 시작

1. 일본의 패망

우리나라의 분단은 우리의 의지와 관계없이 외세에 의해 이루어졌다. 독일 패망 후, 1945년 7월17일부터 8월2일까지 독일 베를린 교외 포츠담에서는 강대국이 모여 중요한 회담을 개최하였다. 이른바 포츠담 회담이다. 미국・영국・소련 등 전승국의 정상들은 제2차 세계대전이 곧 끝날 것에 대비하여 전후처리 문제를 논의하였다. 회담의 내용은 이미 패전한 독일[1]의 영토 재분할과 각국 국경획정, 배상 등에 대부분의 초점이 맞춰졌다. 포츠담회담은 유럽의 전쟁을 종결하기 위한 미국・영국・소련 3국의 정상회담이었다. 회담 도중인 7월26일에는 포츠담선언이 발표되었다.[2] 포츠담선언에는 일본에 대해 중립입장을 유지한 소련[3]이 빠지고 미국・영국・중국 3국이 서명했다. 선언내용은 13개 항으로 되어 있었으며 핵심은, '일본은 포츠담회담 결과를 수용하고 무조건 항복'이었다.[4] 포츠담선언은 미국의 주도로 이루어졌으며 미국・영국・중국의 3국 정상이 일본에 대한 조건 없는 항복

---

1) 유럽지역에서의 세계 제2차 세계대전은 5월 9일 독일의 항복으로 종결됐다.
2) 포츠담회담과 포츠담선언은 동일하지는 않다. 회담 중에 선언이 나왔지만 선언을 한 국가는 소련이 빠지고 중국이 포함된다. 소련은 그 이후에 참가한다.
3) 소련은 1941년에 일본과 5년간의 일-소 중립(불가침)조약을 맺은 상태였다. 따라서 태평양전쟁에서 중립을 지켜야 했다. 그러나 회담이 끝나고 8월 8일에 이를 일방적으로 파기하고 대일본 선전포고를 하고 만주로 진격한다.
4) 제1~5항: 일본은 죄를 뉘우치고, 선언을 수락할 것. 제7~12항: 군국주의 배제, 영토관련, 일본군 무장해제, 전범자 처벌, 평화산업 유지와 군수산업 금지, 민주주의 정부수립 등. 제13항: 일본군의 무조건 항복 등이다. 특히 8조에는 일본영토를 '혼슈와 홋카이도, 규슈, 시코쿠 등 4개 섬과 전승국들이 정하는 작은 섬들로 국한한다'고 명시하였다. 그러나 그 이후 일본은 이 조항을 자의적으로 해석하고 있으며, 이는 독도문제의 뿌리가 되고 있다.

요구를 담은 최후통첩이었다. 그러나 일본은 발표 이틀 뒤인 7월 28일 이를 묵살하였다. 주된 이유는 천황제 유지를 보장하지 않았다는 것이었다. 선언에는 민주주의 정부수립이라는 내용이 있었다.

〈투하되는 원자폭탄〉

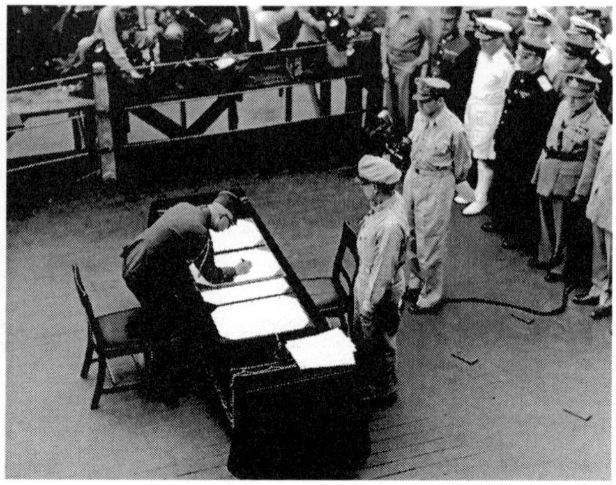
〈일본의 항복 조인식〉

결국 미국은 8월 6일 히로시마에, 8월 9일 나가사키에 원자폭탄[5]을 투하하였다. 인류 역사 최초의 핵무기 실전 투입이었다. 더 이상 전쟁을 지속할 수 없는 상황에 직면하자 일본 군부는 항복을 결의하고 1945년 8월 10일 포츠담 선언의 수락을 결정하였다. 즉, 항복의사를 밝힌 것이다. 이에 따라 미국은 8월 14일에 일본의 의사를 수락함을 통보하게 되었고 이로써 제2차 세계대전은 끝나게 된다. 그다음 날인 8월 15일 정오에 일왕 히로히토[6]는 라디오 방송을 통해 무조건 항복을 선언하였다. 이로써 일본은 히로시마에서 14만여 명의 사망자, 나가사키에서 7만 4천여 명의 사망자가 발생한 후에야 항복을 하게 된 것이다. 9월 2일에 도쿄만에 정박한 미 전함 미주리 갑판에서 일본은 항복문서에 서명하였다. 이 시점에 있어서 소련

5) 미국은 회담 직전인 1945년 7월 16일 미국이 뉴멕시코주 알라모고도 인근 사막에서 '트리니티'라는 암호명으로 최초의 원폭실험을 실시해 성공했다.

6) 일본의 124대 왕(1901년~1989년), 한일 과거사 문제에 대한 사과를 한 바 있다. 그가 방송에서 한 말에는 '항복선언'이라는 단어는 없었다. 단지 '전쟁을 중지한다'는 문장만으로 애매하게 말하였다.

의 행보는 절묘했다. 원폭이 히로시마에 투하된 후 8월 8일에 소련은 일본에 대한 선전포고와 동시에 참전하여 일본군에 대한 공격을 개시하였다. 소련은 8월 8일 대일 선전을 포고한 뒤에야 카이로 선언에 가담하였다. 당시에 미국은 일본의 항복을 앞당기기 위해 소련의 참전을 요구했고, 소련은 대일참전 조건으로 홋카이도 분할통치를 주장하고 있었다. 그러나 엉뚱하게도 분할은 한반도에서 이루어졌다.

2. 일반명령 제1호와 북위 38도선

연합군은 일본이 항복하자 우선적으로 항복수락을 위한 조치와 일본군의 무장해제를 하여야 했다. 이를 위하여 미국에서 소련의 암묵적인 동의를 얻어 발령한 명령이 일반명령 제1호이다. 최초의 목적은 일본군의 항복수락과 무장해제를 위한 군사적인 조치를 위한 것이었다. 그러나 결국에는 이 명령에 따라 미군과 소련의 진주 한계를 위한 경계선은 분단선으로 변하였다. 북위 38도선을 따라 구분된 경계선은 시간이 흐름에 따라 분단선으로 변해가고 있었다. 그 이면의 사정은 이러하였다. 소련은 대일본 선전포고에 이어 북한지역을 점령하기 시작한다. 소련이 지리적으로 북한 지역과 가까운 것도 많은 영향을 끼쳤다. 일본이 항복할 의사를 밝히기 불과 이틀 전에 소련은 일본에 대하여 선전포고를 하였다. 참전을 공식화한 소련군은 지척의 거리를 둔 만주와 북한지역을 향하여 질주하고 있었다. 선전포고 이후 하루가 지나자 제1극동전선사령부의 제25군 사령관 치스차코프(Ivan M. Chistiakov) 대장은 북한지역으로 들어오기 시작하였다. 8월 9일 15시 함북 경흥을 점령하고, 8월 12일에는 웅기, 8월 13일에는 청진에 상륙하였다. 소련군은 약 15만 명의 육군과 해군을 북한에 신속하게 진주시키기 시작한 것이다. 8월 24일 소련군 선발대가 평양을 점령하였고 28일까지는 북한의 전 지역에 소련군이 들어왔다. 그리고 평남 도청에 치스차코프 대장을 사령관으로 하는 군정(軍政)사령부를 설치하기에 이르렀다. 예상하지 못한 빠른 속도로 한반도를 잠식해 가는 소련군의 움직임에 미국은 위기의식을 느낄 수밖에 없었다. 소련의 진격속도를 고려하면 소련군이 한반도 전지역까지 내려오는 것은 그리 오랜 시간이 걸릴 것 같지 않았다. 이에 따라 미국은 한시라도 빠르게 움직여야 했다. 그 당시 미국은 그처럼 빨리 일본으로부터 항복의사를 받을 것이라고는 예상하지 못하고 있었다. 또한 원자폭탄의 전략적 가치의 효과가 즉시 나타날 것이라는 군사적인 판단도 못한 상태였다. 따라서 원자폭탄을 투하해도 일본은 최소한 2개월 정도의 전쟁지속 능력이 발휘할 것으로 보고 있었다. 그에 따라 미군은 일본 본토에 대한 상륙작전을 준비하고 있었다. 그러나 이러한 미국의 판단과는 달리 일본은 예상외로 신속히 항복의사를 밝힌 것이다. 이처럼 혼란한 상황에서 소련군의 북한 진입이라는 것은 또 다른 예상하지 못한 상황이었다. 그것도 평안남도 지역과 평양까지를 접수한 상태였다. 적당한 선에서 소련의 남진을 막지 못한다면 한반도 남쪽까지 밀고 내려올 수 있는 급박한 상황을 맞이한 것이다. 미국은 신속하게 움직여야 했다. 따라서 미 국방성 작전국 정책과장 본스틸(Bonesteel) 대령은 국무·국방·해군 3성 조정 위원회(SWNCC-Sate·War·Navy Coordination Committee)의 독촉을 받는 가운데 일반명령 제1호를 작성하기 위한 준비를 진행하였다. 명령의 핵심은 소련군의 남하를 막는 것이었다. 이에 따라 본스틸 대령의 최초 구상은 가능한 한 소련이 받아들일 수 있는 범위까지 북쪽으로 분계선을 선정하려고 하였다. 이를 위해서는 소련군과 미군의 상황을 고려해야 했다. 소련군은 이미 한국의 평양까지 진주한 상태인 반면, 미군은 한반도로부터 600마일이나 떨어져 있는 일본의 오끼나와에 있었다. 미군이 한반도에 상륙하기 전에 소련군이 마음만 먹으면 한반도 전역은 소련군이 진주하게 되면서 미군의 한반도 개입은 물거품이 될 상황이었다. 따라서 한반도의 어느 한 선을 연하는 선을 선정하여 군사행동의 주체를 명시할 필요가 있었다. 이를 위한 구체적 논의는 국무부, 육군부, 해군부로 구성된 3부조정위원회에서 하게 되었다. 실무를 담당한 본스틸 대령과 딘 러스크 대령은 1945년 8월 11일 새벽이 되어서야 그 선을 북위 38도선으로 결정하게 된 것이다. 앞에서 밝혔듯이 소련군의 한반도 진주와 미군의 위치를 최대한 고려한 판단이었다. 미국은 만일 소련이 여기에 동의하지 않으면 이 선마저 확보하기 어려울 것이라고 여기고 있었다.

본스틸 대령이 기안한 일반명령 제1호의 문안은 다음 날 아침 합동참모본부(JCS)와 3성 조정위원회(SWNCC), 국무장관을 거쳐 트루먼 대통령에게 보고되었다. 그

사이 일부에서는 분계선을 북위 39도선으로 선정하고 요동반도의 대련을 포함하여 미군을 상륙시키는 안을 제시하기도 했으나 소련의 동의를 얻기는 어려울 것으로 보았다. 8월 15일 마침내 트루먼 대통령의 최종 재가를 얻은 일반명령 제1호는 소련과 영국 등 연합국에 전달되어 동의를 구하였다. 동시에 마닐라에 있던 맥아더 장군에게도 타전되었다. 남은 것은 소련의 반응이었다. 8월 16일 스탈린은 답변을 보내왔다. 그런데 스탈린은 38도선 문제에 대해서는 전혀 언급도 없이 '여순, 대련항을 포함한 만주지역은 소련의 점령지역에 속한다'는 답변을 보내왔다. 이것은 소련의 권익을 보장해 주면 동의한다는 의미로 해석할 수 있었다. 이로써 38도선을 경계선으로 하여 북으로는 소련군이, 남으로는 미군이 각각 일본군의 항복을 받고 무장을 해제한다는 방침이 확정됐다. 이러한 과정을 거쳐 일본군의 항복을 어디에서 누가 받을 것인가에 대한 구체적인 합의가 이루어진 것이다. 이처럼 강대국의 조율을 거친 '일반명령 제1호'[7]는 절차에 따라 그 효력을 발생하게 되었다.

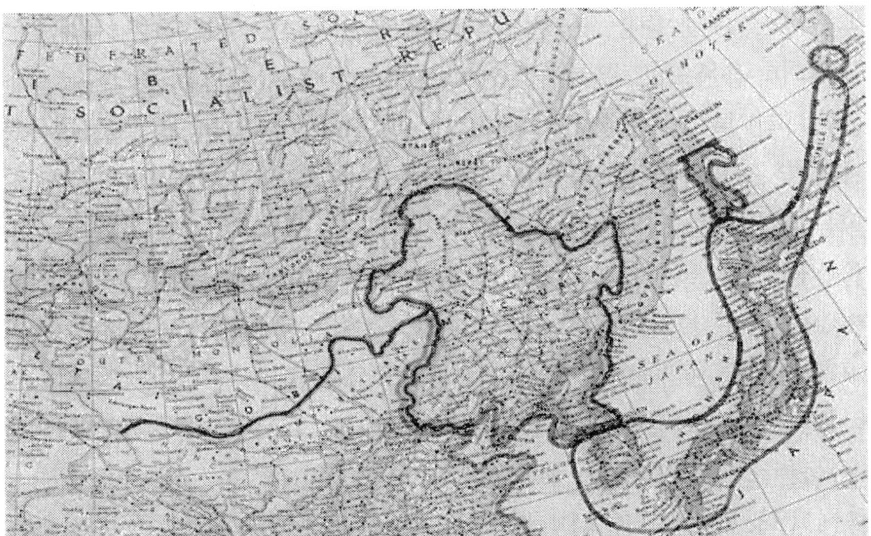

〈일본군 항복 접수도〉

7) 중국·대만 및 북위 16도 이북의 인도차이나에서는 일본군이 중국의 장개석에게 항복하며, 만주·북위 38도 이북의 한국과 사할린에서는 소련군 사령관이 항복을 받도록 한다. 일본·필리핀 및 북위 38도선 이남의 한국에서는 태평양 사령관(맥아더 장군)이 항복을 받는다. 지역별로 각국의 접수 영역을 분할하였다

그리고 다음 달 9월 2일 항복문서 조인식이 있었다. 맥아더는 이어서 9월 7일 '미 육군 태평양사령부 포고령 제1호'를 통해 38도선 이남에 미군정 실시를 선포하였다. 점령군이 점령지 내의 입법 · 행정 · 사법에 걸친 모든 권력을 장악하며, 군정이 38도선 이남 한반도의 유일한 정부임을 선언하였다. 이어서 9월 8일에 미 제24군단장 하지(Hodge, J. R.) 중장은 병력을 이끌고 인천에 상륙하여 당일로 서울에 입성하였다. 그리고 9월 9일 총독부 제1회의실에서 일본의 조선 총독 아베로부터 항복문서에 조인을 받았다. 이처럼 일반명령 제1호는 정치적인 의도는 내포되어 있지 않았다. 그러나 이념을 달리하는 두 개의 강대국에 의한 군정이 실시되면서 상황도 급변하였다. 시간이 지남에 따라 그 선의 의미도 달라지고 있었다. 항복을 받기 위한 책임과 권한에서 벗어나 분단선으로 점점 고착되어 가고 있었던 것이다. 그리고 그 속에서 전쟁의 파동은 점점 더 커져 가고 있었다. 역사적인 비극의 순간을 당기는 선이었다.

제 2 절

신탁통치와 분열

1. 신탁통치와 이념의 대립

1945년 12월 16일부터 26일까지 소련의 모스크바에서 개최된 미국·영국·소련의 외무장관 회의가 열렸다. 회의가 열린 목적은 앞서 진행된 얄타회담, 카이로회담 등의 조속한 실천을 위한 것이었다. 일본이 항복한 이후에도 이에 대한 처리가 지지부진하자, 이을 조속히 처리하기 위하여 미국무장관 번즈(James F. Byrnes)는 1945년 12월 3국 외상회담의 개최를 제의하였던 것이다. 이것을 이른바 모스크바 삼상회의(三相會議)라고 하며 3개국의 외무총책인 미국무장관 번즈, 영국외상 베빈(Aveurin Bevin), 소련외상 몰로토프(Y.M. Molotov)가 모스크바에 모여 한반도 문제를 논의하게 되었다. 이 회담에서 일본 점령지구에 대한 관리 문제와 대한민국의 독립 문제를 거론하였다. 도출된 주요 내용은 ① 조선을 독립국가로 재건설하며 조선 임시 민주주의 정부를 수립 ② 조선 임시정부 구성을 위해 남조선 미합중국 사령부와 북조선 소련 사령부의 대표자들로 공동위원회 설치 ③ 공동위원회의 제안은 최고 5년 기간의 4개국 신탁통치 협약을 조선 임시 정부와 협의 ④ 남조선의 미합중국 사령부와 북조선의 소련 사령부 사이의 행정·경제 문제의 영원한 조화를 확립하기 위해 2주 이내에 미국과 소련 사령부 대표 회의 소집 등이다. 이중 세 번째에 있는 내용을 흔히 '신탁통치안'이라 부른다. 협정내용이 알려지자 즉각적인 독립을 고대하던 한국민은 크게 실망하였으며 전국적인 신탁통치 반대운동이 일어났다.

모스크바에 모인 3상회의 대표들. 미 · 소 공동위원회 운영 절차를 논의하고 있다. 독립 후에도 우리나라는 강대국의 논리에 따라 운명이 결정되고 있었다.

〈모스크바 3상 회의 대표들〉 출처: 경향신문(1994.11.11.)

이러한 한국민의 의사를 가장 강력히 대변한 세력은 김구가 이끄는 대한민국 임시정부 계열이었다. 임시정부 계열은 12월 28일 정무원 회의에서 신탁통치 반대운동을 제2의 독립운동으로 규정하고 투쟁위원회를 구성하여 전국민 궐기대회의 개최를 계획하는 등 모스크바 3상회의의 결정에 대처하면서 반탁운동의 정당성을 호소하였다. 조선공산당을 비롯하여 모든 좌익계의 정당 및 단체들도 일제히 신탁통치 반대에 보조를 같이하였다. 그러나 1946년 1월 2일 소련의 지침에 따라 '모스크바 3상회의 총체적 지지'를 표시하며 태도를 돌변했다. 특히 좌익은 신탁통치보다는 우리 민족에 의한 임시정부 구성과 이를 통한 통일 독립국가 수립에 의미를 부여하며 이 부분을 집중적으로 홍보하였다. 그러나 대중은 이에 대해 큰 관심을 표시하지는 않았다. 그렇지만 이로 말미암아 좌익과 우익은 신탁통치를 둘러싸고 반탁과 찬탁으로 대립이 더욱 심화되었다. 동일한 문제를 바라보는 시각이 이처럼 크게 된 것은 그 배후에 강대국의 실리가 자리 잡고 있었기 때문이다. 애초에는 좌익과 우익이 뚜렷하게 자기 색깔을 드러내지 않고 유연한 행보를 하고 있었으나 모스크바 3상 회의 이후에는 그 양상이 크게 바뀌고 있었다.[8] 대립현상은 시간

8) 경향신문, 「미 · 소, 애초부터 즉시 독립 구상 안했다」, 1994.11.11.

이 지나면서 더욱 격렬해졌다. 이러한 대립구도에 따라 최초 전후처리를 위한 군사적 경계선이었던 38도선이 좌우이념을 구분 짓는 분단선으로 발전되고 있었다.

〈화신백화점 앞 반탁 시위〉 출처: 경향신문(1994.11.11.)

앞서 연합군은 전후처리 문제를 위해 카이로에서 회담[9]을 갖고 일본 패망 후 한국에 대해서 적당한 시기까지 신탁통치를 합의한 바 있었다. 우리나라의 국민들은 일본의 식민지배가 끝나면 당연히 독립이 주어질 것으로 기대했다. 그런데 신탁통치라는 또 다른 외세 개입이 이루어진다는 점이 실망을 가져오게 하였다. 대체적인 인식이 일본에서 미국 또는 소련으로 통치국이 바뀐 것으로 인식하였던 것이다. 시간이 흐르면서 좌우 대결로 치달은 탁치 논쟁은 여운형과 김규식 등 절충적 입장을 취하는 중간파들의 입지를 여지없이 축소시키면서 양극화되었다. 1945년 12월 29일 김구에게 "탁치를 받아들이라."고 설득하던 송진우가 다음 날인 30일 우익청년에 의해 암살된 사건은 당시의 찬반 논쟁이 얼마나 치열했는가를 보여주는 좋은 예이다. 첨예한 대립 속에서 중간적인 입장을 취하는 세력들은 아무런 영향

9) 제2차 세계대전 말기인 1943년 11월 27일 연합국의 루스벨트 · 처칠 · 장개석은 카이로회담 갖고 일본 패망 후 한국에 대해 적당한 시기까지 신탁통치할 것을 합의한 회담이다.

력도 발휘하지 못한 채 양측으로부터 공격을 당했다. 이 같은 탁치 논쟁은 해가 바뀌어 1946년으로 넘어가면서 그 성격이 변질 되었다. 이승만과 한민당 등 우익들이 자주독립이라는 막연한 민족적 열망을 정치적 기반으로 활용한 것이다. 즉, '반탁=애국, 반소=반공' 등으로 발전시킨 것이다. 좌익 우세였던 정국은 자연히 우익에 유리한 국면이 되었다. 해방직후 일제 잔재 청산이란 시대적 요구 때문에 수세에 몰린 친일파들에게 탁치 논쟁은 구세주나 다름없었다. 반탁운동으로 우익은 국민적 기반을 확대하고 좌익으로 쏠리고 있던 민중의 감정을 휘어잡을 수 있었다. 우익세의 확장에는 '소련은 신탁통치를 강조하였고 미국은 즉각적인 독립을 옹호하였다'며 사실과 반대로 보도함으로써 반공 · 반소 운동에 불을 붙인 국내 신문들이 상당한 기여를 했다.

THE DONG-A ILBO (Orient Daily News)

東亞日報

蘇聯은 信託統治主張

蘇聯의 口實은 三八線分割占領

米國은 即時獨立主張

外相會議에 論議된 朝鮮獨立問題

朝鮮의 分占은 不當

모스크바 3상회의 결과를 잘못 보도한 신문 기사 '소련은 신탁통치 주장, 미국은 즉각 독립 주장'이라는 기사를 싣고 있다.

〈소련의 신탁통치, 미국은 즉시 독립 주장〉 출처: 동아일보(1945.12.27.)

그러나 국내 신문보도와 달리 미국은 사상회의에 서 5년간의 신탁통치와 필요하면 탁치를 5년 연장하고 미 · 소군을 통합한 행정기구를 설치하는 안을 제시했다. 미국 안에는 임시 통일정부를 세운다는 구상조차 없었다. 미국은 단지 신탁통치를 통해 소련의 한반도 단독지배를 막고 미국의 우위를 유지하는 것에 관심을 두었기 때문이다.

2. 단독정부로 질주

3상회의 결정 중 미·소 공동위원회가 한국의 민주적 사회단체 및 정당과 협의를 거쳐 구성하기로 한 임시정부는 통일국가의 단초가 될 수 있는 매우 중요한 조항이었다. 그러나 이때의 관심은 임시정부에서 통일국가에 이르기까지 5년간의 신탁통치를 용납할 분위기가 아니었다. 따라서 찬성이냐, 반대냐의 선택에만 집중되어 있었다. 1945년 10월 23일 미국무성 극동국장 빈센트가 "한국은 자치 준비가 되어 있지 않아 신탁 통치 도입을 검토해야 한다." 발언했을 때 조선공산당을 비롯한 좌우의 모든 정파가 반대했을 정도로 반탁은 일종의 국민적 합의와 같았다. 당시 대중들은 탁치를 한민족의 역량을 무시하는 반민족적 모멸과 동일시 했다. 하지만 대중들은 해방이 국제정치의 산물인 것처럼 통일독립국가 건설 여부도 엄연히 국제정치의 게임 아래 놓여 있다는 점을 인식하지 못했다. 당시 많은 사람들은 통일된 독립국가가 즉시 수립되어야 한다고 믿고 그렇게 행동했지만 이는 매우 순진한 생각이었다. 강대국에 의한 신탁통치를 염두에 둔 발언은 이미 오래전부터 언급되고 있었다. 그것은 1943년 11월 24일 카이로회담까지 거슬러 올라간다. 여기에서 20년간의 신탁통치 구상을 가졌던 미국 루즈벨트 대통령의 제의로 한국의 독립 시기는 이미 언급되고 있었다. 그것은 민족적 열망인 '즉시 독립'과는 거리가 먼 '적당한 시기'였다. 카이로회담에서 중국의 장개석은, 한국의 독립은 일본의 항복과 함께 '즉시 독립'이었지만 미국의 루즈벨트는 '적당한 시기'로 이견이 있었다. 결국 이 회담에서 최종적으로 결정된 것은 '한국의 독립은 적당한 시기'로 조율된 것이다. 그러나 대다수의 국민들은 하루라도 빨리 독립국가가 되기를 원하고 있었다. 그렇지만 한국의 독립국가 건설문제는 소모적인 탁치 논쟁에서만 맴돈 채 한 발짝도 앞으로 나아지지 못했다. 1차와 2차 미·소 공동위원회가 열렸지만 뚜렷한 성과는 거두지 못하고 있었기 때문이다. 그사이 사회단체 및 정당들은 세포분열을 했고 탁치를 통한 통일국가냐, 반탁을 통한 단독정부냐의 양자택일의 길에서 결국 단독정부로 향하고 있었다. 즉, 이념에 따라 제각기 갈 길을 찾고 있었던 것이다. 모스크바 3상 회의 협정에 따라 개최된 두 차례의 미·소 공동위원회는 약 2년에 가까운 시간을 보냈으나 어떠한 진전도 나오지 않았다. 강대국의 생각은 한국의 독립보다는 자국의 실리를 추구하고 있었다. 시간을 허비하는 사이에 북한에서는 소련의 지도 아래 공산 단독정권 수립을 위한 작업이 진행되고 있었다. 강대국의 냉엄한 실리 앞에, 우리나라의 온전한 독립은 애초부터 언제든지 버려질 수 있는 카드에 불과했다. 그러나 더 안타까운 것은 우리민족끼리도 하나의 구심점을 찾지 못했다는 점이다. 오히려 친일세력들이 운신하기에 더욱 유리한 국면만을 조성해 주었을 뿐이다.

제 3 절

두 개의 정부 등장

1. 대한민국 정부수립

광복 후 국내의 전반적인 상황은 찬탁과 반탁의 소용돌이 속이었다. 그러나 그동안 국제정세는 급격히 냉전으로 치달리고 있었다. 제2차 세계대전까지는 미·소가 공동의 적을 마주하고 우군관계에 있었다. 그러나 이제는 그 적을 제거한 상태가 되었다. 적이 없어지자마자 둘의 관계는 냉각되기 시작한 것이다. 전혀 새로운 형태의 적과 우군의 관계로 세계가 재편된 것이다. 둘의 관계가 우호적이라고 가정하면 대한민국의 문제는 이 둘에 의해서 처리되겠지만, 이제는 둘의 관계에서 어떠한 협조를 기대하기 힘든 상황이 된 것이다. 이런 상황에서 한국의 문제는 유엔에서 다루어야 한다는 주장이 제기되었다. 한국문제의 유엔 상정은 신탁통치를 더 이상 거론하지 않고 유엔 주도하에 독립정부를 수립한다는 것을 뜻하는 것이다. 남북한 모두가 이렇게 된다면 가장 이상적인 방법이었다. 그러나 제2차 세계대전 이후 소련의 팽창정책은 미국을 위협하고 있었으며, 더군다나 북한 지역과 남한의 좌익계열은 찬탁을 주장하고 있었다. 따라서 남북 모두가 참여하는 유엔 감독하의 독립국가 건설은 가능성이 낮은 상태였다. 어느 한쪽만의 정부수립은 영구적인 분단을 의미하고 있었으나 달리 다른 방도를 찾기가 어려운 상황이었다. 이에 따라 미국은 한국이 신탁통치를 거치지 않고 독립하는 방안을 유엔에 제안하였다. 미국의 이러한 제안이 소련의 강력한 반대에도 불구하고 의제로 채택되자 10월 16일 미국은 "남북한이 1948년 3월 31일 이전에 유엔감시 아래 총선거를 실시하여 유엔임시위원단이 선거를 감시하고 정부수립을 감독하여 통일정부 수립 후 모든 외국군은 철수한다."는 요지의 결의안 초안을 제출하였다. 유엔에서 미국

측 결의안을 심의하는 동안 소련대표는 "유엔은 한국에 대한 관할권이 없으며 외국군은 통일정부 수립 전에 철수해야 한다."고 주장하면서 점령국은 즉시 군대를 철수시킨다는 대안을 내놓았으나 심의과정에서 채택되지 않았다. 유엔총회는 1947년 11월 14일 미국 측 초안을 지지하고 유엔한국임시위원단 설치를 규정한 결의안을 가결하였다. 이로써 한국문제는 미·소공동위원회의 신탁통치안으로부터 유엔관리하의 정부수립이라는 방침 아래 다루어지게 되었다.

유엔의 결의에 따라 인도의 메논(K. P. S Menon)을 의장으로 한 유엔한국임시위원단(UN Temporary Commission on Korea)이 설치되어 활동을 시작하였으나 소련의 비협조로 북한지역으로는 들어갈 수 없었고 남한지역에서만 그 활동이 가능하였다. 따라서 유엔한국임시위원단은 정부수립에 관하여 남한의 정치지도자들과 협의할 수밖에 없었다. 그런데 당시 남한 정치지도자들도 이승만을 중심으로 하는 단독정부수립지지 세력과 김구·김규식을 중심으로 하는 남북협상을 통한 통일정부수립지지 세력으로 크게 나누어져 정부수립 방안에 대한 정견을 달리하였다. 이에 유엔한국임시위원단은 다음과 같은 4가지 방안을 만들어 유엔이 실행할 방안을 선택해 줄 것을 유엔 소총회에 요청하였다. ① 총선거는 가능한 지역인 남한에서만 추진한다. ② 협의대상이 될 수 있는 인민대표를 선출하는 선거를 실시한다. ③ 한국의 민족적 독립을 위한 남북한 지도자 회담 같은 다른 가능성을 탐구하며, 최소한도로 그것을 주시한다. ④ 유엔 한국임시위원단의 업무수행을 중단하고 총회에서 문제를 처리한다. 등 이었다. 그중의 한 가지 방안으로 제시한 ① 방안이 유엔에서 채택되었다. 1948년 2월 26일 유엔 소총회는 채택된 안의 실행을 위하여 1948년 3월 18일부로 과도입법의원이 제정한 5월 10일 총선거 실시법이 미군정청에 의해 공포되었다. 이 법은 인구비례에 따라 북한지역에 100석의 의석을 할당하고 있으며, 유엔 한국임시위원단의 감시 아래 선거가 가능한 지역인 남한에서만 5월 10일 선거를 실시하였다. 국회선거위원회는 등록 결과 총유권자 877만 1,126명 중 805만 5,295명이 등록함으로써 91.8%라는 높은 등록률을 기록하였다. 입후보자 등록 역시 4월 16일에 마감되었다. 그 결과 200개 선거구에 총 948명의 후보자들이 입후보하였다. 소속정당과 단체별로 보면, 대한독립촉성국민회 235명, 한국민주당 91명, 대동청년단 87명, 민족청년단 20명 등의 순이었고, 무소속이 417명을 차지하였다. 단체별 인원에서 보듯이 입후보자의 주류는 이승만의 대한독립촉성회와 한민당, 우익 청년단체 등이었다. 무소속의 다수는 역시 우파세력이었다.[10] 5·10 선거에서 198명의 제헌국회의원이 선출되었다.[11]

〈대한민국 정부수립 선포식〉

제헌국회는 5월 31일 개원되어 초대의장으로 이승만을 선출하였다. 그리고 7월 17일에는 전문 10장 103조의 헌법과 12개 행정부서를 둔 정부조직법이 법률 제1호로서 공포되었다. 제헌국회는 헌법 제4조에서 "대한민국의 영토는 한반도와 그 부속도서로 한다."라고 규정하였다. 헌법전문에는 "유구한 역사와 전통에 빛나는 우리 대한민국은 기미 3·1운동으로 대한민국을 건립하여 세계에 선포한 위대한 독립정신을 계승하여 이제 민주독립국가를 재건함에……"라고 선언하여 대한민국 임시정부의 독립정신을 계승하였음을 명시하고 민족사의 정통성을 부여하였다. 이 헌법에 의거 대통령에 이승만, 부통령에 이시영(李始榮)을 선출하고, 8월 15일 대한

10) 중앙선거관리위원회, 『대한민국선거사』, 1964, p.383.
11) 선거구는 소선거구제와 법정선거구 획정주의를 채택하였다. 이는 각 선거구마다 1인의 국회의원을 선거하는 제도였고 인구 15만 미만은 1개구, 25만 미만은 2개구. 35만 미만을 4개구로 하여 모두 200개의 선거구를 확정하였다. 200개 선거구 중에서 198명 만을 선출한 것은 제주도를 제외한 결과였다. 제주도가 제외된 이유는 81쪽~87쪽의 제주 4·3사건 내용을 참조하기 바란다.

민국의 수립을 내외에 선포하였다. 유엔한국임시위원단은 유엔총회에 이를 보고하고, 총회는 12월 12일 대한민국이 한국에 있어서의 유일한 합법정부임을 선언하였다. 이것은 후에 6·25전쟁에 유엔군 파병의 근거로 작용하였다. 드디어 우리나라는 1948년 8월 15일 대한민국의 정부를 수립하게 되었다. 구한말부터 시작하여 일제강점기, 미·소의 분할점령 통치시기를 거치면서 우리 민족이 줄기차게 추구해 온 근대적 자주독립국가 건설의 여망이 결실을 맺는 순간이었다. 신생정부는 최초의 보통·평등선거를 통해 대내적 정당성을 확보한 동시에 유엔이라는 국제사회의 승인을 통해 대외적 정당성을 갖출 수 있었다. 또한 최소한 법적·제도적 수준에서는 근대적인 입헌국가, 대의제 민주주의국가를 성립하는데 성공하였다. 그러나 분단된 상태의 남북의 두 정권은 서로를 '외세의 괴뢰'라고 비난하면서 상대방의 절멸을 통한 '통일'을 지향하고 있었다. 분단이 남긴 내부의 상흔 역시 심각하였다. 분단체제 속에서 반공이념의 신봉은 자유민주주의의 기본가치를 심하게 제약하였다. 또한 정부수립 과정에서 많은 민족독립 세력들이 배제된 반면 일제의 주구 노릇을 했던 친일파가 대거 기용되기도 하였다. 친일파 척결을 통하여 민족정기를 확립하고 국민통합을 이루어야 할 과제는 어려울 것이라는 예상은 초대내각에서부터 나타나고 있었다. 친일파의 득세에 수많은 국민은 분노해야 했다.

2. 북한의 정권수립

북한에서는 1948년 9월 9일에 김일성이 이끄는 공산주의 정권이 수립되었다. 그들은 이를 일명 '9·9절'이라고 부른다. 북쪽에 공산주의 정권이 수립되게 된 근원은 앞에서 언급한 북한지역에 대한 소련군의 진입에서 비롯되었다. 북한의 정권수립에 대해서는 김일성의 등장을 언급하지 않을 수 없다. 1945년 10월 14일 평양에서는 조선해방경축 집회가 열렸다. 이 행사에 김일성이 처음으로 등장하였다. 이것은 김일성이 귀국한지 20여 일 만이었다. 행사에는 소련군과 북한지역에서의 정치지도자로 입지를 굳히고 있었던 조만식도 참석하였다. 여기에서 김일성은 연사로 나서 연설을 하였는데, 연설제목은 '모든 힘을 새 민주조선 건설을 위하여'였다.

주요내용을 보면, “인민 대중의 이익을 철저히 옹호하며 나라와 민족의 부강 발전을 확고히 담보할 수 있는 참다운 인민정권을 건설하자, 힘 있는 사람은 힘으로, 지식 있는 사람은 지식으로, 돈 있는 사람은 돈으로, 건국사업에 적극 이바지하자.”고 하였다. 이 행사에는 북한지역의 많은 인사들이 참석하였다. 그중에는 조만식도 포함되어 있었다. 그는 일찍부터 평남 건국준비위원회의 위원장을 맡고 있었다. 북한지역도 남한에서와 마찬가지로 해방 전부터 일본의 패망을 예견하고 독립을 위한 단체가 구성되어 있었다. 8월 17일에 조만식을 위원장으로 하는 평남 건국준비위원회와 현준혁을 중심으로 하는 조선공산당 평남지구 위원회의 출범을 그러한 활동으로 들 수 있다. 그러나 이들 조직의 활동은 제한을 받게 된다. 그것은 이미 군대라는 무력을 진주시킨 소련에 의해서였다. 한반도에 진주한 강대국의 입장은 더 이상 일본군의 무장해제와 항복접수가 아니었다. 당시 소련의 스탈린은 소련에 충성하는 정권수립을 원하고 있었다. 이를 위하여 김일성을 전면에 내세우는 작업을 진행 중이었다. 그러므로 적절한 시기가 도래하면 북한지역의 민족지도자들은 제거당할 운명이었다. 소련군은 일본군으로부터 항복을 받는 행사장에 조만식을 초청하기도 하였다. 그러나 소련이 내세우고자 하는 인물은 따로 있었던 것이며, 인지도가 높은 민족주의자들을 이용하고자 할 뿐이었다. 조만식은 1945년 11월에 조선민주당을 창당하였다. 그는 이를 통하여 북한에서 반탁운동을 전개하였다. 그의 이러한 활동을 소련은 묵인하지 않았다. 그는 1946년 1월 5일 소련군에 의해 고려호텔에 연금당하고 말았다. 6·25전쟁이 발발하기 직전에 북한은 평양방송을 통하여 체포되어 있던 북한의 간첩 김삼룡과 이주하와의 교환을 제의하기도 하였다. 이것은 일종의 평화 제스처였다. 전쟁을 발발시키기 전에 일종의 연막전술을 전개한 것이다. 인천상륙작전에 이어 국군과 유엔군이 평양을 수복하였을 때 그의 생사가 알려졌다. 북한군이 평양에서 퇴각할 때 그를 총살하였다는 것이다. 이처럼 소련은 이미 정권 수립의 주역을 그들의 기준에 맞게 명시하고 있었던 것이다. 그가 바로 김일성이었다. 소련의 군정은 그들의 위성국을 세울 준비의 일환으로 1945년 10월에 북한지역을 관할하게 될 중앙행정기구와 당 차원 지원조직의 구성 작업을 준비하기 시작하였다. 또한 서울에서는 박헌영 중심의 ‘조선공산당’을 1945월 9월 11일에 조직하였다. 남북한 모두를 장악하기 위한 속셈이었다.

〈북한지역에서의 항복식에 참석한 조만식〉

이러한 준비를 차질 없게 진행하기 위하여 각 도에는 조선공산당 도당지부가 조직되고 있었다. 소련 군정은 '조선공산당 서북 5도 책임자 및 열성자 대회'를 개최하여 38도선 이북의 조선공산당 5도 책임자를 중심으로 한 '조선공산당 북조선 분국'을 1945년 10월 13일에 조직하기에 이르렀다. 이러한 기초작업을 마친 소련 군정은 평양에서 열린 해방 경축대회에 김일성의 모습을 전격적으로 공개한 것이다. 같은 해 12월 17일부터 18일까지 개최된 제3차 중앙확대집행위원회에서는 '북조선공산당'으로 명칭을 바꾸면서 김일성을 책임비서로 선출하였다. 이로써 소련은 북한지역을 장악할 모든 준비를 끝낸 것이다. 소련 군정은 점령 3개월 만에 그들의 계획대로 북한에서의 통치 조직 기반을 구축하고 김일성을 세워 권력 장악을 위한 모든 실질적 기반을 완성하였다. 해가 바뀐 1946년 2월 소련 군정은 '북조선임시인민위원회'를 조직하여 중앙행정기관의 모태로 삼았다. '북조선임시인민위원회'는 북한지역의 최고 행정집행기관이었지만 그들 자체적으로 모든 행정을 집행할 수는 없었다. 반드시 소련의 군정으로부터 승낙을 받아야 하는 구조를 갖춘 위성조직에 불과하였다. 1947년 2월에는 '북조선임시인민위원회'를 '북조선인민회의'로 개편하고, 1947년 11월 개최된 제3차 회의를 통해 '조선임시헌법제정위원회'를 조직하였다. 이윽고 정권을 행사할 근거가 되는 헌법 초안을 12월 20일에 마련하였다. 이를 통하여 조선인민군 창설 등을 포함하여 정권 수립을 위한 모든 준비 작업을 진행하였다. 1948년 2월 8일에는 무력의 기본이 되는 '조선인민군[12]'을 창설하였다. 이후 1948년 4월 29일 북조선인민회의는 특별회의에서 '조선민주주의 인민공화국 헌법 초안'을 승인하였다. 헌법을 근거로 8월 25일 제1기 최고인민회의 대의원 선거에서는 212명의 대의원을 선출하였다. 또한 '남조선인민대표자대회'에서 360명을 최고인민회의 대의원으로 선출하여 보냈다고 발표하였다.[13] 이어서 평양에서는 9월 2일부터 10일까지 572명의 대의원이 참가한 최고인민회의 제1차 회의를 개최하였다. 여기에서 9월 8일에 헌법을 최종 채택한다고 공포하였고, 9월 9일에는 김일성을 내각의 수상으로 하는 '조선민주주의 인민공화국' 수립을 선포하였다.

12) 북한은 1978년부터 '조선인민군 창건일'을 1948년 2월 8일에서 항일 유격대 창건일인 1932년 4월 25일로 변경하여 기념해오다 2018년 1월 22일 노동당중앙위 정치국 결정에 따라 다시 2월 8일로 변경하고 2018년 2월 8일 조선인민군 창건 70주년 열병식을 거행하였다

13) 통일교육원, 『북한이해』, 2018, p.22.

Chap. 4

창군과 국군의 실태

제1절 국군의 창설
제2절 창군초기 군내상황

제 1 절

국군의 창설

1. 광복 후 국군창설 노력

광복이 되었다. 무엇보다 독립국가로서 가장 시급히 갖추어야 할 것을 찾게 되었다. 이 땅의 모든 사람들이 일제강점기를 경험하였고, 젊은이들은 일제에 의해 태평양전쟁에 강제로 끌려가 원하지 않는 전쟁의 참상도 경험하였다. 그러한 이유를 국가에 제대로 된 군대가 없었기 때문으로 인식하였다. 따라서 광복을 맞은 뜻있는 인사들은 군대부터 조직하고자 했다. 제국주의 시대에는 힘 대 힘의 논리가 우선했기 때문이다. 대한민국이라는 정부보다 군이 먼저 만들어진 이유이기도 하다. 따라서 육군과 해군의 창설일이 정부의 창설일보다 앞서 있는 것이다. 국군창설은 민족의 자주적 방위력을 확보하기 위한 주체적 노력의 결실이었다는 점에서 광복 이후 현대 한국사의 중심에 있다. 그것은 의병·독립군·광복군을 이어 역대 국군의 정통성을 계승하는 민족자존의 길과 통하는 것이었다. 따라서 광복이 되자마자 당시 정부나 군의 지도자들은 나라 잃은 설움을 털고 와신상담의 각오 아래 불굴의 인내로 민족수호의 파수꾼인 정병을 양성하기 위한 이른바 건군운동에 나섰다.

그 결과 미 군정에 등록된 각종 사회단체 205개에 달했다. 그중에는 군과 관련된 단체가 약 30개에 달했으며 그 명칭도 다양하였다. 임시정부와 광복군 출신들이 결성한 사설단체로는 '대한국군준비위원회'와 '대한민국군사후원회'가 있었으며, 해군 군사단체로는 '해사대' 등이 있었다. 이 이외에도 일본군 출신 등이 이끄는 단체 등이 난립하고 있었다. 가증스럽게도 일본군에서 복무한 것을 대단한 이력으로 여기는 양 군사관련 단체를 조직한 사람도 있었다는 것은 통탄할 일이었다. 그러나 그들은 이후에도 어떠한 처벌도 받지 않았다.

〈광복 후 난립하는 사설 군사단체〉

새삼 지도자의 중요성을 알게 해주는 교훈이다. 그들은 오히려 과거의 경력을 경험 있는 이력으로 사용하는데 주저하지 않았으며, 고위직까지 단숨에 꿰어차는 행태를 보이고 있었다. 그것은 군대에서도 예외가 아니었다. 일본군복에서 국군의 근간이 된 국방경비대복으로 바꾸어 입는 데에는 그리 오랜 시간이 걸리지 않았다. 어쨌든 건군의 주역들은 미국 당국과 군정청을 설득하여 1945년 11월13일 군정법령 제28호에 따라 국방사령부[1)](Office of the Director of National Defense)를 설치하고 예하에 군무국과 경무국을 두고 군무국에 육군부와 해군부를 설치하였다. 군정당국은 군정법령 제28호 제3조에 따라 사설군사단체의 활동을 규제하도록 하였으며, 국방사령부를 중심으로 한국의 군사지도자 이응준[2)] 등이 제시한 국방계획안을 기초로 하여 국방군(國防軍)의 창설계획을 수립하였다. 그 내용은 다음과 같았다.

---

1) 1946년 3월 29일에 군정청의 각 국이 부로 승격되는 조직 개편이 있었다. 이에 따라 국방사령부는 국방부(Department of National Defense)로 개칭되었다. 그러나 소련대표가 미소공동위원회 회의에서 이의를 제기하여 명칭을 국방부에서 국내경비부(Department of Internal Security)로 개칭하였다. 그러나 한국의 군관계자들은 이를 통위부로 불렀다. 정부가 수립된 후에는 국방부로 명칭이 변경되어 오늘에 이르고 있다.
2) 일본 육사 출신으로 해방 후 사설군사단체인 '조선임시군사위원회'를 조직하였다.

① 국립경찰의 보강을 위해 국방군을 창설 발전시킨다.
② 국방군의 병력은 45,000명으로 하며 육군과 공군으로 구분하여 육군은 3개 보병사단으로 된 1개 군단으로 편성하고, 공군은 1개 수송비행중대와 2개 전투비행중대 및 근무부대로 편성한다.
③ 해군, 즉 해안경비대는 5,000명으로 제한한다.

그러나 당시의 상황으로는 이러한 계획을 곧바로 시행할 수는 없는 형편이었다. 따라서 계획의 이행에 대비하는 것이 필요하였다. 모든 것이 미비한 형편상 미국의 도움을 필요로 할 수밖에 없었다. 따라서 미군과의 의사소통에 대비하여 장차 군의 간부가 될 요원에게 군사영어를 교육하는 기관의 필요성이 대두되었다. 이에 따라 미군정청은 1945년 12월 5일 군사영어학교를 설치하였다.

〈1946년도의 국방경비대 사관학교 생도〉 출처: 육사역사관

그 후 국방사령부는 군사영어학교의 폐교 후 경비대 간부 양성을 위해 1946년 5월 1일 조선국방경비사관학교를 새로이 창설하고 군사영어학교에서 졸업하지 못한 인원들을 입교시켰다. 이 국방경비사관학교는 조선경비사관학교를 거쳐 후에 육군사관학교로 개칭될 때까지 창군요원 양성의 본산 역을 담당하였다. 한편 남북

한 지역의 군정청은 미·소공동위원회에서 정치적 문제를 해결할 때까지는 군대 창설을 추진하기가 곤란하였다. 이에 따라 미 군정청은 경찰예비대 창설안을 계획하였다. 이것은 1개 도에 1개 연대씩 모두 25,000명 규모의 8개 연대를 편성하는 것이 핵심이었다. 이를 뱀부(Bamboo)계획이라 불렀다. 최초에는 각도에 1개 중대씩 8개 중대를 설치하는 것이었다. 규모는 중화기가 없는 미군 보병중대를 기준으로 장교 6명, 사병 225명으로 하며, 장교는 중앙에서 양성한다는 계획이었다. 이렇게 하여 중대 → 대대 → 연대로 확장한다는 계획이었다. 이후에 경찰예비대는 국군의 모체가 되었으며 전쟁을 맞아 주역으로 활약하게 된다.

뱀부계획의 확정에 따라 조선경찰예비대 또는 조선국방경비대라는 명칭으로 군 창설이 이루어지게 되었다. 그에 따라 군정청은 사설군사단체들에 대하여 해산을 명령하였다. 따라서 그 요원들의 일부는 경비대로 흡수되기도 하였다. 조선국방경비대는 뱀부계획과 군정법령 제42호(1946.1.14.)에 기초하여 조선경찰 예비대 2만 5천과 해안경비대를 설치하게 되었다. 남조선국방경비대는 1946년 1월 15일 태릉에서 제1연대 1대대 A중대 창설로 시작되었다. 그러나 화력은 미약한 상태였다. 연대별로 단지 소총으로만 무장한 경보병 중대를 창설하기 시작한 것이다. 그리고 2월 7일 경비대 총사령부를 설치하였다. 사령부가 설치되자 본격적으로 중대편성 및 모병(募兵)업무에 착수하였다. 그에 따라 4월 1일까지 8개 중대를 편성함으로써 일단 8개 연대의 창설을 완료하였다.[3] 창설시 간부는 주로 군사영어학교 출신들을 배치하였다. 병력은 모집하여 충원하였으나 사설군사단체의 인원까지 받아들였으므로 좌익사상을 지닌 인원이 다수 입대하여 큰 문제로 남았다. 국방경비대는 대대 및 연대순으로 점차 부대를 확대해 나가 1947년 3월까지 당초 목표한 부대와 추가로 도(道)로 승격된 제주도의 제9연대를 포함하여 8개 연대를 완전 편성하였으나 대구의 제6연대는 구성원 중 좌익세력이 물의를 일으켜 편성이 늦어졌다. 이때 연대편제는 3개 대대, 대대는 3개 중대의 3각 편성이었다. 군의 계급구조는 장교 하사관 병의 3단계로 구분하였다.

---

3) 국방경비대와 국방사령부의 창설 순서를 보면 다음과 같다. 1945년 11월 13일 국방사령부가 창설되었고 1945년 12월 5일에 군사영어학교가 설치되었다. 1946년 1월 15일 남조선국방경비대가 창설되었다. 대한민국 정부가 수립되면서 1948년 9월 5일에 국방경비대는 육군으로 개칭되어 국군에 편입되었다. 그 후 부대 창설에 매진하여 6·25전쟁 전까지 8개 사단 규모로 증강되었다.

〈미 군사고문단[4])에 의한 교육〉

이들은 미군으로부터 지원받은 일본군의 38식 및 99식 소총으로 장비하였고 일본식 복장을 착용하였다. 1946년 9월 이후 점차 미제 병기와 미국식 피복으로 전환해 갔다. 교육훈련은 전투훈련이 아닌 주로 총검술, 집총훈련, 폭동진압법 등 치안유지 위주로 실시하였다. 육군이 창설되고 있는 가운데 해군의 모체를 설치하려는 움직임도 수반되었다. 가장 먼저 손원일, 정극모 등이 사설단체인 해사대를 1945년 8월 21일에 조직하였다. 해사대는 미군이 군정을 실시한 후 일시 건준에 가담하였다가 조선해사보국단과 통합하여 조선해사협회로 개칭하였다. 이후 미군정과 몇 차례의 협의를 거쳐 약 200명 규모의 해안경비대를 조직할 것과 본부를 진해에 설치할 것에 합의하자 1945년 11월 11일 해안경비대를 창설하고 명칭을 해

4) 영문 약자인 KMAG(US Military Advisory Group to the Republic of Korea)로 널리 알려졌다. 미국은 1888년 고종의 요청으로 윌리엄 맥앤타이어 다이 준장이 군사고문으로 조선에 처음 초빙된 것을 그 유래로 삼고 있다. 1948년 8월 100명 수준으로 창설했으며, 미군 철수 뒤인 49년 6월 500명 수준으로 커졌다. 기본 임무는 군사적인 조언을 하고, 군사 원조를 원활하게 집행하는 일이었다. 아울러 국군에 대한 체계적인 훈련을 돕고, 각종 군사학교 신설과 한국 장교의 미국 유학 지원도 맡았다. 출처: 중앙일보, '전쟁사 돋보기, 「미 군사고문단」, 2010.2.11.

방병단이라 하였다. 해방병단은 1946년 1월 14일 국방사령부에 편입되었으며 본부를 진해에 두고 단장에는 손원일이 취임하였다. 그러나 해군요원의 확보와 함정 등 장비의 부족이 커다란 문제였다. 이리하여 1946년 1월 17일 해방병(海防兵)학교를 설치하는 한편 조함창을 설치하였다. 해방병학교는 후에 조선해안경비 사관학교로 개칭되면서 해군 창설요원을 양성하였고 정부 수립 후 해군사관학교로 발전하였다. 이와 같이 국방사령부가 경비대의 창설에 몰두하던 1946년 3월 29일에, 군정청은 각국을 부로 승격하는 조직개편을 단행하였다. 따라서 국방사령부는 국방부(Department of National Defense)로 개칭되었다. 그러나 소련대표가 미 · 소공동위원회회의에서 국방부라는 정부기관을 의미하는 명칭을 사용하는 의도가 무엇이냐고 항의하는 일이 벌어졌다. 그러자 미군정에서 이를 받아들여 6월 15일에 그 명칭을 국방부에서 국내경비부(Department of Internal Security)로 개칭하게 되었다. 그러나 한국의 군관계자들은 이를 통위부로 불렀다. 이때 예하의 조선국방경비대는 조선경비대로, 국방경비대 사령부는 조선경비대 총사령부로, 그리고 해방병단은 조선해안경비대로 개칭하였다. 유동열 통위부장과 경비대 사령관에 임명된 이형근 중령, 송호성 중령 등 간부들은 경비대 창설 이래 군내에 잠입한 공산주의자들의 제거와 군경 간의 대립으로 발생되는 불상사를 해소하려고 노력하면서 창군(創軍)을 서둘렀다.

〈1946년 국방경비대 시가행진〉 출처: 국방일보(2017.11.18.)

1946년 9월 12일 통위부장의 취임을 계기로 사실상 군의 지휘권이 한국인에게 이양되고 미군은 고문관의 역할을 수행하였다. 따라서 경비대 총사령부를 비롯한 각 연대의 지휘권도 한국군이 행사할 수 있었다. 통위부가 창설되고 통위부장에 유동열이 임명된 것은 많은 시사점을 주고 있다. 유동열은 임시정부의 참모총장을 지낸 인물이다. 이러한 인물의 임명은 광복군의 법통이 창군의 흐름으로 이어지고 있음을 보여주는 것이다. 어느 누구를 막론하고 독립된 조국의 군대만큼은 광복군이 본류를 이루어야 한다고 생각하고 있었기 때문이다. 광복군의 법통은 그 발원지가 임시정부이며 시기는 1919년이다. 이 무렵 만주에서는 각종 독립군이 활동을 하고 있었다. 임시정부는 이들 독립군에게 광복군이라는 단일 명칭을 부여하기 위하여 노력하고 있었으며 항전을 계속하라고 지령을 내리기도 하였다. 청산리대첩 이후 일본은 복수전을 전개하였고 결국 만주 전역이 일본에 점령되는 결과로 이어졌다. 이에 따라 독립군들은 뿔뿔이 흩어져 중국본토 전역으로 스며들어 활동하였다. 이에 임시정부는 중국 황포군관학교, 운남육군강무학교 등에 정규광복군을 양성하기 위해 지휘관들을 보내게 된다. 1940년 9월 17일에 중경의 임시정부는 정규광복군을 창설하게 되었다.[5] 각지의 독립군들은 이를 계기로 광복군이라는 단일 깃발 아래 통합된 것이다. 이때 초대진용을 보면 총사령관 이청천, 참모장 이범석, 총무처장 최용덕, 참모처장 황원개, 청훈처장 안훈, 훈련처장 송호성 등이 임명되었다. 그러나 광복군의 법통은 그리 오래가지 못하고 만다.[6] 실질적으로 6·25전쟁 시기의 주요지휘관은 대다수가 일본군 출신으로 채워져 있었다. 미고문관은 통위부 내에 약 20명, 경비대 총사령부 산하에 10명 이하의 인원이 상주하였고, 각 연대 고문관들은 1명이 2개 연대씩 맡아 모병, 행정, 조직 및 훈련을 담당하였다. 1947년 10월에 이르러 미·소공동위원회에서 소련 측에 의해 점령군 철수문제가 제기되자 미군 측에서는 육군성의 주관하에 맥아더 장군이 하지 장군과 함께 한국의 국방과 국방군의 창설방안을 검토하였다. 이들은 한국의 경제사정, 신병의 훈련시설 및 유능한 지휘관의 부족, 언어 장벽, 그리고 주한미군의 지원능력감소 등 제반 요소를 고려한 후 결과적으로 국방군의 창설은 아직 시기상조이

5) 일각에서는 광복군 창설일인 9월 17일을 국군의 날로 지정해야 한다고 주장하기도 한다.
6) 광복군(光復軍)은 1940년 9월 17일 중화민국 충칭에서 조직된 대한민국 임시정부의 정규군이다. 광복군 대원들은 1946년 2월부터 6월 사이 개인자격으로 귀국하였다.

며 그 대신 경비대를 5만 명으로 증원하되 필요시 보병, 포병, 화기 및 장갑차량을 제공하기로 결정하였다. 이러한 조치는 한국의 국내치안 유지능력의 개선뿐 아니라 궁극적으로는 미군철수에 대비하기 위한 것이었다.

2. 국군창설

드디어 1948년 8월 15일 정부가 수립되었다. 이와 동시에 경찰의 의미가 짙은 조선경비대는 정식적으로 군대로 탄생하는 계기가 되었다. 즉, 국군으로 편입된 것이다. 국군창설 과정을 보면, 정부가 수립되기 이전인 1948년 7월 17일 법률 제1호인 정부조직법이 제정되었다. 이에 의해 국방부가 설치되고 1948년 11월 30일에 국군조직법이 제정되었다. 대한민국 육·해·공군의 편성에 관한 법적 토대가 마련된 것이다. 법령에 따라 통위부가 국방부로 개칭되었고, 조선경비대와 조선해안경비대가 육군과 해군으로 개칭되면서 국방부로 편입되었다. 이로써 법제화에 따른 신생 대한민국의 국군이 탄생한 것이다. 국군조직법과 직제령에 따른 주요 기구를 보면 국방부장관 밑에 국방참모총장을 두고 그 아래 육군본부와 해군본부를 두며, 각각 총참모장이 지휘하는 것으로 하였다. 초대 국방부장관에는 청산리전투 사령관과 광복군 참모장을 지낸 철기 이범석 장군이, 국방참모총장은 채병덕 준장(일본 육사 49기), 육군총참모장은 이응준 준장(일본 육사26기), 해군총참모장은 해방병단[7] 단장을 지냈으며 해안경비대 총사령관인 손원일 제독(준장)이 임명됐다. 아쉬운 점은 장관과 해군총참모장을 제외하고는 일본군 장교 출신들이 고위직에 기용되었다는 점이다. 해군은 정부수립 후 발발한 여순반란 사건에 출동하여 해상봉쇄작전과 지상군 지원작전을 실시하면서 작전경험을 축적하는 한편, 해상세력을 1949년 2월 1일부로 훈련정대를 포함, 4개 정대로 확대 개편하고 작전해역을 분담하여 해상방위체제를 정비하였다.

---

7) 1945년 11월에 해안경비를 담당할 해방병단이 창설되었고, 1946년 6월에는 해방병단이 해안경비대로 개칭되어 해안경비대로 개칭되었다. 1948년 8월 정부가 수립되어 해안경비대가 해군으로 편입되었다.

해군은 손원일 총참모장의 발 빠른 주도 아래 전력을 향상시키기 위해 눈물겨운 노력을 다하고 있었다. 해안경비대 때 도입된 함정이 대부분 소해정인 데다 노후하여 근대식 해상장비를 갖춘 전투함의 획득이 절실히 요구되었다. 정부는 미국으로 군원 요청시마다 함정지원 요청을 하였으나 만족할 수준은 되지 못했다. 이에 해군에서는 함정건조 모금운동을 전개하기 시작하였고 이것이 전국에 확산되어 목표액이 달성되자 손원일 제독 등이 미국으로 건너가 구잠함(PC) 4척을 구매하였다. 그중 1척이 1950년 4월 1일에 진해항에 도착함으로써 해군은 비로소 3인치 포를 장착하고 대잠장비를 갖춘 전투함을 갖게 되었다. 해상작전체제의 구축, 함정의 확보 노력과 병행하여 기지부대의 정비에도 착수한 해군은 1949년 6월 25일부로 진해에 통제부를 설치하고 각 기지를 경비부로 승격시켜 작전지원체제를 한층 발전시켰다. 또한 1년 뒤인 1949년 4월 15일에는 해병대를 창설하였다. 해군은 여순반란 진압지원작전에서 육전대가 없어 상륙작전을 실시하지 못하자 해병대 창설을 논의하였는데 그 결실을 본 것이다. 해병대는 1949년 4월 15일에 진해에서 1개 대대 규모로 창설하였다. 해병대는 곧 진주지구의 공비토벌작전에 나섰으며 그 후 12월 28일에 제주도로 이동하여 역시 공비토벌작전을 속행하면서 부대의 증편에 주력하게 되었다.

해병대는 총 380명으로 보병대대를 편성하고 진해 덕산비행장(K-10)에서 창설식을 가졌다. 해병대는 '무에서 유를 창조한다'는 정신으로 기틀을 다져가던 중 6·25전쟁을 맞아 진동리지구와 통영상륙작전에서 빛나는 전공을 세워 '귀신 잡는 해병대'라는 애칭을 얻었다. 그리고 인천상륙작전·수도탈환작전에서 크게 활약, 중앙청에 태극기를 게양하면서 용맹한 해병대상을 각인시켰다.

공군은 1949년 10월 1일에 공군본부 직제령으로 국방부 본부 기구인 항공국과 육군항공사령부를 통합해 공군본부로 출발했다. 육군의 항공기지부대로 있던 공군은 1948년 9월 1일에 김포비행장으로 기지를 이동하고 미군으로부터 9월 4일 L-4형 연락기 10대의 인수를 계기로 9월 13일 육군 항공기지사령부로 개편을 단행하였다. 이 항공기는 시속 160.9Km 항속거리 483Km의 구형기종이었지만, 이것이 한국공군 역사상 최초의 항공기였다. 또한 이 항공기는 도입되자마자 곧 여순반란 진압작전에 동원되어 정찰, 연락, 지휘관 수송임무를 수행하였으며, 이 과정에서 항속거리가 긴 항공기의 확보가 시급히 요망되고 인정됨에 따라 곧 L-5형 연락기

10대를 추가로 인수하였다. 이와 아울러 항공부대의 최용덕, 김정열 등 간부들은 공군의 독립을 위한 노력을 경주하였다. 이러한 준비과정의 하나로 1948년 12월에는 항공기지사령부를 육군항공사령부로 개편하고 항공기지부대, 항공비행부대 및 항공사관학교로 전문화하였다. 항공사령부는 1949년 초 이 대통령에게 북한공군의 현황을 분석하여 보고하고 전투기 확보를 위한 군원을 요청해 주도록 건의하였다. 이승만 대통령은 무초(John J. Muccio) 대사와 로버츠(William L.Roberts) 고문단장을 통하여 미국정부에 전투기를 포함한 무기지원을 요청하였다. 한편, 장면 주미대사와 조병옥 특사로 하여금 관계관들을 이해시키도록 하여 4월 10일에는 전투기 75대, 폭격기 12대, 연락기 및 정찰기 30대, 수송기 5대 등 3,000명의 병력 육성을 위한 장비 원조를 요구하였다. 그러나 미국은 이 원조 요청을 수용하지 않았으며 공군의 독립에도 반대하였다. 하지만 정부는 1949년 10월 1일에 공군을 육군에서부터 독립시켜 국군을 육·해·공군 3군 체제로 발전시켰다. 이때 공군은 비행단, 항공기지사령부, 여자항공대, 공군사관학교, 공군병원 및 보급창으로 증편되었다. 아울러 '애국기 헌납 모금운동'을 범국민적으로 전개하여 캐나다제 AT-6형 연습기 10대를 구매하였다. 비록 연습기였지만 0.5인치 기관총 2정씩을 장착하였으며, 애국심을 고양시키기 위하여 건국기라는 명칭을 붙였다. 공군기지는 종래의 여의도와 김포에서 수원·군산·광주·대구·제주도로 확대해 갔다. 가장 늦게 창설된 공군은 보잘것없는 전력으로 출발하였다. 그러나 국민 성금에 의해 훈련기(T-6)인 건국기(建國機)가 도입되면서 국민적 기대와 열의는 고조되기 시작했다. 1950년 5월 14일 전 국민의 축하 속에 여의도기지에서 건국기 헌납식이 거행됐는데 '건국기'란 '자주독립국가' 수립을 기념하기 위한 총칭이었다. T-6 건국기는 F-51 무스탕 전투기와 함께 6·25 전쟁에서 맹활약했다. 이후 1962년 퇴역 때까지 우리 공군의 폭격, 정찰, 조종사 훈련 임무를 수행했다. 문화재청은 2016년에 국민의 성금을 모아 마련한 'T-6 건국기'를 국가 등록문화재 제667호로 각각 지정한다고 밝혔다.

〈비상하는 최초의 훈련기 '건국기'〉 출처: 국방일보(2016.10.24.)

제 2 절

창군초기 군내상황

1. 국군에 침투한 좌익세력

광복 이후의 국내상황은 환희와 함께 혼란의 연속이었다. 무엇보다도 이념의 갈등이 서서히 나타나기 시작하였다. 이러한 현상은 곧바로 군내에서도 문제로 나타나기 시작하였다. 군부대 내에서 발생한 폭동사건은 군에 침투한 좌익계열이 주도한 사건이었다. 이처럼 좌익에 의한 폭동사건이 많이 발생한 것은 미군정의 방침을 살펴볼 필요가 있다. 당시 미군정은 국방경비대 병력을 충원하면서 어느 한쪽으로 기울거나 치우치지 않도록 공평하게 군인을 모집한다는 원칙에 따라 선발인원에 대한 신원조사조차도 하지 않았다. 단지 신체검사와 구두시험을 통하여 모집하고 있었다. 이러한 조치는 현실적인 상황을 제대로 파악하지 못한 것이었다. 북한은 소련에 의한 공산주의 정부수립을 준비하고 있었으며, 미군이 철수하면 국방경비대를 장악하겠는 엄청난 계획을 하고 조직적이고 치밀하게 좌익세력을 군에 입대시키고자 하고 있었다. 이런 상황을 조기에 포착하여 조치를 했어야 했지만, 미군정은 병력확보 면에서는 지나치게 소극적인 태도로 국방경비대를 조직하고 있었다. 사상이 문제되는 인원에 대해서는 최소한 군에 입대하는 것을 방지할 대책이 필요했으나 이를 간과하고 있었던 것이다. 특히 국방경비대를 창설하는 과정에서 사설군사단체를 해체시키자 공산주의 사상을 갖고 있는 자들은 자력으로 군사단체를 보유하기가 곤란해졌다. 이에 따라 군 조직을 내부에서 무력화시킬 목적으로 남노당을 중심으로 국방경비대 내에 입대를 시도하고자 한 것이다. 군내 침투 공작은 장교와 사병[8]을 구분하여 이루어졌다. 장교의 경우는 조선경비사관학

8) 사병이라 함은 하사관(현재의 부사관)과 병사를 말한다. 군 신분체계는 장교, 준사관, 부사관(과거의 하사관), 병사로 이루어진다.

교(육군사관학교의 전신)내에 이미 침투해 있거나 포섭된 조직망을 통하여 남노당이 추천한 자를 입교시키는 방법, 임관된 장교를 통해 남노당이 추천한 자를 입교시키는 방법, 임관된 장교를 통해 그 지인들을 포섭하는 방법 등이 사용되었다. 또한 장교들의 대인 관계, 지연, 혈연, 학교인맥 등을 최대한 동원하여 포섭하는 방법을 사용하였다. 사병의 경우는 각 시・군 단위의 세포조직별로 추천한 사병들을 입대시키는 방법을 사용하였다. 마을에서 당성이 강한 자를 적극적으로 추천하여 입대시키는 방법 등을 사용한 것이다. 이렇게 해서 입대한 자들에 대해서는, 연대 공작담당 조직원을 통해 각 대대・중대 및 소대로 배치하는 방법이었다. 이렇게 함으로써 말단조직부터 상층부까지 모든 계층과 단위부대별로 조직원을 확보하는 방법을 적용한 것이다. 이러한 조직적이고 계획적인 방법 이외에도 좌익성향의 인물들이 경찰의 추적을 피하기 위하여 고의적으로 입대하는 경우도 있었다. 따라서 국방경비대원 중에는 경찰을 적대시하는 자들도 많이 있던 상황이었다. 이렇게 입대한 좌익계열의 군인들은 부대 내에서도 공공연하게 모여 사상교육을 하였으며 점차 세력을 확대하고 있었다. 결국에는 이러한 좌익계열의 군인들이 조직적으로 반란을 일으키기에 이르게 되었고 무고한 양민이 희생되는 상황을 초래하였다.

2. 제9연대에 침투한 좌익세력과 소요진압 과정

제주도는 전라남도에 속해 있었으나 미군정이 실시 된지 9개월 만에 도로 승격되었다. 제주도는 한반도의 남서 해상에 위치한 우리나라에서 가장 큰 섬으로 북쪽의 목포와는 약 140km, 북동쪽 부산과는 약 285km의 거리이다. 또한 일본의 규슈와 쓰시마섬, 중국의 상해 그리고 대만과도 연결되는 구도이다. 이러한 지리적 중요성으로 인해 일제 강점기 시기에 많은 군사시설이 설치되기도 하였다. 제주도는 도로 승격됨에 따라 행정기구의 조직도 함께 확대되었다. 이때 제9연대가 1946년 11월 16일부로 모슬포에 창설되어 제주도의 방위를 책임지게 되었다. 전국의 8개 도를 기준으로 국방경비대가 창설된 점을 고려하면 제주도의 제9연대는 가장 늦게 창설된 셈이었다. 제9연대의 창설준비는 광주에 주준하고 있던 제4연대에서 50명을 차출하여 이를 기간요원으로 하였다. 제주도의 인구는 해방 전에 약 22만 명 정도였다. 그런데 해방을 맞고 나서 많은 인구가 물밀 듯이 밀려 들어와 27만 명을 돌파하고 계속하여 증가 추세에 있었다. 인구의 급격한 증가는 먹고 사는 문제의 어려움을 가져왔다. 그러나 미 군정청은 별다른 대책을 제시하지 못하고 있었다. 또한 제주도는 지리적 특성으로 인해 육지에 비해 경제적으로 낙후된 특징이 있었다. 이러한 특성은 주민의 생활을 더욱 어렵게 하는 또 다른 점이기도 하였다. 제주도는 유입된 인물들의 증가만큼 경제적 어려움도 증가하고 있었던 것이다. 이처럼 어려운 상황이었지만 1947년의 3월 1일이 다가오자 해방 두 돌을 기념하는 행사를 개최하였다.

평화롭게 보이는 한라산이다. 그러나 4 · 3사건 당시에는 한라산의 중산간[9]을 통행하는 주민은 폭도로 간주되어 많은 주민이 희생되기도 하였다.

〈제주도 한라산〉 출처: 4 · 3평화공원

3 · 1절 기념행사는 각 읍 · 면 별로 치러졌고 제주북국민학교에는 제주읍 · 애월면 · 조천면 주민 3만여 명이 모였다. 북국민학교의 3 · 1절 행사가 오후 2시에 끝나갈 무렵 기마경찰의 말발굽에 어린아이가 치이는 사고가 발생하였다. 이때 기마경찰이 다친 어린이를 그대로 두고 사과도 없이 지나가자 군중들이 항의하기 시작하였다. 군중들은 경찰에 항의했고 무장경찰은 이에 위협을 느끼자 군중을 향하여 총격을 가했다. 이로 인해 민간인 6명이 사망하는 비극이 발생했는데, 이들 가

9) 해발 200~600m에 분포한다. 마을이 형성된 해안 저지대와 한라산을 연결하는 완충지역이다.

운데는 15세의 어린 초등학생과 젖먹이 아이를 가슴에 안고 총에 맞아 죽은 여인도 있었다. 이를 본 제주도 주민들은 크게 분개하였다. 이것이 제주 4·3사건의 시작이 되었다.[10] 이 과정에서 좌익성향의 무장대를 군·경이 토벌하는 과정에서 무고한 주민들이 많이 희생되었는데 이를 제주 4·3사건이라 한다. 국가에서는 이들의 희생과 명예를 회복하기 위한 특별법을 2016년에 제정하기에 이르렀다. 경찰의 발포로 인하여 희생자가 발생하고 주민의 분노가 발생하고 있다면 이를 수습하는 노력이 필요했다. 그러나 경찰은 시위 주동자를 색출하고자 할 뿐이었다. 이를 본 주민들은 더욱 분노하여 총궐기하기에 이르렀다. 3월 10일에는 제주도청을 시작으로 민·관 총파업이 시작되었다. 도청에 이어 각종 관공서를 비롯한 은행·회사·학교·운수업체·통신기관 등 도내 166개 기관 단체 직원들이 파업에 들어갔다. 여기에는 현직 경찰관까지 파업에 참가하였다. 제주도 전체가 파업한 것이다. 미군정청은 합동조사단을 파견하는 한편 경찰력을 육지로부터 증파하였다. 3월 15일 전남·북 응원경찰 222명, 3월 18일 경기도 응원경찰 99명을 증파하여 더욱 강경한 분위기를 유지하자 사태 해결의 실마리가 보이지 않았다. 설상가상으로 조병옥 경무부장은 3월 19일 경찰의 발포를 정당방위로 주장하는 담화문을 발표하였다. 또한 이 사건을 북한과의 내통으로 발생했다는 내용을 포함하였다. 제주도를 '빨갱이 섬'으로 정리한 것이다. 1948년에 접어들자 정국은 남한만의 단독선거로 돌아서고 있었다. 이렇게 되자 남한 내의 많은 정당과 단체에서 반대성명을 발표하면서 격렬하게 반발하였다. 정국은 일대 혼란에 접어들었다. 이런 정국의 혼란 속에서 남조선노동당(남로당)도 단독선거를 저지하기 위한 강력한 투쟁계획을 세우고 실행하고자 했으나 많은 핵심 간부들이 체포되면서 궤멸의 위기에 처했다. 그들은 단독선거를 저지한다는 명분으로 봉기를 결행하기로 하였다. 무엇보다도 제주도의 환경은 봉기에 유리했다. 민심의 이반 현상을 좌익에서는 최대한 이용하고자 한 것이다. 그들은 일본군이 매몰한 무기를 찾아내어 500여 명을 무장시켰다. 그리고 남로당 제주도 지구당 총책 김달삼[11]이 이끄는 불순분자 1,000여명과

10) '제주 4·3사건 진상규명 및 희생자 명예회복에 관한 특별법(약칭: 4·3사건법)'에서 정의하는 '제주4·3사건'이란 '1947년 3월 1일을 기점으로 1948년 4월 3일 발생한 소요사태 및 1954년 9월 21일까지 제주도에서 발생한 무력충돌과 그 진압과정에서 주민들이 희생당한 사건을 말한다'로 규정하고 있다.

합세하여 5·10단독선거를 방해하기 위하여 1948년 4월 3일 02시에 폭동을 일으켰다. 중앙과의 고립된 사회적 여건과 경제적 어려움, 폭도로 내몰린 도민감정을 적절히 이용한 것이다. 그들은 5·10단독선거에 대한 적극적인 거부 투쟁을 전개하였다. 미군정청은 무장봉기가 발생하자 4월 5일 아침 전라남도 경찰 약 100명을 응원대로 제주에 급파하는 동시에 제주경찰감찰청 내에 '제주비상경비사령부'를 설치하였다. 또한 서청단원들도 증원되었다. 미군정은 4월 17일, 그동안 관망 상태에 있었던 모슬포주둔 국방경비대 제9연대에게 사태 진압을 명령했다. 제9연대는 이 사건을 경찰과 서청 등의 무리한 진압과 횡포에서 비롯되었다고 분석하고 무장대와의 평화적인 해결 방안을 모색했다. 그 결과 1948년 4월 28일 제9연대장 김익렬 중령과 무장대의 김달삼 등이 만나서 협상을 하였다. 드디어 "72시간 안의 전투중지, 무장 해제와 하산이 이루어지면 책임을 묻지 않는다."는 내용으로 마무리 되는 듯하였다. 그러나 미군정청 하지사령관은 무력 진압 방침을 결정하였다. 5월 5일 제주에서 미군정 수뇌부가 참석한 가운데 긴급대책회의가 열렸다. 이 자리에서 강경 진압을 주장한 조병옥 경무부장과 선무귀순공작의 필요성을 역설한 김익렬 연대장 사이에 몸싸움이 벌어졌다. 결국 김익렬은 문책을 받아 해임되고, 다음날 제9연대장은 박진경 중령으로 교체되었다. 그는 강경진압을 주장하던 인물이었다. 무장대는 5월 7일부터 10일까지 선거사무소를 집중공격하고 선거 관계 공무원을 납치하여 살해하는 일도 발생하였다.[12] 5월 10일 선거 당일에는 투표소를 공격하였다. 이 과정에서 다수의 주민들은 무장대에 동조하여 입산하면서 선거를 거부하였다.

무리한 토벌이 이루어지자 서서히 경비대의 강경 방침에 반대하는 분위기가 고조되었다. 5월 20일 밤 제9연대 병사 41명이 탈출하는 사건이 일어났다. 이들은 무기와 장비, 5,600발의 탄약을 소지하고 모슬포 주둔지를 빠져나가 대정지서를 공격하고 일부는 입산하였다.

---

11) 본명은 이승진이다. 제주도 남로당 지구당 총책이었으며 제주 4·3 사건을 주도하였다. 1948년 8월 21일부터 26일까지 황해도 해주에서 열린 '남로당 인민대표자대회'에 참가하기 위해 제주를 탈출했다. 이후 그는 인민유격대 태백산 지구 사령관으로 태백, 울진, 영양 등에서 게릴라전을 펼치다 군군토벌대에 의해 사살되었다.

12) 제주 4·3사건 진상규명 및 희생자 명예회복위원회, 『제주 4·3사건 진상조사 보고서』, pp.276~338에서 발췌하여 정리.

〈토벌작전을 전개하는 장병들〉

경비대에서는 병사들이 10여 명씩, 혹은 몇 명씩 부대에서 탈출하는 일이 자주 발생했다. 그러던 중 6월 18일에는 연대장(박진경 대령)이 부대내 세포에 의하여 암살당한 사건이 발생하였다. 군수사기관은 이 사건과 관련하여 문상길 중위와 손선호·배경용·신상우 등을 체포하였으며, 군법회의를 거쳐 문상길과 손선호 하사가 처형되었다. 이때부터 토벌작전은 무장대와 주민을 분리시키고 선무공작에 힘쓰는 심리전에 치중하게 되었고, 상황이 불리해진 무장대는 한라산 중턱으로 도피하여 장기항전으로 전환하였다. 그 후 제9연대 내의 공산당 세포 80여 명이 일망타진되고, 군에서도 제주도지구 전투사령부를 설치하여 작전에 박차를 가하게 되었다. 이승만 정부는 10월 11일 '제주도경비사령부'를 설치하고 본토의 군 병력을 제주에 증파시켰다. 그런데 10월 19일 제주에 파견하려던 여수의 제14연대가 반기를 들고 일어남으로써 사태는 걷잡을 수 없는 소용돌이 속에 휘말리게 되었다. 11월 17일 제주도에 계엄령이 선포되었다. 이에 앞서 제9연대 송요찬 연대장은 해안선으로부터 5㎞ 이상 들어간 중산간지대를 통행하는 자는 폭도배로 간주하여 총살하겠다는 포고문을 발표했다. 이때부터 중산간마을을 초토화시키는 대대적인 강경진압작전이 전개되었다. 토벌대는 무장대와 민중의 연계를 막기 위해 중산간마을 주민들을 해안마을로 강제 소개(疏開)시키고 100여 곳의 중산간 마을을 불태웠다. 소개령이 내려졌는데도 병자 · 노인 · 어린이 등을 포함한 일부 주민들은 마을을 떠나지 않고 그대로 남아 있는 경우도 허다했다. 그러나 이유 여하를 막론하고 이들에 대한 무차별 학살은 자행되었으며 소개령을 전달하지도 않고 방화와 학살을 저지른 곳도 많았다. 일부 중산간 마을에 소개령이 전달돼 해변마을로 소개해온 사람들이라 할지라도 가족 중 한 명만 사라지면 '도피자 가족'이라 하여 총살했다. 이러한 소개작전은 주민들을 오히려 도피 입산하게 만들었다. 이는 수많은 주민 희생과 사태의 장기화를 부추기는 결과를 가져왔다. 한편 무장대의 보복 습격도 끊이지 않았다. 1948년 11월 이후 무차별 토벌작전이 벌어진 이후에는 자신들에게 협조하지 않고 토벌대 편으로 기울었다고 판단한 일부 마을을 지목해 주민들을 무차별 살해했다. 1949년 3월 제주도지구전투사령부의 선무공작에 따라 많은 입산자들이 피신해 있던 은신처를 나와 삼삼오오 귀순하여왔다. 그러나 귀순자들은 젊은 남자들은 물론이고, 여자 · 어린이 · 노인들도 제주읍내와 서귀포의 임시수용소에 가두어졌다.

〈하산하는 주민들〉

선무작전이 4월까지 수행되면서 많은 사상자와 포로가 계속하여 속출하였다. 당시 작전 과정에서 희생된 민간인과 자진 귀순하거나 체포되어 포로가 된 자를 합쳐 거의 1만여 명에 달하였다. "내려오면 살려 준다."는 선무작전에 따라 백기를 들고 하산한 주민들은 제주읍내 주정공장 등에 갇혀 있다가, 일부는 석방되었으나 상당수는 군법회의에 회부되었다. 군 당국은 원래의 회유 방침을 무시하고 강경한 처리로 일관하였다. 형량도 죄명도 모른 채 형식적인 군법회의를 거쳐 1,650여명의 귀순자들은 육지 형무소로 이송되었다. 1949년 6월 7일 무장대 총책 이덕구가 사살됐다. 무장대 세력이 이미 와해 된 상태이긴 하지만, 이덕구는 김달삼에 이어 무장대의 상징적 존재였기 때문에 그의 죽음이 주는 영향은 컸다. '초토화작전'에 의해 1948년 10월 말부터 1949년 3월까지 약 5개월 동안, 집중적으로 참혹한 집단 살상이 행해졌다. 4·3사건 기간 동안의 희생자 수는 2만 5,000~3만여 명으로 추정되고 있다. 폭동이 발생한 지 13개월만인 1949년 5월에 가서야 제주도의 치안이 회복되었다. 진압과정에서 제주주민 약 3만여 명이 죽게 되는 참혹한 상황이 발생한 것이다. 이것이 '제주 4·3사건'으로 불리는 무고한 주민이 희생된 사건이다. 또한 전국 200개 선거구 중 제주도 2개 선거구는 투표수의 과반수 미달로 무효 처리되었다. 5·10단독선거의 거부는 미군정에 대한 심각한 도전으로 받아들여졌고 이에 따라 강경진압으로 일관하다가 무고한 양민이 다수 희생된 것이다.

3. 제14연대 반란사건

제14연대에서 발생한 반란사건은 '여순사건'으로 불리기도 한다. 1948년 10월 19일부터 10월 27일까지 당시 전라남도 여수시에 주둔하고 있던 14연대의 군인 2,000여 명이 중위 김지회, 상사 지창수 등 남로당 계열 군인들이 주동이 되어 발생하였다. 이들은 제주 4·3 사건 진압 명령을 거부하며 정부 진압군과 맞서게 되었는데, 이 과정에서 주민들이 희생되는 일이 발생하였다. 여수와 순천을 포함한 전남 동부권 주민 1만 1131명(1949년 전남도 발표)의 목숨을 앗아간 비극으로 알려졌다. '여수·순천반란사건'으로 불리다가 2010년 진실화해위원회가 군경에 의한 민간인 희생자를 2,043명으로 확정·보고하면서 명칭이 바뀌게 되었다. 제14연대는 여수읍 신월리(현재의 신월동)에 주둔하고 있었다. 제14연대는 1948년 5월 4일에 광주에 주둔하고 있었던 제4연대(후에 20연대로 개칭)의 1개 대대를 기간으로 창설되었다. 그중에는 하사관 중에 지창수라는 상사가 있었다. 그는 당시 군 내부 남노당 조직 책임자로서 남노당 출신 사병들의 구심점 역할을 하였다. 기간이 되었던 제4연대 1대대의 홍순석 중위(육사 3기), 김지회 중위(육사 3기) 등이 함께 있었다. 이들은 남노당 출신으로 밤에는 내무반에서 공산주의 사상을 가르쳤다. 그러던 중 1948년 10월 11일에 육본에서는 제주 4·3사건 진압을 위해 제주도 경비사령부를 창설하였다. 그리고 여기에 대구의 제6연대와 부산의 제5연대에서 각각 1개 대대를 경비사에 배속시키게 하였다. 그 후 10월 15일에는 여수의 14연대에서 1개 대대를 제주 9연대를 증원한다는 계획을 수립하였다. 육본에서는 제14연대장에게 "1개 대대를 1948년 10월 19일 20시에 여수항을 출발하여 제주도의 시위를 진압하라."는 출동명령을 내리게 되었다. 그러나 연대장은 이러한 사실이 누설되었을 것으로 판단하여 출동시간을 24시로 변경하였다.[13] 역시 이러한 사실을 제14연대의 남노당원들이 알게 되었다. 남로당은 제주도 폭동이 그들에게 유리하게 전개되어가자, 여수를 중심으로 한 제2전선을 형성하여 국군의 제주도 증원을 방해하고 상황 추이에 따라 연쇄적인 반란을 유발하게 하여 정부를 전복시킬 목적으로 제14연대 세포책에 반란을 명령하였다. 반란 주모자들은 이 기회를 이용하여 같은 날 출항하는 날 21시에 거사하고 반대하는 장병들을 제거한 후 여수를 점령하였으며, 곧이어 순천에 파견된 2개 중대도 이에 호응하였다. 여수·순천을 장악한 반란군은 지방 공산당과 이에 부화뇌동하는 분자 3,000여 명과 작당하여 반란부대를 재편하고, 경찰을 위시한 각계각층 지도급 인사와 고용주, 스승, 친지, 학우 등 많은 주민을 반동으로 몰아세워 집단학살하며, 방화와 파괴를 서슴없이 저질렀다. 여수·순천 일원은 문자 그대로 피바다를 이루었다. 반도들은 다시 광양·남원·전주 및 벌교·광주·이리로 진출하면서 세력 확장에 혈안이 되었다. 제14연대의 반란사건은 국군 제14연대만의 반란이 아니었다. 그들은 여수 지역 남로당 출신 좌익들과 합세하여 여수·순천 뿐 아니라 호남 동부지역 전체로 확산시켰던 것이다. 그리고 반란사건 첫날 20일 여수를 점령한 뒤, 첫날만 무려 400여 명

13) 당시는 통신이 원활하지 않아 일반 우체국으로 전보를 보내기도 하였다. 이러한 연유로 연대장은 비밀 누설을 염려한 것이었다.

에 이르는 경찰 및 그 가족들을 살상하였다. 정부에서는 사건발생 이틀 뒤인 21일에 반란군 토벌 전투사령부를 설치하고 7개 대대를 투입하는 동시에, 여수·순천 지구에 계엄령을 선포하였다. 토벌부대는 1주일간에 걸친 격전 끝에 여수·순천을 탈환하였다. 반란사건의 주모자인 김지회 및 홍순석은 반란이 실패로 돌아가자 잔여 반란군 350여 명과 함께 지리산으로 도주하였다. 이들은 지리산 일대에 유격근거지를 구축하고 병력을 지리산을 중심으로 하여 덕유산, 백운산 일원에 분산 은거시켜 장기항전을 위한 준비태세를 갖추어 나갔다. 이들은 사전 준비된 근거지를 전전하면서 구례·곡성·광양·무주·장수·남원·거창·산청·함양·진주·하동 등지에 출몰하면서 관공서 습격을 위시한 약탈, 방화, 살인 및 납치 등의 갖은 만행을 자행하여 전남북과 경남 지역의 일부를 위협하면서 지역주민을 불안과 공포 속에 몰아넣었다.[14)]

社說

麗順叛亂의 敎訓 一

1949년 10월 29일의 동아일보 사설 내용이다. 제14연대의 반란(여순반란)의 비극을 극복하는 길은 '민주건설'이라는 말로 끝을 맺고 있다. 민주건설은 공산주의에 대한 승리를 의미한다는 것이다. 또한 이를 위해 미국이 한국의 민주건설을 위하여 1억 5천 불의 원조를 결정하였다는 말도 덧붙이고 있다.

출처: 동아일보(1949.10.29.)

14) 국방부 전사편찬위원회, 『대비정규전사』, 1988, p.91.

한편 반란을 진압하기 위해 설치되었던 토벌사령부는 1948년 10월 27일 여수를 최종적으로 탈환함으로써 사건 발생 9일 만에 일단 진압되었다. 그러나 반란군 잔여 병력이 지리산 일대로 도주하자 이들을 소탕하기 위하여 토벌부대는 광양, 구례, 하동 방면으로 이동하여 토벌작전을 전개하였다. 그렇지만 반란군이 지리산으로 도주하여 유격전으로 전환하였기 때문에 토벌작전은 다음해인 1949년 1월까지 계속되었고, 2월에는 마침내 호남 일대에 선포된 계엄령이 해제되었다. 제14연대의 반란은 한국군의 부대명칭에서 4자가 사라지게 된 계기가 되기도 하였다.

4. 제6연대 반란사건

제6연대는 대구에 주둔하고 있었다. 이 사건의 발생 원인은 사건 발생 2년 전에 발생한 1946년 10월 1일에 대구에서 일어났던 10 · 1대구사건과 제주도의 4 · 3사건 그리고 제14연대의 반란사건이 적지 않은 영향을 끼쳤다. 제6연대 반란사건은 여타의 반란사건과는 다르게 좌익 불순분자들만의 반란행위로 그치고 말았다. 그 이유는 토벌을 위해 지리산 방면에 출동했던 1대대 병력들이 반란군들의 양민에 대한 만행을 직접 목격하였기 때문이다. 이들은 그들의 정체를 파악하고 있었으므로 좌익분자들의 감언이설에 속지 않았다. 반란이 일어날 당시, 제6연대는 제주도 폭동진압과 여수 · 순천반란군 토벌에 3개 대대를 투입하였으므로, 연대 주둔지에는 본부요원과 소수 경비병력만 잔류하고 2개 중대가 김천 · 영천 · 포항에 파견되어 있었다. 이와 같이 부대가 대구를 중심으로 분산되어 있었던 관계로 대구 제6연대 반란사건은 3차에 걸쳐 일어났던 이유가 되었다. 제6연대는 1946년 2월 18일에 창설되었다. 창설 당시 좌익 사설 군사단체인 조선국군준비대[15] 출신이 주류를 이루었다. 더군다나 창설 이래 5대에 이르는 연대장 가운데 김종석(3대), 최남근(2 · 5대)이 공산주의 사상을 지녔던 자이기도 하였다. 또한 1946년 10월 1일에 발생한

15) 이혁기를 총사령으로 하여 1945년 8월 17일 설립된 좌파의 사설군사단체이다. 간부들은 북한 출신 공산당원으로서 좌익계열이었다. 각 도별 지대조직을 갖추고 있었으며 태릉에 훈련소를 설치하였다.

대구사건의 관련자들이 경찰의 손을 피하여 다수 입대하기도 하였다. 연대창설에 나섰던 인물 중에 학병소위 출신인 하재팔 이라는 장교가 있었다. 좌익성향이 강했던 그는 해방 직후 대구에서 사설단체인 '조선국군준비대'를 조직할 당시에 참모장을 하면서 좌익청년들을 규합했었다. 그러나 미군정에 의해 사설군사단체가 해체되자, 육사의 전신인 군사영어학교에 1기로 입교하였다. 그 후 그는 육군 참위(參尉.소위)로 임관하여 정식으로 제6연대 창설에 나서게 되었다. 부대의 많은 병력이 좌파 사설군사단체 출신이었고 지휘관의 성향도 유사하였다. 이처럼 제6연대는 본질적으로 반란을 도모하기에 적합한 구조를 갖고 있었던 것이다. 거기에 연이은 인접연대의 반란사건은 이를 더욱 촉진시킨 결과로도 작용하였다. 제1차 반란은 1948년 11월 2일에 일으키게 된다. 남노당은 제14연대 반란군이 지리산으로 도피한 뒤에 대구 주둔 제6연대 세포책인 곽종진(연대 인사계, 특무상사)에게 반란을 지령하였다. 같은 좌익인 이정택 상사가 계획적으로 곽종진이 남노당의 세포책임자라는 사실을 그의 중대장에게 알린다. 이에 따라 헌병이 출동하여 좌익혐의자인 곽종진 특무상사가 연행하려 하였다. 그러자 그는 헌병대의 조장필 소위를 권총으로 사살하면서 시작되었다. 조 소위가 쓰러지자 곽 상사와 한통속이던 이정택 상사가 '궐기'를 선동했고, 이에 동조하지 않은 하사관 10여 명을 사살하면서 확대되었다. 이들은 진압을 위해 출동한 헌병장교와 사병 등 6명을 사살하고, 칠곡군 동명지서를 습격한 뒤 팔공산으로 들어가 '빨치산'이 되었다. 제2차 반란은 제14연대 반란사건을 진압하고자 출동했던 부대에서 발생하였다. 제1차 반란으로 연대본부 안에 있는 좌익분자들은 숙군을 완료한 상태였다. 그러나 지리산 방면에 출동 중인 부대는 숙군을 하지 못하고 있는 상태였다. 따라서 연대에서는 이들에게 원대복귀를 명령하였다. 이에 따라 복귀하던 제6연대 소속 2개 중대(380명)병력 가운데 좌익성향인 이상백 상사를 비롯한 28명의 하사관과 14명의 병사들은 숙군이 두려웠다. 이들은 12월 6일 오후에 장교 9명을 사살하였다. 그 이후에 이들은 도주하였는데 이 과정에서 달성지서를 습격하기도 하였다. 그러나 이에 동조하지 않은 나머지 병사들은 대구시 대명동의 부대로 복귀하였다.

제3차 반란사건은 해가 바뀐 1949년 1월30일에 발생하였다. 포항에 주둔하고 있던 6연대 소속 제4중대 내에서 발생하였다. 이들은 포항에서 비행장 경비임무를 수행하고 있던 관계로 숙군 수사기관의 조사를 받지 않고 있었다. 연대에서는 제4중대를 조사하기 위하여 비밀리에 제3중대와 부대를 교대하는 계획을 수립하였다. 그러나 이 계획이 좌익분자에게 알려지게 되었다. 그러던 중에 좌익사병 일부가 곽종진 상사 등의 지령을 받고, 백달현 소위와 하사관 1명을 사살한 뒤, 중대원들을 선동하다가 여의치 않자 탈주한 사건이다. 그 이후에는 제6연대에서 반란사건은 발생하지 않았다. 그 결과 제6연대는 반란연대의 오명을 남기고 1949년 4월 15일 해체되어 제22연대로 개편되었다. 이러한 반란사건은 해당자의 가족에게는 연좌제라는 족쇄가 채워져 오랫동안 고생해야만 하는 비극으로 다가왔다.

5. 제8연대 2개 대대의 월북사건

1949년 5월 4일 오후 1시경에 춘천에 주둔한 제8연대 제1대대장 표무원(육사 2기) 소령은 대대병력 445명을 이끌고 월북하였다. 그는 야간행군을 빙자하여 대대원과 함께 춘천 북방의 말고개 쪽으로 38도선을 넘었다. 이때 미리 대기하고 있던 북한군에게 포위되자, 대대장의 계획적인 범행임을 알게 된 예하 제2중대장(최동섭 중위)이 "희생되지 말자."라고 하며 탈출하려 하자 북한군으로부터 사격을 받게 되었다. 이에 양측이 교전을 벌이는 틈을 타고 제3중대와 제4중대는 무사히 탈출하였다. 특히 제4중대는 중화기 등을 모두 무사히 가지고 귀환하였다. 이에 월북한 지점(말고개 일대)을 상급부대에서 정찰한 결과 다수의 북한군 견장 등이 떨어진 것을 확인하였다.[16] 다음날에는 홍천에 본부를 둔 같은 연대 제2대대장 강태무(육사 2기) 소령이 총 293명을 이끌고 북한군의 내습이 빈번한 북한군 보안대를 공격한다며 38도선을 넘었다. 이때 북한군으로부터 사격을 받자 대대장은 "백기를 들고 투항하라."고 명령했으나 5·7·8중대는 이에 응하지 않고 북한군과 교전하였다. 그 결과 5중대는 거의 전멸 상태에 이르렀고, 7중대는 적에게 투항하게 되었다. 탈출에 성공한 인원은 1대대 239명, 2대대는 143명이었다. 표무원은 일본군

16) 경향신문, 「국군 월북사건 진상」, 1949.5.8.

군조(軍曹・중사)를 지냈고, 강태무는 일본에서 대학을 마치고 학병으로 일본군에 끌려갔던 전력을 갖고 있었다. 둘 다 박정희 전대통령과 함께 육사 2기생이었다. 이 시기는 군내 숙군이 한창이었고 당시 박정희 소령은 육본 정보국 전투정보과 장으로 있으면서 제14연대 반란에 관련된 혐의로 재판을 받고 있을 때였다.[17)] 군은 이 사건 이후 월북에 대한 조치로 홍천지역의 제6사단 제8연대를 수도경비사단으로 예속 변경하고 수도경비사단의 제2연대를 홍천지역에 배치한 상태에서 6・25 전쟁을 맞게 된다. 또한 1949년 5월 8일 이응준 총참모장이 지휘책임을 지고 물러났다. 창군의 기틀을 잡아야 할 초대 총장의 재임기간이 5개월이 채 못 되고 만 것이다.[18)] 강태무와 표무원 소령은 제주도에서 체포된 오일균의 세포로서, 그들의 정체가 폭로될 것을 짐작하고 북한이 남파한 간첩과 접선하여 월북을 계획했던 것이다. 대대장의 지시에 따라 38도선을 넘은 대대 장병들은 38도선을 넘은 뒤에야 비로소 대대장의 음모를 간파하였다. 그리고 필사적으로 북한군의 포위망을 뚫고 남하하였다. 그러나 일부 병력은 북한군에게 붙들리고 말았다. 그로부터 5일 뒤인 10일에는, 해군 제2특무정대 508정이 주문진 근해에서 경계임무수행 중 월북하였다. 불과 1주일 사이에 잇달아 발생한 이 사건은 대내외에 적지 않은 파문을 일게 하였다. 이처럼 국군은 창설초기에 사상이 문제되는 자들로 인하여 매우 혼란한 상황이었다. 이러한 일련의 사태는 국군의 사기저하는 물론이고, 미군의 군사적 협조를 곤란하게 만드는 하나의 요인으로 작용 될 수 있는 중대한 사건이었다.

---

17) 국방일보, 「제1화 온고지신」, 2003.6.23.

18) 1948년 12월15일 제1대 육군 총참모장에 이응준(군영・중장 예편)소장이 임명됐다.

거듭軍事援助를要請

對韓全力援助를確答！

張勉大使트大統領을訪問要談

大韓民國을爲한軍事援助를要請하였다 張勉大使는 二十八日下院外交委員會에서 有利하게 報告書를 作成할豫定인 一億五千萬弗의 對韓援助計畫에 感謝코 트루만大統領을 訪問하였던것이다 張勉大使는 如左히말하였다「트루만」大統領은 本人을 따뜻이 마저주었으며 그는 韓國이 當面한 問題에있어서 韓國을 援助하기爲하여 全力을 다할것을 約束하였다

우리는 美軍이 撤退하기前에 좀더 裝備와 補給을받아야 될것으로 보는바이다 韓國은 一億五千萬弗의 援助計劃으로는 어떻게하여나갈수있으나 조금이라도 그以下로 削減되는때는 重大打擊이될것이다

〈군사원조 요청, 장면대사 미 대통령 방문〉 출처: 경향신문(1949.6.29.)

미군은 한국의 정부수립이 완료됨에 따라 군정을 마치고 철수하려는 단계에 있었다. 이에 따라 우리 정부는 국군의 전력증강을 위하여 미국에 군사지원 요청을 협조하는 단계였다. 이 시기에 월북사건과 군부대 반란사건 등이 계속 발생한 것이다. 신문은 장면대사가 군사원조를 요청하기 위하여 트루먼 대통령을 방문했다는 기사를 싣고 있다.

이 시기는 미군의 철수를 목전에 두고 한국군에 대한 군사원조에 관한 교섭이 진행되고 있었다. 1949년 6월 28일에 장면 주미대사는 미군이 철수하기에 앞서 1억 5천만 불의 군사원조를 요청하였고, 미 하원외교위원회에서는 한국에 유리하게 보고서를 작성할 예정에 있었다. 또한 장면 주미대사는 이에 대한 감사차원에서 미국의 트루먼 대통령을 방문하여 미군 철수에 대비한 한국군 전력증강에 대한 대화를 하였으며 트루먼 대통령은 한국의 전력을 증강에 전력을 다하겠다는 확답을 받기도 하였다. 이러한 상황에서 국군의 집단월북사건은 미국의 신뢰를 저하시키는 사건으로 작용할 수 있었다.

6. 하극상 및 군 기강문란 사건

9개 연대의 기본조직을 끝낸 경비대는 정부수립 때까지 숨 가쁘게 부대 확충 작업을 펴갔지만 여러 가지 불비한 여건으로 적지 않은 사건들이 터져 나왔다. 그러나 이를 방관해서는 안 될 정도의 심각한 군 기강과 관련된 사건들이었다. 이들 군내사건은 대부분 초창기의 어수선한 틈을 이용하여 경비대에 입대한 자들에 의해 이루어졌다. 미군정청의 불편부당 정책을 이용해서 경비대에 입대한 공산분자들이 배후에서 교묘하게 움직이고 있었기 때문이었다. 그 대표적인 사건을 보면 다음과 같다.

먼저 제2연대 사건이다. 1947년 2월 제5대 연대장으로 취임한 김종석은 당시 남로당 거물간첩인 이주하의 심복이었다. 부임 후 군수참모인 이상진 등과 짜고 중앙에서 내려오는 C레이션 등 군수물자를 모두 횡령 처분해 거액의 자금을 마련해서 이주하에게 상납하곤 했다. 이 사건은 김종석이 해임되고 후임인 최덕신이 연대장에 취임하여 인수할 때 드러나게 되었다. 따라서 연대장은 군법회의에 회부되기까지 하였다. 그러나 심한 군내 파벌의 작용으로 무죄가 선고되었다가 나중에 숙군 때에 총살당했다.

제3연대의 연대장 배척사건은 김백일 연대장의 결혼식이 도화선이 됐다. 1946년 10월 이리에서 김백일이 결혼식을 올리자 부대 내 사병들 간에는 김백일이 장병들의 보급품을 처분하여 호화 결혼식을 하였다는 소문이 퍼졌다. 이 소문은 점차 커져서 "연대장은 물러가라."는 소요 사건으로 확대되었다. 이 사건은 부대 내의 좌익세포들이 경비대 붕괴를 목적으로 선동하기 시작한 것으로 주모자들은 색출됐으나 가볍게 처리되고 말았다.

제8연대의 대대장구타사건도 좌익계가 조종한 하극상이었다. 1947년 3월 송요찬이 제8연대 3대대장으로 부임한 후 3개월 동안 신병훈련을 강하게 시키면서 외출과 면회를 일체 금지하자 부대 내 사병들의 불만이 고조되었다. 이때 부대 하사관인 박인욱과 홍민규가 동료 결혼식에 참석하고 돌아오자 두 상사를 영창에 집어넣고 강등시킴으로써 불만이 터지고 말았다. 대대장실로 몰려온 하사관들은 대대장에게 집기를 집어 던지고 병기고로 달려가 병기를 들고나와 폭동을 일으켰다.

긴급 출동한 미군의 지원으로 사병들의 무장해제를 시켰으나 조사결과 박, 홍 두 상사는 남로당 강원도 조직의 사주를 받고 있음이 밝혀졌고 유죄선고를 받은 박은 복역 중 영창에서 탈출하여 월북하고 말았다.

제1연대 1대대의 소요사건은 보급중대의 보급품부정처분사건이 표면에 나타난 이유였지만 내막은 역시 이병주 등 좌익장교들의 경비대 내분조성을 목적으로 일으킨 것이었다. 1946년 5월 점심시간이 지나자 사병들이 연병장에 모여 부정 장교를 색출하고 중대장도 물러나라고 고함을 치기 시작하더니 부대 내를 몰려다니며 닥치는 대로 기물들을 파괴해 나갔다. 이 사건은 곧 진압되고 이병주는 숙군 시 총살형에 처해졌다. 이 밖에도 각 연대에서는 작은 사건들이 많이 일어났지만 주요 원인은 대부분 좌익계역의 획책이었음이 밝혀졌다. 경비대원 모병 시 군정청이 신원조회를 생략한 것이 가장 큰 화근이었다. 이러한 미군정의 방침으로 인해 결국 제14연대 등의 반란을 몰아오게 되었다. 다만 이런 격동을 치러가며 숙군이라는 과정을 거친 것은 그나마 다행이었다. 이 상태로 6·25전쟁을 맞았다면 군은 내부에서부터 무너졌을 것이다. 군의 기강과 정신자세를 확립하게 된 배경이 된 셈이다.

7. 숙군(肅軍)

광복 이후의 정치적인 이념을 그 시절의 시대상과 함께 이해할 필요가 있다. 광복 직후의 좌우익 활동은 개인의 자유로운 의사표현이며 정치활동이었다. 또한 미군정은 서구인 특유의 자유로운 활동을 그대로 적용하였다. 신생 독립국이라는 어수선한 상황에서도 언론·결사·집회·사상의 자유는 보장되었다. 그로 인해 좌익들의 공개적인 활동조차도 합법화되고 있었다. 북한 노동당의 지령을 받는 남로당(남조선노동당)은 버젓이 서울 한복판에서 활동을 하고 있었다. 그러나 이것은 문제가 되지 않았다. 이런 상황에서 골수 좌익분자가 아니어도 인간관계나 지연·학연·혈연으로 동조하여 많은 사람들이 좌익으로 활동하기도 하였다. 사회의 혼란은 군 내부까지 연계되어 군내에도 좌익분자가 다수 포함되게 되었다. 이러한 점이 있었기 때문에 오늘날과 같은 시각으로 좌익을 평가하고 대처할 수는 없는 것이 당시의 현실이었다. 시대적인 특징으로 볼 수밖에 없는 한계가 있었던 것이다. 즉, 1948년 8월 15일 단독정부 수립 전까지는 불법이 아니었다. 이러한 원칙을 갖고 있는 미군정은 입대 장병을 모집할 때에도 좌우익 어느 쪽에도 기울지 않고 공평하게 선발하였다. 창군은 사실상 미군정에 의해 주도되고 있었으므로 입대 희망자에 대한 기본적인 사상조회는 생략될 수밖에 없었다. 이로 인하여 다수의 좌익세력이 군에 입문하게 된 것이다. 국방경비대가 좌익의 은신처라는 말이 돌 정도였다. 광복 직후 해체된 좌익계 사설 군사단체 회원들도 대거 군대에 침투하게 된 계기가 되기도 했다. 이들은 국방경비대 안에서 비밀리에 세력을 키우면서 각종의 크고 작은 문제를 일으켰다. 그 후 좌익세력은 앞에서 설명한 바와 같이 군내 반란을 주도하는 세력으로까지 성장하게 된 것이다. 제14연대와 제6연대의 반란사건 등이 잇달아 터지면서 군은 1949년 1월부터 숙군을 단행하기에 이르렀다. 그 역할의 중심에는 특무대가 있었다. 당시 특무대장은 김창룡[19]이었다. 군내 좌익세력들은 숙군의 선풍이 일기 시작하자, '경비대 민족해방 운동자' 명단을 허위로 작성하고, 갖은 악랄한 수법을 다하여 아무 관련도 없는 장병과 군 고위간부를 중상모략 하는 등 군 내부를 분열시키려고 발악하였다. 이 때문에 숙군 과정에서 적지 않은 무고한 장병이 억울한 누명을 쓰고 혐의가 풀릴 때까지 고생하였으며, 끝내 결백함을 입증하지 못하고 희생된 자도 없지는 않았다. 그러나 이 뼈아픈 진통을 통하여 국군은 민주주의 반석 위에 설 수 있었다. 1949년 7월까지 장교 70여 명을 포함한 4,749명의 친공 용의자를 가려내게 되었다. 이는 당시 군 병력의 5%에 해당되는 엄청난 수에 달하는 것이었다.[20] 이 결과를 바탕으로 육군 총참모장

19) 함경도 영흥 사람으로 일본 관동군 헌병 오장(한국군의 부사관) 출신이었다. 1946년 해방 정국을 틈타 남으로 내려온 그는 조선 국방경비대에 병사로 입대한 후 1947년 1월 조선경비대 사관학교 3기생으로 입교하여 장교로 임관했다. 1956년 1월 30일 출근길에 자신의 집에서 약 100m 떨어진 서울 용산구 원효로 1가 자혜병원 앞에서 괴한 2명에게 저격당해 사망하였다. 이승만의 독재를 위하여 많은 사건을 조작하거나 확대하여 오늘날까지 많은 비판을 받는 인물이다. 특무대는 방첩대→보안사→기무사→안보지원사 등으로 명칭을 변경하게 된다. 2018년에 계엄령 관련 문건 작성 등의 파문과 민간인 불법사찰 등으로 대대적인 개혁을 추진하였다. 2018년 8월 3일에 통수권자인 문대통령은 해편을 지시하였다. 군대가 정권과 결탁한 결과이다. 군대는 국민의 군대이다. 권력유지를 위한 도구가 아니라는 교훈을 변천과정이 말해 주고 있다.

은 주모자와 적극적인 가담자, 좌익 활동 전력이 있는 사람들은 군법회의에 넘기고, 소극적인 가담자나 부화뇌동한 사람들은 옷을 벗기는 정도로 처벌한다는 방침을 세우게 되었다.

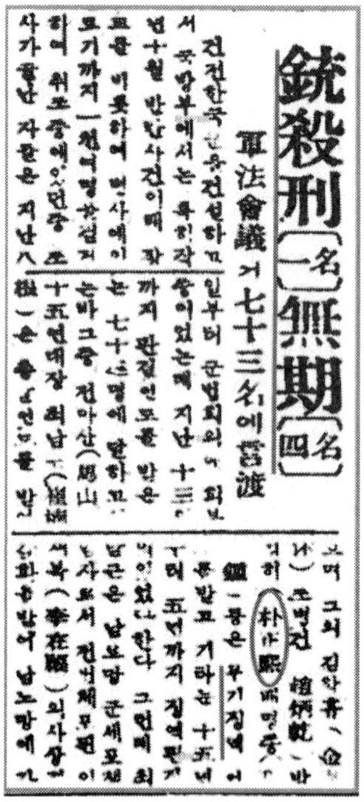
銃殺刑(一名) 無期(四名)
軍法會議 서 七十三名에 言渡

출처: 경향신문(1949.2.17.)

국방부는 군내 반란사건을 조사하여 1949년 2월 8일부터 군법회의에 회부하였다. 13일까지 판결 언도가 된 자는 73명에 달한다. 그중 박정희 등은 무기징역을 선고받았다.

그러나 정식 법절차에 따라 사형 · 징역 등 형사 처벌을 받은 사람은 얼마 되지 않았고, 연행자의 90% 이상이 불명예제대를 당하는 것으로 마무리되었다. 몇 달 사이에 그 많은 사람의 좌익 활동과 조직 연루 사실을 파헤친 숙군작업은 신생 대한민국의 방향타를 확실한 반공국가 및 반공군대로 확립하는 계기가 됐다. 만약 당시에 군내의 그 많은 좌익세력을 그때 뿌리 뽑지 않았다면 6 · 25전쟁 때 많은 고초를 겪었을 것이다. 그 세력과 조직이 군내에 지속되다가 남침한 북한군과 합세했다면 어떤 일이 벌어졌을지 상상하기 어렵지 않을 것이다.[21] 군내 좌익세력이

20) 국방일보, 「노병이 걸어온 길 -숙군-」, 2008.5.29.
21) 국방일보, 「노병이 걸어온 길 -숙군이 뜻하는 것-」, 2008.6.2.

발호하던 시대였기에 숙군작업은 불가피한 상황이었다. 그러나 이 과정에서 특정 정보책임자에게 너무나 많은 권한을 집중시켰다. 그 결과 각종 월권사건이 발생하게 되어 부작용이 계속 발생하는 근원이 되고 만 것이다. 이러한 사례에서 권력에는 적절한 견제장치가 반드시 필요한 것이라는 교훈을 얻을 수 있다.

남로당 군사부가 군부에 심어놓은 프락치인 박정희 소령도 숙군과정에서 체포되었다. 그러나 그가 살아남은 이유는 군부 내의 좌익을 색출하는 숙군(肅軍) 수사에 적극 협력했기 때문이다. 박정희 소령은 자신이 알고 있는 군부 내 남로당원의 명단을 모두 털어놓았다. 박정희 소령은 군법회의에서 좌익 혐의 사실을 순순히 시인하였다. 그 결과 '파면・무기징역・전(全)급료 몰수' 판결을 받았으나 재심에서 징역 15년으로 감형되었다. 1949년 4월18일 이응준 육군참모총장의 형(刑) 확인과정에서 형집행정지로 풀려나게 되었다.[22] 군내 좌익세력 수사에 대해 적극적으로 협력하여 이처럼 감형된 것이다. 그는 한때 현역군인의 신분을 박탈당했으나 6・25전쟁 중에 현역으로 다시 복귀되었다. 그리고 4・19혁명으로 탄생한 민주당 정부를 무능과 부패정부로 규정하고 5・16군사 쿠데타를 주도하여 대통령까지 오르게 된다. 그 후 영구집권을 꿈꾸며 헌법을 개정하였다. 유신헌법으로 불리는 헌법은 대통령의 권한을 무소불위로 만든 반면에 민주주의는 크게 후퇴시켰다. 그는 경제를 발전시켰다는 평가를 받기도 하지만 빈부격차와 사회갈등을 심화시키고 민주주의를 크게 저해시켰다는 평가도 동시에 받는다. 1979년 유신체제에 항거하는 각종 시위가 절정에 이르렀을 때 측근이었던 중앙정보부장 김재규가 쏜 총탄을 맞고 쓰러졌다. 그의 죽음과 함께 유신체제도 종말을 고하게 되었다.

---

22) 국방일보, 「온고지신, 초대 육군참모총장 이응준 장군」, 2003.6.23.

Chap.

5 북한군의 남침

제 1 절

전쟁개관

1. 초기전투(1950.6.25.~1950.7.4.)

북한군은 소련고문단과 함께 작성한 작전계획에 따라 남침을 개시하였다. 3일내에 서울 부근의 국군 주력부대를 포위 섬멸한 후 전과를 확대하여 남해안까지 진출한다는 내용으로 수립되었다. 초기전투에서 북한군은 전차를 앞세운 기습작전에서 큰 성과를 달성하였다. 병력과 화력이 우세한 북한군은 기습을 통하여 춘천의 국군 제6사단을 제외한 전 전선에서 큰 어려움 없이 돌파하는데 성공하였다. 북한군의 공격을 받은 국군 전방사단들은 사단장들이 불과 며칠 전 단행된 인사이동으로 자리를 비우고 있었거나 사단의 실태조차 파악하지 못하고 있었다. 또한 전날의 장교구락부 개관식에 참석하여 밤늦도록 음주로 일관한 한심한 상황에서는 기습에 효과적으로 대처하기 어려웠다. 무엇보다 국군은 소련이 북한군에 공급해준 T-34탱크를 멈추게 할 대전차무기를 가지고 있지도 못했다. 이러한 전차 앞에 국군은 속수무책이었다. 전차는 국군에게 공포의 대상이자 괴물이었다. 국군은 취약한 전력으로 인해 기습의 충격력을 흡수하지 못하였고 결국 3일 만에 서울을 상실하였다. 또한 한강교를 조기에 폭파하여 북한군이 의도하는 바를 스스로 자행한 꼴이 되고 말았다. 그 와중에 대통령은 난국을 수습할 대책도 없이 혼자 피난가기에 바빴다. 아마 공식적인 피난 제1호가 될 것이다. 그러나 광복군 출신의 김홍일은 한강방어선을 형성하고 미군의 참전까지는 시간을 벌어야 한다는 일념으로 투혼을 태우고 있었다. 그 결과 한강방어선은 7월 3일 새벽까지 버텨냈다. 다행히 북한군은 기습에 성공하고서 서울에서 3일간 지체하고 있었다. 우리로서는 하늘이 도왔던 것이다. 개전 직후 평양과 모스크바 사이에 오고 간 전문내용을 보면 그들이 지체한 이유를 추정할 수 있다. ① 북한군이 황급하게 소련에게 추가적인 탄약과 보급을 요청하였던 점 ② 작전 협조를 위한 지휘체계가 미흡했다는 점 ③ 무엇보다 가장 큰 이유는 보조 공격부대가 춘천지역에서 제6사단에게 덜미를 잡혀, 서울을 점령한 주력부대와 합류가 늦어진 점 ④ 남로당의 대규모 봉기를 기대했지만 그러한 반응이 없었던 점 ⑤ 한강 도강을 위한 장비가 부족했던 점 ⑥ 서울 점령 이후 자축 분위기에 젖어 있었던 점 등으로 볼 수 있다. 정부는 전쟁에 대비하여 시민을 위한 비상계획이나 철수계획을 수립한 것이 없었다. 그래도 전쟁 이전에는 '전쟁이 나면 점심은 평양, 저녁은 의주에서 먹겠다'는 호언을 밥 먹듯 하고 있었다. 지도층의 무능이 얼마나 무서운 결과를 가져오는가를 여실히 보여주었다. 그들은 민심의 동요를 가장 크게 두려워 했다. 정권 유지와 직결되기 때문이었다. 그러한 이유로 전황을 사실대로 보도하지 않았다. 민심안정이라는 명목으로 이러한 짓을 태연히 하고 한강교를 끊음으로써 수많은 인명이 영문도 모른 채 폭파되는 한강교와 함께 고혼이 되어야 했다. 현대사의 가장 큰 비극 중의 한 장면이었다. 그러나 정작 책임자는 책임을 지지 않았다. 현장에서 실행한 공병감 하나를 처형하는 것으로 마무리하려 하였다. 권력 유지에 눈이 어두운 자의 면모를 제대로 보여주었다. 미처 피난하지 못한 많은 우익 인사들이 체포되거나 인민재판을 받아 희생되었다. 또한 애매한 시민들은 북한군에 부역한 혐의로 두고두고 '빨갱이'로 낙인찍혀야 했다.

2. 지연전에서 38도선 돌파작전(1950.7.5.~1950.10.18.)

국군은 혈전을 치루며 한강선방어선을 최대한 지켜냈다. 드디어 미 제24사단의 선두부대인 스미스부대가 도착하였다. 이들은 1950년 7월 4일 최초로 평택과 제천, 울진을 연하는 선에서 국군과 연합전선을 형성하였다. 본격적으로 미군이 참전하기 시작하자, 대통령은 7월 14일에 유엔군사령관의 단일지휘 하에 국군의 작전통제권을 이양하는 조치를 취하였다. 이로써 국군은 법적으로는 유엔군이 아니지만 실질적으로는 유엔군의 일원처럼 전쟁을 수행하였다. 이제 전쟁은 북한군 대 유엔군의 전쟁으로 확대되었다. 유엔군은 지연작전을 펴면서 전력을 회복하여 반격한다는 전략을 수립하였다. 낙동강방어선에 이르기까지 미군과 유엔군의 증원을 기대하면서 '시간을 벌기 위하여 공간을 양보'하는 이른바 지연전을 수행하였다. 그리고 부산교두보인 낙동강방어선에서 사활을 건 방어전투를 치렀다. 마침내 북한군의 공세를 방어하여 전쟁의 주도권을 쟁취하였다. 이 시기에는 미국, 영국, 호주, 캐나다의 해·공군과 프랑스, 네덜란드, 뉴질랜드의 해군이 한국에 도착하였다. 미 지상군도 3개 사단 2개 연대 규모로 증강되었다. 북한군은 최초 속전속결로 '조국을 해방시킨다'고 하였으나, 유엔군의 참전으로 상대적인 전력의 우위를 상실하였다. 북한군은 제공권과 제해권을 상실한 상황에서 점차 공격력이 무디어졌다. 낙동강선 방어에 성공한 유엔군은 9월 15일 인천상륙작전과 더불어 반격작전으로 전환하였다. 9월 말이 되자 전쟁 발발 97일 만에 서울을 수복하고 전쟁 전으로 전선을 회복하였다. 북한군은 궤멸적인 피해를 입은 채 북으로 도주하였다. 그리고 일부의 패잔병들은 태백산맥과 소백산맥의 험준한 산악으로 들어가 빨치산으로 활동하게 되었다. 국군이 38도선에 도달하자 이승만 대통령은 즉시 국군 통수계통으로 38도선 북진명령을 하달하였다. 이어 미국 정부도 북한군을 격멸하기 위한 38도선 북쪽에서의 군사작전은 '6.28 유엔결의'에 비추어 적법하다는 결론을 내렸다. 이에 따라 유엔군 계통으로 훈령을 하달하고 북진하였다. 이때 중공은 "유엔군이 38도선을 넘으면 전쟁에 개입하겠다."고 경고하였다. 북한군의 방어선을 돌파한 유엔군은 10월 19일 평양을 탈환하고 청천강선으로 진출하였다. 이 무렵 김일성은 전쟁지도부를 강계로 옮기고 결전을 다지고 있었다.

3. 국경선 진출과 중공군 참전(1950.10.19.~1951.7.9.)

중공군은 '항미원조, 보가위국'(抗美援朝, 保家爲國)이라는 목표로 참전을 결정하였다. 1950년 10월 19일 팽덕회를 지휘하는 중공군은 도강을 개시하였다. 제13병단

26만여 명의 병력이 압록강 3개 지점을 거쳐 도강하여 입북하였다. 6 · 25전쟁은 조 · 중연합군 대 유엔군의 전쟁으로 변하고 있었다. 국제전으로 발전한 것이며, 공산국가와 민주주의 국가와 전쟁이었다. 즉, 이념전쟁의 양상을 확실하게 보이고 있었다. 중공군은 10월 25일 유엔군이 국경선까지 진출하자 1차 공세(1950.10.25~11.7)를 단행하였다. 중공군은 대부대를 투입하여 유엔군의 후방을 차단하여 섬멸하고자 하였다. 국군은 계속 진격하여 제6사단 선두부대가 압록강변 초산을 점령하였고 미 제24사단은 신의주 남방 정거동까지 진출하고 있었다. 국군과 유엔군은 중공군의 불의의 일격에 공격에서 후퇴로 전환하게 되었다. 이때 갑자기 중공군이 공격을 멈추고 청천강 북쪽 적유령산맥으로 이동하여 자취를 감추었다. 유엔군은 이 과정에서 다시 한번 오판을 하였다. 중공의 참전을 과소평가한 것이다. 그러나 이것은 중공군이 기만전술과 유인전술을 운용한 것이었다. 맥아더 유엔군사령관은 중공군의 참전목적과 규모 등을 정확하게 분석하지 못하고 있었다. 오히려 제8군의 재공격 준비가 완료되자 11월 24일에 최종공세를 단행하였다. 일명 크리스마스 공세를 명령한 것이다. 한 · 만 국경선을 지척에 놓고 있었으니 전쟁은 이제 끝이라는 생각뿐이었다. 하지만 유엔군은 중공군의 2차 공세(1950.11.25～12.24)에 밀려 큰 손실을 입었다. 비로소 11월 30일을 기하여 모든 부대가 무질서하게 철수하기 시작하였다. 유엔군은 비로소 중공군이 대대적으로 개입한 사실을 전투를 통하여 확인하게 되었다. 반격을 개시한 지 71일 만에 철수작전으로 전환할 수밖에 없었다. 서부전선의 미 제8군은 12월 4일 평양에서 철수하여 12월 말 38선 부근으로까지 밀려 내려왔다. 동부전선의 미 제10군단과 국군 제1군단은 중공군에게 퇴로가 차단되어 부득이 흥남부두에서 부산으로 해상 철수하였다. 그 유명한 흥남부두의 철수였다. 조 · 중 연합군은 3차 공세(1950.12.31~1951.1.8)를 개시하여 38선을 돌파하였다. 서울을 목표로 총공세를 개시하자 결국 유엔군은 1월 4일 서울을 포기하고 평택과 삼척을 연하는 선까지 철수를 결정하였다. 1 · 4후퇴의 위기를 넘기면서 아군은 37도선에서 간신히 전선의 안정을 찾고자 하였다. 이 무렵 중공군의 몇 차례 공세를 계기로 국민들은 모두가 힘을 보태려고 하는 마음이 일어났다. 이 과정에서 정부는 100만 청년을 무장시켜 중공군을 격퇴시키려 하였다. 그러나 정부는 아직도 정신을 차리지 못하고 있었다. 이 과정에서 국민방위군 사건이 발생한 것이다. 청년들을 끌어 모여 놓고 그 예산을 착복하는 파렴치한 짓을 저질렀다. 그 과정에서 다수의 청년들은 굶어 죽고 얼어 죽는 참상을 겪게 되었다. 아직도 지도층은 분별없는 행태를 보이고 있었다. 중공군은 그 후에도 계속하여 공세를 강행하였다. 그러나 중공군은 지평리와 원주 일대에서 많은 손실을 입었다. 이 전투를 거치면서 유엔군이 작전의 주도권을 회복하여 3월 15일 서울을 탈환하고 여세를 몰아 3월 말에 38도선을 회복하였다. 이어진 중공군의 공세(1951.4.22~6.10)는 중공군이 참전한 이후 최대 병력과 소련으로부터 지원된 최대 규모의 장비를 투입한 마지막 공세였다. 이들은 4월에 전력을 집중시켜 총공세를 펼쳤다. 그러나 중공군의 공세는 유엔군의 화력에 압도당하여 많은 희생을 남긴 채 저지되었다. 이 무렵 중공군은 공격개시 직후 한계점이 노출되었고, 미국 역시 내부적으로 정전 압박을 받아 새로운 해결책을 강구해야 하는 상황에 직면하였다. 유엔군 측은 중공군의 참전으로 전선에서 밀리게 되자 1950년 말경부터 내부적으로 정전을 검토하기 시작하였다. 이때부터는 어느 쪽에서나 위험한 반격보다는 안정적인 봉쇄나 현상유지 정책이 타협안으로써 힘을 얻고 있었다. 전쟁이 세계대전으로 확전될 위험이 커지자 적절한 선에서 전쟁을 마무리하자는 정전의 목소리가 커지고 있었다.

4. 전선의 교착과 정전협정(1951.7.10.~1953.7.27.)

유엔군과 조·중연합군은 1951년 6월 한반도 문제를 더 이상 군사적으로 해결하기 어렵다고 판단하고 있었다. 따라서 협상에 의해 해결하고자 하는 분위기로 급격하게 전환되고 있었다. 이에 따라 정치적 타협으로 전쟁을 마무리하기로 양측이 합의하고 1951년 7월 10일부터 개성에서 정전회담에 들어갔다. 양측은 최초 정전회담에서 군사분계선 설정 문제를 비롯하여 정전실현을 위한 구체적인 협정, 전쟁포로, 양측 관계 정부에 대한 권고사항 등 4개 의제를 토의하기로 결정하였다. 그러나 최소 6주 정도면 타결될 것으로 기대되었던 회담은 처음부터 난항을 거듭하였다. 이러한 가운데 길고도 지루한 교착상태가 계속되었다. 양측은 별도의 협의가 없는 한 군사작전은 계속한다고 하였기 때문에 회담 기간 중에도 치열한 전투가 계속되었다. 소중한 인명은 속절없이 무너져 갔다. 이제부터의 공격과 방어는 대담한 진출이 아닌 국지적으로 우세한 지형을 확보하는데 전념하였다. 따라서 소모적인 전투만을 반복하기에 이르렀다. 전선의 상황은 38도선을 연한 주요 고지를 둘러싸고 팽팽히 대치하고 있었다. 이러한 상황은 2년 여간 지속 되었다. 정전협정 체결까지 양측은 38도선 상에서 백마고지를 비롯하여 피의 능선전투, 단장의 능선전투 등에서 엄청난 인명의 손실을 보았다. 정전회담에서 가장 큰 난제로 부각된 의제는 포로문제였다. 유엔군은 포로의 자유송환을, 공산군은 강제송환을 각각 주장하고 있었다. 따라서 협상은 오랫동안 교착상태에 접어들었다. 그동안 정전을 반대해온 이승만 대통령은 6월 18일 반공포로 2만 6천 명을 석방시킴으로써 회담을 저지하고자 하였다. 이 대통령은 미국과 심각한 정치적 갈등 관계에 놓이게 되었다. 그러나 정전협정을 묵인하는 대가로 미국으로부터 한・미 상호방위조약의 체결과 군사・경제원조, 그리고 한국군 증강 등의 약속을 받아 내는 성과를 보았다. 마침내 북한군, 중공군, 유엔군 측의 미군 대표가 정전협정문에 서명하면서 종결되었다. 6・25전쟁은 발발된 지 3년 1개월만인 1953년 7월 27일 치열했던 포성을 멈출 수 있었다.

제 2 절

초기전투

1. 혼란스러운 하루

북한군은 1950년 6월 25일 일요일 새벽 4시를 기하여 '폭풍'이라는 암호명에 따라 38도선 전역을 걸쳐 기습공격을 감행하여 불법남침을 시작하였다. 그러나 새벽녘에 곤히 잠든 시민들은 은은히 들리는 포성소리를 대수롭지 않게 생각하였다. 그 이전에도 38도선 부근에서는 소규모 무장 충돌이 빈번히 발생하던 상황이었다. 그러나 이번의 공격은 서해안의 옹진반도로부터 동해안의 강릉지역까지 전역에 대한 포격이었다. 그것은 본격적인 준비에 앞선 공격준비사격이었다. 또한 지상공격을 개시하는 한편, 사전에 해상을 통하여 강릉 남쪽의 정동진과 임원진에 육전대와 유격대를 상륙시켜 전후방 동시전투를 기도하였다. 북한군은 서울을 목표로 하여 주공과 조공으로 임무를 부여하였다. 적 제1군단은 연천과 운천에서 의정부에 이르는 축선과 개성에서 문산으로 이어지는 접근로에 전투력을 집중하였다. 서울에 이르는 단거리 접근로에 주공을 지향한 것이다. 조공인 적 제2군단은 춘천, 강릉을 목표로 하여 화천과 춘천 접근로에 중점을 두고 공격하였다. 북한군의 전력은 국군을 크게 압도하고 있었다. 또한 주요지역을 조기에 돌파하기 위하여 전차를 집중 운용하고 있었다.[1)]

1) 소련과의 수교로 인하여 6·25전쟁과 관련된 문건 등이 소련으로부터 제공되고 공개되었다. 그 이전까지는 전차를 분산 운용한 것으로 알고 있었다. 따라서 과거에 출간된 전사 관련 책자에서는 전 전선에서 분산 운용한 것으로 기술한 내용도 다수 존재한다.

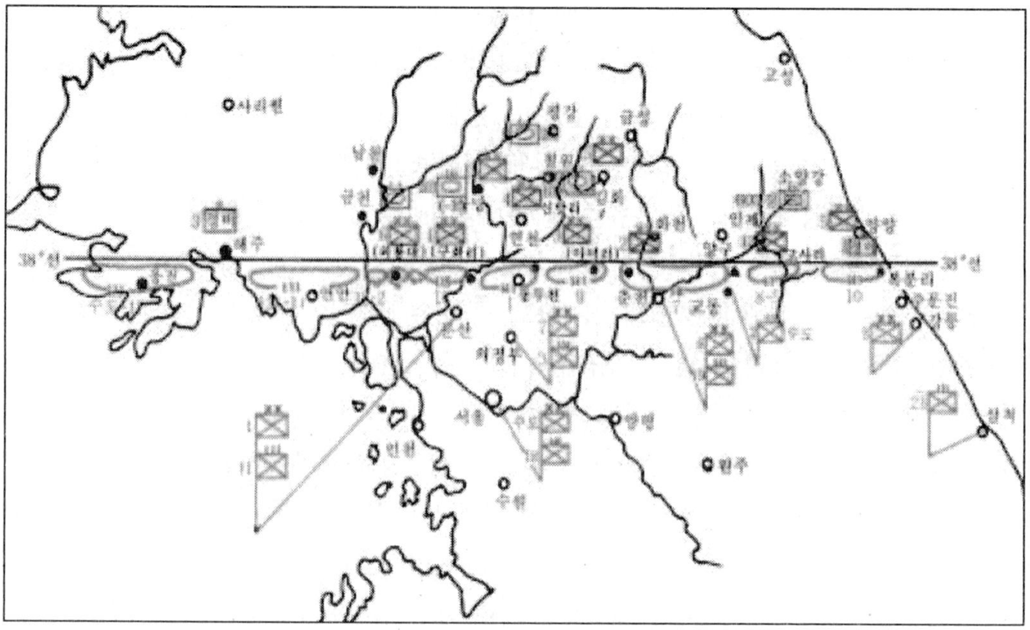

〈북한군 공격 배치 상황도〉 출처: 한국전쟁사(육군본부)

〈개전당시 축선별 전투력 비교〉2)

구 분		개성-김포반도-영등포	문산-서울	동두천/포천-의정부-서울	춘천/홍천-서울 동남방	동해안
북한군		제6사단 전차1개 대대	제1사단 203전차 연대(-1)	제4사단 (전차대대배속) 제3사단 105전차여단(-2) 제13사단	제2사단 제12사단 제15사단 603모터 싸이클연대	제5사단 제1경비 여단
한국군	최초 배치	없음	제1사단	제7사단(-1)	제6사단	제8사단
	추가 증원 (25~27일)	김포 방어사 (정보학교 등)	수도사단 제3연대 등 14개 대대	수도사단 제18연대 등 27개 대대		

압도적인 전력에 소련제 T-34전차를 앞세워 일거에 국군의 38도선 방어진지를 돌파하고 서울을 포위하여 국군의 주력을 섬멸하면서 남진을 계속한다는 계획이

2) 국방부 군사편찬연구소, 『한권으로 읽는 6 · 25전쟁』, 2016, p.37.

었다. 육군본부 상황실에는 밤새 적의 공격을 예고하는 징후의 첩보가 간헐적으로 보고되더니 새벽에는 전방사단으로부터 접적을 알리는 상황보고가 잇달았다. 새벽 1시에는 제17연대, 3시에는 제1사단, 3시 30분에는 제7사단으로부터 상황보고가 접수되었다. 적의 포탄이 진지 전방에 계속 떨어지고 있다는 다급한 내용의 상황을 알려왔다. 이때부터 각 사단에서는 종전에 보지 못한 규모의 적이 공격을 한다는 보고를 올리고 있었다. 상황이 심상치 않다고 느낀 육본의 상황근무자는 이러한 내용을 주요직위자에게 보고하면서, 비상조치를 취하도록 건의하였다. 육군총참모장 채병덕 소장은 이날 2시경 귀가하여 취침 중 육본의 보고를 받고 보다 자세한 상황을 확인한 다음 6시부로 전군에 비상을 발령하고 각 국장을 소집하라고 지시하였다. 그는 전날에 열린 육군장교구락부 준공 파티에 참석하였다. 당시 38도선을 책임진 전체의 사단장들이 그 파티에 참석하였다. 그리고 파티에 이어 2차와 3차로 유흥을 즐겼던 것이다. 참으로 한심한 지도층의 행태와 의식의 문제는 초반에 밀릴 수밖에 없는 환경에 있었다. 그러나 우리는 전쟁 초반을 이야기 할 때 적의 신무기인 전차 때문에 어쩔 수 없었다고 이야기 한다. 결코 이것은 적 전차에게 모든 책임을 전가해서는 안 되는 부분이다. 채 총장은 즉시 신성모 국방장관에게 전화를 걸었으나 연결이 되지 않아 지프차를 타고 장관 관사로 가서 상황을 보고하였다. 그때가 아침 7시경이었다. 장관과 육군총참모장의 전화가 불통였다는 것은 당시 지도층의 무사안일함을 단적으로 보여주는 대목이다. 전(全)장병에 대한 비상소집이 시작되었으나 많은 지휘관과 장병들이 휴일을 맞아 휴가, 외출, 외박 중이었다. 전화·전령·방송 등 각종 수단이 동원되었지만 이들의 부대복귀는 늦어지고 있었다. 시민들이 북한군의 남침을 인지한 것은 7시가 조금 넘은 시간이었다.[3] 북한의 남침 제1보를 전쟁 발발 3시간이 넘어서야 국방부의 요청에 따라 중앙방송(KBS)이 보도한 것이다.[4] 이때는 이미 전방 경계진지가 무너지고 있는 시간이었다. 이와 함께 국방부 정훈국이 중심이 된 가두방송반이 서울 시내를 누비며 장병들의 부대복귀를 촉구하였다. 이러한 보도와 가두방송은 막 잠자리에서 일어나던 국민들에게는 큰 충격이었다. 방송의 내용은 자세한 전황에 대한 것은 없었

3) 노정팔, 『한국방송과 50년』, 1995, p.159.
4) 이때는 KBS가 유일한 방송국이었다. 그리고 6월 25일은 일요일이라서 신문도 나오지 않아 방송에만 의존하고 있었다.

고 북한군이 침공했다는 소식과 국군장병은 빨리 원대 복귀하라는 것뿐이었다. 이처럼 25일의 방송은 10만 국군은 건재하니 국민은 염려 말라는 수준에서 벗어날 수 없었다. 그것은 민심을 크게 자극할 필요가 없다는 군 당국의 판단에 의한 것이었다. 그러나 전황은 절박한 상태였다. 그 시간 국군은 적 전차를 격파할 대전차무기도 없었다. 북한군 전차는 무적의 괴물로 보이고 있었다. 서울의 운명은 그리 낙관적이지 않았다. 더구나 서울은 38도선으로부터 불과 40여km에 불과한 거리였다. 북한은 11시경 평양방송을 통해 대한민국에 대하여 선전포고를 하였다. 그들의 주장은, 북한 인민군은 국군의 공격에 의하여 자위조치로써 반격을 가하는 정의의 전쟁을 시작하였다고 하였다. 그 후 오후 1시 35분 방송에서 김일성은 "남한이 북한의 모든 평화통일 제의를 거절하고 이날 아침 옹진반도에서 해주로 공격하였으며, 이는 북한의 반격이라는 중대한 결과를 가져왔다."라는 주장을 하였다. 당시의 신문기사 내용에도 마치 국군이 북쪽으로 진격하고 있는 것처럼 잘못된 보도를 하고 있었다.

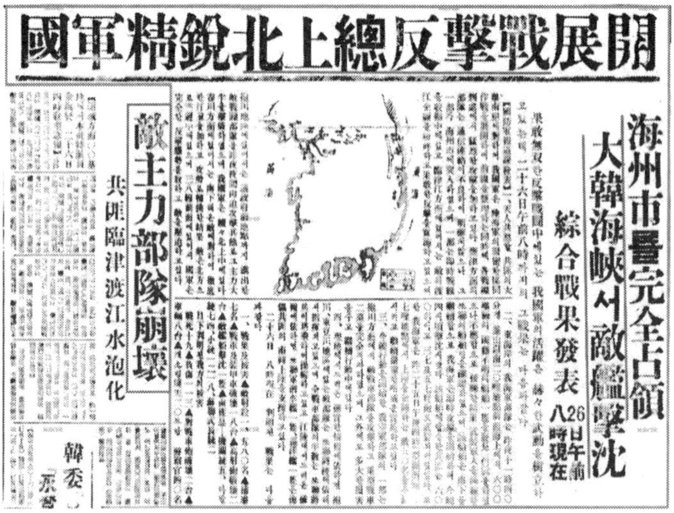

國軍精銳北上總反擊戰展開

海州市를完全占領

大韓海峽서敵艦擊沈

綜合戰果發表 26日午前八時現在

敵主力部隊崩壞

共匪臨津渡江水泡化

〈국군정예 북상총반격〉 출처: 동아일보(1950.6.27.)

적의 남침을 보도한 신문기사. '북상 총 반격, 해주 완전점령, 적 주력 부대 붕괴'등으로 전황과는 다른 보도를 하였다. 그러나 '대한해협서 적 함선 격침'은 사실이었다. 해군은 상륙을 기도하는 북한군의 함선을 격침하여 적의 부산상륙을 사전에 무력화하였다.

당시 옹진반도의 제17연대는 옹진반도에서 적의 압력에 의해 철수하는 과정에서 두 개의 그룹으로 나누어 인천으로 철수하게 되었다. 부대의 위치는 북한의 해주와 아주 근거리에 있었다. 그런데 철수과정에서 통신 등이 원활하지 않아 한 개 그룹의 위치를 제대로 파악하지 못하고 있었다. 이로 인해 해주를 점령한 것으로 잘못 보도가 된 것으로 보인다. 실제로 두 개의 그룹이 인천에 도착한 것은 27일과 28일자로 차이가 발생하였다. 한편 이날 10시에는 적기가 김포와 여의도기지를 정찰하였으며 이어서 정오경에는 북한군의 YAK 전투기 4대가 서울 상공에 출현하여 기총소사를 하는 등으로 시민의 불안은 가중되고 있었다. 그런데 이날 국방부에서는 '옹진의 제17연대가 해주로 돌입했다'는 잘못된 전황 설명을 하였고 이후 일간신문들도 이를 보도하기도 하였다. 이후에 이것은 남한이 먼저 북침을 하였다는 하나의 근거 자료가 되기도 하였다. 즉, 남침 유도설을 뒷받침하는 하나의 자료가 된 것이다. 이처럼 전쟁 당일은 아무런 준비가 없었다는 것을 증명이라도 하듯이 대단히 혼란스럽게 흘러가고 있었다.

2. 춘천지구전투

이 전투는 6월 25일부터 30일까지 중동부전선의 화천-춘천 축선과 인제-홍천 축선에서 국군 제6사단이 북한군 제2군단의 2·12사단 및 고속기동부대인 제603모터싸이클 연대의 공격을 받아 치른 방어전투를 말한다. 유일하게 서전을 승리로 이끈 전투이다. 제6사단은 사령부를 원주에 두고, 제7연대를 춘천 방면에, 제2연대를 홍천 방면에, 제19연대는 원주에서 예비로 임무를 수행하고 있었다. 제6사단은 타 사단에 비해 전투준비를 철저히 한 사단이었다. 특히 38도선으로부터 춘천까지의 거리가 불과 13km라는 점을 고려하여 제7연대는 춘천시민과 학생들의 지원을 받아 철근 콘크리트로 진지를 유개화하고 교통호 등을 잘 구축하였다. 1950년 봄부터 전쟁 발발 직전까지 방어진지 및 후방지역 예비 방어진지 구축계획을 수립하고 진지공사를 시작하고 있었다. 그러자 춘천의 중고등학교 남녀학생, 농과대학생, 청년단원, 춘천시 공무원과 시민들이 삽·곡괭이를 가지고 대규모 진지공사에 자진해서 노력 동원하여 방어진지 구축에 군인들과 함께 땀 흘려 견고한 방어진지 구축 공사를 마무리할 수 있었다. 결과적으로 민·관·군이 만든 견고한 방어진지가 6 · 25전쟁 초기전투에 춘천방어를 위해 결정적으로 크게 공헌하게 되었다. 진지 전방에는 철조망과 지뢰 등을 매설하여 효과적인 방어준비를 마친 상태였다. 홍천지역의 북동쪽을 담당했던 제2연대는 6월 20일, 예비인 19연대는 5월 1일부로 예속이 변경되어 현지의 지형 등에 밝지 못한 불리한 점을 갖고 있었다. 춘천은 교통의 요지로, 돌파되어 북한군이 종심 깊게 공격한다면 한국군이 동서로 양분될 수 있는 전략적 요충지였다. 특히 개전 전인 6월 19일에 제7연대 지역으로 귀순한 포로를 심문한 결과 수일 내로 적의 도발이 있을 것이라는 진술을 하였다. 이러한 진술의 신뢰성을 확인하기 위하여 제7연대장 임부택 중령은 연대 수색정찰대를 적 지역인 용화산, 화천 등으로 보냈다. 정찰결과를 받아보니 약 1개 사단 이상의 병력과 차량 및 전차[5]가 (실제로는 자주포) 사단 전방에 집결된 것을 확인한 것이다. 제7연대는 이 내용을 사단에 보고하였고, 이를 중대한 상황으로 인식한 사단장은 6월 23일부터의 전군 비상해제 지시에도 불구하고 휴가와 외출 및 외박을 제한하고 더욱 철저한 경계태세에 돌입한 것이다. 이러한 춘천의 중요성, 심상치 않은 포로의 진술과 38도선 이북에서의 북한군 집결 상황 등을 제6사단장 김종오 대령은 예의 주시하였던 것이다. 또한 제6사단장은 장교구락부파티에 참석을 하였으나 대비태세를 강조한 후 출발하였다. 북한군의 공격을 명확하게 예측하여 대비태세를 제대로 유지하고 있었던 것이다. 당시 제6사단 정면에 배치된 적은 북한군 제2군단이었다. 개전과 동시에 제2사단을 춘천방면으로, 제12사단을 홍천방면으로 투입하였다. 북한군 제2사단은 1950년 4월에 실시한 검열에서 최우수부대로 선정된 사단이었다. 북한군 사단에 부여된 임무는 6월 25일에 공격하여 춘천을 점령하고, 춘천-서울간 도로를 따라 가평-수원 방향으로 진출하여 국군 주력의 퇴로를 차단하는 것이었다. 전투는 지역적으로는 2개 축선(화천-춘천, 홍천)에서 전개되었다. 제6사단은 준비된 방어진지를 이용하여 효과적으로 적의 진출을 지연시켜 적의 작전 수행에 크게 차질을 빚게 만들었다.

---

5) 북한군은 춘천지역에서 전차를 운용하지는 않았으나 자주포는 투입하였다. 전차는 자주포와 외형이 비슷하다. 그런 관계로 당시에 자주포를 전차로 오인한 것이다. 소련과 수교 이전까지만 해도 이러한 사실을 알 수 없었다. 그 후에 전쟁 관련 문서의 공개와 제공 등으로 알게 된 것이다.

〈춘첩대첩기념공원〉

이 과정에서 제19연대는 조달진을 대장으로 하는 특공조를 운용하여 적 자주포 10여 대를 파괴하는 전과를 올렸다. 그에 대한 증언을 참고해 보기로 한다. 제19연대는 6.27일 홍천의 주봉 초등학교에 집결하자 연대장은 "탱크(자주포)를 막으려면 육탄이 아니면 안 된다. 조국과 민족을 위해 싸울 자는 나오라."고 하였다. 이에 조달진외 지원자가 나왔다. 출발에 앞서 연대장은 정종 한잔씩을 따라주고 담배에 불을 붙여주며 격려해 주었다. 수류탄 2발과 81mm박격포탄 1발씩으로 무장하고 트럭을 이용하여 홍천 말고개에 도착하여 시체처럼 가장하여 길가에 누워서 적 전차(자주포)를 기다리고 있었다. 28일 오전 9시경 적의 자주포 9대가 말고개로 진입하였다. 그때 어디선가 아군 대전차포 사격으로 1번 자주포가 정지하자, 후속하던 2번 자주포가 정지한 선두 자주포를 충돌하였다.[6] 조 일병은 이 틈을 이용하여 수류탄을 적 자주포 안에 수류탄을 투척하여 파괴하였다. 조 일병은 이후 문경전투에서도 적 탱크 포신에 수류탄을 집어넣어 파괴에 성공하였다. 이러한 전공으로 한국전 최초로 미동성훈장과 화랑무공훈장을 수여 받기도 하였다.

6) 이 내용은 제2연대가 대전차 특공조를 운용한 결과였다. 조달진 대장은 처음에는 이러한 사실을 모르고 출동했었다. 엄밀한 의미에서 말고개는 제2연대 작전지역이었다. 제19연대는 사단의 명령으로 제2연대를 지원하기 위해 이동해 있었던 것이다. 이 때문에 관련 전사에서는 조달진 대장의 전과를 제2연대로 기록하기도 한다. 이는 작전지역과 관련되기 때문이다.

춘천 · 홍천 전투는 한국전쟁 서막에 한국군이 거둔 최초의 전술적 승리였지만 전략적 의미가 있는 대승이었다. 만약 이 전투가 북한군의 의도대로 진행되었다면, 한강 이북에서 한국군 유생역량을 포위하여 섬멸시켜 한강방어선전투 자체를 불가능하게 만들었을 것이다. 북한군은 중동부전선의 관문인 춘천을 점령하고, 즉시 서울을 후방에서 포위하기 위하여 수원 이남으로 진격하려 했다. 그러나 이러한 기도를 무력화시켜 북한군의 남진을 저지한 결과, 국군이 한강방어선에서 전열을 재정비하는 시간과 미군이 한반도에 투입되는 시간을 얻게 된 것이다. 따라서 이 춘천 · 화천전투는 한국전쟁 서전의 전투양상을 가른 것으로 단순한 전술적 승리를 넘어 양측에 주는 전략적 의미가 매우 큰 전투라는 평가를 받고 있다.

3. 동해안지구전투

동해안 지역의 방어는 제8사단이 좌측의 진흑동에서 동해안의 기사문리에 이르기까지 약 26km의 비교적 좁은 정면을 담당하고 있었다. 하지만 사단은 2개 연대 편제로 삼척에 제21연대가 주둔하고 있어, 제10연대(-1)가 단독으로 책임지역을 방어하고 있는 셈이었다. 또한 당시의 게릴라 토벌작전으로 각 연대에서 1개 대대가 빠져 있는 상황이었다. 제8사단은 오대산과 계방산 공비소탕을 위해 양 연대에서 1개 대대씩 차출되어 있었다. 따라서 당장 전투에 투입 가능한 전력은 연대 당 2개 대대인 4개 대대에 불과하였다. 북한군은 제38경비1여단과 제5사단 10연대를 1제대로 편성하고, 제5사단(-)을 제2제대로 편성하였다. 그리고 해안을 통하여 제945육전대 및 제766부대를 정동진 · 임원진으로 상륙시켜 동해안 축선 전 · 후방에서 협공하고 있었다. 북한군은 배합전을 수행하고 있었던 것이다. 타 전선과는 다소 다른 성격으로 공격해 오고 있었다. 제8사단은 지역주민의 자발적인 전투근무지원에 힘입어 선전했으나 후퇴하지 않을 수 없었다. 사단은 대관령으로 철수하여 재편성을 마치고 강릉을 목표로 반격을 하였다. 사단의 반격은 성공하여 강릉 부근까지 진출하였으나 전선 조정을 고려하여 육본에서 철수를 지시하였다. 이에 따라 반격을 중지한 사단은 대관령으로 철수한 후 대화를 경유하여 제천으로 향하였다.

4. 옹진반도전투

옹진반도전투는 국군 독립 제17연대가 방어하고 있었다. 공격하는 북한군은 T-34 전차와 장갑차 10여 대로 증강된 북한군 제6사단 14연대와 제38경비 제3여단이었다. 제17연대는 적의 공격을 옹진·강령 일대에서 2일 동안에 치르게 되었다. 이 전투에서 제17연대는 전차를 앞세운 북한군에 맞서 45km에 달하는 광정면에서 분전했으나, 개성과 문산을 방어하는 우측의 제1사단이 철수하게 되면서 우측방이 노출되어 고립될 위기에 직면하였다. 이에 연대는 이에 해상을 이용하여 철수하게 되었다. 제17연대는 지형의 특성을 이용하여 주요 고지에 분대 또는 소대단위의 소규모 병력으로 방어하였으나 압도적으로 우세한 적의 공격을 당하지는 못하였다. 연대는 철수를 단행하기로 하였다. 이에 따라 병력을 강령일대에 전개시켜 지연전을 실시하면서 해상철수에 대비하고자 하였다. 그러나 명령을 전달하기도 전에 제3대대는 이미 분산되었다. 그리고 오후 2시경 북한군의 전차가 양원에 진입함으로써 아군은 동서로 양분되고 말았다. 그 결과 연대본부와 제3대대는 지연전을 전개하면서 부포 방향으로 철수하고 제1·2대대는 사곶항으로 철수하게 되었다. 연대가 두 개의 그룹으로 철수하는 상황이 된 것이다. 연대(-2)는 26일 새벽 1시 계획된 부포항에서 해군의 LST로, 2대대 및 1대대 잔류병은 사곶에서 민간선박으로 25일 21시 철수했다. 해상철수를 단행한 제17보병연대는 인천을 경유 수원에 집결하여 육군 예비대로 재편성하였다.

5. 개성·문산지구전투

개성-문산을 연하는 축선은 제1사단이 방어하고 있었다. 당시에 개성은 아측에 속해 있었으며, 그 정면은 약 94km로 광활하였다. 공격하는 북한군은 제1군단의 조공으로 제203전차연대(-1)의 지원을 받는 제1사단과 제6사단(-1)이었다. 국군은 전투력과 지형면에서 북한군보다 열세한 상태였다. 북한군은 송악산 정상을 확보하고 있었던 관계로 아측을 감제하는 유리한 위치에 있었다. 이를 이용하여 은밀히 공격준비를 완료한 북한군 제6사단장은 예하의 제13연대를 송악산에서 아군진지 정면으로 투입하였다. 그리고 예하 제15연대를 기차 편으로 개성역으로 진출시킨 후 아군의 후방에서 공격하게 하였다. 측후방을 공격당한 제1사단은 혼란에 빠졌으며 적은 5시간 만에 개성을 함락하였다. 이 피탈되었다. 적 제6사단장 방호산은 중공군 출신으로 전술적 능력이 탁월했던 인물로 평가받고 있었다. 명성답게 그는 열차를 이용하는 방법으로 기습을 가한 것이다. 등의 기발한 방법을 사용한 것이다. 제1사단은 천연장애물인 임진강을 끼고 있었다. 따라서 임진강을 이용한 방어에 주력하고자 하였다. 이에 따라 임진강 철교 폭파를 준비하였으나 폭파에는 실패하였다. 북한군은 이 철교를 이용하여 전차를 밀고 내려왔다. 따라서 제1사단은 임진강을 포기하고 봉일천의 예비진지로 철수하지 않을 수 없었다. 이 방어선은 문산에서 서울에 이르는 양호한 전차 접근로와 파주에서 고양에 이르는 도로가 있어서 기동력이 부족한 아군이 포위당할 위험성이 있었다. 그러나 문산천과 수전지대를 끼고 있어 방어에 유리한 이점을 제공하는 지형이었다. 북한군 제1·6사단은 이를 돌파하기 위하여 수차례 공격하였으나, 국군 제1사단은 봉일천 방어선에서 적의 돌파를 최대한 저지하면서 역습을 하였다. 6월 28일 새벽에 임진강 남안을 되찾기 위한 역습으로 2~3km를 진출할 수 있었다. 그러나 서울이 함락되고 한강교가 폭파되어 퇴로가 차단되었다. 이에 사단은 철수를 단행하였다. 그렇지만 도하수단을 보유하지 못한 사단으로서는 부대의 건제를 유지한 철수가 불가능하여 각개행동으로 도강한다는 계획을 수립하였다. 사단은 재집결지로 시흥을 선정하고 6월 30일 오전 8시를 집결시간으로 하였다. 사단 예하 대부분의 부대는 28일 저녁부터 29일 아침 사이에 이산포와 행주에서 도하하여 한강남안으로 철수하여 집결하였다.

6. 의정부지구전투

가. 서울함락과 지도부의 무능

의정부는 서울과 최단거리 접근로였다. 따라서 정면은 적의 주력이 지향되었다. 북한군 입장에서는 서울까지의 거리가 타 축선과 비교하였을 때 상대적으로 근거리라는 장점을 갖고 있었으므로 가장 빨리 수도서울을 함락시키기 적합한 축선이었다. 그중에서 동두천에서 의정부에 이르는 3번 국도와 포천에서 의정부에 이르는 48번 국도는 기계화부대가 기동하기에는 적절한 기동로와 지형을 제공하는 지역이었다. 이러한 지리적인 특성은 공자에게는 전차 등의 기계화 전력을 운용하기에 유리하였다. 따라서 북한군은 이 지역으로 주력을 집중하기로 한 것이다. 이에 맞서 제7사단은 제1연대를 동두천 방향에 배치하고, 제9연대를 포천 방향에 배치하였다. 그리고 제3연대를 예비로 운용하기로 하였다. 그런데 육군본부는 6월 15일부로 서울에 위치한 제3연대를 수도사단으로 예속을 변경하였다. 그리고 온양에 위치한 제2사단 25연대를 제7사단으로 전환하였다. 그러나 막사 문제 등으로 정작 전쟁당일까지 제25연대는 온양에 있었다. 따라서 제7사단은 예비부대 없이 2개 연대로 적과 싸워야 했다. 반면 북한군은 제3·4·13사단 등 총 3개 사단에 추가하여 제105전차여단(-) 등을 투입하여 압도적인 우위의 전력이었다. 대략 병력 규모로만 보아도 약 7배의 차이가 발생하는 상황이었다. 특히 약 80여대의 전차가 집중된 의정부지역의 제7사단은 보유한 대전차 화기가 아주 미약한 지경이었다. 제2차 세계대전에서 미군이 사용하던 57mm무반동총과 2.26인치 로켓포가 전부였다. 더 중요한 사실은 그 당시 북한군이 보유한 전차는 성능을 개량한 T-34전차였으므로 국군이 보유한 대전차화기로는 장갑을 파괴할 수 없는 형편이었다. 이러한 열세에서 적과 맞선 제7사단 장병들은 전차로 인한 전장공포증이 당연히 수반되게 되었다. 그 결과 동두천 정면으로는 제107전차연대의 지원을 받는 북한군 제4사단의 공격에 의해서 제1연대가 와해되다시피 하였다. 북한군은 25일 저녁 무렵에 동두천에 진입하였다. 인접의 북한군 제3사단은 25일 9시경에 포천 북방까지 진출하였으며, 오전이 지나기도 전에 포천을 점령하였다. 제7사단은 포천과 동두천을 잃게 되었고, 북한군은 6월 25일 저녁에 동두천에서 포천에 이르는 선까지 진출하게 된 것이다. 결과적으로 의정부가 위기에 처하게 되었다. 의정부를 빼앗긴다면 다음은 서울 함락이 목전에 있게 된다. 상황이 급박하자 육군본부에서는 대전의 제2사단, 대구의 제3사단, 광주의 제5사단에게 의정부로 투입하라는 명령을 내렸다. 그러나 전황이 워낙 급하여 이 3개 사단은 준비되는 대대별로 각각 의정부로 출발하였다. 당연히 도착하는 것도 대대별로 차이가 있게 되었다. 육군본부에서는 동두천과 포천을 되찾기 위하여 역습을 계획하였다. 그리고 제2사단에게는 포천에 대하여, 제7사단에게는 동두천을 역습하라는 명령을 하달하였다. 아직 부대가 다 도착하기 이전에 있었으므로 축차투입을 할 수밖에 없는 상황이었다. 따라서 이 역습은 누가 보아도 성공이 희박하였다. 그렇지만 우여곡절 끝에 제7사단이 동두천을 탈환하였다. 그러나 2개 대대만으로 역습을 실시한 제2사단은 포천을 탈환하지 못하였다. 포천이 적의 수중에 있다는 것은 퇴로가 차단당할 위험이 있음을 의미한다. 이 전투로 서울의 관문인 의정부는 26일 오후 1시경에 적에게 피탈되어 서울은 그야말로 풍전등화에 놓이게 되었다. 이틀 만에 서울에 이르는 가장 양호한 접근로는 거의 개방이 된 것이나 마찬가지였다. 전선을 붕괴시킨 북한군은 수도서울을 향하여 전차를 앞세우고 쾌속 질주하게 되었다. 한편 의정부 상황이 혼미를 거듭하고 있던 이날 오전 신성모 국방부장관은 이승만 대통령으로부터 "군사경력자들의 자문을 받아 난국을 타개하라."는 지시를 받고 이날 10시에 현역 및 재야 원로급 군사경력자들을 국방부로 소집하여 작전지도 방안을 논의하였다. 이 회의에는 각 군 총참모장, 김홍일 소장(참모학교장), 송호성 준장(전 경비대총사령관), 유동열(전 통위부장), 이범석(전 국방장관), 이청천(전 광복군사령관), 김석원(전 제1사단장) 등이 참석하였다. 그러나 위급한 상황에서도 장관과 참모장은 다소 낙관적인 상황으로 전투상황을 보고하였다. 당시 참석했던 김홍일 소장은 한강 이남에서의 결전을 주장하였다. 이에 대해 김석원, 이범석도 이에 동조하기에 이르렀다. 대부분의 군 원로들이 상황을 그리 낙관적으로 본 것이 아니었다. 그러나 결국 이 회의는 신 장관과 채 총장의 서울 고수론에 막히고 말았다. 그때까지도 상황을 제대로 파악하지 못하고 있었던 것 같다. 물론 현실적으로 한강을 방어선으로 한다는 것은 서울 포기를 의미하는 것이었다. 그러나 현실적으로 적의 남진을 저지시키기는 어려웠다. 그러므로 한강이라는 천연적인 장애물을 이용하여 방어하는 것이 효과적이라는 주장을 대다수가 한 것으로 보인다. 군사경력자회의가 끝나자 신 장관과 채 총장은 11시부터 중앙청에서 개최된 비상국회에 출석을 요구받고 전황(戰況)을 설명하였다. 이 설명에서 신 장관은 "3일 이내에 평양까지 점령할 수 있는 만반의 준비와 군대를 가지고 있다."라고 하였다. 또한 채 총장은 "적을 의정부 밖으로 격퇴하였다. 3일 안으로 평양까지 점령하겠다."라는 허황된 낙관론을 폈다. 그즈음 서울 문턱까지 북한군은 내려오고 있었다. 국회에서 전황보고를 마치고 육군본부로 돌아온 채 총장은 의정부에서의 반격이 성공하기를 학수고대하였다. 그러나 이 무렵 의정부는 적의 수중으로 들어가 있었다. 의정부가 실함되는 등 상황이 위급해지자 육군본부는 제7사단장 유재흥을 의정부지구전투사령관에 임명하고 창동을 중심으로 도봉산(우이동)-수락산(상계동) 선의 구릉지대를 이용하여 방어선을 형성하도록 하였다. 그리고 철수하는 부대를 수습하여 병력을 확보하라는 지시를 내리게 된다. 채총장은 백석천에서 철수부대를 수습하며 의정부전투의 작전책임을 물어 제2사단장 이형근 준장을 현지에서 해임하고, 제7사단장으로 하여금 양개 사단을 통합지휘하게 하였다. 의정부가 상실되기 이전에 포천과 동두천에서 실시한 역습은 무모함 그 자체였다. 역습은 기본적으로 강력한 기동력과 화력이 뒷받침 되어야 하는데 이러한 전투력이 부재한 상태에서 실시한다는 것은 실패를 예고하고 있었다. 더구나 병력을 집중하여 실시한 것도 아니었다. 증원되고 있는 소규모의 병력을 이용하여 실시한 것이다. 전차와 강력한 포병화력의 지원을 받는 북한군을 역습으로 밀어낸다는 것은 애초부터 불가능한 일이었다. 그 결과 의정부가 실함되고 창동선에서 방어선을 형성하게 된 것이다. 그러나 전황이 나아진 것은 하나도 없었다. 전투에 패해서 내려오는 병력과 휴가 등의 복귀로 귀대한 병력을 끌어모으는 중이었다. 이런 형편이니 지휘체계 또한 극도로 문란하여 혼란 그 자체였다. 6월 27일 정오가 지나자 방어선은 또다시 무너지고 미아리로 향하고 있었다. 이 무렵 미아리-회기동 선에서는 전날 육군본부로부터 미아리에서 수도 서울을 방어하라고 명령을 받은 미아리지구 전투사령관 겸 제5사단장 이응준 소장이 이곳에 투입된 예하의 제15연대 2대대, 제20연대 1대대와 수도사단 제8연대 2대대를 지휘하여 방어진지를 편성하다가 철수병력을 수습하고 있었다. 창동을 점령한 적은 잠시 진격을 멈춤으로써 전선은 잠시 소강상태가 유지되고 있었다. 이들은 방어선의 지형이 횡격실로서 방자에게 유리하므로 미아리에서 도로만 차단하면 적 전차를 막을 수 있으리라는 희망을 가지고 전력을 다하여 방어진지를 구축하였다. 미아리는 정말 서울의 마지막 방어선이었다. 서울 함락은 시간의 문제처럼 보였다. 그러나 그 혼란 속에서도 투혼을 불태우는 용감한 병사들이 있기 마련이었다. 서울과 운명을 같이 하겠다는 비장한 각오로 저지선을 구축하였다. 적 전차가 접근하자 육탄으로 막아섰다. 변변한 대전차 화기 하나가 없다는 것이 원통할 뿐이었다. 아군의 투혼에도 불구하고 적 전차 2대가 미아리 고개를 넘어섰다. 이때가 6월 28일 새벽 1시경이었다. 이로써 서울의 최후방어선은 무너지고 만 것이다. 이에 따라 미아리 방어선의 병력은 6월 28일 새벽부터 철수를 개시할 수밖에 없었다.

〈서울시청 앞의 적 전차와 이를 불안하게 바라보는 시민들〉

북한군은 28일 새벽 4시 30분경부터 공격을 개시하였다. 북한군 제3 · 4사단과 제105전차여단은 6시에 서울에 진입하기 시작하였다. 이로부터 북한군이 서울 시내의 중심부에 도달한 것은 28일 11시 30분경이었다. 서울을 장악한 북한군은 서

대문형무소와 마포형무소를 비롯하여 죄수 등을 모조리 석방시켰다. 김일성은 28일에 서울점령 축하방송을 하고 서울에 인민위원회를 설치하였다. 그 이전인 26일 밤에 신성모는 각 군의 총참모장을 소집하여 긴급회의를 개최하였고, 수도를 이전하기로 하였다. 그리고 27일 새벽 1시의 비상국무회의에서는 수원으로의 천도를 결정짓게 되었다. 그리고 27일 아침에는 신성모 장관이 수원으로의 천도 소식을 KBS방송국에 전했다. 방송국에서는 이 같은 사실을 아침 6시 뉴스에 방송했다.[7] 그러나 서울시민의 피난 문제 등은 한 마디의 대책도 없었다. 전쟁지도부의 무능함을 보여주는 대목이다. 그는 26일에 의정부가 실함되면서 서울의 함락도 이미 예견했을 것이다. '북한이 전쟁을 일으키면 점심은 평양에서 먹겠다'던 말과 26일에 국회에서 전황을 보고하면서 "3일 이내에 평양까지 점령할 수 있는 만반의 준비와 군대를 가지고 있다."고 호기롭게 한 발언은 어디로 갔는지 모를 지경이다. 국민의 안전은 안중에도 없었던 지도부였다. 대통령은 발 빠르게 새벽 3시경에 특별 열차 편으로 피난을 떠났다. 그러나 그는 수원이 아닌 대구까지 내려갔다. 확실하게 피난을 간 것이다. 그 순간까지 서울시민들에 대해서는 어떠한 대책도 강구되지 않고 있었다. 대구에는 27일 10시에 도착하였다. 그러던 중 12시 30분에 다시 북상한 대통령은 오후 3시에 대전에 도착하였다. 이날 밤 10시에 그 유명한 대국민 방송을 하게 되는 것이다. 그 내용은 '유엔군이 참전하니 안심하라'는 것이었다.

나. 한강교 폭파의 비극

한강교량의 폭파준비는 이미 의정부가 실함되고 창동으로 철수하던 26일 저녁에 채 총장이 최창식 공병감에게 지시함으로써 시작되었다. 공병감은 다음날 27일 9시에 공병학교장 엄홍섭 중령에게 폭파를 준비하라고 명령하였다. 엄 교장은 남한강파출소에 지휘소를 설치하고 황원회 중위와 이창복 중위에게 폭파임무를 부여하였다. 이들은 이날 오후 3시 30분까지 한강상의 5개 교량에 폭약설치를 완료하였다. 최초에 최공병감은 총참모장으로부터 적의 서울시내 진입 2시간 전에 파괴하도록 지시를 받았다. 이때 상황으로는 27일 오후 4시를 폭파 예정시간으로 계획하여 준비 작업을 추진하였다. 28일 새벽 1시경에 북한군의 전차가 미아리 고개를

7) 노정팔, 앞의 책, p.161.

넘어섬으로써 사실상 서울의 함락은 시간의 문제에 불과하였다. 1시 45분경에 채 총장은 작전국장 강문봉 대령으로부터 적 전차가 시내에 진입하였다는 것을 보고 받는다. 그는 즉시 공병감에게 한강교를 폭파하라는 명령을 내린다. 그 이전인 27일에 수원으로의 천도가 결정되자 채 총장은 전방부대의 전투지휘를 일선 지휘관과 김백일 참모부장에게 맡겨둔 채 용산의 육군본부를 떠나 한강을 건너 시흥으로 향하였다.

〈폭파된 한강인도교[8])와 현재의 모습〉

8) 용산구 이촌동과 동작구 본동을 잇는 최초의 인도교이다. 1916.3월 착공하여 1917.10월 준공하였다. 한강철교를 준공하고 남은 자재를 활용하여 건설하였다. 차도 폭 4m, 좌우보도 1m의 다리였다. 폭파된 후 1957년 9월에 재착공하여 1958년 5월 15일에 준공하였다. 옆에 있는 한강철교

그러나 이날 시흥으로 철수한 육군본부가 27일 저녁에 다시 서울로 오면서 폭파는 연기되었다. 그것은 맥아더의 미국동군사령부의 전방지휘소를 한국전선에 설치할 것이라는 연락을 받고 나서였다. 따라서 육군본부가 다시 용산으로 복귀함에 따라 폭파부대는 폭파장치를 일단 제거하여 차량과 열차의 통행에 지장이 없도록 조치하고 대기하고 있었다. 그러던 중, 전방상황의 악화로 27일 11시 30분경 재차 폭파준비 명령을 받게 되자 억수같이 쏟아지는 비를 맞으며 제거한 폭약을 재장전해 두고 있었던 것이다.

총참모장의 폭파명령을 받은 공병감은 28일 2시 20분경에 엄 중령에게 폭파명령을 하달하였다. 엄 중령은 즉시 대기하고 있던 황 중위에게 장약점화를 지시하였다. 이때의 교량상황은 육군 헌병과 경찰이 명령 없이 후퇴하는 차량들을 저지하고 있었으나 통제는 거의 불가능하였다. 점화신호와 동시에 인도교에 이어 3개 철교에서 굉음과 함께 불꽃이 치솟았다. 수많은 인명과 차량이 희생되고 말았다. 이보다 약 1시간 30분 뒤인 4시경에는 광진교가 폭파되었다. 인도교를 건너 피난길에 나선 시민들은 영문도 모른 채 다리와 함께 사라졌다. 수많은 시민들이 수중고혼으로 불귀의 객이 되고 만 것이다. 대략 약 800여 명의 피난민과 40~50여 대의 차량이 희생된 것으로 알려지고 있다. 이것은 후에 이승만 정권에 대해서 민심이 악화되는 원인이 되었다. 결국 그 책임을 공병감에게 물어 1950년 9월 21일 부산의 외곽에서 총살형을 집행하였다. 책임을 전가한 것이다. 그렇게 그는 비극적으로 세상을 떠나게 되었다.

공병감 최대령은 전쟁이 끝나고 12년의 세월이 흐른 이후에 무죄로 복권이 되었다. 그는 당시에 재판정에서 다음과 같이 진술하였다고 기록은 전하고 있다. "괴뢰군의 남침으로 서울사수가 불가능하게 되자 6월 27일 낮2시 육본참모회의는 괴뢰군 이 서울에 침입하면 한강철교와 인도교를 폭파한다는 결정을 내렸다. 나는 이 결정대로 총참모장(채병덕)으로부터 폭파명령을 받았고, 이 명령을 당시 공병학교장 엄홍섭 중령에게 전달했다." 그러나 당시의 재판부는 '서울북방에서 전투가 계속되고 있고 피난민 행렬이 계속되는데 폭파하여 일대 혼란을 야기시켰다'는 책임을 물었다. 죄명은 적전비행과 근무태만죄를 적용하여 사형을 언도하였다. 그러나 1962

는 1900년에 가설되었다.

년 8월 7일 육군판결심의회는 "상관의 명령을 그대로 수행한 것이므로 죄가 되지 않는다."고 원판결 무효를 선고하였다. 그는 결혼 3년 만에 이런 비극을 당하였다.

그나마 폭파적전은 완전히 성공하지도 못하였다. 장약의 불발로 경부선 복선철교와 경인선 상행 단선철교는 완전히 폭파되지 않았다. 따라서 다음날 미 공군 B-29폭격기가 폭격을 시도했으나 폭파에는 실패하였다. 한강대교 입구에 적 전차가 나타난 것은 그로부터 7시간 반 가량이 지난 28일 10시를 조금 넘은 시간이었다. 북한군은 서울을 점령한 후 남진하기 위하여 이 교량을 일부 보수하였다. 그 후 전차를 도강시키게 된다. 한강교의 폭파는 서울시민의 피난 조치나 전선부대에 대한 적절한 조치도 없는 상황에서 단행되었다. 대통령을 비롯한 전쟁지도부의 무능을 보여주는 대표적인 사례이다. 이로써 150만 시민의 대부분이 적 치하에 들어가야 했다. 그리고 북한군의 치하에서 모진 세월을 이겨내야 했다. 그러나 서울수복 후에는 북한군에 부역했다는 혐의로 다수의 시민들은 또다시 고초를 겪고 오랫동안 '빨갱이'라는 굴레가 덧씌워 졌다. 물론 그중에는 일제강점기 시절의 악질적인 친일파처럼 천인공노할 행위를 일삼으며 북한군에 협조한 사람도 있었다. 그러나 다수의 선량한 시민이 받은 피해만은 묵과할 수 없는 일이다. 지도층의 무능은 이처럼 국가의 비극은 물론이고 개인의 삶까지 파괴해 버리는 것이다. 무능이 얼마나 무서운지를 역사는 증명하고 있다. 한강교 폭파는 국군에게 막대한 피해를 입혔다. 전투시에 교량은 중요한 역할을 한다. 이것은 파괴의 대상이며 반드시 확보할 대상이 되기도 하다. 그 당시의 상황에서 한강교는 국군이 철수하면서 반드시 파괴해야만 했다. 그러나 국군의 주력이 한강 이북에서 완전히 빠져나오지 못한 상황이었다. 물론 이에 대해서는 북한군이 국군을 근접해서 추격 또는 거의 혼재된 상황이기도 하였기 때문에 불가피한 상황으로 볼 수도 있다. 그러나 결과적으로 국군 주력의 퇴로가 차단된 것이다. 스스로 우리의 퇴로를 차단한 결과가 된 것이다. 그와 함께 주요 장비등과 보급물품이 한강 이북에서 갇히게 되어 적 수중으로 넘어가게 되었다. 어떠한 군사적인 이유를 갖다 붙인다 해도 시민의 희생에 대해서는 무책임한 조치였다. 전쟁이 발발한 당시부터 민심의 혼란을 방지한다는 이유로 정확한 전황을 계속하여 은폐해온 결과의 누적된 산물로 볼 수 있으며, 피해는 고스란히 시민의 몫으로 남았다.

다. 한강방어선전투

한강은 폭이 700~1500m이며 평균수심 3m에 달하는 천연적인 장애물이다. 따라서 효과적인 방어에 아주 유리한 조건을 갖고 있다. 반면 공격부대는 이러한 수심과 강폭을 극복하기 위한 장비가 요구된다. 그러나 아무리 우수한 도하장비를 가지고 있다 하여도 강을 도하하기 위해서는 일단 정지해야 한다. 이것이 하천선방어에서 방자가 갖는 유리한 포인트인 것이다. 서울이 함락되고 한강교가 폭파되자 육군본부에서는 한강선 방어를 위해 28일 오후 2시에 시흥지구전투사령부를 설치하고 사령관에 김홍일 소장을 임명하였다.[9] 김홍일은 임무의 막중함을 느끼며 한강선 방어를 준비하였다. 무엇보다도 시급한 것은 방어병력을 끌어모으는 것이었다. 이를 위하여 삼삼오오 각자도생하여 한강을 건넌 병사들을 재편성하여 한강방어선에 투입하였다. 혼성수도사단, 혼성2사단, 혼성7사단이었다. 3개 사단이라고는 하지만 급조 편성된 말 그대로 패잔병들로 구성될 수밖에 없는 참담한 상황이었다. 병력도 열악하였지만 화기도 마찬가지였다. 105mm곡사포는 한강을 건너오면서 버려져 1문도 없었다. 박격포 2~3문과 기관총 2~3정이 고작이었다. 그러나 김홍일은 광복군 출신답게 용기를 잃지 않았다. 풍찬노숙하며 일본군과 싸워 왔던 그였다. 따라서 어떠한 어려움 속에서도 부하들에게 용기를 불어넣어 줄 능력이 있는 지휘관이었다. 그는 "앞으로 3일이 나라의 운명을 좌우한다. 미군이 참전하려면 최소 3일은 버텨야 한다." 라며 장병을 독려하였다. 29일에 맥아더는 한강방어선을 시찰하기 위하여 수원비행장에 도착하였다. 그는 한강방어선에서 불타는 서울을 바라보았다. 그리고 한 병사에게 다가갔다. "병사, 자네는 언제까지 그곳을 지킬 것인가?" 그러자 그 병사는 대답하였다. "군인은 명령에 따라 싸웁니다. 저는 죽는 순간까지 이곳을 지킬 것입니다." 이 말을 통역을 통하여 전해 들은 맥아더는 "내가 곧 지원병력을 보내겠다."

9) 본 책자의 '잊을 수 없는 사람들' 편을 참조바랍니다.

〈맥아더와 한 병사와의 만남〉 출처: 영화 '인천상륙작전'의 한 장면

맥아더는 이러한 한국군의 정신에 감명받았다. 그는 복귀하는 비행기에서 본국에 전투병력 파병을 요청하게 된다. 북한군은 그들의 계획대로라면 26일에 서울을 점령했어야 했는데 그보다 2일이 지체된 28일에 입성하였다. 그러나 무슨 이유인지 북한군은 공세를 취하지 않았다. 귀중한 시간에 서울에서 시간을 허비하고 있었던 것이다. 이른바 '3일간의 미스테리'인 것이다. 그러나 우리에게는 천금 같은 시간을 벌게 해준 시간이었다. 한강 도하를 준비하는 북한군 제1군단은 예하 제3 · 4사단 및 제105전차여단으로 하여금 한강 도하를 명하고 아울러 김포반도에서는 제6사단으로 하여금 김포-영등포 축선으로 도하공격토록 했다. 한강 남안에서 산발적인 포격만 실시하던 적은 6월 29일 밤에 흑석동 방면에서 아군 복장으로 위장한 적 1개 중대가 정밀도하를 실시하다가 아군에 의해 격퇴됐다. 30일 새벽 신사리 방면에서 뗏목과 나룻배 등으로 도하를 시도하였다. 혼성제7사단은 미 폭격기의 지원을 받아 적을 격퇴하여 사기가 고무되기도 하였다. 적 제4사단은 7월 1일부터 마포 방면에서 도하를 시도했으나, 아군 혼성수도사단이 잘 지켜냈다. 특히 영등포 일대에 배치됐던 제8연대와 제18연대의 일부 병력은 7월 3일까지 다섯 차례에 걸친 적의 도하공격을 격퇴하면서 여의도를 굳건하게 확보했다. 이에 북한군

〈한강철교를 이용하여 도강하는 북한군〉

은 전차 없이 방어선을 돌파하기가 힘들다고 판단한 듯 경부선 철교를 복구하기 시작하였다. 철도선로반원과 서울시민들을 강제로 동원하여 미군의 공습을 피해 복구에 주력하였다. 당시 완전하게 폭파되지 않은 철교는 경인선 상행 철교와 경부선 철교였다. 마침내 철교를 복구한 적은 7월 3일 새벽 4시에 전차 4대를 도강시키는데 성공하였다. 뒤이어 후속부대의 도강이 이루어졌다. 북한군은 노량진과 영등포 일대로 공격하여 왔다. 영등포는 교통의 중심지로, 이곳을 피탈 당하게 되면 그 이남이 위태로울 수밖에 없었다. 이에 김홍일은 한강방어선에서 부대를 평택과 안성선으로 철수시켜 미군의 증원부대가 도착할 때 까지 적의 공격을 지연하고자 하였다. 전황이 이처럼 급박하게 전개됨에 따라 육군본부도 7월 4일 수원을 포기하고 평택으로 철수하게 되었다. 6월 28일부터 7월 3일까지 실시된 한강방어선전투는 하천이 주는 유리한 점을 최대한 이용해 적의 남진을 최대한 지연시켰다는데 의미를 부여할 수 있다. 또한 국군의 모든 부대가 장비의 열악함 속에도 광복군 출신 사령관과 함께 오직 정신력을 바탕으로 수행한 전투였다.(동해안의 제8사단과 중동부전선의 제6사단을 제외한 모든 부대가 참가) 또한 국군의 투혼을 보이며 맥아더를 감동시켜 한국군의 정신은 살아 있다는 것을 보여준 전투이기도 하다. 또한 군군 장병들은 초기전투에서 일방적으로 밀렸던 것과 달리 이 작전을 계기로 적을 저지할 수 있다는 용기와 희망을 본 전투였다. 이러한 자신감 회복은 낙동강전투에서 다시 한번 투혼을 발휘하게 해준 저력이 되었다. 시흥전투지구사령부 지휘 아래 실시된 한강방어선전투는 열악한 여건이었지만 예상보다 오랫동안 적을 저지하였다. 이로써 미군이 참전할 수 있는 시간은 물론이고 공간을 확보했다. 지연전의 목적을 충분히 이룬 전투였다. 한편 6월 30일에 채병덕 소장을 육군총참모장직에서 해임하였다. 그는 이름뿐인 '영남지구전투사령관'[10]으로 직책을 부여받았다. 그는 신성모로부터 다음과 같은 서한을 받았다고 한다.

"귀하는 서울을 잃고 중대한 패전을 당했다. 책임은 중하고 크다. 그런데 지금 적은 전남에서 경남으로 지향하고 있다. 이 적을 막지 않으면 전 전선이 붕괴될 것이다. 귀하는 패주 중인 소재 부대를 지휘해서 적을 격퇴하라. 귀하는 선두에 서서 독전할 필요가 있다." 이 명령으로 채병덕은 남해안을 돌아 공격하여오는 적을 저지하기 위해 경남으로 향하였다. 그러나 그는 7월 27일 하동 쇠고개에서 북한군 제6사단의 매복작전에 걸려 전사하였다. 총탄 2발이 두부를 관통하여 현장에서 절명하였다. 이때 미군도 막대한 피해를 입고 다수가 전사하였다. 또한 그의 가족들도 서울에서 피난을 가지 못하고 있다가 모두 죽게 되는 비극을 맞이했다.

10) 육군본부 작명 제70호(1950년 7월 25일)로써 전임 총참모장 채병덕 소장을 영남지구전투사령관에 임명하여 남원으로부터 하동에 이르는 선에서 북한군을 저지하도록 하였다. 그러나 예하에 실병력은 전무한 이름뿐인 직책이었다.

제 3 절

미군의 참전과 지연전

1. 미군과 유엔군 참전

전쟁이 발발하자 유엔군이 투입되기 이전부터 미군은 한반도에 개입하고 있었다. 이에 대한 과정을 살펴보기로 한다. 1949년 6월 29일에 미국은 약 500여 명의 고문단을 제외하고 그동안 주둔했던 주한미군 부대가 철수를 완료하였다. 그로부터 약 1년 만에 전쟁이 발생한 것이다. 한국의 전쟁 소식은 언론과 미 대사의 전문 보고 등에 의해 워싱턴에 전달되었다. 최초로 전해진 시간은 6월 25일 오전 9시 30분경이었는데, 미국 현지시간으로는 24일 토요일 오후 8시 30분 경이었다. 북한군의 남침 사실을 구체적으로 설명한 무초 주한 미 대사의 전문이 국무부에 도착한 것은 미국시간으로는 24일 밤 9시 26분이었다. 이에 따라 미국 시간 25일 오전 11시쯤 콜린스 육군참모총장, 딘 러스크 국무부차관보 등 미 육군과 국무부의 주요 관계관들이 한자리에 모여 향후 미국의 대응조치를 논의했다. 우선적인 조치로 도쿄에 있는 극동군사령부의 해·공군 전력을 투입하여 한국에 있는 미국인들의 안전한 철수를 지원하기로 했다. 또한 주한 미 고문단이 요구할 경우 극동군사령부가 추가 군사장비를 한국에 보내도록 허용하는 방안도 논의됐다. 25일 저녁 7시 45분부터 백악관에서 트루먼 대통령과 애치슨 국무장관, 존슨 국방장관, 브래들리 합참의장, 육·해·공군 참모총장 등 외교라인과 안보라인의 수뇌가 참석한 긴급회의가 열렸다. 그러나 여전히 한국에 대한 전면적인 군사 지원은 허용하지 않고 있었다. 트루먼 대통령은 한국에 대한 군사적 지원을 결심하긴 했지만 미국이 다른 지역, 특히 유럽에서 전쟁을 수행하는 데 지장을 받을 정도의 대규모 군사 개입에는 부정적이었다. 당시에 미국은 유럽에서 소련의 팽창정책에 맞서고 있었으므로 병력 파견 등에 있어서는 신중한 입장을 보이고 있었던 것이다. 그러나 워싱턴과는 달리 일본에 주둔하고 있는 미 극동군의 실제 상황은 훨씬 긴박했다. 백악관회의에서 해 · 공군을 동원한 미국인 철수 지원을 추인하기 전에 이미 미 극동공군은 전투행동을 개시했다. 미 극동공군 소속 F-82 전투기가 김포비행장 상공에서 북한 YAK-3 전투기를 격추하면서 첫 전과를 올리고 있었다. 미국 시간 26일 밤 9시에 맥아더 극동군사령관은 충격적인 보고를 워싱턴으로 보냈다. '한국군의 완전한 붕괴가 임박했다'는 내용이었다. 이때는 한국시간으로 27일 오전으로 의정부를 함락시킨 적이 창동으로 돌입하고 있었던 상황이었다. 맥아더는 지상군 투입이 없이는 상황을 극복할 수 없다는 단호한 의사를 전달하였다. 이에 따라 미국은 38선 이남에서 극동 해 · 공군의 작전에 제한을 해제하기로 했다. 이제는 미국인 철수 지원과 상관없이 38도선 이남의 모든 북한군의 군사목표에 대한 전면 공격이 허용되었다. 그렇지만 지상군 투입은 유보되고 있었다. 맥아더는 지상군 파견을 승인해 줄 것을 끈질기게 요청했다. 맥아더의 건의에 따라 단서를 달았지만 지상군 투입이 결정되었다. 단서는 '절대적으로 필요한 부대 규모에 국한한다'였다. 마침내 30일부로 육군 병력의 투입을 허락받은 맥아더는 즉시 행동을 개시하였다. 제8군사령관 워커에게 제24사단을 한국에 상륙시키라는 명령을 6월 30일에 내렸다. 이에 따라 전쟁 후 최초로 선발대인 제21연대 1대대가 7월 1일에 부산에 상륙하게 되었다. 6 · 25전쟁 개전 5일 만에 육 · 해 · 공군의 38도선 이남과 이북의 제한이 없는 완전한 군사적 지원을 마침내 허용 받은 것이다.

유엔군이 편성된 과정을 살펴보기로 한다. 미국은 북한의 전면 남침을 확인하자 곧바로 유엔 안전보장이사회의 긴급소집을 요청하였다. 유엔 긴급 안전보장이사회가 처음 열린 때는 25일 오후 2시(한국시간 6월 26일)였다. 미국 대표는 '북한의 행동은 평화에 대한 파괴 행위이며, 북한군은 즉시 38도선 이북으로 철수하라'고 요구하는 결의안 초안을 낭독했다. 또한 한국 대표가 안정보장이사회에 발언할 수 있는 기회를 줘야 한다고 주장했다. 이에 따라 장면 주미 대사는 "북한의 우리에 대한 침략은 인류에 대한 죄악이다. 한국정부 수립에 유엔이 큰 역할을 했는데 세계평화 유지에 기본 책임을 지닌 유엔 안보리가 침략을 적극 저지하는 것은 당연한 의무"라는 요지의 성명문을 낭독했다. 긴급 안전보장이사회 결과 미국의 결의

안은 소련을 제외한 총10개국이 참석하여 9개국이 찬성표를 던진 것이다. 그러나 북한은 유엔의 권고를 무시하고 계속 공격을 하자 미국은 제2차 결의안을 유엔에 상정하였다. 6월 27일(한국시간 6월 28일) 오후 3시에 안보리 회의를 개최하였다. 소련은 이번에도 참석하지 않았고 유고슬라비아의 반대 1표를 제외한 9표의 찬성으로 가결됐다. 보다 적극적으로 "대한민국에 대한 무력 침략을 격퇴하고 그 지역에서 국제 평화와 안전을 회복하는 데 필요한 원조를 제공해 줄 것을 유엔회원국에 권고한다."는 내용의 결의안은 미국 시간 27일 오후 3시에 열린 제2차 유엔 안전보장이사회에서 결의되었다. 소련의 불참과 유고슬라비아의 반대 1표, 인도와 이집트의 기권 2표였다. 반면 찬성은 7표였다. 이로써 결의안이 통과된 것이다. 이 결정은 유엔 회원국을 중심으로 한국에 병력을 파병하게 되는 근거가 되었다. 이어서 7월 7일 유엔 안보리는 제3차 결의를 통해 유엔군사령부 설치를 결의하게 된다. 이 같은 결정에 따라 일본에 주둔하고 있던 미 극동사령부(FEC : Far East Command)가 유엔군사령부의 기능을 겸하게 됐다. 맥아더가 유엔군 사령관으로 임명되게 되었다. 14일에는 미 제8군사령부가 정식으로 대구로 이전해 유엔군 지상군을 지휘하게 됐다. 유엔군사령부는 7월 24일 창설되었다. 전쟁이 진행되면서 영국・프랑스・터키・오스트레일리아・필리핀 등 16개국에서는 전투 병력을 파병했다. 유엔 해군에는 미국・영국・호주・프랑스・네덜란드・캐나다・뉴질랜드 등이 참가했다. 유엔 공군에는 미국・영국・캐나다・호주 등에서 참전하였다. 이 외에도 의료 및 시설 지원국이 5개국이었으며, 물자를 지원하는 국가도 20여 개국을 헤아렸다. 이에 따라 작전에 대한 지휘권 설정이 필요하였다. 이렇듯 한국에서의 전쟁은 한반도를 넘어 세계전쟁의 성격을 띠고 있었다. 한편 1950년 7월 14일 이승만 대통령이 주한 미 대사를 통하여 한국군에 대한 '작전지휘권(Operational Command)'[11]을 맥아더 유엔군사령관에게 이양하였다. 이제 한국군은 법적으로는 유엔군이 아니지만 실질적으로는 유엔군의 일원처럼 전쟁을 수행하게 되었다. 작전권 이양은 군사적 관점에서 볼 때 지휘권 통일의 이점이 있다. 또한 유엔군의

11) 각서와 서한으로 이루어져 있다. 한국 정부는 1994년 12월 1일 '평시작전통제권'을 환수했다. 한국군에 대한 작전통제권(Operational Control) 문제는 1950년 한국전쟁 당시 이승만 대통령이 맥아더 유엔군 사령관에 이양함에 따라 시작되었는데, 김영삼 정부시절인 1994년 평시작전통제권이 환수되었다. 이후 전시작전통제권에 대한 환수 논의가 한국과 미국 사이에서 진행되고 있다.

〈유엔기를 받아드는 맥아더, 1950.7.4.〉 출처: 국가기록원

일원이므로 미군으로부터 장비를 보다 용이하게 획득할 수 있는 근거가 된다는 점에서 지휘권 이양은 당시의 상황에서는 불가피한 조치로 볼 수 있다. 유엔군이 참전하면서 전쟁은 북한군과 유엔군의 전쟁으로 확대되었으며, 새로운 성격의 전쟁으로 변모되고 있었다. 즉, 국제전의 양상으로 발전되 있었다. 지상군 투입을 요청했던 맥아더 원수는 6월 29일 미국의 지상군 투입 승인을 받았다. 맥아더는 6월 30일에 미 공군에게 38도선을 넘어 북한지역을 공격하라는 명령을 내렸다. 이에 따라 미 공군은 평양을 폭격하고 적기 20대를 격추하였다.[12] 또한 주일 미군을 우선 투입하기로 결정하였다. 곧 바로 7월 1일[13] 선발대인 스미스 특수임무부대(제24사단 21연대 1대대, Task Force Smith)가 부산공항에 도착하였다.

이날은, 정일권 총참모장과 처치준장은 대전의 미 극동사령부 전방지휘소에서

12) 이종근, 『6 · 25전쟁 1129일』, 2014, p.44.
13) 7월 1일 외신에서는 중공군 부대가 압록강 연안에 집결중이라는 보도를 하고 있었다.

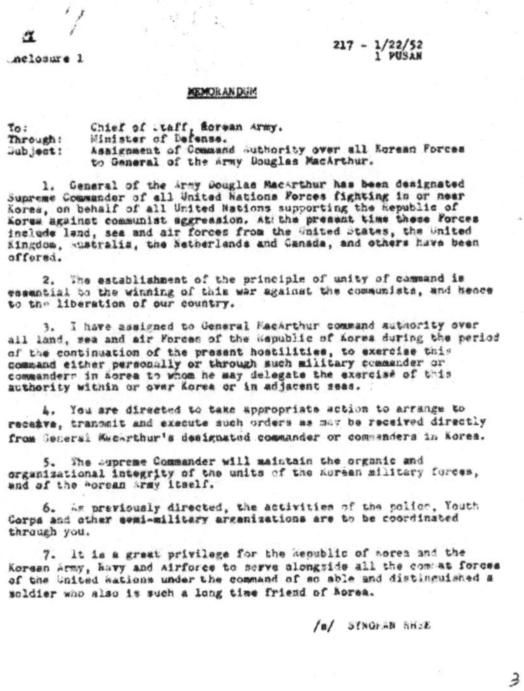

Enclosure 1

217 - 1/22/52
1 PUSAN

MEMORANDUM

To: Chief of Staff, Korean Army.
Through: Minister of Defense.
Subject: Assignment of Command Authority over all Korean Forces to General of the Army Douglas MacArthur.

1. General of the Army Douglas MacArthur has been designated Supreme Commander of all United Nations Forces fighting in or near Korea, on behalf of all United Nations supporting the Republic of Korea against communist aggression. At the present time these Forces include land, sea and air forces from the United States, the United Kingdom, Australia, the Netherlands and Canada, and others have been offered.

2. The establishment of the principle of unity of command is essential to the winning of this war against the communists, and hence to the liberation of our country.

3. I have assigned to General MacArthur command authority over all land, sea and air Forces of the Republic of Korea during the period of the continuation of the present hostilities, to exercise this command either personally or through such military commander or commanders in Korea to whom he may delegate the exercise of this authority within or over Korea or in adjacent seas.

4. You are directed to take appropriate action to arrange to receive, transmit and execute such orders as may be received directly from General MacArthur's designated commander or commanders in Korea.

5. The Supreme Commander will maintain the organic and organizational integrity of the units of the Korean military forces, and of the Korean Army itself.

6. As previously directed, the activities of the police, Youth Corps and other semi-military organizations are to be coordinated through you.

7. It is a great privilege for the Republic of Korea and the Korean Army, Navy and Airforce to serve alongside all the combat forces of the United Nations under the command of so able and distinguished a soldier who also is such a long time friend of Korea.

/s/ SYNGMAN RHEE

3

각서의 주요내용은 “대한민국을 위한 국제연합의 군사적인 공동 노력으로 말미암아 귀하가 UN군 총사령관으로 임명되어 대한민국과 그 인접 지역에서 싸우고 있는 모든 국제연합군이 귀하의 작전지휘권에 편입되게 된 사실에 비추어, 본인은 현재의 전쟁상태가 지속되는 동안 대한민국군을 귀하에게 이양함에 있어, 직접 귀하 자신이나 대한민국 내 또는 그 인접 지역에서 동 작전지휘권 행사에 관하여 귀하에게서 권한을 받은 특정 또는 각급 지휘관들이 동 지휘권을 행사할 수 있도록 이를 이양하게 된 것을 다행으로 생각하는바” 등으로 되어 있다.

〈맥아더에게 보낸 작전지휘권 이양각서〉

회담을 갖고 있었다. 양 대표는 연합작전을 위한 작전지역 분담, 한국군의 재정비, 한국군 탄약 및 장비의 긴급 지원, 미 공군의 지원확대, 장차작전의 구상 등에 관하여 광범위한 토의를 하면서, 전선의 서쪽에 전개한 미 지상군은 경부 축선의 서부전선을 담당하고 그 우측의 한국군은 동해안까지 담당하기로 했다. 그리고 최초의 방어선은 남한에서 동서의 폭이 가장 좁은 평택-안성-충주-울진선(37도선)으로 선정하였다. 이 합의에 따라 그간의 한국군 단독작전은 7월 4일 스미스부대의 배치부터 한·미 연합작전으로 전환되었으며, 한국군은 각 지역에 분산된 병력을 수습하고 전력을 재정비할 수 있게 되었다. 북한군은 최초의 공격기세를 유지하여 속전속결로 남한을 적화 통일한다는 전쟁목표를 수립하였으나, 유엔군의 참전으로 상대적인 전력의 우위를 상실하기 시작하였다. 무엇보다 병참선의 신장으로 병력과 물자 등 전쟁지원이 적절히 뒤따르지 못하여 공격기세를 유지할 수 없었다. 또한 북한군은 제공권과 제해권마저 상실하고 있었다.

원활하지 못한 보급문제와 제

〈대전으로 이동하는 스미스 부대원들〉 출처: 국가기록원

해 · 공권의 상실은 공격기세의 둔화를 가져왔다. 이처럼 북한군은 점차 공세한계점[14]을 향하고 있었다. 그 반면 유엔군은 단일 지휘체계를 확립하면서 전투력이 점차 강화되는 추세였다.

국군은 전쟁 발발 시에는 육본과 사단을 연계하는 중간제대가 존재하지 않았다. 따라서 효율적인 지휘에 제한을 받고 있었다. 서울 피탈을 당하고 지연전을 펼치는 절박한 상황이었지만 육본과 사단의 중간제대인 군단을 편성하게 되었다. 한강 방어선 전투에 이어 수원을 하루 만에 피탈 당한 한국군은 7월 4일 저녁 평택으로 철수하였다. 이때 총참모장 정일권 소장은 일선의 부대들이 초전에 와해되고, 인원을 포함한 장비와 물자가 현저하게 부족하여 전투력 발휘에 제한을 받게 되자, 군 조직의 통합과 개편을 통하여 전투 효율성을 제고하기로 결심하고 있었다. 육본은 평택으로 철수한 시흥지구전투사령부를 모체로 7월 5일부로 제1군단 사령부(사령관, 소장 김홍일)를 창설하였다. 창설 방법은 전투력이 미약한 연대 및 사단을 다른 건실한 사단 및 연대에 통합하는 방식으로 미군과 전선 조정을 하는 과정에서, 기존의 6개 사단(수도 · 제1 · 2 · 3 · 5 · 7사단)을 통합하여 3개 사단(수도

14) 더 이상 공격을 지속할 역량이 어려운 상황을 말한다.

·제1·2사단)으로 재편성하였다. 한편, 중동부전선에서 제6사단과 8사단의 전투가 진행되면서 이화령-조령 선으로 전선이 형성되었다. 그런데 통신장비가 미비하여 이들 부대에 대한 효과적인 통제가 어려워지는 상황이 빈번히 발생되고 있었다. 뿐만 아니라 북한군 제2군단의 주력이 지향됨에 따라 또 다른 군단사령부의 필요성이 부각됨에 따라 7월 12일 함창(경북 상주)에서 제2군단을 창설하고 제6·8사단을 배속함과 동시에 군단장에 육본 참모부장 김백일 준장을 임명하였다. 그 무렵 한국군의 작전지속지원을 위한 미군의 보급품이 7월 초순부터 지원되어, 20일부터는 일부 전선에 보급이 개시되기 시작하였다. 이후 낙동강 전선에서 '한국군사단증편계획'의 일환으로 8월 30일부로 해체되었던 제7사단이 재창설되었다. 이어서 27일에는 제11사단의 신편작업이 착수되었으며, 차후에 제2·5사단의 재창설이 이루어졌다. 그리고 제9사단과 제3군단의 신편계획이 추진되었다. 그로써 국군은 3개 군단체제를 갖추게 되었다. 한편 이 시기에 정부는 대전에서 대구로 7월 14일에 이동하게 되었으며, 육군본부도 대구로 이동하였다. 한편 초기전투의 패전 책임을 물어 채병덕 총참모장을 6월 30일에 보직해임하고 그 후임으로 정일권 소장을 임명하였다. 육·해·공군 총사령관 겸 육군총참모장으로 임무를 수행하게 하여 3군의 작전책임을 일원화하였다. 육군의 재편성과 한·미 연합전선이 형성될 무렵은 해군과 공군도 전력을 보강하고 지상군과의 합동작전 및 유엔군과의 연합작전체제를 정비해 나갔다. 해군은 7월 8일 부산 제2부두에 '항만방위사령부'를 설치하여 항만 방위와 함께 한·미 해군의 연합작전을 위한 연락기관으로의 임무를 부여하였다. 그리고 7월 9일에는 해병대를 증강시키기 위하여 해군의 육상근무자 중에서 500명을 선발하여 해병대 요원으로 편입시켰다. 7월 10일부터는 유엔해군과의 연합작전을 수행하게 되었다. 이에 앞서 6월 30일에는 37도선을 경계로 하여 그 이북은 미 해군이 담당하고, 그 이남은 한국해군이 담당하는 역할분담을 하였다. 공군은 미 공군이 6월 27일 참전하여 제공권을 장악해 가는 단계였다. 특히 미군으로부터 F-51기 10대를 인수하여 최초로 전투기를 보유하게 되었다.

2. 미군의 최초전투(죽미령전투)

맥아더의 지시에 따라 제8군 사령관 워커는 미 제24사단장 딘 소장에게 사단을 즉시 한국으로 이동시키라고 명령하였다. 또한 제25사단 27연대를 주축으로 한 1개 연대전투단을 출동 준비시키도록 지시하였다. 당시의 제8군 예하의 주일미군은 제1기병사단(간토), 제7사단(혼슈), 제24사단(규슈), 제25사단(오사카) 등에 위치한 4개 사단이었다. 이 중에서 워커는 한국과 가까운 규슈에 위치한 제24사단을 선정한 것이다. 워커는 본대가 도착하기 전에 먼저 1개 대대를 보내라고 지시하자, 사단장은 사단에서 가장 전투력이 우수한 제21연대 1대대를 선발대로 결정했다. 이 부대를 우리는 스미스부대라고 부르기도 한다. 사단장은 제21연대 1대대에 105mm 곡사포 1개 포대를 증강시켜 스미스 특수임무부대(Smith TF)를 편성했다.[15] 스미스부대는 원래 항공편으로 수원으로 바로 투입하려 했지만, 부산에 도착한 후 열차로 상경하는 방법을 선택했다. 선발대로 정해진 스미스부대는 7월 1일 오후 2시경에 부산에 상륙하였다. 그리고 열차편으로 7월 2일 대전에 도착했고, 7월 3일 평택 및 안성 일대에 진지를 편성했다. 하지만 북한군에 대한 구체적인 정보 없이 처치 준장으로부터 가능한 북쪽으로 이동하여 북한군의 공격을 저지하라는 명령을 받고, 7월 5일 새벽 3시경 오산 북방의 죽미령에서 1번 국도를 중심으로 제52포병대대와 함께 진지를 편성하였다. 당시 미군은 북한군을 보잘것없는 장비로 무장하고 훈련도 되지 않은 전근대적인 군대로 오판하고 있었다. 제2차 세계대전에서 승리한 세계 최강의 미군이 나타나기만 해도 북한군은 철수할 것이라고 기대하고 있었다.

15) 스미스라는 이름은 대대장의 이름에서 따온 것이다. 특수임무부대(TF)라는 명칭은 보병에 기갑·포병부대 등을 배속시켜 전력을 증강시켜 부여된 전투 임무에 맞게 부대를 편성했다는 것이다. 일반적 의미의 특수부대와는 다른 의미이다.

〈죽미령과 스미스부대 기〉 출처: 국가기록원, 전쟁기념관

겨우 진지를 편성한 그날 아침 7시 30분경 북한군 제4사단 및 105전차사단과 접촉하였다. 스미스 특임부대는 선두에 선 북한군 전차에 75mm무반동총을 발사하였으나 파괴되지 않고 계속 전진하자, 105mm곡사포로 직접 조준하여 두 대를 파괴시켰다. 그러나 30여 대의 전차는 계속 전진하며 지휘소와 포병진지 간에 설치된 유선을 절단시켜 포병화력 마저도 무력화되었다. 전차가 한바탕 진지를 휘젓고 오산 방향으로 내려가자, 이내 양 측면을 통하여 진입한 북한군 도보부대가 방어진지를 유린하기 시작했다. 결국 스미스부대는 7시간 만에 붕괴되었고, 전사자와 부상자들에게 군의관과 군목만 남겨둔 채 안성으로 철수했다. 역부족이었다. 첫 전투에서 스미스 특임부대는 부대원 440명 중 150여 명이 전사하거나 행방불명되었다. 포병대대 역시 화포를 모두 잃었고, 150명 중 31명이 전사 또는 실종되는 참패를 당했다. 미군의 자신감은 최초전투에서 여지없이 무너진 것이다. 북한군은 미군이 생각했던 것보다 현대화된 훈련과 실전경험을 축적한 군대였다. 죽미령 전투는 미군과 북한군의 첫 전투였다. 북한군은 미군의 참전을 현장에서 확인할 수 있는 전투였다. 미군은 이 전투의 실패를 통해 북한군의 전력을 과소평가 했다는 사실을 알게 되었다. 스미스부대는 북한군의 남진을 7시간 저지할 수 있었을 뿐이었다.

3. 대전전투

대전전투는 7월 16일 야간에 미 제24사단 제34연대가 갑천[16]선 일대에 배치되면서부터 20일 대전에서 철수할 때까지의 전투를 말한다. 대전은 남한지역의 중심이며 교통의 요충지이다. 대전을 통하지 않고는 경부와 호남축선으로의 공격이 제한되는 대단히 중요한 지역이었다. 따라서 양측은 지역의 중요성을 간파하고 첨예하게 대립할 수밖에 없었다. 미 제24사단은 7월 16일에 금강방어선이 무너지자 17일에 대전으로 철수하였다. 사단은 대전방어임무를 수행하다 북한군의 포위망 속에서 고전 끝에 사단장이 실종되고 사단의 전투력이 반감되는 등 심대한 타격을 받았다. 그 결과 경부축선상의 지연임무를 미 제1기병사단에 인계하고 김천과 군위 등지에서 재편성을 실시하게 되었다. 7월 14일에 북한군 제4사단이 공주를 점령한 뒤 15일에 논산을 석권하고 대전공격의 준비를 갖추는 동안, 제3사단이 16일에 대평리 정면의 금강선을 돌파하였다. 북한군의 공격방향을 보면 제4사단은 공주 방향, 제3사단은 대평리 방향이었다. 따라서 이들 사단은 각각 대전을 목표로 기동하여 미 제24사단을 대전에서 포위하여 격멸하려고 하였다.

금강방어선이 무너진 후 딘 소장은 대전에 위치하고 있던 제34연대에게 대전방어의 임무를 부여하고, 제21연대는 대전 동측방 마달령에 배치 북한군의 우회공격에 대비하고, 전투력이 급감한 제19연대는 영동으로 이동시켰다. 사단 수색 중대는 대전 남쪽 금산에서 적정을 수집했다. 제34연대는 대전 외곽 갑천을 연하여 부대를 배치했으나 정면은 10km가 넘었다. 한편 북한군은 제3사단이 대전 정면으로부터 공격하고, 제4사단은 대전의 서쪽인 논산에서 대전으로 공격하여 포위를 하고자 하였다. 그리고 이를 위하여 일부병력을 이용하여 경부가도와 금산가도를 차단하려 하였다. 북한군 제3사단은 19일에 대전과 옥천 사이의 요충지에 부대를 침투시켜 퇴로를 차단하였다. 제4사단은 15일에 논산을 점령하고, 19일에 대전을 공격하면서 제18연대를 금산방향으로 우회시켰다. 이로써 북한군은 금산과 옥천으로 이어지는 주변의 외곽도로를 차단하게 된 것이다. 이러한 상태에서 20일에 대대적인 공격을 감행하였다. 적의 공격으로 전방의 방어선이 붕괴되었고 통신이 두절되

16) 대전의 외곽을 흐르는 하천을 말한다.

면서 예하부대의 정확한 상황을 파악하기 곤란하였다. 그러나 사단장과 연대장은 전방대대가 방어선을 지탱하고 있을 것으로 믿고 있었다. 그러나 그 시점에 이미 적의 전차는 대전 시내에 진입한 상태였다. 시내에 나타난 적 전차에 대해서, 사단장은 적의 일부부대가 진입한 것으로 판단하고 있었다. 따라서 직접 초도 보급된 수색중대와 공병중대의 3.5인치 로켓반을 이끌고 전차를 파괴하기 위해 시내로 나갔다. 로켓반에 의해서 적 전차 8대, 포 사격으로 2대를 파괴하였다. 그 후 지휘소로 복귀한 20일 오후 3시경이 되어서야 사단장은 연대장에게 철수를 명령하였다. 그러나 그때는 이미 퇴로가 차단된 상태였다. 결과적으로 사단장은 철수시기를 오판한 것이다. 사단은 예하부대와의 지휘통신망이 원활하지 않은 것을 감안하여 소부대 단위로 분산하여 산악을 이용하여 금산 및 옥천 방향으로 철수하기로 하였다. 이리하여 중부지역의 전략적 요충지 대전은 7월 20일부로 북한군의 수중에 떨어졌다. 이 전투로 미 제24사단은 2,000여 명의 인원과 65% 이상의 장비 손실을 입었다. 더욱이 전투를 지휘했던 사단장은 실종된 이후 전북 진안에서 주민의 밀고로 북한군에 포로가 되었다.

罪狀一切를自白

띤少將、捕虜케한韓、崔兩名送廳

출처: 경향신문(1953.9.18.)

딘 소장을 밀고한 한두규 등이 체포되었으며 그들은 죄상을 모두 자백하였다는 기사내용이다. 후에 딘 소장은 그들의 석방을 탄원하였으며 그로 인해 가석방되었다.

여기에서 잠시 사단장의 실종과 포로가 된 경위를 살펴보기로 하자. 사단장은 7월 20일 저녁 6시경에 철수부대의 출발을 확인한 후 옥천 방향으로 철수하기로 하였다. 그러나 그의 차량이 방향을 잘못 들어 금산으로 향하게 되었다. 그러나 금산 방향은 이미 적의 매복조가 배치되어 도로가 차단된 상태였다. 사단장은 어두워지고 나서 퇴로를 개척하기로 하고 도로의 서쪽 방향 고지로 올라갔다. 야간에 부상병이 물을 찾자 물을 구하기 위하여 계곡으로 향하다가 낭떠러지에서 떨어지면서 의식을 잃고 말았다. 그때가 밤 10시 30분경이었다. 동행한 병사들은 사단장이 돌아오지 않자 다음 날 근처를 수색했으나 찾을 수 없었다. 사단장 또한 깨어나자 합류하기 위해 주변을 수색했지만 이들을 찾을 수 없었다. 결국 그는 35일간 산속에서 풀뿌리 등으로 연명하며 버텼다. 그는 자신의 회고록 '죽음의 세월 3년'에서 실종 경위를 밝히고 있다. 남쪽으로 이동하던 중 전북 무주군 적상면 방이리 고방마을에서 주민 박종민의 도움을 받았다. 그리고 대전을 떠난 지 35일 만인 8월 25일에 전북 진안에서 한두규라는 주민을 만나게 된다. 그는 '잘 모시겠다'는 말로 속이고 내무서에 밀고하였다. 그 후 1953년 9월 4일 3년간의 포로 생활을 끝내고 포로송환 시 판문점으로 귀국하게 되었다. 포로 송환시에 체중이 85kg에서 55kg로 줄 만큼 심한 고생을 하였다. 딘 소장을 밀고한 한두규는 체포되어 1954년 9월 23일 5년의 징역형을 선고받고 복역하고 있었다. 그러나 딘 소장이 정부에 탄원하여 1957년 5월 21일 그는 석방되었다.

〈세천터널과 김재현 순직비〉

사단장 구출을 위해 특공대가 조직되었고 민간인 기관사가 순직되는 특공작전이 있었다. 미 제24사단은 영동까지 후퇴하게 되었다. 그러나 사단장 딘 소장과 통신이 두절되고 행방이 묘연하게 되자 특공대를 조직해서 수색작전을 벌렸다. 당시에 제34연대 본부도 후퇴를 하지 못하고 있었다. 특공대원 33명은 기차를 이용하여 옥천을 거쳐 대전역으로 진입한 후 대전 시내에 있을지 모를 사단장을 구출한다는 것이었다. 대전기관사무소 소속 김재현(당시 27세), 현재영, 황남호 등 기관사는 딘 소장 구출을 위해 특공대원들을 태우고 대전역으로 향하였다. 특공대원을 태운 열차가 세천터널[17]을 지나려 할 때 적의 공격을 받게 되었다. 사상자가 발생했지만 대전까지 달려 도착하였다. 그러나 화염에 휩싸인 대전에서 사단장을 구출한다는 것은 불가능에 가까웠다. 특공대는 다시 복귀하게 되는데 다시 또 적의 공격을 받고 기관사 김재현 등 특공대는 많은 사상자를 내게 되었다. 대부분의 특공대원들과 김재현 기관사가 북한군의 사격으로 사망하자 황남호 기관조사가 간신히 기관차를 옥천까지 운행하여 왔다. 그의 희생을 기리기 위해 1962년 대전철도국 직원들은 성금을 모아 그가 산화한 지점인 세천터널 부근 철로변에 순직비를 세웠다.

대전전투의 의의는 2일 이상 북한군을 지연시킴으로써 미 제1기병사단이 영동에 투입되어 저지진지를 편성할 시간을 획득하였다. 또한 초도 보급된 대전차화기 3.5인치 로켓포로 적 전차를 파괴한 것은 장병들에게 자신감을 불어넣을 수 있었다. 6·25전쟁에서 3.5인치 로켓포가 최초로 북한군 탱크를 격파한 것은 대단한 의미를 지니는 것이다.

4. 낙동강까지의 지연전과 전황

앞에서 살펴본 바와 같이, 대전전투부터 본격적으로 미 지상군이 전투에 투입되기 시작하였다. 그리고 미군의 참전이 확대되면서 연합전선을 형성하는 가운데, 한국군과 미군의 작전지역이 협의를 통하여 구분되었다. 또한 지휘권이 일원화되

17) 대전에서 약 5km 이격된 옥천 방향의 식장산 부근에 있는 터널이다.

어 보다 효율적인 전투를 전개하게 되었다. 국군은 서울을 피탈 당하고 여기에 더하여 한강교 조기 폭파로 부족했던 병력과 장비는 절대적으로 부족하게 된 최대의 위기 속에서 한강방어선에서 와해된 부대를 수습하여 북한군의 도강을 6일 동안이나 저지했다. 이는 한국군 재편성과 미군의 투입 시간을 확보하는 대단히 중요한 전투였다. 한강방어선에서 북한군 전차의 도강 이후 7월 4일에는 수원까지 물러났다. 이제 전선은 미군의 증원 없이는 불가능해졌다. 이제는 미군이 증원될 때까지 일정한 시간을 확보해야 했으며, 이는 지상최대의 과제가 되었다. 즉, '지연전' 수행이었다. '지연전'을 본격적으로 수행하기 시작한 것은 한강방어선 전투에 이어 7월에 전개된 전투였다. 국군은 지연전을 효과적으로 수행하기 위해 부대 개편을 단행하여 육군본부와 사단 사이에 2개 군단을 새로 편성하였다. 절박한 상황 속에서도 지휘체계를 갖추어 나갔으며 이로써 5개 사단 2개 군단 체제를 형성했다. 또한 7월1일 미군의 한반도 전개는 한 · 미 연합전선 형성의 계기가 됐다. 경부가도를 중심으로 서부전선은 미군이, 중동부전선은 한국군이 맡는 '한 · 미 연합작전'에 합의했다. 본격적으로 북한군의 남진을 최대한 저지하면서 전투력을 저하시키는 전투를 하는 것이었다. 이렇게 함으로써 미군과 유엔군의 증원시간을 확보하고 적보다 우세한 전투력으로 일격을 가하고자 하였다. 이를 위해서는 임시수도가 있는 부산은 반드시 지켜야 하며, 가능하면 부산으로부터 먼 거리에서 적을 저지해야 했다. 북한군은 초전의 전술적 승리 이후 부산을 목표로 추격전을 전개하며 전과를 확대하고자 했다. 초전의 공격템포를 유지하여 전쟁을 조기에 종결시키려 했으나, 화력과 기동력이 우세한 미군이 계속 투입됨에 따라 차질이 발생하고 있었다. 시간이 지남에 따라 공중 우세권을 미군이 장악하게 되었고 병참선의 신장은 공격속도를 둔화시키고 있었다. 이로 인해 종전의 주야를 막론하고 대로를 이용하여 고속질주하던 기동성은 크게 제한받게 되었다. 이에 따라 북한군은 측방을 통한 우회기동과 야간을 이용한 이동 등의 방법으로 한 · 미연합군을 위협하고 있었다. 종전의 전차만을 이용한 돌파에서 조직적인 보전(步戰)협동공격, 피란민을 이용한 전선 돌파방법 등의 비인도적 방법까지 다양해졌다. 또한 야간과 편의대(便衣隊)를 활용한 침투식 공격으로 방어선을 붕괴시키고자 하였다. 이러한 다양한 공세에 유엔군과 국군은 고전하기도 했으나 점차 이를 극복할 수 있었다. 미군은

7월 5일 스미스 부대의 오산전투를 시작으로 제24사단의 대전전투, 제1기병사단과 제25사단의 영동・황간전투, 제24사단의 진주・하동전투 등을 지연전 목적에 부합되게 수행하여 낙동강방어선 형성에 기여했다. 국군의 제6사단은 동락리에서 적을 기습하여 적의 예봉을 꺾었으며, 제8사단은 동부지역의 풍기와 영주 방어선에서 북한군을 12일간 지연시키기도 하였다. 한국군은 초전의 실패에도 불구하고 한강방어선 전투 이후 전열의 정비와 미군의 투입으로 전투력을 재정비하면서 축차진지상의 지연전을 수행할 수 있었다. 이와 같이 개전 이후 1주일 만에 전개된 7월의 지연전은 공자인 북한이나 방자인 국군 모두에게 중요하게 흘러갔다.

지연전 기간 내내 북한군의 진출 속도와 미군의 증원 속도 경쟁이 치열하게 전개되었다. 미군과 한국군은 당초의 지연전 목표대로 공간보다는 미군의 증원시간을 획득하고자 하였다. 그리고 계속되는 증원으로 지연전 기간 내에 북한군보다 우세한 전투력을 유지할 수 있었다. 반면 북한군은 국군과 미군을 부산 앞바다까지 밀어내기 위해 마지막 전력을 쏟고 있었다. 과감한 우회기동을 서남부지역에서 제6사단을 통하여 실시하면서 공격 기세를 유지하려 하였다. 이로써 7월의 지연전을 뒤로하고 더욱 치열한 낙동강에서의 전투가 다가오고 있었다. 이제는 더 이상 물러설 곳 없는 곳까지 한・미 연합군은 도달한 것이다.

제 4 절

낙동강방어선전투

1. 낙동강방어선 형성

7월의 지연전에서 소기의 목적을 달성하기는 하였지만 전선의 상황은 위기의 연속이었다. 국군은 미군과의 협조에 따라 중동부 전선에서 지연전을 펼치고 있었다. 북한군은 계속하여 남진하고 있었다. 주요 진출선은, 미군이 방어하던 경북 김천 서북방에는 북한군 제2·3사단과 제105전차여단, 국군이 방어하는 경북 북부지역에는 북한군 제1·8·12·13·15사단, 경북 동해안 방면에는 북한군 제5사단이 투입돼 있었다. 개전 초반 김포 일대에 모습을 드러냈던 북한군 제6사단의 움직임이 식별되지 않았다. 그러나 그것을 심각하게 생각하는 사람은 많지 않았다. 최대한의 시간 확보를 목표로 한 지연작전을 수행하던 한·미 양군은 7월 말에 전 전선에서 위기를 맞이했다. 중부전선에서는 북한군이 소백산맥을 넘어 제1·13·15사단은 문경과 함창, 상주 방면으로 진출하고 있었다. 제8·12사단은 풍기와 영주를 거쳐 안동 방향으로 공격하였다. 제2·3사단은 추풍령을 넘어 김천 외곽에 다다랐다. 동해안에서는 제5사단이 영덕을 위협하고 있었다. 서남부지역에서는 제4사단이 금산과 진안을 경유하여 경북 고령까지 진출하였다. 또한 관측되지 않던 적 제6사단이 갑작스레 출현하였는데 이것이 심각한 상황이었다. 미군 정찰기가 대전이 함락되던 7월 20일 무렵 군산에서 남하하고 있는 정체불명의 대부대를 포착하였다. 미군은 다음 날 이 부대의 정체를 확인하려 했지만 기상 조건이 나빠 정찰기가 뜰 수 없었다. 23일 날이 맑아지자 미 공군 정찰기가 다시 전라도 상공을 대대적으로 수색하였다. 정체를 알 수 없는 대부대는 23일에도 전주 주변에서 여전히 남하 중이었다. 분명한 것은 북한군이었다. 미군들은 이 부대가 북한군 제

4사단 중 대전전투에 참가하지 않고 남하한 일부라고 판단했다. 어쨌든 경남 서부 지역에는 별다른 부대가 방어선을 형성하지 않고 있었기 때문에 이들이 현재의 속도로 진출한다면 마산과 부산을 위협받게 될 것이다. 만약 그렇게 된다면 심각한 상황인 것이다. 미 제8군은 '이 부대가 시속 3.2㎞의 속도로 계속 전진한다면 25일에는 경남 서부의 함양과 안의, 진주까지 진출할 수 있을 것'이라고 판단했다. 진주를 상실하면 상황은 심각한 것을 넘어서는 것이었다. 25일경 북한군의 진출선은 순천-거창-상주-영덕을 잇는 선으로 한·미연합군은 총체적 위기를 맞았다. 제1사단은 7월 23일 무렵 경북 상주와 북부와 함창 일대에서 방어전을 펼치고 있었다. 제6사단은 7월 중순 이화령-문경새재 등 소백산맥의 주요 교통로를 방어하다 23일 예천, 26일 의성·안계 등으로 점차 물러서면서 끈질기게 지연전을 계속했다. 제6사단은 지연전 과정에서 충북 음성에서 적을 대패시키는 전과를 기록하기도 하였다. 제8사단도 경북 풍기·영주를 거쳐 23일부터는 안동, 26일부터는 의성에서 지연전을 펼쳤다. 그 오른쪽에는 수도사단이 제8사단과 보조를 맞추고 있었다. 그나마 제8사단과 수도사단은 안동 철수 과정에서 급박하고 무리한 철수 명령 탓에 적지 않은 손실을 입었다. 미 제24사단은 대전에서 치명적인 손실을 당한 후 23일부터 재편성에 들어갔다. 19일 충북 영동에 도착해 24사단 철수를 지원하던 미 제1기병사단은 23일 김천으로 점진적으로 후퇴하면서 지연전을 펼쳤다. 미 제25사단은 19일 경북 상주에 도착해 방어에 나서고 있었다. 따라서 미 제8군은 7월 24일 김천, 군위, 의성 등에서 전투력 복원 중이던 미 제24사단으로 하여금 부산에 동일 상륙한 미 제29연대를 배속시켜 정체불명의 대부대를 막으라고 명령하였다. 진주에서 김천 간을 점령하도록 하였다. 29일 북한군은 미 제29연대가 방어하는 진주를 공격했다. 미군은 30일 미 제8군 예비인 제27연대와 31일 상륙예정인 미 제5연대 전투단을 마산 정면에 증원하기로 하였다.[18] 그러나 31일 6시 진주가 먼저 피탈되었다. 이에 미 제8군사령부는 '마산 방어가 운명을 좌우한다'고 판단하고 마산 축선의 사태를 수습하고자 했다. 진주까지 진입한 북한군은 정예 중의 정예로 정평이 난 방호산이 이끄는 북한군 제6사단이었다.

18) 일본 육전사보급회, 『한국전쟁 2권』, 1987, p.44.

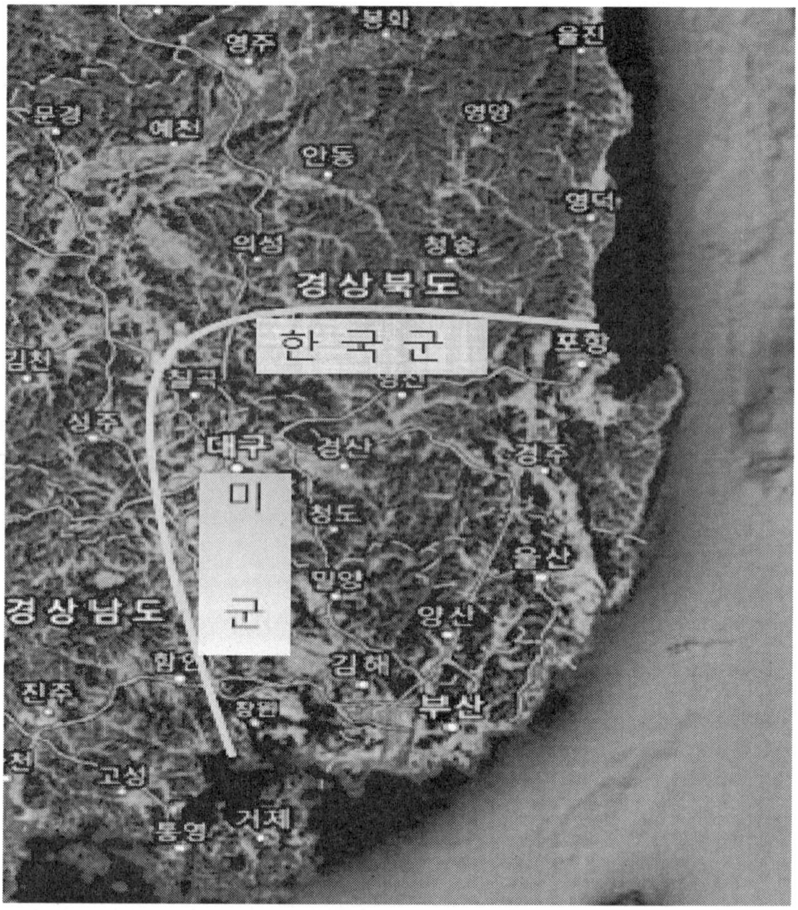

〈낙동강방어선 배치도〉

이 부대가 마산으로 공격해 오면 부산 함락도 시간문제였다. 당시 맥아더 유엔군사령관 겸 극동군사령관은 북한군 공격을 최대한 지연시키면서 미군의 전력을 증강시켜 9월 중순부터 대대적으로 반격에 나설 생각이었다. 하지만 반격을 하지도 못하고 부산이 함락될 수도 있는 위기가 도래한 것이다. 제8군에서는 결론을 내릴 수밖에 없었다. 신속하게 경북 상주의 미 제25사단을 경남 마산으로 이동시키고, 소백산맥에 걸쳐 있던 방어선을 낙동강으로 이동시켜 대구 북쪽부터 포항 북쪽의 산악지대를 연결하는 선에 부대를 재배치하는 것이었다. 따라서 제8군사령관 워커 장군은 8월 1일에 모든 부대를 낙동강 차안과 그 연결선으로 철수하도록 명했다. 낙동강이라는 천연의 자연장애물을 이용한 방어를 전개하면서 증원군을 기다리겠다는 것이었다. 낙동강방어선은 북한군의 거센 압박이나 서남방의 마산 위기를 타개하기 위해서 졸속으로 형성된 방어선은 아니었다. 그 이전부터 미 제8군은 만약에 대비하여 한국 정부의 협조 아래 7월 하순부터 이미 낙동강방어선 곳곳에 전투시설을 구축하고 있었다. 이것이 우리가 부르는 '낙동강방어선'이며 이러한 배경을 갖고 형성되게 되었다. 낙동강방어선은 '부산 교두보(Pusan Perimeter)' 또는 워커장군이 선정하여 '워커라인(Walker Line)'이라 부르기도 한다.

8월 1일 소백산맥 일대의 미군과 국군은 미 제8군의 명에 의거하여 단계적 이동을 개시하며 8월 4일경에는 낙동강방어선이 안정적으로 설치되었다. 낙동강의 지리적 환경은 서쪽 방면은 낙동강 자체가 천연적인 방어력을 제공해 주고 있었고(마산에서 남지 간 80㎞ 산악), 방어선 북쪽 방면은 횡격실의 산악지대로 형성되어 방어에 유리한 지형이었다. 특히 낙동강선 내부로는 철로를 포함 종적, 횡적 도로망이 방사형으로 잘 발달되어 있어 내선작전 수행에 유리한 조건이었다. 낙동강으로 전선이 이동함에 따라 8월 3일까지 왜관의 낙동강 철교와 인도교를 포함한 낙동강에 이르는 모든 교량은 파괴하였다. 국군과 유엔군은 대체로 8월 3일 야간까지 진지전환을 완료하고 방어편성에 주력하였다. 육군본부와 제8군사령부는 대구에 위치하였으며 국군 제1군단사령부는 의성에, 제2군단사령부는 군위에 각각 위치하여 부대를 지휘하였다.[19)]

국군 제2군단은 제1사단이 왜관에서 낙정리까지 도상거리로 42km 정면을, 제6사단이 낙정리에서 상아동까지 26km 정면을 담당하여 방어진지를 편성하였다. 국군 제1군단은 제8사단이 상아동에서 구미동까지 20km 정면을, 수도사단이 구미동에서 청송까지 24km 정면에 진지를 편성하였으며, 육본직할의 제3사단은 영덕 정면의 16km를 담당하였다. 이 지역의 낙동강은 상류지역으로 하폭도 넓지 못할 뿐 아니라 계속된 가뭄으로 도강이 용이하였다. 이 지역을 담당한 국군 1개 사단의 방어정면은 평균 약 25~30km 가량 되었다. 지역 할당 간 기동력과 화력이 미약한 국군에게 산악지역으로 형성된 넓은 책임지역을 부여한 것은 전투력 발휘에 제한이 예상되었다. 이에 따라 제8군사령부는 8월 11일부로 국군 5개 사단의 책임지역을

19) 육군본부, 앞의 책. pp.337~338.

왜관-다부동-신령-기계-포항을 연하는 선(이를 Y선이라 한다.)으로 축소하여 조정하였다. 결과적으로 방어선을 축소하였다.

〈거부된 낙동강의 왜관교〉

미 제8군은 제1기병사단이 왜관에서 현풍 북쪽에 이르는 35km 정면에 방어진지를 편성하였으며, 제24사단이 국군 제17연대와 더불어 현풍에서 남지까지 40km 정면을 담당하였다. 제25사단은 제5연대전투단 그리고 민부대 등과 함께 남지에서 진동리까지 37km의 방어정면을 담당하였다. 비교적 양호한 하천 장애물을 이용할 수 있었다. 또한 화력과 기동력도 국군보다 우세하므로 1개 사단이 약 45km의 방어 정면을 담당하였다. 한편 미 제1해병임시여단과 미 제2사단 등이 속속 도착하여 미 제8군의 예비가 되었고, 5개 대대 이상의 전차부대도 도착 중이었다. 낙동강전선에서의 병력은 총 9개 사단(미군 4, 국군 5)과 1개 여단 14만여 명이었다. 화력은 300여 대의 전차(최초로 제89전차대대 M4A3 50대 한국 도착, 제25사단 배속), 약 430문의 야포를 보유하게 되었다. 개전 초기에 비해 비약적인 전투력을 보유하게 되었다. 이에 따라 8월 3일 정일권 총참모총장은 북한군보다 미군과 국군의 전력이 우위에 있음을 공식발표하고 장병들의 사기를 진작시켰다.

워커는 낙동강선을 최후의 교두보로 여기고 반격을 한다는 계획이었다. 따라서 그는 전선 고수의 의지를 자주 피력하였다. "고수 아니면 죽음", "한 치의 땅이라도 적에게 빼앗기면 수많은 전우의 죽음이 있다는 것을 명심하라." 등으로 전의를 고양시키고자 노력하였다. 또한 적의 균형을 무너뜨리기 위해서 조직적이고 과감한 공세행동을 주문하였다. 전투의 주도권을 유지하겠다는 복안이었다. 방어선의 유지를 위해서는 상실된 지역에 대한 역습이 반드시 필요하며, 이를 성공시키기 위해서는 기동력을 보유한 예비대가 필수적이다. 워커는 전투편성에서 예비대의 확보를 가장 중요하게 생각하였다. 따라서 참모장 램드런은 "나의 가장 큰 고민은 예비대를 차출하는 것이었다."라고 회상한 바 있다. 워커 본인의 할 일은 어느 지점에 예비대가 필요한가를 판단하는 것이라고 여겼다. 따라서 그는 일상적인 업무는 참모들에게 위임하고 전투현장 위주로 확인하기 위하여 동분서주하였다. 타고난 싸움꾼이었고 군대 싸움의 핵심을 알고 있었다. 미 제8군은 낙동강선의 부대배치를 계획할 때 북한군이 산악지대의 침투, 근접전투, 우회기동 등에 뛰어난 반면 기동공간이 넓고 각종 화력의 운용이 용이한 개활지 전투에서는 매우 취약하다는 점을 분석하고 이를 바탕으로 방어지역을 편성하였다. 따라서 강력한 화력과 기동력을 보유한 미군에게는 낙동강변 일원의 개활지 정면을, 산악지대에서 노무자들의 지게로 보급을 받아가면서 적을 효과적으로 지연시킨 국군에게는 주로 낙동강 상류의 산악지대를 책임지게 하였다. 낙동강방어선의 형성은 아직 전체 전선을 완전하게 연결하는 것은 아니었지만 지연작전 기간에 있어 유엔군의 취약점이었던 부대배치상의 간격을 최소화함으로써 북한군이 주로 구사하는 포위전술을 효과적으로 막아낼 수 있게 한다는 것이었다.

미군의 극동공군은 지연전 과정에서도 이미 8천 6백여 회의 출격기록을 보이며 적의 보급시설과 주요부대를 파괴하는데 크게 기여하였다. 따라서 낙동강 전선에서도 이러한 공군력을 이용한다면 적의 공격력을 무력화시킬 수 있다고 워커는 믿고 있었다.

2. 북한군의 공세

북한군은 계속적인 전투의 승리로 부산점령을 확신하고 마지막 전투력을 집중시키고 있었다. 여기에서 전쟁을 마무리 하겠다는 각오로 덤벼들고 있었다. 그러나 이러한 집착은 후에 인천상륙작전을 허용시키는 결과를 가져오게 된다. 이 시점에서 김일성에게는 부산 이외에는 보이는 것이 없었던 것이다. 국군과 미군을 추격한 북한군은 8월 1일에 전선사령부(사령관, 김책)는 수안보, 제1군단 사령부(군단장 김웅)는 김천, 제2군단 사령부(군단장, 김무정)는 안동에 위치하고 있었다.[20] 전방 부대는 진주-김천-안동-영덕을 연결하는 선으로 진출하고 있었다. 북한군 지휘부는 낙동강방어선 외곽선에 1개 전차여단으로 증강된 10개 사단을 집결시키는 한편, 예비사단인 제10사단을 남진시키면서 제7 · 9사단도 서울에 집결시켜 남하를 독려하고 있었다. 북한군은 미군의 정면에는 제1군단, 국군 정면에는 제2군단을 배치하고 이른바 '8월 공세'와 '9월 공세'를 준비하고 있었다. 그러나 이들의 최대의 약점은 보급을 원활히 해줄 대책이 없었다는 것이다. 38도선에서 낙동강까지는 300km 이상의 기나긴 거리였다. 이를 해결할 대책은 강구하지 않고 무작정 밀어붙이고자 하였다. 북한이 보급을 위하여 믿는 것은 주요 점령지에 현지 주민 위주로 편성한 '치안연대'라는 조직이었다. 이들은 주로 전쟁 지원업무를 맡고 있었다.[21] 이 당시 북한군은 국군과 유엔군을 추격하며 지리적으로는 비록 한반도의 약 90% 선을 점령하였지만, 제공권과 제해권을 완전히 상실한 가운데 병참선이 과도하게 신장되어 있었다. 당시 북한군은 약 7만여 명으로 유엔군의 전투력에 비하여 절대 숫자가 적은 상태였다. 장비도 전차, 야포 및 박격포 대부분이 파괴되었다. 따라서 북한군의 전투력은 50~60% 선으로 공세종말점에 도달하고 있었다. 북한군은 이러한 여건하에서 부산점령의 최종 목표달성을 위하여 8월과 9월 낙동강상에서 두 차례의 총공세를 단행하게 된다.

20) 국방부 정훈국, 『한국동란 1년지』, 1951, pp.60~62.
21) 육군본부, 앞의 책, p.339.

가. 북한군의 8월 공세

국군과 유엔군이 낙동강방어선을 지키지 못하면 대한민국은 더 이상 갈 곳이 없는 절박한 상태였다. 김일성은 낙동강선으로 철수한 국군과 유엔군을 돌파하고 8월 15일까지는 꼭 부산을 점령하라고 독촉하였다. 8·15 광복절을 기해 소위 '해방전쟁'을 종결시킬 목표를 세운 것이다. 이에 북한군 전선사령부는 8월 5일을 기하여 총공격을 개시할 작전명령을 하달하였다. 8월 공세 간 북한군은 신속한 작전을 전개하기 위해 대구방면으로 주공을 지향하면서 '4개의 공격방향'[22]을 선정했다. 어느 방향이든지 돌파구가 형성되면 이를 확대하여 돌파하겠다는 의도였다. 공격방향은 ① 경부도로를 따라 대구로 공격 ② 동해안 도로를 따라 포항에서 경주방향으로 공격 ③ 유엔군의 병참선을 차단하기 위해 창녕 서쪽의 낙동강 돌출부 공격 ④ 남해안을 따라 마산에서 부산방면으로 공격하는 방향이었다.

이러한 계획에 따라 북한군 제3·13·15사단은 8월 14일부터 다부동지역의 국군 제1사단 지역을 향하여 공세를 가하였다. 또한 왜관 북방에서 북한군 3개 사단과 제105전차여단이 집결 중인 것으로 정보판단 결과 분석되었다. 이에 제8군사령부에서는 유엔군사령부에 다부동의 압박을 해소하기 위한 방안으로 융단폭격을 건의하였다. 따라서 낙동강 대안상에 폭 5.6km, 길이 12km 지역에 대해 B-25폭격기 98대가 900여 톤의 폭탄을 투하하는 융단폭격을 실시하였다. 연기가 2시간 이상 피어올라 BDA(폭격피해판정)는 확인하지 못했고, 지상 관측도 실패하여 확인이 불가하였다. 포로의 증언에 의하면 북한군 제3사단 및 제15사단의 포병, 전차, 탄약부대 등에 막대한 피해를 준 것으로 알려졌다. 제2군단장 김무정은 이때 '승리에 대한 확신을 잃었다'고 하였다. 다부동 고지에서는 국군 제1사단이 북한군 보병과 싸우고, 계곡에서는 미 제27보병연대가 북한군 전차와 5시간이나 전차전을 전개했다. 이때의 전차전을 가리켜 '볼링장(Bowling Alley) 전투'라 한다. 그것은 전투가 야간에 이루어지다 보니 전차에서 발사된 포탄의 섬광이 상대방의 전차에 명중할 때 마치 볼링장에서 볼링공이 핀을 향하여 미끄러지듯이 가는 모습과 비슷하게 보였기 때문이다. 다부동지역의 전투는 낙동강방어선전투 중에서 가장 치열한 전투로 손꼽히고 있다.

---

22) 정명복, 『잊을 수 없는 생생 6·25전쟁사』, 2015, p.154.

〈낙동강 대안 상에서의 융단폭격〉

다부동전투 기간중 국군 제1사단에서는 매일 평균 600~700명의 인원 손실이 발생해 대구 시내에서 급하게 모집한 신병과 학도병으로 전력을 보충했다. 중대장이나 소대장이 부하들의 이름은 물론이고 얼굴조차 제대로 익히지 못한 상태에서 전투에 돌입할 정도로 당시 전선 상황은 처절했다. 미군들의 제1차 세계대전 당시 수십만 명의 사상자가 발생했던 베르덩 전투에 빗대 다부동을 한국의 베르덩이라고 부르기까지 했다. 8월 한 달 동안 국군과 유엔군은 다부동 일대에서 1만여 명이 전사했다. 북한군도 3만여 명이 전사해 다부동 일대는 시체 썩는 냄새가 진동해 코를 잡지 않고는 다닐 수 없었다는 증언이 남아있을 지경이었다. 심지어 8월 말 국군 제1사단 대신 투입된 미 제1기병사단이 다부동 진지를 인수하는 과정에서 냄새가 얼마나 진동했던지 미군 측 일부 장병들은 "시체를 치워주지 않으면 진지를 인수하지 않겠다."고 버틸 정도였다. 그런 처절한 격전과 희생 끝에 국군 제1사단과 미군 증원부대는 대구 사수에 성공한 것이다. 승리의 요인은 세 가지로 정리할 수 있다. 하나는 각 연대가 예비대를 잘 활용하여 야간에 뚫린 곳을 주간에 역습하여 주요 거점을 지탱해 낸 것이다. 또 하나는 미 공군의 공중지원이었다. 그리고 손실된 병력의 긴급한 보충이었다. 여기에는 학도병의 공헌이 매우 컸다. 이후 전선은 안정을 되찾았다. 곧이어 미 제27연대는 증원임무가 해제되어 마산으로 복귀하게 되었다. 승리를 거둔 제1사단은 8월 말 다부동 지역을 미 제1기병사단에게 인계하고 팔공산 북쪽으로 이동하였다. 여기에서 제1사단은 북진작전을 개시하게 된다. 이 지역을 담당하게 된 미 제1기병사단은 이후 9월 북한군의 공세를 받아 또 한 차례의 불꽃 튀는 공방전이 전개했다. 다부동 전투로 인해 연합군은 북한군의 예봉을 꺾고 대구를 방어하는데 성공했다.

〈다부동의 볼링장 계곡(Bowling Alley)〉

나. 북한군의 9월 공세

8월 20일을 기점으로 북한군의 공세는 점차 잦아들었다. 8월 하순부터 마산 일대에서 북한 제6사단과 미 제25사단 사이에 치열한 전투가 벌어졌으나, 적의 공격이 아군의 방어를 위태롭게 만들 정도는 아니었다. 영산 정면에서도 미 제24사단 대신 미 제2사단이 8월 하순부터 투입되면서 한숨을 돌리게 됐다. 적의 8월 공세에서 승리한 것은 국군과 미군이었다. 8월 15일까지 전쟁을 끝내겠다는 것은 결국 무모한 욕심에 불과했음을 증명하였다. 당시의 상황은 북한군은 전투력이 저하되어 가는 반면, 국군과 미군은 시간이 갈수록 상승하고 있었다. 미군 증원 병력이 연달아 한국에 도착하고 있었기 때문이다. 그 때쯤의 전력은, 국군과 미군을 합친 지상군 병력은 북한군의 2배를 상회하고 있었다. 이러한 차이를 그 당시에는 정확히 알 수는 없었다. 그러나 전선의 지휘관은 통찰력을 지녀야 한다. 그동안의 공세에도 불구하고 낙동강방어선을 돌파하지 못하는 이유를 분석해 보았어야 했다.

그랬다면 무모한 희생을 방지할 수 있었을 것이다. 그 당시의 북한군 입장에서는 방어태세로 전환하거나, 그도 아니면 상황 급변에 대비한 철수계획을 마련해야 할 상황이었다. 그러나 북한군의 전쟁지도부는 그러한 능력을 갖고 있지 못했다. 오히려 최고사령관 김일성은 8월 하순 무렵에 민족보위상 최용건에게 새로이 작전계획을 수립하도록 명령하였다. 그리고 전 북한군에게 "최후의 피 한 방울까지 바쳐 싸우자."는 요지의 담화문과 "전투력을 높이는 원칙에서 비전투 부분을 줄이고 전투성원을 보충하라."는 혹독한 독전을 계속하고 있었다. 그러나 중공의 모택동은 남다른 통찰력을 보이고 있었다. "낙동강을 한 달 동안 돌파하지 못한 것은 유엔군이 계속 증강되고 있고, 새로운 작전을 준비한다는 증거다. 그것은 상륙작전 형태가 될 것이며 그 지점은 인천이나 남포가 될 것이다. 상륙작전에 대비한 예비대가 필요하다." 그러나 김일성은 그때까지도 부산을 곧 점령할 것 같다는 환상에서 깨어나지 못하고 있었다. 북한군은 병참선 신장과 1개월 이상의 공세에 따른 피로로 인해 공격력이 현저히 저하되었다. 그러나 국군과 미군은 절대적인 해상과 공중에서의 우세권을 확보하고 있었다. 또한 적을 격퇴할수록 전투에 대한 자신을 가지게 되었다. 뿐만 아니라 맥아더와 워커의 풍부한 전쟁 경험에 의해서 북한군이 공격의 한계점에 도달하고 있었음을 간파하고 있었다. 그리하여 굳은 신념을 가지고 맥아더는 워싱턴을 설득하고, 1951년 9월 8일 최종적으로 인천상륙작전 실시의 결정을 보게 되었다. 실제로 북괴군의 9월 공세는 9월 13일에 그 종말을 고하고, 9월 14일에는 일부 병력의 후퇴 징후마저 보이기 시작하였다. 그리고 다음 날인 9월 15일에 인천상륙작전은 개시되었다. 전후에 판명된 사실에 의하면 1951년 9월 중순의 시점에서 피아의 전력비율은 유엔군이 우세하였다. 전차부대가 6개 대대 500여 대로 북한군에 비해 5:1의 비율로, 병력은 176,000명대 98,000명으로 2:1의 비율로 각각 우세했다. 이러한 전투력의 역전 현상은 실제로는 이미 7월 중순부터 시작되고 있었다. 맥아더 장군은 북한군의 공격 한계점을 간파하고 있었던 것이다. 그리고 이에 편승하여 인천상륙작전을 실시하고, 상륙작전과 동시에 낙동강 전선에서도 공세로 이전하게 된 것이다. 그러나 한심스럽게도 북한군은 공격의 한계점에 도달한 7월 중순 이후에도 8월 및 9월의 2차에 걸친 무리한 공세행동을 취함으로써 유엔군의 강력한 반격에 여지없이 붕괴되고 말았다. 맥아더 장군을 비롯한 미군과 유엔군 총지휘부는 오히려 9월 중순으로 예정된 상륙작전 준비에 더 관심을 기울이고 있었다. 8월 22일 인천상륙작전에 참가할 미 해병제1사단 병력이 일본에 모두 도착했다. 다음날 도쿄에서 열린 미군 고위지휘관회의에서 인천상륙작전이 최종 결정됐다. 그러나 북한군은 이러한 전반적인 전황을 투사하지 못하고 있었다. 따라서 북한군 전선사령부는 1950년 9월 2일 전 전선에 걸쳐 공격을 명령했다. 하지만 북한군은 국군과 유엔군이 낙동강방어선을 구축하고 전투에 돌입할 때부터 전력이 급감하고 있었다. 그러나 북한군 전선사령부는 새로운 작전준비기간을 설정하고 최후 공세인 9월 공세를 준비했다. 북한군은 총력전을 각오하고 예비인 제7·9(-)·10사단 등 3개 사단을 새로 투입하면서, 소련으로부터 지원된 전차로 신편한 제16·17기갑여단(T-34)을 야간열차를 이용하여 전선에 투입시켰다. 9월 공세 간 북한군의 작전 방침은 두 개의 타격집단으로 구분하여 '낙동강에 집결된 국군과 유엔군을 대구와 영천일대에서 포위소멸하고, 부산을 점령한다'는 것이었다. 이와 같은 방침에 따라 서남부지역의 제1군단이 8월 31일 밤 11시에 먼저 공격하며, 동북부지역의 제2군단은 제105전차여단(-), 제17기갑여단(전차 34대)을 배속받아, 이보다 늦은 9월 2일 저녁 6시에 공격하는 기만전술을 수립했다.[23] 선공격을 통해 유엔군의 예비대를 미리 서남부 지역으로 끌어들인 뒤 동북부지역에서 전투력을 집중하여 강력한 돌파를 시도하겠다는 의도였다.

---

23) 최용성, 『간략한 6·25전쟁사』, 2009, p.75.

〈방어선에서의 장병들〉

이를 위해 북한군은 제1군단은 6개 사단, 제2군단은 7개 사단으로 편성하고, 이들을 다시 5개 공격집단으로 나누어 대구, 영천, 경주, 창녕, 마산 정면에서 동시 다발적인 돌파를 시도했다. 이와 같이 북한군이 일정 지역에 한정하여 돌파를 시도하지 않고, 전 전선에서 돌파를 시도하는 것은 당시 전장 상황을 반영한 궁여지책이었다. 낙동강방어선의 방어형태는 협조된 지역방어로 지연전에서와 같이 포위를 할 수 없었다. 이제 북한군은 정면 돌파를 해야 했으나 이전과 같이 전차가 충격력을 발휘할 수도 없었다. 또한 일부지역을 돌파한다 한들 유엔군이 예비대를 활용하여 국부적 전투력의 우세를 달성하면서 즉각 역습을 시도하면 노력이 허사가 될 것이고, 돌파를 위해 병력을 집중하면 공중폭격이 기다리고 있었다. 유엔군은 완전한 제공권과 제해권을 확보하여 월등한 전투력을 유지하고 있었다. 미 제8군사령부는 한때 데이비드슨선으로 철수를 검토했으나 인천상륙작전을 위해 더 이상의 철수는 용납될 수 없었다. 맥아더 사령관은 8월 초 낙동강방어선의 방어계획을 검토하면서 미 제8군에게 만일의 경우에 대비하여 부산 주변에 해안의 상륙 거점을 방어하는 예비방어선을 확보할 것을 지시하였다. 낙동강방어선의 고수가 불가할 경우까지 대비한 것이다. 그 정도로 전선의 상황은 급박하였다.

〈데이비드슨선〉

이에 미 제8군 공병참모 데이비드슨(Garruon H. Davidson)준장이 소위 '데이비드슨 라인'을 선정하여 8월 11일부터 9월 1일까지 미 제25, 제2사단과 인근 주민의 협조를 얻어 울산 동북방 17km 지점 서정리, 밀양 북방 유천과 무안리를 따라 마산 동북을 잇는 90km의 예비진지를 구축하였다. 그러나 다행스럽게도 이 선은 실제로 점령된 적은 없다. 결국 9월 12일 북한군의 공세능력은 한계에 다다랐고, 미 제1기병사단은 대구 10km 전방에서 북한군의 공격을 저지시켰다. 다부동 돌파와 더불어 북한군 제4공격집단(제8·15사단)이 신령, 안강, 영천지역으로 공격을 개시하면서 동북부의 낙동강방어선에 다시 한 번 위기가 고조되었다. 특히 북한군 제15사단은 국군 제1군단과 제2군단의 간격을 이용하여 후방으로 침투하여 영천을 점령하였다. 국군의 중·동부 전선이 순식간에 양단될 위기에 처하고 말았다. 하지만 제15사단을 측면에서 지원할 북한군 제8사단이 국군에게 격퇴당하며, 북한군 제15사단이 국군에 의해 역포위되는 상황으로 반전되었다. 국군은 9월 8일 영천을 탈환함과 동시에 북한군 제15사단을 9월 10일 완전히 섬멸하고 북한군의 9월 공세를 종결지었다.

〈영천전투 전적비〉

결과적으로 국군은 영천전투에서 북한군 제15사단을 궤멸시키면서 북한군 9월 공세의 싹을 잘라버린 결과 수세에서 공세로 전환하는 계기가 되었다. 북한군 제2군단장은 9월 5일 동락리, 화령장, 다부동전투 등에서 연전연패한 제15사단장 박성철을 작전 실패의 책임을 물어 해임하였다. 김일성은 별오리회의[24]에서 "우리가

24) 유엔군의 인천상륙작전으로 패전을 거듭하며 무모한 전쟁이었다는 내부적인 혼란을 수습하고, 차후작전에 대비하기 위해 김일성은 1950년 12월 21일 별오리(만포 북방 3㎞ 지점)에서 조선노동당중앙위원회 제3차 정기대회를 소집하였다. 이를 별오리 대회라고 칭하기도 한다. 남침 이

영천을 점령했을 때 승리할 수 있었고, 영천을 상실함으로써 패배했다,"라고 분석하였다. 영천을 어느 정도로 중요시하였는지 보여주는 대목이다. 반면 국군은 국군 단독의 군단 반격작전을 성공적으로 완료함으로써 낙동강방어선을 보존하고 인천상륙작전의 발판을 마련할 수 있었다. 지금까지의 전쟁의 판세를 완전히 바꿀 인천상륙작전이 개시되기 이틀 전의 일이었다.

3. 낙동강방어선전투의 시사점

북한군 9월 공세 기간 중 한 가지 주목할 점은 학도의용군 지원이 대폭 증가되었다는 것이다. 이미 포항지구에서는 8월 중에 제3사단에 학도의용군이 자진 지원하여 전투에 참여했고, 9월 초에는 153명이 중화기 중대 요원으로 영일 비행장 경계임무를 수행하기도 하였다. 장사동 상륙작전의 주역도 학도의용군이었다. 일본에서 온 재일교포 학도병 54명이 미 제1기병사단에 편입되어 참전했으며, 5차에 걸쳐서 총 642명의 지원자가 참전하였다. 8월 15일부터는 카투사 제도[25]가 시행되어 미군의 병력보충 문제를 해결하는 데 도움을 주게 되었다. 이에 비해 북한군은 8월 초에 보급사단인 제36사단을 창설하고 현지에서 주민 30만 명을 강제 동원하여 1인당 20kg의 보급품을 20~30km씩 운반하게 하는 릴레이식 수송으로 총 400톤을 보급하였다. 지극히 원시적인 방법으로 보급문제를 해결하고자 한 것이다. 그러나 그마저도 충분한 양의 보급은 이루어지지 못했다. 전선에 투입된 전투 사

후 6개월간 초기작전의 실패 요인을 분석하고 앞으로의 작전에 대한 준비를 제시하는 자리였다. 초기작전의 실패원인을 ① 간부들이 효과적인 작전지휘를 수행하지 못함 ② 적 유생역량을 소멸하지 못하고 방치함 ③ 상황을 고려하지 않고 기계적인 전투규정을 운용함 ④ 미군의 참전에 대비하여 예비부대를 확보하지 못함 ⑤ 병참지원이 취약함 ⑥ 부대규율의 약함 ⑦ 패전의식 팽배로 사상에 문제가 있었음 ⑧ 유격투쟁의 미약으로 효과적인 전쟁수행이 제한됨 등 8가지로 분석하였다.

25) 카투사(KATUSA : Korean Augmentation To the U.S. Army)제도는 미 지상군 병력의 보충을 위해 실시되었다. 카투사란 미군부대에 증원된 국군병력이란 의미로 1950년 8월 15일에 이승만 대통령과 맥아더 원수간의 합의에 따라 공식화되었다. 이것의 주목적은 미군 사단의 부족 병력을 보충하여 전력을 유지시키는 데 있었다.

단은 일일 평균 15톤 정도의 보급에 만족해야 했다.

국군과 유엔군의 낙동강방어선전투는 여러 가지 측면에서 시사하는 바가 컸다. 38도선에서 성공적인 기습으로 전장의 주도권을 잡고 공격 일변도의 작전을 수행한 북한군은 숨 쉴 틈 없이 국군 및 유엔군을 추격하였다. 북한군은 낙동강방어선에 이르러서도 외선작전의 이점을 이용 수차례에 걸쳐 부산 교두보의 존립 자체를 위협했다. 하지만 병참선의 신장과 해·공의 취약은 곧바로 전투력을 공세종말점에 이르게 했다. 반면 국군 및 유엔군은 개전초기에는 수세적인 방어와 지연전으로 일관하였다. 그러나 낙동강방어선에서 처음으로 협조된 방어로 전환, 내선작전의 이점을 이용 과감한 공세행동을 통하여 전장의 주도권을 회복하였다. 또한 적절한 심리전을 펼쳐 북한군의 전투의지를 저하시키는 심리전 활동도 적극적으로 전개해 나갔다.[26] 낙동강방어선전투의 성공은 전세 역전의 반격을 위한 인천상륙작전의 성공을 위한 전제조건이었다. 낙동강방어선은 한반도의 마지막 보루의 역할과 함께, 인천상륙작전 성공의 디딤돌이 되었다. 낙동강방어선전투의 성공요인은 다음과 같다. ① 워커의 전략·전술적인 능력의 탁월함이다. 그는 가용한 병력과 방어할 정면을 고려하면 기동과 역습으로 상대적 전투력의 우세를 달성해야 한다고 보았다. 따라서 그는 국군과 미군의 특성을 고려하여 작전지역을 할당하였고, 항상 예비대를 확보하고자 노력하였다. 또한 내선작전의 이점을 충분히 활용한 효율적인 작전을 전개하였다. ② 유엔군의 우세한 해·공군력과 화력지원 능력을 들 수 있다. 완벽한 제공권과 제해권은 승리를 보장하는데 중요한 역할을 한다. 특히 국군 제1사단의 정면에 융단폭격을 가한 것은 폭격의 효과 못지않게 북한군에게 심리적 불안과 패배의식을 가져오게 하였다. 이러한 능력으로 국군과 미군은 충분한 화력의 지원을 받았던 반면, 북한군은 행동의 자유를 상실하였고 적절한 보급마저도 받을 수 없게 되었다. 그로 인해 정상적인 전투력 발휘는 물론이고 사기의 저하를 가져왔다. ③ 한·미 장병의 정신력과 투혼이다. 더 이상 물러설 곳이 없다는 절박함과 여기서 밀리면 끝이라는 강인한 정신력과 전투의지가 국군과 미군을 더욱 강하게 만들었다. ④ 학도의용군과 노무자들의 희생과 헌신정

26) 당시 북한군은 병력 부족을 해소하기 위하여 점령지역에서 강제 징집 등으로 보충하였다. 그러나 이들은 본래 남한지역 출신이었으며 강제로 끌려왔기에 탈출할 기회를 찾게 되었다. 이러한 상태에서의 적절한 심리전 전개는 더욱 전투의지가 상실되는 효과가 있었다.

신이다. 전쟁초기부터 교복 입은 학생들은 자진하여 참전하고 있었다. 심지어는 일본에서까지 달려온 것이 학생들이었다. 이들은 병력 부족에 곤란한 전선의 상황에 많은 도움을 주었다. 또한 어린 학생들의 의기에 장병들이 받았을 정신적인 영향도 지대하였을 것이다. 그리고 노무자들에 의해 추진되는 탄약과 식량은 전선을 지탱해준 원초적인 동력이 되었다.[27]

다른 한가지의 교훈을 찾아보자면 지도자의 중요성이다. 피아 공히 지도부의 무능은 국민의 피해로 귀결되었다. 한강교 폭파시의 남한 지도부와 낙동강방어선에서의 북한 지도부의 무능은 우열의 차이를 가리기 힘들게 한다. 그 당시에 통찰력 있는 판단만 했어도 그 많은 인명의 피해는 막을 수 있었을 것이다. 여기에 더하여 이러한 실책을 부하에게 돌려서 처형시키는 비겁함은 정상적인 정치 지도자의 행위로 볼 수 없다. 그러므로 누구든지 지도자가 되기를 두려워하여야 하는 마음을 가져야 한다. 또한 지도자를 뽑을 때는 두려움을 갖고 뽑아야 할 것이다. 6·25전쟁은 전쟁의 피해를 가장 많이 본 것이 일반 국민이었다. 특히 고위층 가족이 전쟁으로 인해 희생된 예가 거의 없다는 것이 이를 입증한다. 그들은 전쟁을 기회로 오히려 건재를 과시하였다. 그러나 미국은 많은 수의 고위층 가족이 한국이라는 알지도 못하는 곳에서 희생되었다. 실로 미국이 왜 강한 나라인가를 생각하게 해주는 대목이다.

한반도로부터 미군의 철수를 워싱턴에서 심각한 문제로 검토됐던 적이 있다. 미군은 일본으로 퇴각하는 한편 한국 정부의 고위관료와 군인, 그 가족 및 피난민 등 약 32만여 명을 남태평양의 어느 섬으로 이주시키는 '뉴코리아계획'을 수립하기도 하였다. 심각한 문제로 검토한 시기 중의 하나가 영천이 함락되었던 때였다. 이를 보면 영천의 중요성을 알 수 있으며 북한군의 9월 공세가 얼마나 집요했는지 짐작할 수 있다.

27) 본 책자의 '잊을 수 없는 사람들' 편을 참조바랍니다.

제 5 절

인천상륙작전과 서울수복

1. 인천상륙작전

가. 맥아더의 상륙작전 구상과 준비

6·25전쟁의 물줄기를 일거에 바꾸어 버린 역사적인 사건이 인천상륙작전이다. 인천상륙작전이 시작되기 전까지의 국군과 미군은 수세일변도의 방어작전이었다. 물론 공세행동이 있었지만 그것은 전술적 차원에서의 제한된 공격전투에 불과하였다. 전쟁의 흐름을 바꿀 성질은 아니었다. 그러나 인천상륙작전은 전쟁의 흐름을 바꾼 전략적인 수준의 작전이었다. 우리가 6·25전쟁을 이야기할 때 맥아더를 빼놓고는 설명이 안 되는 이유가 이것 때문이다. 인천상륙작전은 유엔군 총사령관 맥아더장군의 구상에서부터 시작된다. 미국의 전쟁 참전이 결정된 직후 맥아더장군은 적의 후방지역으로 상륙작전을 감행하여 일시에 전세를 역전시키겠다는 전략적 구상을 갖고 참모들에게 구체적 방안을 마련하도록 지시했다. 이를 뒷받침하는 것이 맥아더의 회고록이다. 맥아더의 회고록에 의하면 인천상륙작전을 위한 그의 최초구상은 6·25전쟁 발발 후 1주일이 채 되지 않았던 1950년 6월 29일 한국전선을 시찰하기 위해서 한강변에 이르렀을 때였다. 맥아더는 서울을 연한 적의 병참선 중앙부를 타격하기 위하여 인천에 대한 상륙작전계획을 수립할 것을 그의 참모장 알몬드 소장에게 지시하였다. 맥아더는 작전의 목적을 분명히 하였다. 그것은 서울지역에 있는 북한군의 보급근원을 파괴함으로써 적의 군수보급체제를 완전히 분쇄하여 전쟁수행능력을 철저히 와해시켜 버리는 것이었다.[28] 공격작전의

28) 이종학, 「한국전쟁의 현대전략적 조명」, 『국방학술논총 제2집』, 1989년 8월, pp.110～111.

궁극적인 목적을 실현하고자 한 것이다. 즉, 적의 전투의지를 파괴하는 작전을 하겠다는 것이었다. 인천상륙작전의 의미는 여기에서 찾아야 한다. 전투의지 파괴야말로 전쟁의 가장 큰 피해로 꼽는 인명피해를 최소화하는 길이기 때문이다. 맥아더가 최초 구상한 작전명은 블루하트(Blue-Hearts)계획이었다. 작전은 미 제24사단을 투입하여 남하 중에 있는 북한군을 오산과 차령산맥을 연하는 선에서 저지하고, 미 제1기병사단을 7월 22일경 인천지역에 상륙시켜 북한군을 남과 북에서 협공하는 계획이었다. 일명 '망치와 모루의 전법'으로 적을 격멸하겠다는 것이었다. 그러나 블루하트 계획은 최초 참전한 미 제24사단이 북한군의 진출을 저지하지 못함으로써 자동적으로 취소되었다. 이로 인해 상륙부대로 고려되었던 미 제1기병사단은 지상작전에 투입되었다. 전쟁 초기에 투입된 미 제24사단도 북한군의 T-34 탱크를 제어하지 못하였기 때문이다. 그들도 이에 대적할 적합한 무기가 없었던 것이다. 북한군이 대전까지 남하한 이후에야 겨우 3.5인치 로켓포가 공수되었고 대전전투에서 처음으로 사용되었다. 강력한 대전차화기와 전차를 최초부터 운용할 수 있었다면 맥아더의 계획은 이미 실행되었을 것이다. 비록 블루하트 계획은 취소되었지만, 극동군 사령부에서는 또 하나의 상륙작전 계획을 맥아더의 지시에 의하여 진행하고 있었다. 이 계획을 크로마이트(Chromite)계획이라고 한다. 요지는 7월 중순에 샌디에고와 다코마를 출항하여 미 해병대 제1여단과 미 제2사단을 9월 중에 상륙시킨다는 것으로 다음과 같은 3가지 계획을 만들어 내었다. 그것은 다음의 세 곳을 상륙지점으로 검토한다는 것이다.

① Chromite 100-B: 인천에 상륙하여 서울과 수원지역 점령, 제8군은 반격
② Chromite 100-C: 군산에 상륙하여 대전으로 공격하여 북한군의 배후 장악
③ Chromite 100-D: 주문진에 상륙하여 강릉과 원주로 공격하여 북한군의 후방 차단

이 3가지 계획안 중에서 인천상륙과 동시에 제8군이 정면에서 공격하는 Chromite 100-B가 채택되어 인천상륙작전을 위한 작전계획은 Chromite로 불리게 되었다.

인천을 상륙지점으로 하겠는 맥아더의 의견에 다수는 반대하였다. 그러나 맥아더는 다음과 같은 의견을 들어 상륙지점으로는 인천이 가장 적합하다고 설득하였다.

① 인천은 현재의 수도인 서울에 이르는 단거리 접근로이다.
② 서울은 가장 먼저 탈환해야 한다. 서울을 중심지로서 철도망과 도로가 주요 도시를 연결하고 있다. 그러므로 차후작전에 유리한 이점이 있다.
③ 국가 전신전화망도 서울에서 발원한다. 서울수복은 통신망 구축에 유리하다.
④ 한국 최대의 공항이 인천과 서울 가까이 위치하고 있다.

맥아더는 이러한 장점을 들어 서울과 가장 가까운 항구도시인 인천을 지목한 것이다. 수도 서울이 주는 심리적 영향은 대단히 크다. 그러므로 맥아더는 군사력의 우세를 이용하여 전쟁에서의 심리적 승리도 계획하고 있었던 것이다. 드디어 D-day는 9월 15일로 확정되었다. 이를 위하여 상륙부대를 편성하게 되었다. 상륙작전을 실시할 부대는 극동군의 제7함대를 주축으로 한 제7합동기동함대를 편성하기로 하였다. 우선 제7합동기동함대 사령관은 스트러블(Arthur D. Struble)해군 중장으로 임명하였다. 그리고 상륙을 위한 별도의 군단을 창설하였다. 미 제10군단을 창설하여 극동군사령부 참모장인 알몬드(Edward M. Almond) 육군 소장을 군단장으로 임명하였다. 신편 미 제10군단 예하에는 미 제1해병사단(사단장, 소장 Oliver p.Smith)과 국군 제1해병연대(연대장, 대령 신현준), 미 제7사단(사단장, 소장 David G. Barr)과 국군 제17연대(연대장, 대령 백인엽)였다. 여기에 미 제2특수공병여단 등을 포함하면 상륙에 동원되는 인원은 총 7만 5천 명이며, 함정은 모두 261척이었다. 국군 해병연대 중 제3대대는 상륙돌격부대인 제5해병연대 예비대대로 전투편성을 하였다. 국군 해병연대(-1)는 미 해병사단의 예비부대가 되었으며, 한국군 제17보병연대는 미 제7사단에 배속하는 것으로 전투편성을 완료하였다.

나. 상륙작전 경과

① 첩보수집

인천은 바다의 조건이 상륙에 제한되는 점이 많았다. 그러나 그러한 점은 과학적인 분석을 통하여 최소화할 수 있다. 그보다 더 중요한 것은 인천에 대한 적의 방어편성이었다. 주요화기의 위치와 방어부대의 규모, 그리고 무엇보다도 해상에 설치한 기뢰의 위치와 규모 등을 알아야 했다. 따라서 상륙작전의 성공적 수행을 위한 첩보수집 활동을 시작하였다.[29] 미 극동 해군사령부는 첩보대원을 9월 1일 밤 한국 해군함정(PC-703)을 이용하여 영흥도에 잠입시켜 첩보수집 활동을 시작하도록 하였다. 클라크(Eugene F. Clark) 대위가 지휘하는 첩보대원들은 인천항 부근의 영흥도에서 북한군의 부대 배치 및 기뢰 부설 여부, 상륙지역의 지형 등의 정보를 수집하였다. 그리고 상륙 당일에는 팔미도 등대를 점화하여 상륙군을 인도했다. 첩보대원들은 그곳 주민들의 협조를 받아 해안에 대한 정찰을 하고, 인천과 서울지역까지 이르는 주요 시설과 접근로에 대하여 북한군의 병력 배치, 집결지, 화기 위치, 이동 상황, 갯벌의 상태, 인천 해안에 설치된 해벽의 높이 등을 파악하였다. 이 밖에도 미 첩보대는 국군 장교와 20여 명의 한국 첩보요원을 운용하여 상륙작전 수행에 도움이 되는 첩보를 수집하였다. 해안과 시가지 조건, 북한군의 배치와 이동 상황에 대한 첩보는 기동부대와 상륙부대에 보고되어 기동과 상륙을 위한 자료로 활용되었다.

〈인천과 월미도〉

29) 온창일, 『한민족 전쟁사』, 2015, p.745.

② 양동작전30)과 목표고립 작전

적으로 하여금 유엔군이 인천지역이외 지역으로 상륙할 것이라는 인식을 주기 위하여 북한지역의 진남포를 비롯하여 남한지역의 군산 등의 항구에 대대적인 폭격을 가하였다. 특히 순위가 높게 인식되는 군산에는 맹폭격이 가해졌다. 인천지역의 폭격에는 9월 13일부터는 4척의 항공모함, 6척의 구축함, 5척의 순양함이 인천항으로 향하는 철도와 주요 도로는 물론 인천항 반경 50㎞ 이내의 교량, 터널 등 대기동 표적에 대한 포격을 촘촘하게 실시하였다. 이때는 북한군이 인천으로의 상륙작전을 인지하더라도 이미 대응할 수 없는 시간이었다. 즉, 기습의 효과를 달성하고자 한 것이다. 월미도를 지키고 있던 북한군의 엄폐된 진지에서 5문의 75mm포가 응사해 옴으로써 일시적으로 포격전이 벌어지기도 하였다. 그러나 유엔군의 맹렬한 폭격과 포격으로 월미도는 황폐해졌으며, 인천 시가지의 여기저기에서는 불길과 연기가 치솟고 있었다. 치솟는 연기와 함께 북한군의 전투의지도 사라지고 있었다.

〈초토화된 월미도〉

---

30) 양동(陽動, Feign Maneuver, Demonstration):적을 기만할 목적으로 실시하는 작전을 말한다. 아군이 결정적인 작전을 기도하고 있지 않은 타지역에서 실시하는 무력시위이다. 예를 들어 상륙지역이 아닌 지역을 선정하여 상륙하는 것처럼 포격을 한다든지 하는 것이다. 통상 적과는 직접 접촉하지 않는다. 이 점이 양공과의 차이점이기도 하다.

상륙지역 기만을 위하여 9월 14일에는 영덕 장사동에 실제로 상륙부대가 상륙하는 양공작전을 전개하였다. 특히 군산에서는 '민간인은 내륙으로 피신하라'는 내용의 삐라를 뿌려 고도의 심리전을 병행하였다. 평양 앞바다인 남포일대에 미 항공모함으로 양동작전을 실시했다. 상륙작전 준비기간도 1개월로 단축하여 시간상의 기습도 달성하고자 했다. 상륙작전은 인천지역의 지형적 특성에 따라 2단계로 구분하여 실시되었다. 1단계는 인천항 바로 앞에 있는 월미도를 점령하는 단계이며, 2번째 단계는 월미도로부터 해두보(海頭步)로 선정된 인천 시가지를 확보하는 단계였다. 9월 15일 새벽 2시에 상륙작전 명령이 하달되자 선두 함정이 비어수로를 따라 인천항으로 돌진하고, 크라크 대위에 의해 밝혀진 월미도의 등대가 함대를 유도했다. 새벽 5시 상륙작전에 참가한 함정들이 월미도를 포위하고, 함재기 및 순양함과 구축함에서 월미도를 포격하기 시작했다. 6시 33분에 미 제1해병사단 5연대 3대대가 탑승한 17척의 함정(LSVP)과 전차를 적재한 함정(LSV)이 월미도에 도착하여 진격하기 시작했다. 북한군의 해안포는 기능을 상실했고, 저항하는 약 400여 명을 근접전을 통하여 제압하며 상륙하였다. 상륙돌격부대는 8시에 월미도를 점령했다. 이로써 1단계 작전은 완료되었으나, 썰물이 시작되면서 함정들은 외해로 물러났다. 월미도 상륙부대는 고립되었고, 이때 북한군이 지원된다면 자칫 상륙작전 실행 자체가 위험에 빠질 수가 있었다. 따라서 함재기들이 북한군 증원을 차단했다.

〈상륙하는 미군들〉

2단계 작전은 오후 4시 45분에 시작된 만조와 함께 다시 개시하여 다음날 새벽까지 진행되었다. 상륙 엄호포격과 함께 해두보를 확보하기 위한 주 상륙군이 월미도를 뒤로하고 인천항을 향하여 돌격했다. 미 제5해병연대는 적색해안, 제1해병연대는 청색해안에 5시 30분을 넘기면서 상륙했다. 이들은 곧바로 해두보 선으로 진격하여 돌격부대 상륙 24시간 만에 상륙 목표인 해두보를 확보했다. 한국 해병연대는 3대대가 미 제5해병연대에 배속되어 돌격 상륙부대에 뒤이어 적색해안으로 상륙했고, 연대(-1)는 저녁 무렵 적색해안으로 상륙했다. 특히 인천시내의 잔적소탕은 각 연대에 배속된 국군 해병 제1 · 3대대가 임무를 수행하며, 국군 해병대는 181명의 포로를 획득했다.

다. 상륙작전 성공요인과 의의

인천상륙작전은 수많은 인명의 손실을 방지하였다. 인천상륙작전과 수도서울 탈환작전으로 입은 총 손실은 약 4천여 명이었다. 반격작전으로 전투를 수행한다고 가정했을 경우 약 10만의 인명손실을 예상하고 있었다. 또한 작전지역의 민간인 피해까지 고려하면 그 피해는 더 크게 나타날 것이다. 그리고 무엇보다 수도를 뒤찾을 수 있다는 기대감과 이로 인한 심리적인 안정감이 높아졌다. 유엔군은 그간의 수세 위주의 작전에서 공세로 전환할 수 있는 여건이 조성되었다. 이제는 '망치와 모루 전법'으로 전과를 확대하는 출발선에 서게 되었다. 즉, 전 전선에서 유엔군이 전장의 주도권을 잡고 공세로 전환할 수 있게 되었다. 북한군은 낙동강방어선에서의 돌파에만 집중한 결과 기습을 허용하였다. 그 결과는 병참선뿐만이 아니라 퇴로마저 차단되었다. 전혀 예기치 못한 시간과 장소에서 강타당함으로써 급격한 전투의지 상실을 몰고 왔다. 북한군은 인천상륙작전으로 퇴로마저 없다는 절망감에 부딪혔다. 절망감은 급속도로 전투의욕을 상실시키며 전장군기를 무너지게 하였다. 따라서 지휘체계가 혼란스러워졌으며 이로 인해 견제를 유지한 조직적인 철수를 기대할 수 없게 되었다. 그리고 이것은 뿔뿔이 분산되어 무질서하게 북을 향하여 도주하는 장면을 보여주었다. '세기의 도박'이라 혹평했던 인천상륙작전은 결국 성공했다. 성공확률 1/5,000의 도박이라고 우려했던 작전을 성공시킬 수 있었던 것에서 몇 가지 교훈과 원인을 찾아볼 수 있다. 이를 정리해 보면 다음과 같다. ① 완벽한 기습이었다. 무엇보다도 북한군이 전혀 예상하지 못하는 장소를 선정하였다. 특히 지리적인 불리함을 역이용하였다. ② 적을 기만하기 위한 활동이었다. 양공과 양동작전 등의 다양한 기만대책으로 북한군의 오판을 유도한 것이 주효했다. ③ 화력의 우세를 확보하였다. 유엔군은 상륙작전의 필수요소인 완벽한 제해·제공권 확보와 전투력의 집중 그리고 절약한 전투력으로 상륙지역에서 북한군보다 상대적으로 우세한 전투력을 발휘할 수 있었다. 그 반면 북한군은 낙동강전선에만 급급하여 제대로 된 경비병력을 갖추지 못하였다. ④ 완벽한 첩보수집 활동이었다. 첩보부대를 미리 보내서 상세한 정보를 수집하여 이를 작전에 활용하였다. ⑤ 낙동강방어선을 끝까지 지켜낸 결과물이다. 만약 낙동강방어선이 흔들렸다면 이 작전도 역시 흔들렸을 것이다. 워커 사령관을 비롯한 한·미 장병들과 전투근무지원에 노고를 아끼지 않은 '지게부대원들' 모두가 흘린 피와 땀의 결과물이었다. ⑥ 장병들과 학도의용군의 희생정신이 바탕이 되었다. 전선 사수에 대한 장병들의 투혼, 특히 장사동 상륙작전시 학도의용군의 처절했던 희생은 그 바탕이 되었다. 또한 첩보대원들의 목숨을 건 첩보수집 활동은 높이 평가받아야 할 것이다. 인천상륙작전은 우연의 결과로 성공한 것이 아닌, 피와 땀의 결정체로 만들어 낸 것이었다.

2. 수도서울 탈환작전

수도서울 탈환작전은 인천상륙작전으로 9월 15일 교두보를 확보하고, 9월 18일부터 서울로 진격하여 북한군을 격퇴하고 서울을 탈환한 작전이다. 이 작전을 위한 미 제10군단은 미 제1해병사단(미 제1·5·7해병연대), 미 제7사단(제31·32연대), 국군 제17연대, 국군 해병대로 편성하였다. 북한군은 제9·18사단 등 약 2만의 병력을 이용하여 서울을 방어하고자 하였다. 북한군은 주요 교차로에 장애물을 설치하고 시가전을 준비하였다. 그러나 미 제10군단은 행주와 마포, 신사리에서 한강을 도하하였다. 이중 한·미 해병대 약 2개 연대로 서울 서측방의 안산과 연희고지 일대를 공격하여 탈환하면서 계속 시내를 향하여 공격하였다. 9월 18일에 미 제1해병연대는 영등포 근처까지 진격하였다. 적과의 교전을 치른 해병연대는 9월 21일 아침에 영등포 탈환작전을 개시하여 22일에는 적군을 완전히 소탕하였다. 그리고 23일에는 일부 부대가 드디어 한강을 도하에 성공하였으며 본대의 주력은 24일 도하를 완료하였다. 한편 국군 제17연대와 미 제7사단은 국군 독립 제17연대를 배속하여 서울 남쪽에서 북한군의 증원차단과 더불어 퇴로를 차단하면서 북상하는 미 제8군과 연결하고자 하였다.

〈연희고지의 해병대원〉

9월 28일에 실시된 소탕작전으로 이날 낮부터는 서울은 국군과 미군에 의해 완전히 확보되었다. 그리고 파괴된 건물을 정리하는 한편 공공시설을 급속히 복구하기 시작하였다. 작전을 완료한 미 제10군단은 긴급 수송된 50톤의 미곡과 북한군이 압류하였던 많은 양의 양곡을 풀어 굶주린 시민들에게 배급하기 시작하였다. 수복된 서울에 시민들이 다시 들어오기 시작하였다. 그리고 9월 29일에는 서울수복을 기념하는 역사적인 환도식(還都式)이 거행되었다. 시민들은 한편으로 해방된 기쁨에 넘치고 있었으나 다른 한편으로는 정부의 무능을 질타하고 싶은 심정이었다. 납북된 사람들 가족의 심정은 매우 착잡하였으며 귀중한 생명과 재산을 공산군들에게 빼앗긴 사람도 많았다. 다행히 살아남은 시민들마저도 기아와 공포 속에서 숨죽여 살아야 했다. 고통은 고스란히 시민의 몫이었고 대통령과 정부는 뚜렷한 대책도 사죄의 말도 없었다.

3. 낙동강선 반격작전

낙동강방어선에서 북한군의 9월 공세는 유엔군의 예상을 훨씬 뛰어넘는 완강하고 집요한 공세였다. 그래서 한때 영천을 피탈 당하는 위급한 상황이 조성되기도 하였다. 이 같은 상황은 인천상륙작전을 과연 성공시킬 수 있을 것인가 하는 의문까지 제기 될 정도였다. 그러나 이러한 염려를 불식시키고 전선을 지켜냈다. 이제는 제8군이 망치의 역할을 할 때가 도래한 것이다. 낙동강선 반격작전은 미 제10군단의 인천상륙작전과 함께 미 제8군과 국군이 낙동강방어선에서 9월 16일부터 개시되었다. 반격작전이 개시될 당시 북한군 전선사령부는 김천에 있었고, 병력은 7만여 명, 장비는 30% 수준에 불과하였다. 반면 유엔군과 국군은 4개 군단에 10개 사단과 1개 여단으로 증강되어 북한군에 비해 병력은 15만 7천여 명(국군 7만 2천, 유엔군 8만 4천)으로 2배, 화력은 6배 이상 앞섰다.

미 제8군의 전투편성은 제1군단에 미 제1기병사단(미 제5연대 전투단 배속), 미 제24사단(영 제27여단 배속), 국군 제1사단, 신편 되는 미 제9군단에는 미 제2사단, 미 제25사단, 국군 제1군단에는 수도사단과 제3사단, 국군 제2군단에는 제6사단과 제8사단이 각각 편성되었다. 미 제8군사령관 워커장군은 9월 16일 현 접촉선인 낙동강방어선에서 반격을 가하도록 명령하였다. 미 제8군의 진격작전 개념은 '현 접촉선을 공격개시선으로 하여 9월 16일 9시에 공격한다. 주공은 대구-김천-대전-수원으로 공격하여 북한군을 격멸하고 상륙군단인 미 제10군단과 연결'하는 것이었다.

〈낙동강선에서 진격하는 미군〉

낙동강선 반격작전은 9월 16일 계획대로 실시되었다. 적의 저항이 예상보다 강하여 치열한 화력전이 전개되었다. 따라서 반격 1일차에 방어선을 돌파하지는 못하였다. 9월 17일에도 돌파에 진전이 없자 워커는 데이비드슨선으로 철수하여 군산으로 상륙하는 방안을 고민하기도 하였다. 9월 18일에는 주공 축선의 왜관에 융단폭격을 가하자 적의 포위망은 급격하게 약화되기 시작하였다. 9월 20일에는 미 제1기병사단이 왜관을 탈환하고 이에 연쇄적으로 전 전선에서 돌파가 이루어지기 시작하였다. 9월 30일에는 38도선 일대에 도달했다. 국군 제3사단은 북한군 제5사단을 추격하여 동해안 도로를 따라 제일 먼저 38도선에 도달하였다.

Chap. 6

북진과 중공군 참전

제1절 북진작전

제2절 중공군 참전

제 1 절

북진작전

1. 북진작전

낙동강선 방어작전에서 성공한 유엔군은 9월 15일 인천상륙작전과 더불어 수도 서울을 수복하였다. 전쟁 발발 97일 만에 실지를 되찾고 전쟁 전 현상을 회복한 것이다. 유엔군은 기습적인 우회기동으로 북한군의 전선을 단숨에 절단하였다. 그리고 뒤이어 낙동강방어선을 돌파하고 반격 및 추격작전으로 전환하였다. 이 작전은 전사 상 가히 경이적이라 할 만큼 신속하고 성공적으로 전개되고 있었다. 개전 이래 공격 일변도의 북한군에게 후퇴라는 작전 형태는 사뭇 생소했다. 북한군은 낙동강 전선이 차단되는 그 순간에도 무감각하게 대처하였다. 심리적 충격이 컸던 것이다. 철수하던 북한군은 금강-소백산 선에서 저지선을 형성하고자 했으나, 유엔군과 국군의 추격속도에 제압되어 무위로 끝나고 말았다. 더욱이 북한군은 전략예비대를 보유하지 못하고 있었다. 반격작전으로 북한군 전선사령부는 철의 삼각지대로 퇴각하였다. 제1군단 사령부는 조치원에서 해체되어 지휘부는 태백산맥으로 잠입하였다. 낙동강전선에 투입되었던 북한군 13개 사단은 완전히 궤멸적인 타격을 입었다. 이 과정에서 북한군 제13사단 참모장 이학구 총좌를 위시한 2만 3,500여 명이 투항하거나 포로로 잡혔다. 전선에 투입된 인원 중 약 2만 5천에서 3만 명이 북으로 도주한 것으로 추산된다.[1] 반격작전은 인천상륙작전과 더불어 속도 차원에서 돋보이는 작전이었다. 사전 치밀한 작전계획의 수립, 절대적으로 우세한 제공권과 제해권, 지상전에서의 미군의 우수한 기동력, 국군의 투혼 등 제 요소가 결합 되어 나타난 성공적인 작전이었다. 반격작전은 완벽한 승리였다. 우

1) 국방부군사편찬연구소, 『6・25전쟁사 6, 인천상륙작전과 반격작전』, 2009, p.330.

선 서울이라는 구체적인 목표를 선정하여 확보하였으며, 과감한 공세행동과 전투력의 집중으로 전장의 주도권을 확보하였다. 해상과 육상에서의 우세한 기동력과 월등한 공중 우세권으로 북한군을 압도하였다. 북한군은 물리적 충격보다도 심리적으로 이미 전의를 상실한 상태였다. 새로운 군단의 창설(미 제9군단)과 군단장 교체 등 지휘의 통일도 달성했다. 그러나 추격 중에 유엔군과 국군의 선두부대는 철수하는 북한군보다 먼저 북진하기도 했다. 이처럼 적을 격멸하지 않고 지나친 상황은 다음의 두 가지 현상을 가져왔다. 첫째는, 적의 뒤처진 패잔병들이 오히려 지휘체계를 회복하여 추격부대의 후방을 공격하는 상황이 발생하기도 하였다. 둘째는, 패잔병들이 태백산맥과 지리산 등에 잠입하여 게릴라 활동으로 제2전선을 구축하기도 하였다.

유엔군은 서울을 탈환한 다음 날인 9월 29일 돌연 38도선 상에서 '진격 중지' 지시를 하달하여 진격을 멈추고 대기상태가 되었다. 이에 대한민국 국민들은 물론이고 이승만 대통령도 북진통일을 강력히 주장했다. 38도선 돌파를 둘러싸고 미국은 다소의 이견이 발생하고 있었다. 38도선 돌파의 문제는 38도선을 중심으로 한 북한군의 격퇴냐, 격멸이냐의 미국의 한반도 정책과 관련된 문제였다. 미국이 처음 개입할 때의 정책은 '침략 이전의 상태로 회복시키는 것'이었다. 트루먼 역시 1950년 6월 29일 국가안전보장회의에서 한국에서의 작전은 이러한 유엔의 결의를 실천하는 것이라고 강조하였다. 이것은 유엔의 안전보장이사회의 결의안 내용에 근거를 두고 있었다. 유엔에서의 1차 결의안(우리나라 시간으로 6월 26일) 내용은 '북한에게 그들의 군대를 38도선으로부터 물러나서 38도선을 원상으로 회복'하라는 것이었다. 이어서 2차 결의안 (우리나라 시간으로 6월 28일) 내용은 '북한의 무력공격을 격퇴하고 국제평화와 지역안보를 회복하도록 회원국의 원조제공을 요청'하는 것이었다. 그러나 맥아더는 북한군을 격퇴하는 것에서 끝내서는 안 된다고 주장하였다. 즉, 격멸한다는 것이었다. 북한군의 격멸을 통하는 것이야말로 전쟁을 종결하고 하나의 통일된 국가를 이루는 것이라고 주장하였다. 그 배경에는 중공과 소련이 개입시기를 이미 상실한 것으로 판단하고 있었기 때문이다. 특히 중공의 참전에 대해서는 거의 희박하게 보고 있었다. 중공은 그 당시에 대만과 티벳 문제를 안고 있었다. 그리고 그들은 군사장비도 열악하여 유엔군을 상대로 전쟁을 할 수 있는 형편이 아니라는 판단이었다. 이것은 당시의 한국정부의 입장과도 일맥상통하였다. 한국정부는 일관되게 북진통일을 주장하고 있었으며 국민들의 전체적인 여론도 이 기회에 통일을 달성하자는 것이었다. 따라서 정부와 국민이 염려하는 것은 서울을 수복한 유엔군이 38도선을 회복하고 북진을 멈추는 상황이었다. 이러한 우려에 따라 이승만은 '유엔군이 북진을 멈추어도 국군은 북진한다'라는 요지의 성명을 발표하였다. 이어서 국회에서는 9월 30일에 북진을 결의하였다. 그러나 미국 내에서 돌파를 반대하는 가장 큰 이유는 유엔군이 38도선을 돌파하게 되면 중·소의 개입을 초래한다는 것이었다. 이렇게 되면 전쟁의 장기화로 많은 희생이 따른다는 것이었다. 당시의 미 행정부는 38도선 돌파 문제를 7월부터 논의하고 있었다. 1950년 7월 17일에 트루먼은 38도선 회복 이후의 정책연구를 지시하였다. 미 합참에서는 8월 19일에 38도선의 돌파 주장에 동의하였다. 마침내 9월 1일 미 국가안보회의에서는 38도선 돌파정책 건의안을 작성하였다. 트루먼은 '중공과 소련이 개입할 염려가 없는 경우에 한하여 지상작전을 북한으로 확대한다'는 조건으로 9월 11일에 재가하였다. 이를 근거로 미 합참은 정식훈령을 9월 27일에 하달하였다. 그러나 아직 유엔에서는 이와 관련한 건의안이 가결되지는 않았다. 미국의 입장을 지지하는 영국을 비롯한 8개국은 '38도선 돌파' 결의안을 제5차 유엔총회에 제출하였다. 마침내 10월 7일에 유엔총회에서는 찬성 47, 반대 5, 기권 8로 '한국통일안'이 가결되었고 유엔군의 북진작전의 근거가 마련되었다. 그러자 10월 9일에 유엔군에 대한 38도선 돌파명령을 유엔군사령부는 하달할 수 있었다.

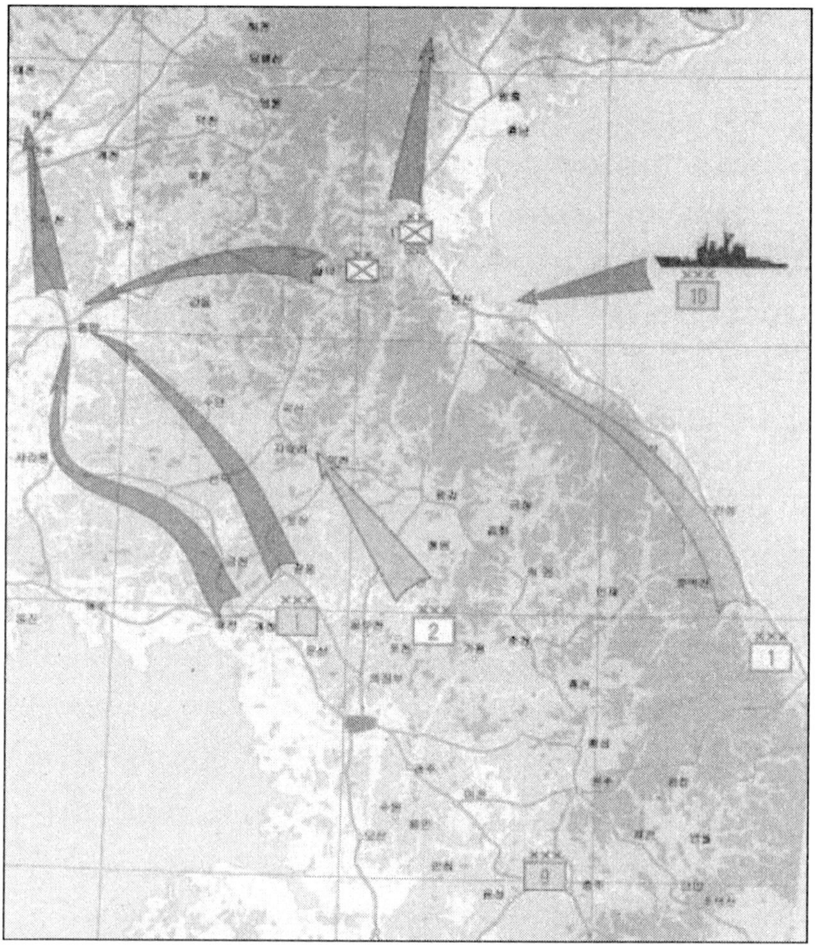

〈맥아더의 북진계획〉 출처: 한국전쟁사(육군본부)

그 이전에 미 합참은 유엔군 사령관에게 차후작전 준비를 위한 시간을 부여하기 위해 9월 15일과 27일에 '38도선 돌파 및 군사작전 지침'을 극비리에 하달하였다. 내용은 유엔군의 38도선 돌파와 38도선 이북의 북한지역에 대한 군사작전을 승인한다는 것이며, 작전의 목적은 '북한군 격멸'이라는 군사목적에 한정하였다. 또한 유엔군은 중 · 소 국경에는 접근하지 않도록 하였다. 이는 소련 및 중공과는 충돌을 방지하기 위함이었다. 한편 국군이 38도선에 도달하자 이승만 대통령은 즉시 국군 통수계통으로 38도선 북진명령을 하달하였다. 그는 "38도선은 이미 북한군의 남침 시 허물어졌으므로 북진에 아무런 장애가 되지 않으며 이 기회에 반드시 통일을 이루어야 한다."고 주장하였다.

중공의 주은래(主恩來)는 수차례 주중 인도대사 파나카(Sardar K. M. Paninikkar)를 초치하여 "국군이 38도선을 넘는 데는 관여하지 않겠다. 그러나 미국이 38도선을 돌파하는 것을 좌시하지 않을 것이다."라고 경고하였다. 소련도 한반도의 전황이 불리하게 진행되자 안전보장이사회에 말리크(Yakov A. Malik) 대사를 복귀시키고 전쟁이 더 오래 지속된다면, 전쟁이 불가피하게 확대될 것임을 경고했다. 이는 유엔군의 38도선 돌파를 사전에 봉쇄하기 위한 외교적 책략을 구사한 것으로 볼 수 있다. 그 무렵 북한군은 인천상륙작전과 유엔군의 일대 반격작전으로 패주를 거듭하고 있었다. 포로나 실종을 제외하고, 2만 5천에서 3만 명이 북으로 도주하였고, 약 3만 명은 유격활동을 하거나 38도선 이북으로 북상을 시도하고 있었다.

이 상황에서 북한군 최고사령부는 38도선 일대에서 방어선을 구축하기 위해 서부와 동부로 전선을 구분하여 방어작전을 시행하고자 하였다. 서부전선에서는 민족보위상 최용건의 책임 아래, 배천-개성-고랑포-사미천을 연하는 선에서(북한군 제19·27·제17기갑사단)방어선을 형성하였다. 동부에서는 부수상 김책의 책임 아래, 사미천-동해안을 연하는 선에서(북한군 제5·12·15사단과 후방부대) 방어선을 형성하여 유엔군과 국군의 북진을 저지하면서, 패잔병들의 철수를 엄호하기 위한 적극적인 방어를 기도했다.[2] 그러나 당시 북한군은 여전한 보급의 단절, 극심한 사기저하와 심각한 병력부족으로 38도선에서의 방어는 조직적이고 체계적이지 못하였다. 그러나 이즈음 중공은 병력을 압록강 주변으로 이동시킨 상태였다.

2. 38도선 돌파와 국경도달

38도선에서 국군이 정지하자 이승만 대통령은 정일권 총참모총장 등 군 수뇌부를 불러 국군 단독으로 38도선을 넘어 북진하라고 명령하였다. 그는 이 자리에서 "국군의 통수권자는 맥아더 원수이냐, 그렇지 않으면 이 나라의 대통령이냐? 유엔

2) 합동참모본부, 『6·25전쟁』, pp.6-71~6-75.

“국군 3사단, 38도선 통과 중”이라는 영문 간판을 보며 웃고 있다.

〈38도선을 돌파를 기념하는 제3사단〉

은 우리가 38도선을 넘어가서 국토를 통일시킬 우리의 권리를 막을 권한이 없다.” 라며 돌파를 독려하였다. 이에 정일권 총참모총장은 군사상의 지휘체계도 유지하면서 대통령이 부여한 임무를 수행하기 위한 묘안을 짜냈다. 그는 38도선에 도달하여 있는 국군 제1군단장 김백일 준장에게 미리 국군이 북진 시 피해를 줄 수 있는 지역을 확인하게 하였다. 그리고 워커 미 제8군사령관을 면담하면서 동해안의 일부 고지(하조대)로부터 총격을 받아 피해를 입고 있으니 이를 점령하게 해달라고 하여 워커 장군의 승낙 받았다. 즉, 38도선을 넘는다는 의미가 아니라 부득이 국군에 피해를 주는 전방의 고지를 확보하겠다는 것이었다. 그리고 9월 30일 동해안의 제3사단에 북진을 명하였다. 제23연대가 10월 1일 5시에 인구리에서 출발하여 양양을 목표로 진격 38도선을 돌파했다.[3] 이에 따라 국군은 1950년 10월 1일을 기해 본격적인 38선 돌파작전에 돌입했다. 중부전선에서의 돌파작전은 국군 제2군단이 담당하였다. 육군본부 작전명령 제205호에 의거 제2군단 제6사단이 10월 3일에 춘천 북방의 모진교[4]를 넘어섰다. 북한군 제9사단 예하의 2개 연대를 격파한

3) 38도선 돌파일인 10월 1일은 국군의 날로 지정되었다는 주장이 있다.
4) 모진교는 개전초기 제6사단에 의해 조기 폭파되지 않아 전방진지가 조기에 피탈되는 피해를 받았던 교량이기도 하였다. 그리고 이를 통하여 제8연대의 집단월북 사건이 발생하기도 하였다.

후 10월 8일 화천을 점령하였으며, 제8사단은 10월 11일 철원을 점령한 다음 평강으로 진격하여 제6사단 7연대와 연결하였다. 그 뒤를 이어 10월 13일에는 국군 제7사단이 평강으로 진출하여 이들과 합류하였다. 서부전선에서는 미 제1기병사단의 10월 9일 38도선을 돌파하여 북진을 개시하였다. 그중에서도 특히 국군 제1군단은 놀라운 속도로 진격하여 10월 10일에는 원산을 점령하였다. 이처럼 국군 제1군단이 원산을 점령하게 되자 맥아더 장군이 계획했던 미 제10군단의 원산상륙은 무위로 돌아가게 되었다. 북한군의 방어선을 돌파한 유엔군은 10월 19일 평양을 탈환하고 청천강선으로 진출하였다. 유엔군은 북한군의 저항이 거의 없는 상태가 지속되자, 평양과 원산을 연결한다는 최초의 계획을 수정하여 계속 북진하라는 지시로 전환하였다.

북진작전이 한창 진행되고 있던 10월 15일 미국의 트루먼 대통령과 맥아더 원수가 태평양의 웨이크(Wake) 섬에서 전략회의를 가졌다. 이때는 유엔군이 순조롭게 북진을 하고 있었으며 북한군의 저항도 예상외로 경미한 시기였다. 대통령이 섬까지 찾아온 것은 전장의 지휘관에 대한 일종의 배려였다. 트루먼이 맥아더에게 본국 방문을 요청하자, "전쟁지휘로 인해 장시간 전장을 떠날 수 없다."는 맥아더의 뜻을 존중한 결과였다. 여기서 대통령은 두 가지 질문을 하였다. 그것은 전쟁의 전망과 중공군의 참전 가능성을 물은 것이다.[5] 맥아더는 승리를 낙관하며, "추수감사절 안에 북한군의 공식적인 저항을 종식시킬 수 있다."고 보고하였다. 중공군의 개입 가능성에 대해서는 "거의 없다. 중공군은 효과적인 개입시기를 놓쳤다."라고 트루먼 대통령에게 보고했다. 회담의 결과는 미국 정책에 그대로 반영되어 이후 유엔군의 추가 파병과 보급품의 선적에 제한을 받았다. 이는 이후 유엔군의 북진작전에 지대한 영향을 미치게 된다. 맥아더는 늦어도 11월 23일 추수감사절까지는 전쟁이 종료될 수 있다고 판단하고 있었다. 북한군은 10월 19일 아군이 평양을 점령하자 사령부를 제1차로 희천으로 이동하고, 제2차 이동을 강계로 정하는 한편, 제1차 방어선을 안주, 개천-덕천선의 청천강으로 정하고 제2차 방어선을 희천선, 그리고 제3차 방어선을 강계선으로 택한 다음, 최후의 저항을 기도하고 있었다.

지금은 수몰된 지역이 되었다.

5) 육군 군사연구소, 『6·25전쟁의 실패사례와 교훈』, p.258.

적은 낙동강전선에서 붕괴된 이래 견고한 방어선을 구축하지 못하였다. 그러나 지금까지의 북진과정에서 북한군이 보여준 예상외의 경미한 저항과는 사뭇 다른 양상이었다. 10월 24일 청천강을 확보한 유엔군은 한 · 만 국경선을 향하여 총공세를 단행하였다. 미군들은 "11월 24일의 추수감사절은 동경에서 맞는다."라는 소문이 사실처럼 퍼지고 있었다. 그러나 압록강에 접근함에 따라 점차 저항이 치열하여졌다. 10월 말에 이르러 압록강 남방 80㎞를 지나는 청천강선에서의 적 저항은 더욱 강력하였다. 맥아더는 국경선 부근에서는 국군만을 운용해야 한다는 제한 사항마저 제거하고 모든 부대로 하여금 압록강, 두만강으로 진군하도록 독려하였다. 맥아더는 10월 19일 국군 제1사단이 평양을 탈환하자 9월 27일 훈령에 의거 국군 이외의 유엔군의 북진한계선을 정주-영원-함흥을 연하는 선(맥아더 라인)에서 선천-고인동-평원-풍산-성진선(신 맥아더 라인)으로 수정하였다. 10월 20일에는 6 · 25전쟁 최초의 공정작전이 이루어졌다. 미 제187공수연대는 2,800명을 숙천에 투하하였다. 다음 2~3일간에 걸쳐서 총 4,000명의 병력과 600톤 이상의 장비를 투하함으로써 적의 퇴로를 차단하는 동시에 미군포로를 구출하려는 작전을 전개하였다. 맥아더는 한반도에서의 궁극적인 전쟁의 종결과 대한민국의 통일을 위해서는 완벽하게 북한군을 격멸해야 한다고 본 것이다. 제2군단은 국경선을 향하여 전진하고 있었다. 제2군단은 제6사단으로 하여금 수풍댐으로부터 서쪽지역을 담당토록 하고, 제8사단으로 하여금 그 동북측으로 만포진 방면을 담당토록 하였다. 이러한 군단의 국경선 진격 작전계획을 10월 24일 수령 한 후 제6사단은 제7연대를 우, 제2연대를 좌, 제19연대를 예비로 하는 공격제대를 편성하였다. 그리고 군단으로부터 부여받은 초산-벽동간의 국경선으로 진출하기 위하여 연대별로 진격로를 지정하였다.

〈압록강 물을 담았던 수통〉

제6사단장은 제7연대를 우일선으로 하여 초산을 목표로 진격토록 하고, 제2연대를 좌일선으로 하여 벽동을 목표로 북진하게 하였다. 제7연대는 사단작전 명령에 따라 초산을 점령하기 위한 최초 목표로 회목동을 향하여 24일 오전 7시 진격을 개시하였다. 희천을 점령했던 제1대대와 하행동에 있던 제2대대는 근거리 접근로인 산간도로를 따라 도보로 회목동으로 전진하였으며 구장동에 있던 제3대대는 도로를 따라 하월림을 경유하여 역시 회목동으로 전진하였다. 한·만 국경선을 향한 제한 없는 총공격은 서부전선에서는 누가 먼저 압록강에 도달하느냐가 관심의 초점이었다. 역시 동부전선에서도 두만강에 누가 먼저 도달하느냐에 초점이 집중되어 있었다. 이로 인하여 부대 간의 협조가 결여된 채 산간의 협로를 따라 진격의 속도를 재촉하고 있었다. 제6사단 제7연대는 희천을 떠나 35km 북쪽의 극성령을 넘어섰다. 제7연대는 극성령을 넘어 10월 25일 오전에 회목동에 도달하였다. 제7연대는 계속해서 회목동에서 고장으로 향하였다. 그 남쪽에서 1개 대대 규모의 북한군의 저항을 물리치고 이날 저녁 6시 30분에 고장을 탈환하였다. 제6사단 제7연대는 10월 26일 드디어 압록강을 향하여 마지막 진격작전을 개시하였다. 이날 새벽에 첫눈이 내려 산야가 하얀 눈으로 엷게 뒤덮인 가운데 제7연대 제1대대가 초산을 향해 질주하였다. 이 무렵 초산 일대에는 연대규모의 북한군이 집결하고 있었다. 낙동강 전선에서 인민군 제8사단을 지휘하던 오백룡 소장이 남쪽에서 계속 밀려오는 패잔병을 수습하고 있었다. 그 병력이 연대 규모에 달했다. 초산 남쪽 6km 지점의 애로지형에 배치된 이들과 치열한 격전이 벌어졌다. 대대는 차량에서 하차하여 공격을 개시하였고 대대의 전 화기로 집중사격을 가하였다. 그러나 이제 더 물러날 땅이 없는 그들의 저항 또한 만만치 않아 무려 한 시간 반에 걸친 교전 끝에 그들은 패주하기 시작하였다. 이 교전을 끝으로 북한군의 저항은 사라지게 되었다. 제1대대는 지체하지 않고 바로 초산읍으로 돌입하였다. 그러나 시가지는 비어 있었고 압록강은 보이지 않았다. 초산읍에서 압록강까지는 6km를 더 전진해야만 했다. 대대는 국경선을 향하여 신속히 진격하였다. 드디어 1950년 10월 26일, 선봉부대로 달리고 있던 제7연대 제1대대는 오후 2시 15분에 압록강변의 초산에 발을 내딛고 강변에 태극기를 꽂을 수 있었다. 지난 9월 16일 낙동강 전선에서 반격을 개시한지 41일 만에 조국통일의 최선봉으로써 국군과 유엔군을 통틀어

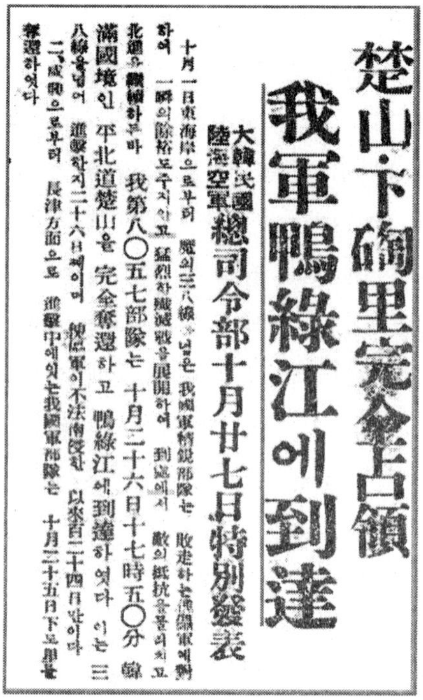

楚山·下碕里完全占領

我軍鴨綠江에到達

大韓民國陸海空軍總司令部十月廿七日特別發表

十月一日東海岸으로부터 [illegible]의三八線을넘은 我國軍精銳部隊는 敗走하는傀儡軍에對하여 一瞬의餘裕도주지않고 猛烈한殲滅戰을展開하여 到處에서 敵의抵抗을물리치고 北進을繼續하든바 我第八○五七部隊는 十月二十六日十七時五○分 韓滿國境인 平北道楚山을 完全奪還하고 鴨綠江에到達하였다 이는 三八線을넘어 進擊한지二十六日째이며 傀儡軍이不法南侵한 以來百二十四日만이다 [illegible]咸興으로부터 長津方面으로 進擊中에있는我國軍部隊는 十月二十五日下로[illegible]를 奪還하였다

〈압록강 물을 담는 병사와 '아군 압록강에 도달'〉 출처: 동아일보(1950.10.28.)

가장 먼저 국경선에 도착했던 것이다. 대대는 신도장에서 만주 통천구로 통하는 뗏목나루가 있음을 발견하고 57mm 대전차포로 이를 파괴해 버렸다. 대대는 제일 먼저 국경선에 도달한 제1중대를 신도장을 중심으로 배치하여 압록강변 경계임무를 수행토록 하였다. 제7연대는 제1대대로 하여금 초산을 확보하게 하는 동시에 이어서 연대 주력으로 초산을 점령토록 하였다. 병사들은 감격에 겨워 압록강 물을 수통에 담으며 통일이 목전에 있음을 실감하였다. 당시 7연대 1대대장 김용배 중령은 오달희 하사를 보내어 압록강 물을 담아 보관하도록 지시하였다. 그리고 수통에 '압록수, 1950년 10월 26일 국군 제6사단 제7연대 초산돌입 기념'이라고 적었다고 한다. 그리고 수통의 물을 이승만 대통령에게 전달하였다. 이때의 감격을 제7연대장 임부택은 다음과 같이 회고한 바 있다.[6]

"산과 산 사이를 감색의 물로 가득 채운 장강의 모습이 나타났다. 압록강이었다. 1950년 10월 26일 오후 2시 15분이었다. 아! 이 나라 남아로 태어나서 자유의 종을

6) 임부택, 『낙동강에서 초산까지』, 1996, p312.

울리며 남북을 통일하고 나니 지금 죽어도 무슨 한이 있으리오! 노도를 벅찬 가슴에는 흥분과 감회가 교차했다. (중략) 국경선 초가집 굴뚝의 연기가 하늘하늘 거리며 하늘로 실바람을 타고 타오른다. 해가 진다. 황혼이 국경선에 서려왔다. (중략) 적막이 가득한 어둠 속을 헤치며 강으로 내려갔다. 군화가 물에 젖었다. 만주 쪽을 바라보았다. 이국의 검은 산들이 어둠 속에 우뚝 서 있고 또 아득히 만주의 개 짖는 소리가 들려왔다. 저 개 짖는 남만주 땅은 옛날 우리 조상인 고구려 땅이었는데… 라는 생각과 함께 억센 조상들의 달리는 말발굽 소리와 울리는 북소리가 천년 넘의 시차를 넘어 후손인 나의 고막에 장엄하게 들려오는 것같이 느껴졌다."

연대장을 비롯한 제7연대의 장병들은 가슴이 벅차올랐을 것이며, 이로써 통일을 이루었다고 생각했을 것이다. 그의 수기를 읽으면 그날의 감격을 함께 하는 듯한 착각을 일으킨다. 국군과 유엔군은 반격 개시 후 약 40일간 쉴 틈 없이 하루 15km 이상을 진격하였다. 그 결과를 지금 맞이하고 있는 것이다. 하지만, 감격의 순간은 너무 짧았다. 국군과 유엔군의 진격이 한참이던 10월 19일에 중공군은 이미 압록강을 넘어서며 남하하고 있었다. 제6사단이 초산에 돌입할 무렵에는 벌써 그 일대에서 포위를 할 준비를 마치고 있었던 상태였다. 중공군은 주력부대의 노출을 우려해 국군이 빠른 속도로 초산을 향해가고 있을 때도 별다른 움직임을 보이지 않았던 것이다. 결국 중공군의 출현으로 운산지역으로 진격했던 제1사단이 중공군으로부터 공격을 받아 철수하기 시작했다. 그리고 제6사단의 정면에서도 중공군이 기다리고 있었다. 한편 이보다 하루 앞서 제7연대가 고장으로 진격하던 10월 25일, 온정리에서는 제2연대가 벽동을 목표로 진격하던 도중에 동림산 기슭에서 적과 조우하여 격전을 벌이었다. 이들이 북한군일 것으로 예상하였으나 곧 중공군으로 밝혀졌다. 선두인 제3대대가 분산되자 예비인 제2대대가 투입되었으나 마찬가지 상황이었다. 제2연대는 26일 중공군에게 온정리를 피탈 당하고 퇴로가 차단되자 어렵게 통로를 마련하여 태평 방향으로 철수하였다. 초산으로 진격했던 제6사단 7연대는 27일 철수명령을 받았으나 철수를 시작하기도 전에 적진에 고립되고 말았다. 중공군의 출현으로 전선의 균형이 갑자기 기울기 시작한 것이다. 이에 따라 미 제8군은 전방 진출부대의 퇴로 차단을 염려하여 후방으로의 철수를 명하고 있었다. 진격이 후퇴로 바뀌는 순간이었다. 제7연대는 국경에 도달했던 날 저녁부터 상황의 심각성을 인식하였다. 중공군으로 인해 퇴로가 차단된 것이다. 눈앞에는 손에 잡힐 것 같던 통일이 신기루처럼 날아가고 있었다.

3. 북진작전 분석

38도선 돌파와 더불어 시작된 북진작전은 북한군을 파죽지세로 압록강과 두만강 변으로 몰아 부치고 있었다. 북한군은 이로 인하여 재기불능의 심대한 타격을 입고 있었다. 군사적인 관점에서만 본다면 북한군에게 마지막 일격만 가하면 승부는 판가름 날 판이었다. 맥아더는 인천상륙작전의 성공과 비교적 순조로운 북진작전으로 전쟁의 승리를 낙관하고 있었다. 따라서 최단 시간에 국경선을 확보하는데 주력하게 되었고 이로써 전쟁은 종결되고 한반도는 하나의 통일된 국가를 갖게 될 것으로 믿고 있었다. 이것은 마치 북한군이 초전의 승리에 도취되어 낙동강선 돌파에 전역량을 집중하면서 방어선만 돌파하고 부산으로 밀고 나가면 전쟁은 끝난다고 믿었던 것과 유사한 사고였다. 그와 같이 앞만 바라본 북한군은 후방지역의 방어는 소홀히 하여 인천상륙작전을 허용하였다. 그러나 그 당시의 국제적인 움직임은 미국을 중심으로 신생국 대한민국을 지원해야 한다는 것이 보편적인 움직임이었다. 그로써 낙동강방어선에서의 국군과 미군의 전력은 점차 강해지는 반면 북한군은 한계상황에 도달하고 있었던 것이다. 북한군이 낙동강방어선만 돌파하면 부산은 점령되고 '조국해방'이 된다고 믿었던 것처럼, 유엔군도 국경선만 확보하면 전쟁은 종결되리라 생각하고 있었다. 이처럼 맥아더는 중국과 우리나라와의 정치적이고 역사적인 관계까지는 고려하지 않았던 것이다. 단지 군사적인 관점에서만 바라본 것이다. 뒷장의 중공군의 개입에서 언급하겠지만 맥아더는 고대로부터 내려온 한·중의 복잡하고 미묘한 관계까지는 고려하지 못한 듯하다. 그리하여 유엔군이 혜산진과 청진까지를 점령하였으나 중공군이 압록강을 넘어 대거 개입함으로써 전쟁의 양상은 다시 한번 크게 바뀌게 되었다.

또한 군사적인 관점에의 북진작전을 살펴보면 다음과 같은 교훈을 도출할 수 있을 것 같다. ① 국군과 유엔군이 인천상륙작전 이후에서 서울탈환까지는 비교적 순조롭게 진행되었다. 그러나 38도선을 돌파하는 과정에서 많은 시간이 지체되었다. 물론 이 문제는 외교적인 문제까지도 연결된 다소 복잡한 면은 있다. 그러나 국군 단독으로라도 공격기세를 상실하지 않고 즉각적으로 반격하도록 하는 것이 필요했을 것이다. 국군이 동부전선에서 10월 1일 북진을 개시하였고, 유엔군은 10월 9일에서야 38도선을 넘을 수 있었다. 이는 공자 스스로 공격기세를 유지하지 못한 것이었다. 국군의 10월 1일 38도선 돌파도 늦은 감이 있었다. 서울을 수복하고 무려 3일 후에야 38도선을 넘었다는 것은 도주하는 적에게는 천금 같은 귀중한 시간을 준 것이나 다름없었다. ② 지휘의 일원화다. 미 제8군과 제10군단은 낭림산맥을 기준으로 좌우로 나뉘어 별도의 부대로 작전을 수행하였다. 동일한 전구에서 이원화된 지휘는 장점도 물론 존재한다. 적절한 경쟁으로 신속하게 목표를 달성할 수도 있다. 그러나 적절한 협조를 저해하였다. 그것은 중공군 참전 이후 증명되었다. 중공군은 부대 간의 전투지경선을 파고들어 침투하였고 이를 확대하여 포위로 연결하였다. 이러한 사례를 보더라도 적절한 조치로 보기는 곤란하였다. ③ 또한 제10군단은 원산상륙작전을 시도하다가 20여 일 동안 바다에서 유병화 되기도 하였다. 이에 따라 제10군단의 전력을 충분히 활용하지 못했고 서쪽의 미 제8군과의 간격이 확대되기도 하였다. 중공군은 낭림산맥에 형성된 공간을 활용하여 국군 및 유엔군의 배후를 공격하거나 철수로를 차단하였고 이를 성공시켰다. ④ 정보의 문제이다. 유엔군사령부는 적정 파악이 부진한 가운데 전쟁이 조기에 종료될 것이라는 안이한 판단을 했다. 중공군 포로는 북진과정에서 획득되고 있었고 이것은 유엔군사령부에도 보고되었다. 그러나 이러한 현상을 심각하게 분석하지는 않고 있었다. 이것은 한·중의 뿌리 깊은 관계를 통찰하지 못한 결과였다. 오판은 중공군이 전쟁에 개입하지 않을 것이라는 판단으로 이어졌다. 결국 맥아더 사령부의 정보책임이 크다고 볼 수 있다. 그 결과, 다시 한번 서울을 피탈 당하고 수많은 인명의 손실을 몰고 왔다. 그리고 정전으로 이어지면서 분단의 계속을 가져오게 되었다.

제 2 절

중공군 참전

1. 중공군 참전 배경과 공세

가. 참전배경

1950년 10월 9일 맥아더는 북한군에게 항복을 권고하였다. 이처럼 유엔군은 곧 승리한다는 것을 기정사실로 믿고 있었다. 그러나 중공군의 참전은 전쟁상황을 일순간 뒤집어 놓았다. 유엔군이 인천상륙작전으로 전세를 역전시켰듯이, 이번에는 중공군이 그 역할을 한 것이다. 고대로부터 이어져 내려온 중국과 한반도의 정치적 · 역사적인 관계는 마치 실타래처럼 얽혀 있는 복잡하고도 미묘한 관계를 갖고 있다. 그러나 맥아더는 군사적인 관점으로만 중공을 바라보았던 것으로 보인다. 이러한 결과는 중공군의 참전이 없을 것이고 전쟁은 곧 종결된다는 낙관론으로 나타나고 있었다. 웨이크섬에서 맥아더는 대통령에게 중공군의 개입이 없을 것으로 보고하였고, 설령 개입할 의사가 있어도 이미 그 시기를 상실한 것으로 판단된다고 하였다. 그러나 앞에서 말했듯이 두 나라의 관계는 그리 간단하게 정리할 수는 없는 관계였다. 중공은 과거 일본이 조선을 침략했을 때도 원군을 파병하였다. 그 당시 중국이 파병을 결정한 것은, 전통적인 순망치한이라는 다소 순화된 말에 숨어 있었다. 중국의 생각은 일본이 중국을 목표로 계속 공격한다면 중국 땅에서 일본과 전쟁을 할 수밖에 없었다. 따라서 그럴 바에는 조선 땅에서 하는 것이 보다 안전했고 민심도 진정시킬 수 있는 것이었다. 즉, 전쟁은 조선 땅에서 하는 것이 손해 보지 않는 최선의 선택이었다. 그 결과 중국은 '항왜원조(抗倭援助)'라는 미명으로 참전을 결정하였던 된 것이다. 6 · 25전쟁에서의 상황도 역시 동일한 수준에서 보면 된다. 중공은 6 · 25전쟁에서 '항미원조((抗美援助)'라는 명목으로 출병을 하게 된 것이다. 왜(倭)에서 미(美)로 바뀐 것밖에 없다. 그만큼 중국에게 있어서 조선이라는 땅은 과거로부터 현재에 이르기까지 외풍을 막아주는 존재 가치가 있는 것이다. 그것은 예나 지금이나 변동이 없다고 해도 과언이 아닐 것이다. 중국은 대륙 통일 과업을 진행 중이던 1949년 이전까지는 김일성의 대남전략에 대하여 한반도 내부의 문제로 취급하고 별다른 관심을 보이지 않았다. 중공은 전쟁이 발발할 당시만 해도 대만(臺灣) 합병 준비에 박차를 가하고 있었다. 대만은 1894년 중일전쟁이 끝난 후 일본의 식민지로 있었다. 그 후 제2차 세계대전에 일본이 항복하자 중국에 반환되었다. 그러나 국공내전에서 본토로부터 축출된 국민당 정부가 1949년 5월 대만으로 철수하여 본토 수복의 의지를 천명하였다. 그러자 중국 본토의 중공과 대만은 대만해협을 사이에 두고 첨예하게 대립하고 되었다. 따라서 중공은 '대만해방'을 최우선 과제로 삼아 신속한 해결을 하려고 하던 중이었다. 모택동은 이 문제를 1950년 여름까지 완료하도록 시한을 정하고 있었다. 하지만 전쟁 발발 직후 미국이 중공군의 대만 침략을 대비하여 대만해협에 미 제7함대를 급파하게 되었다. 그러자, 중공은 이에 대한 비난을 하면서부터 민감한 반응을 보이기 시작했다. 따라서 중공의 이러한 복잡하고 중요한 상황을 고려할 때 북한에 파병을 할 만큼 여력이 있지는 못하였다. 중공의 이러한 상황에서 유엔군에게 강한 반격을 당한 김일성은 스탈린과 모택동에게 지원 요청을 하고 있었다. 김일성은 한시가 급한 상황이었다. 이에 대해 스탈린은 "소련군의 직접 참전이 제한되기 때문에 중공군이 의용군의 형태로 참전하는 것이 바람직할 것"이라는 내용을 모택동에게 전달했다. 하지만 중공은 이와 같은 국내상황으로 결정을 못하고 있는 형편이었다. 그러자 모택동이 정치적 직권으로 파병을 결정했다. 사실 중공은 전쟁 이전부터 여러 경로를 통하여 "미군이 38도선을 넘으면 한반도의 전쟁에 개입하겠다."는 의사를 미국에 전달했다. 그러나 미국은 이를 무시하고, 38도선을 넘었으며, "전쟁을 중국으로 확대하지 않을 것이며 북·중 국경선에서 중국의 안전을 보장한다."고 밝혔다. 그러나 모택동은 미국의 이런 발언을 믿지 않았고, 미국이 중공을 침략할 것이라는 '미국 위기설'을 조장했다. 그렇다면 모택동이 건국 1년도 채 되지 않은 상황과 대만과의 긴장이 계속되는 가운데 한반도 전쟁에 개입한 동기는 과연 무엇일까? 이에 대해서는 연구자에 따라서 다양하게 분석하기도 한다. 여기에서는 객관적인 상황을 정리하여 보기로 하겠다.

〈중공의 '항미원조 보가위국' 궐기대회〉

① 모택동과 김일성의 약속이다. 이것은 1949년까지 거슬러 올라가 보아야 한다. 1949년 3월 5일 김일성은 박헌영과 함께 북한정권 수립 후 첫 번째로 모스크바를 방문한다. 명목상으로는 소련과 체결한 '조소경제문화협정'이였지만 남한에 대한 무력통일계획을 건의하였다. 그러나 스탈린의 시기가 적절하지 않다고 거절하였다. 1949년 5월 김일성은 특사 김일을 북경에 파견하여 모택동의 조선인사단 반환문제와 남한공격 등에 대해 협의하게 하였다. 당시 중공에는 조선인사단이 3개 있었다. 여기서 모택동은 조선인사단 3개 중 동북에서 전투임무가 없는 2개 사단은 바로 돌려줄 수 있지만, 다른 한 개 사단은 남방에서 전투중이므로 끝난 후 돌려줄 수 있다고 하면서 이에 동의하였다. 여기서 모택동은 가까운 시일 내에 남한을 공격하는 것은 전반적인 상황으로 보았을 때 현실적이지 않다고 하였다. 그 이유 중의 하나로 중공이 아직도 장개석 군대와 전투중이기 때문이라는 것이었다. 즉, 중국이 완전한 통일을 이루었을 때 도움을 줄 수 있으니 기다리라는 말이었다. 그리고 파병에 대한 전제조건을 말하였다. 소련이 동의하고 중국을 완전하게 통일한 후에 가능하다고 하였다. 그러나 1950년을 전후하여 국제정세는 많은 변화

가 나타났다. 중화인민공화국의 건립과 중소동맹체결이 있었다. 무엇보다 소련의 핵실험 성공은 미국과 동등한 무력을 갖게 됐다는 의미가 있었다. 또한 애치슨 라인의 선언 등은 한반도에 미치는 큰 변화였다. 그 사이에 북한은 중공으로부터 조선인 3개 사단 5~6만 명을 돌려받게 되며, 소련으로부터 대폭적인 군사원조를 받아서 군사력이 강성해졌다. 1950년 3월 30일부터 4월 25일까지 김일성과 박헌영은 스탈린을 방문하여 드디어 허락을 받아 냈다. 여기서 스탈린은 중공의 찬성을 얻어야 한다고 말한다. 이 말은 최악의 상황이 도래되게 되면 중공의 파병을 받아야 된다는 것이었다. 김일성은 5월 15일 마침내 모택동의 허락을 받게 된다. 여기서 모택동은 미군의 개입 가능성에 대해서 고려해야 한다고 언급하였지만, 김일성은 참전하지 않을 것이라고 자신 있게 말하였다. 이때 모택동은 미군이 참전하게 되면 중국은 북조선을 지원하기 위한 군대를 파견할 것이라고 말하였다. 이러한 배경을 첫 번째 이유로 볼 수 있다.

〈미 제7함대의 대만해협 전개〉

② 미국으로부터의 안보불안 해소를 들 수 있다. 중공은 전쟁 발발 후에는 별다른 반응을 보이지 않았다. 그러나 6월 27일 트루먼 성명 이후 미국의 개입을 '미제국주의 침략'이라고 규정하였다. 특히 미 제7함대의 대만해협 진입은 이러한 불안

을 더욱 가중 시키는 요인이었다. 미국이 전쟁 개입을 명분으로 하여 대만해협을 봉쇄하고 동남아까지 세력권 아래 두고자 하는 것으로 판단하였다. 즉, 미국의 전방위적인 포위로 인한 안보불안을 전쟁을 통하여 해소하겠다는 명분이었다.

③ 국공내전부터의 혈맹인 북한에 대한 보답의 차원이었다. 국공내전 시기에 조선인들로 구성된 부대가 3개 사단이 있었다. 그들은 모택동의 군대를 도와 장개석 군대와 싸운 부대이다. 앞에서 언급했듯이 이 부대를 다시 북한에 돌려주었다. 그리고 이 사단들은 북한군의 주력으로 6 · 25전쟁 시 활약하였다. 어쨌든 이러한 끈끈한 관계가 일찍부터 중공과 북한 관계에서는 형성되어 있었다. 모택동은 정권수립 과정부터 조선인부대의 도움을 받아 왔다. 그리고 이를 갚을 수밖에 없는 관계였다.

④ 한 · 중의 정치적 · 역사적 관계이다. 앞에서 언급하였듯이 한반도와 중국의 관계는 단순하게 국가 대 국가로의 관계로만은 설명될 수 없다. 두 나라의 관계는 이미 수천 년 전부터 때로는 적으로, 때로는 우군의 관계였다. 중요한 것은 우군의 관계로 발전하고 있을 때에는 각종 문화 교류와 군사적인 원조가 있어 왔다. 그 당시에 북한과 중공은 매우 우호적인 관계에 있었다. 더 중요한 것은 6 · 25 전쟁 시기의 북한은 중공에게 있어 지켜야 할 가치가 충분히 있는 지정학적 유리점이 있었다. 우호적인 북한은 중공에 대한 방파제 역할을 충분히 할 지리적 가치를 갖고 있었다. 이러한 다양한 이유가 결합되어 파병을 결정한 것이다.

중공군 최초 참전부대 현황

병단	군	예하사단	참전일	병력(명)
제13병단	38 · 39 · 40 · 42군	3개 사단×4	1950.10.19~25	20만 6천
	50 · 66군	3개 사단×2	1950.10.26	
	포병사령부	3개 사단	1950.10.19	

나. 중공군 전략과 공세

중공의 전쟁지도부는 유엔군이 평양에서 원산에 이르는 선을 점령하고 진격을 멈출 것으로 판단했다. 그래서 최초 전략적 방어에 치중하다가 소련으로부터 무기를 지원받은 후 주도권을 잡고 공세로 전환하는 전략이었다. 따라서 중공군은 한반도 내륙으로 깊숙이 들어와서 원산에서 평양에 이르는 이북 산악지역에 근거지를 마련하고 덕천, 영원선 남쪽에 2~3개의 방어선을 구축한다는 계획을 수립하고 있었다. 그러나 유엔군의 진출 속도가 워낙 빨라 한반도에 진입하자마자 공세로 전략을 전환하지 않을 수 없었다. 지원군 사령관 팽덕회는 모택동의 군사사상을 반영하여 한반도의 지형에 적합한 전술로 전환하여 적용하였다. '진지전(지역방어)과 운동전(기동방어)의 배합전'을 수행하면서, 전술적 상황에 따라 역습, 매복, 기습으로 유생역량을 소멸하였다. 중공군은 미군에 비해 상대적으로 화력과 기동력이 미약한 국군의 방어지역을 먼저 공격하여 포위·소멸하여 분리시킨 후 미군의 측방을 노출시켜 그 퇴로를 차단·포위하고 미군을 섬멸시켰다.[7] 특히 제1차와 제2차 전역(공세)에서는 '유엔군을 깊숙이 유인하여 섬멸한다(誘敵深入)'는 전술을 사용하였다. 이와 더불어 중공군은 미군의 막강한 화력과 공군기를 피해 야간공격을 위주로 하였다. 역으로 국군과 유엔군에 밀착하여 화력을 사용하지 못하도록 하기 위해서였다. 또한 장비의 기동이 취약한 산악지대 위주로 방어진지를 구축하였다.

중공군의 1차 공세를 위한 준비는 10월 25일까지 완료되었다. 압록강을 도강한 6개 군 중에서 5개 군(제38·40·39·66·50군)을 서부전선으로 투입하여 적유령산맥 남단에서 서남쪽의 운산-희천 방향으로 공격했고, 제42군은 장진호 북쪽에서 남쪽으로 전개하고 있었다. 이로써 중공군은 제1차 공세를 위한 모든 준비를 갖춘 것이다. 국군 제1사단 15연대와 12연대가 북진 중에 중공군 제40군 예하부대 매복지역으로 진입하여 중공군과 첫 전투를 하였다. 25일 운산에서였다. 이때 제1사단은 적을 포로로 잡아 심문한 결과 그들은 중공군임을 인정하였다. 우려했던 중공군의 참전을 확인한 것이다. 전쟁의 양상이 이를 기점으로 크게 변화되기 시작하였다. 증원된 미 제1기병사단장이 국군 제1사단의 중공군 배치 사실에 관한 포로심문 결과를 무시하면서 제8기병연대를 무리하게 초월공격 시켰다. 중공군은 이를 포위망 속으로 끌어들여 공격하였다. 유엔군은 제1기병사단이 패배하자 11월 3일에 청천강 이남으로 후퇴하였다. 유엔군 지휘부는 추수감사절(11월 23일)까지는 전쟁을 끝낼 수 있을 것으로 판단하고 있었다. 따라서 10월 24일에 동·서의 지휘관에게 두만강과 압록강을 향하여 최대의 속도로 진출하도록 명령을 내렸었다. 추수감사절 공세에 따라 국군과 유엔군은 총공격을 감행하였다. 그러나 결과는 중공군

7) 정명복, 앞의 책, pp.226~227.

의 공세에 밀려 국군과 유엔군은 패퇴하여 청천강 이남선으로 밀렸다. 이것이 1950년 10월 25일~11월 5일(12일)에 있었던 중공군의 1차 공세이다. 그렇지만 아쉽게도 유엔군 사령부에서는 중공군의 참전을 인정하지 않고 있었다. 소규모의 정찰대 규모로 판단하고 있었다. 전혀 예측하지 못한 적의 공세에 밀려 청천강 선으로 밀려난 유엔군은 전열을 재정비하였다. 그런데 한 가지 의아스러운 것은 거세게 밀어닥쳤던 중공군이 어느 날 자취를 감췄다. 따라서 유엔군 사령부는 중공군의 대규모 참전은 아닐 것이라는 희망을 잃지 않았고, 전쟁을 마무리할 공세를 다시 준비하였다. 유엔군은 전쟁을 종결시키기 위하여 또 다시 반격하였다. 그러나 중공군의 공세에 다시 한번 고전을 면치 못하게 되는데, 이것이 1950년 11월 25일~12월 15일(21일)에 있었던 2차 공세이다. 이때 동부전선의 미 제1해병사단이 장진호 일대에서 눈보라와 함께 중공군 제9병단에 포위되어 버렸다. 이것이 그 유명한 장진호 철수작전이며 미 해병대는 투혼을 발휘하여 이를 극복하였다. 중공군의 공세는 또 다시 피난 보따리를 싸게 만들었다. 이때 수많은 민간인이 피난대열에 합류하여 흥남부두에서 해상으로의 철수가 이루어졌다. 중공군은 2차에 걸친 공세작전에서 작전목적을 달성하였으나 피해를 보충해야 할 정도로 손실도 많았다. 또한 여전히 보급의 애로점을 갖고 있었다. 중공군은 병력손실을 보충하기 위하여 전선에 긴급 보충하였고 보급수송을 개선하기 위하여 철도를 일부 복구하기도 하였다. 이러한 상황에서 중공군의 제3차 공세는 1950년 12월 31일~1951년 1월 8일(9일)에 걸쳐 이루어졌다. 제1단계(12월 22일~12.31)는 침투작전 단계로 북한군의 유격부대 병력을 강력한 침투부대로 편성하여 사전에 동부전선에서 후방 깊숙이 침투시켜 그 배후부터 타격을 가하면, 전방의 부대가 일시에 방어선을 돌파한다는 것이고, 제2단계(1.1~1.15)는 본격적인 공세단계로 전과를 확대한다는 것이었다. 중공군의 제3차 공세에 밀려 유엔군은 1·4후퇴를 단행하면서 서울을 다시 피탈당해야 했다. 자발적인 철수의 개념으로 서울을 포기하였지만 상징하는 의미는 큰 것이었다. 수도는 가지고 있는 고유의 상징성과 대표성이 있으며 민심에도 많은 영향을 미치는 것이다. 수도는 정치와 경제, 문화의 중심이기도 하지만, 그 자체를 중심으로 국민을 단결시키는 무언의 위력을 가지고 있다. 이러한 수도를 적의 수중에 들게 했다는 것은 아무리 자발적 철수라 할지라도 큰 손실이 아닐 수 없었다. 유엔군은 중공군과 북한군에게 축차진지 상의 방어개념에 따라 막강한 화력으로 타격을 가했으므로 공세종말점에 도달했을 것으로 판단하고 반격을 준비하였다. 이 작전은 '썬더볼트작전(Operation Thunderbolt)'과 '라운드업작전(Operation Round Up)'으로 명명되었다. '썬더볼트작전'을 전개하여 2월 10에 미 제3사단이 제일 먼저 영등포-노량진으로 진출하여 한강에 도착하였다. 1·4후퇴 1개월 만에 다시 서울을 눈앞에 두었다. '라운드업작전'은 2월 5일부터 전개하였다. 2월 7일에는 국군 제1군단의 수도사단이 강릉을 탈환할 수 있었으나 홍천 일대는 완전히 확보하지 못한 상태였다. 국군과 유엔군은 썬더볼트작전과 라운드업작전을 통하여 2월 10일경에는 전선을 남한강-횡성-강릉을 연하는 선까지 끌어올렸다. 이로써 유엔군은 공세적인 분위기를 회복할 수 있었다. 반면 중공군의 공격 기세는 전투력 보충과 보급제한으로 주춤해졌다. 이 공세의 영향으로 북한군은 평창-영월-안동까지 침투해 있던 부대와 연결이 차단되었다. 중공군의 4차 공세는 1951년 2월 11일~2월 15일(5일)에 걸쳐 이루어졌다. 1951년 2월에 들어서면서 전선에서는 부대 재배치로 보이는 중공군의 부산한 움직임들이 포착되었다. 특히 원산에서 전투력 복원을 완료한 제9병단이 춘천으로 남하했다. 중공군은 유엔군의 1차 공세 후 자신들이 불리한 서부 지역은 한강을 이용하여 견제하면서, 중동부 전선에 전투력을 집중하여 유엔군 1~2개 사단을 유인 섬멸하고 우측방을 타격 유엔군의 진출을 저지하기 위한 제4차 공세를 실시하였다. 그렇지만 전선의 상황은 중공군의 공세에 더 이상 밀리지 않았다. 특히 지평리에서 성공적인 방어작전을 펼치면서 유엔군과 국군에게는 새로운 전투방향을 제시하는 계기가 되었다. 그간 패배만 당하던 유엔군에게는 1차 반격에 이어 중공군에게 거둔 최초의 방어전투 승리였다. 유엔군은 여세를 몰아 반격작전을 단행하였다. 2차 반격작전은 중공군 주력을 섬멸한다는 의미에서 킬러작전(Operation Killer)이라고 명명하였다. 킬러 작전은 성공적으로 종료되어 전선은 한강-횡성-강릉을 연하는 선까지 진출하였다. 킬러작전 결과 유엔군과 한국군은 이제 전선을 한강-횡성-강릉을 연하는 선으로 북상시킬 수 있었다. 리퍼작전(Operation Ripper)은 중동부 전선에서 간단없는 압력으로 중공군과 북한군의 주력을 격파하여 적을 동서로 분리한 후 서울에 대한 동측방으로의 포위망을 형성하는데 있었다. 이를 달성하기 위하여 리퍼작전의 주공인 미 제9군단은 3월 7일 4개 사단 병진으로 홍천-춘천 방향으로 공격하였다. 공격을 계속한 아군은 3월 20일 춘천시내로 진입하였다. 한편 서울탈환의 명령을 받은 미 제1군단은 3월 15일 북한산을 점령하고 서울로 진격하였다. 국군 제1사단 15연대는 서울 시내를 수륙양용장갑차를 이용하여 정찰하였으나 적은 이미 도주한 뒤였다. 이어서 제1사단은 16일에 서울시 전역을 장악하였으나 적의 저항은 없었다. 그 무렵 적은 임진강을 넘어 철수한 후였다. 이 작전의 성공으로 진출선은 문산-춘천-양양선까지 북상시켰다. 이로써 서울을 완전히 탈환하고 38도선을 다시 넘게 되는 발판이 마련되었다. 국군과 유엔군의 반격으로 중공군은 큰 피해를 입고 대부분의 전선을 북한군에게 넘기고 차후공세를 준비하고 있었다. 적은 지연전으로 맞서고자 하였다. 이때 미국은 38선의 재돌파 문제를 릿지웨이에게 위임하였다. 초기의 북진과는 다른 차원의 38도선 재돌파였다. 그것은 어디까지나 전술적 수준의 유리한 위치를 확보하기 위한 문제였다. 이를 위한 작전이 러기드작전(Operation Rugged)이다. 릿지웨이는 4월에 접어들어 적의 공세 징후가 나타나자 현재의 위치보다 유리한 지형을 선점하고자 하였다. 따라서 이를 위하여 임진강 하구-판문점-연천 북쪽-화천-간성을 연하는 선으로 정하였다. 그리고 이선을 캔사스선이라고 하였다. 이 캔사스선을 확보하는 것은 전선의 요철을 정리한다는 뜻에서 러기드로 명명하였다. 러기드작전으로 아군은 38도선을 기준으로 서부는 3.2km 동부는 16km까지 북상하게 되었다. 따라서 이 선을 중심으로 전선이 고착되고 차후에는 군사분계선으로 굳어지는 결과를 가져왔다.

중공군의 5차 공세(4월 공세)는 1951년 4월 22일~30일(9일)이며, 6차 공세(5월 공세)는 5월 16일~22일(7일)이다.[8] 1951년 4월 11일 맥아더 원수 해임 사실이 느닷없이 발표되었다. 미 행정부 내의 대(對) 한반도 정책은 유엔군이 중공군에 밀려 철수한 1951년 전반기부터 '정전을 통해 전쟁을 종결한다'는 정책으로 선회하고 있었다. 이러한 정책 변경의 과정에서 한반도에 완전한 군사적 승리를 원하는 '군인 맥아더'와 정치적 타협을 주장하는 '정치가 대통령' 사이의 의견 충돌이 원인이었다.[9] 이 문제는 한 · 미 연합국 간의 갈등이기도 했다. 맥아더는 정치적인 제한에

---

8) 중공군의 6차 공세를 5차 공세 중의 5월 공세로 분류하기도 한다. 본 책자에서는 6차공세로 분류하였다.

9) 정명복, 앞의 책, pp.262~263.

구애받지 않고, 그의 재량권 내에서 자유로운 군사작전을 추진하고 싶어 했다. 그래서 맥아더는 워싱턴의 정책과는 다르게 유엔군으로 하여금 공격작전을 진행하도록 했다. 이에 따라 미 제8군은 4월 5일 공격을 개시하여 캔사스선을 확보했고, 이어 철의 삼각지대를 확보하기 위해 와이오밍선을 향하여 진출했었다. 트루먼 대통령은 맥아더 장군의 군사적 돌출 행동을 민주주의 체제와 군 통수권자에 대한 도전으로 받아들였고, 결국 4월 11일 맥아더를 유엔군 사령관, 미 극동사령관, 미 극동지상군 사령관의 직위로부터 해임시켰다. 당시에 이 사건을 보도한 신문기사의 내용을 인용해 보면, 맥아더는 '미국 헌법에 의한 통수권을 위반하였으며 미국과 유엔의 대한(對韓) 정책에 충실하지 못하였다. 그 예로 작년 12월 상순경에 외교·군사적인 중요한 성명을 발표할 때에는 사전에 국무성이나 국방성의 양해를 구해야 한다고 했음에도 불구하고 지난 3월 24일 한국전쟁의 조속한 종결을 위하여 중공군사령관과 회담할 용의가 있다는 성명을 발표하였다는 것이다. 그러나 그러한 내용은 표면적인 것이며 한반도 문제를 군사력을 이용하여 적극적으로 해결하겠다는 맥아더의 주장과 백악관의 주장에서 차이가 발생한 결과일 것'이라고 사설에서는 주장하고 있다.10)

또한 4월 19일 상하양원합동회의에서 침략자 중공을 응징해야 한다는 소신을 피력하였다. 전쟁을 조속히 종결지으려면, ① 압록강 넘어있는 적(중공)의 보급기지를 폭격 ② 중공에 대한 경제봉쇄 ③ 해군으로 중공의 해한 봉쇄 ④ 공군으로 중공의 본토 공격 ⑤ 대만의 장개석 군대에 대한 제한 철폐 등을 하여야 한다는 소신 있는 주장을 하였다. 그리고 전쟁을 조속히 해결하는 것이 군인으로의 책무라고 하였다. 또한 중공의 개입에 대해서 유엔이 불법으로 규정한 이상 이를 군사력으로 응징할 수 있는 것이라고 주장하는 연설을 하였다. 이러한 그의 주장 등을 종합해 보면 전쟁을 정치적인 회담을 통하여 종결하려는 백악관과 맥아더의 의견대립이 있었을 것으로 보여진다. 맥아더의 해임은 6·25전쟁 전체에 큰 전환점이 되었던 대사건이었다. 맥아더 원수는 며칠 뒤 열린 미 상하원 합동 연설에서 "노병은 죽지 않는다. 다만 사라질 뿐이다. (Old soldiers never die. They just fade away)"라는 군가의 가사를 인용하면서 퇴임연설을 마치고 전쟁을 뒤로하고 물러났다.

10) 동아일보, 「사설, 맥아더 원수해임」, 1951.4.13.

맥아더는 1951년 4월 19일 미 의회에서 소신에 찬 신념을 연설하였으며, 마지막에 군가의 한 구절을 인용하며 퇴장하였다.

〈맥아더 의회 연설 장면〉 출처: 동아일보(1951.4.21.)

신임 유엔군 사령관은 제8군사령관인 릿지웨이 장군이 영전했고, 신임 제8군사령관에는 밴 플리트(James A. Van Fleet) 중장이 임명되었다. 맥아더와 달리 신임 유엔군사령관 릿지웨이 대장은 미 제8군사령관으로 부임한 밴 플리트 중장에게 캔사스선과 와이오밍선을 넘어가는 작전은 모두 유엔군 사령관인 자신의 승인을 받도록 조치했다. 신임 제8군사령관 밴 플리트는 전선에서의 공세를 독려하고 있었다. 유엔군은 서울을 재탈환 한 이후 와이오밍선으로 진출하면서 완충지대를 확보하고 있었다. 이때 중공군은 철의 삼각지대에 대규모의 병력과 전투물자를 집결시키며 전투력을 복원하는 중이었다. 중공군은 제4차 공세의 패배에도 불구하고 새로운 공세를 준비하고 있었던 것이다. 중공군의 제5차 공세의 목적은 서울을 탈환하고 정전회담의 주도권을 확보한다는 것이었다. 중공군은 주공을 서부의 미 제1·9군단으로 지향하고 서울을 양익포위하겠다는 작전개념을 수립하였다. 그리고 동부전선에서는 전선을 고착시키기 위하여 견제공격을 감행하였다. 당시 중공군은 약 70만 명으로 추산하고 있었다. 중공군은 포병과 항공 등의 지원은 충분하지 않았으나 전선을 계속적으로 반복하여 돌파하는 전술에 의존하고 있었다. 그리고 소부대 단위로 침투하여 후방을 차단하여 포위함으로써 전의를 상실시키는 방법을 사용하고 있었다. 즉, 화력의 열세를 인력으로 대체하는 방식이었다. 중공군은 5차 공세에서 소기의 성과를 달성하지는 못하였다. 이에 따라 6차 공세는 국군이 배치된 동부전선에서 결전을 시도하고 있었다. 따라서 동부지역을 주공, 서부지역을 조공으로 하여 제6차 공세(5월 공세)를 준비한 것이다. 이전의 상황을 보면 중공군은 미군의 수 개 사단을 격멸하여 전쟁의 주도권을 확보하기 위하여 제5차 공세(4월 공세)를 취하였으나 뜻대로 되지 못했다. 따라서 상대적으로 화력이 약한 국군을 집중공격하여 미군을 고립시키겠다는 전략을 구사하고자 하였다. 마침내 중공군은 5월 15일과 16일 밤에 주공을 인제지역으로, 조공을 가평지역으로 투입시켰다. 인제 방향으로 투입된 중공군 주공은 미 제10군단의 국군 제5·7사단 정면과 전투지경선을 따라 돌파하여 국군 제3군단의 배후로 신속하게 진출하였다. 이를 흔히 '현리전투'라고 부른다. 강원도 인제군 현리에서 벌어진 전투로써 당시 인제지역은 국군 제3군단이 방어하고 있었다. 그리고 우측에는 국군 제1군단이 방어전선을 형성하고, 좌측에는 미 제10군단 예하의 국군 제7사단과 제5사단이 배치되어 있었다. 중공군은 국군의 정면을 노렸다. 5월 16일 밤에 총공격을 개시하여 제7사단의 우측으로 집중 돌파하여 돌파구를 형성하고 신속히 미제 제10군단 후방으로 침투하였다. 그리고 산악을 이용하여 오마치로 향하여 제3군단의 퇴로를 차단한 것이다. 제7사단의 진지를 돌파한지 불과 12시간 만이었다. 약 30km를 산악으로 기동한 것이다. 그들은 중공군 제20군 60사단의 예하부대였다. 제7사단은 전선이 붕괴되었을 때 이를 인접의 제3군단에 통보하지 않아 제3군단이 이를 뒤늦게 알고 현리로 집결한 것이다. 군단에서는 인접사단이 붕괴된 것을 알고 군단장에게 전방사단의 철수를 건의했으나 유보하고 있었다. 제3군단의 보급로는 오마치 고개라는 작은 통로 하나뿐이었다. 이 고개가 유일한 보급로이자 퇴로인 것이다. 오마치고개는 국군 제5·7사단이 소속된 미 제10군단의 작전지역이었다. 제3군단은 유일한 보급로인 이곳의 중요성을 알고 병력을 배치했다고 한다. 그런데 미 제10군단이 자신들의 책임지역이라는 이유로 제3군단의 병력 배치를 반대하였다. 이로 인해 그 중요한 고개에는 어떠한 병력도 없게 되었다. 경계선에 대한 쌍방의 협조가 이처럼 중요한 것임을 알게 해주는 사례이다. 그 사이 중공군은 야간을 이용하여 산악으로 기동하여 오마치고개를 점령해 버렸다. 당시 오마치고개를 점령한 중공군은 1개 중대 병력에 불과하였다. 약 150여 명에 포위된 것이다. 제3군단 병력은 약 2만 2천여 명에 달하였다. 여기에 비극이 있었다.

3군단이 포위당하자 당시 군단장이던 유재흥은 17일 오후 2시에 비행기로 현리를 방문하였다. 군단의 주력부대가 그 지경이 되었으면 현장에서 전투지휘를 하는 것이 마땅한 것이다. 그런데 그는 부군단장에게 군단장을 대리로 전투지휘를 하라며 지휘권을 위임하였다. 이것은 위임이 아닌 방치로 보아야 한다. 지휘관은 가장 중요한 국면, 가장 중요한 지점에 위치해야 한다는 것은 불문율이며 기본 상식이다. 그가 이러한 조치를 했다는 것은 지휘관으로서 어떠한 자질도 갖추지 못했음을 의미하는 것이다. 그리고 사단장들에게 협조된 공격으로 퇴로를 확보하여 창촌리로 철수하라는 지시를 남기고 비행기를 이용하여 군단으로(후방지역) 무책임하게 복귀하고 말았다. 그에 따라 양 사단은 각각 1개 연대를 동원하여 적의 포위망을 돌파하기로 하였다. 그날 밤 9시쯤 제3사단 18연대와 제9사단 30연대의 공격이 개시되기 전에 중공군이 선제공격을 개시하였다. 오히려 아군이 대혼란에 휩싸이게 된 것이다. 조직적인 철수가 불가능하다고 판단한 제3 · 9사단장은 방태산을 통해 창촌리로 철수하라고 명령했다. 이후 제3군단은 지휘통제가 불가능한 와해 상태가 되었다. 사단장들을 비롯한 모든 지휘관들이 지휘를 포기하고 계급장을 떼고 각자가 살기 위해 무질서한 도피를 시작했다. 퇴각 명령이 내려진 상황에서 중공군에 완전히 포위됐다는 소식이 제9사단과 제3사단 병력에 전달되고 있었다. 병사들과 예하 부대에서도 '군단장이 도망갔다'라는 소문이 돌면서 제3사단과 제9사단의 조직적인 철수는 기대할 수 없었다. 그야말로 오합지졸이 된 것이다. 중공군의 추격부대에 쫓기면서 70km 후방의 하진부리를 향하였다. 결국 현리에서 국군 제3군단 예하 제3 · 9사단 병력 1만 9천여 명이 희생되었다. 5월 20일 하진부리에서 겨우 패잔병을 수습할 수 있었다. 병력의 40% 가량만이 복귀했으며, 주요 화포는 도주 전에 파괴하거나 방치하여 적에게 노획되고 말았다.

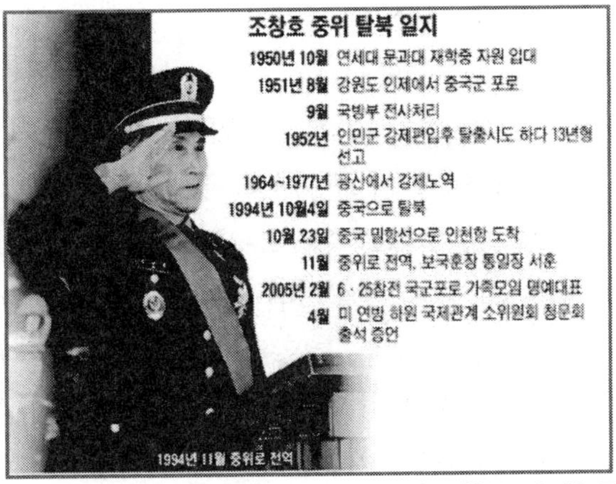

조창호[11] 소위는 현리전투에서 중공군에게 포로가 되고 말았다. 북한을 탈출하여 1994년 10월 23일 대한민국으로 귀환하였다. '국군포로 귀환 1호'였다. 당시 군단장(유재흥)에게 면담을 요청했으나 무슨 이유인지 거부되었다.

〈조창호 소위 전역식 모습〉

제3군단의 와해로 동부전선의 돌파구 형성에 위기를 느낀 제8군사령관 밴 플리트는 제8군 예비인 미 제3사단을 긴급 투입해 운두령을 확보함으로써 돌파구 확장을 저지했다. 이어서 국군 제1군단의 수도사단이 대관령을 점령하고 미 제2사단이 벙커고지를 지켜냄으로써 전선을 안정시킬 수 있었다. 5월 21일에 제3군단은 하진부리에서 철수하였다. 5월 26일 밴 플리트는 단호하게 말하였다. "현리지구에서 대패한 한국군 제3군단을 해체한다. 그리고 한국 육군본부의 작전통제권도 없어진다. 육군본부의 임무는 작전을 제외한 인사와 행정, 군수와 훈련에만 국한한다. 한국군 제1군단은 내 지휘를 받으며, 육군본부 전방지휘소도 폐지한다."고 했다. 제3군단장 유재흥은 이로써 전쟁 이후 총 3개의 부대를 해체당하는 무능력한 지휘관의 대명사가 되었다. 개전초기 제7사단, 청천강전투에서의 제2군단, 현리전투에서의 제3군단은 그가 지휘관이었을 때였다. 그리고 밴 플리트와 유재흥과의 유명한 일화가 남아있다. 밴 플리트는 "유 장군, 당신의 군단은 지금 어디 있소?"하자 유

11) 조창호(1932년~2006년 11월 19일)는 1950년 연세대학교에 입학하던 해에 6·25전쟁이 발발했다. 그는 대한민국 국군에 자원입대하여 육군본부 직속 포병 101대대 관측담당 소위로 참전하였다. 그 후 1951년 5월 강원도 현리전투에서 중공군에 포로로 붙잡힌 뒤 북한으로 끌려갔다. 북한을 탈출하여 해상을 표류하다가 1994년 10월 23일 새벽 우리나라 수산청 어업지도선에 의해 구출되었다. 군인 정신에 귀감이 된 점을 평가받아 보국훈장 통일장을 받았다. 11월 26일에는 육군사관학교에서 전역식을 가짐으로써 43년 3개월이라는 최장기록의 군 생활을 마감하였다. 현리전투의 참패가 이해가 되지 않아 당시 군단장을 만나자고 했으나 거부당했다.

재흥은 "잘 모르겠습니다"라고 대답했다고 한다. 이에 밴 플리트는 "당신의 예하 사단은 어디 있소? 모든 포와 수송장비를 상실했단 말이오?"라고 힐문하자 "그런 것 같습니다."라고 답했다. 이에 밴 플리트는 "당신의 군단을 해체하겠소. 다른 보직이나 알아보시오!"라고 말했다고 한다. 유재흥은 두 번째 군단 해체라는 치욕을 겪었으나 아무런 징계나 처벌을 받지 않았으며, 오히려 승승장구한다. 1957년 합동참모본부 의장을 지낸 뒤 4·19 혁명으로 이승만 대통령 하야 이후 정군대상으로 지목돼 육군중장으로 예편했지만, 5·16 군사 쿠데타 성공 뒤 박정희 정권에 의해 다시 등용돼 타이·스웨덴·이탈리아 대사 및 대통령 특별보좌관, 국방부장관 등을 지냈다. 퇴임 뒤에도 정부 산하 기관의 요직을 꿰어 차기도 하였다. 1974년 대한석유공사 사장, 1978년 석유화학공업협회 회장, 1991년 성우회 회장을 지냈으며 노무현 정부 때는 전작권 반환 반대 운동에 앞장서기도 했다. 친일파 장교에서 해방 뒤 한국군 장교로 변신해 미군에게 작전권을 빼앗기는 빌미를 제공한 인물이 군에 있을 때나 군문 밖에서나 영전을 거듭하는 현실은 대한민국의 왜곡된 현대사를 상징적으로 보여준다.[12] 이때 포로가 된 '국군 포로 귀환 1호 조창호' 옹은 어렵게 북한을 탈출하여 대한민국으로 귀환하였다. 귀환하여 그를 면담하고자 했지만 그는 이를 거부하였다. 이를 두고 어떻게 이해를 해야 할지 모를 일이다.

2. 중공군 참전의 영향

먼저 명확히 해야 할 것이 있다. 중공군의 참전과 유엔군의 참전은 정당성 면에서 큰 차이가 있다. 유엔군의 참전은 유엔의 결의안에 따라 이루어졌다. 즉, 정당성이 있으며 절차상으로 문제가 없다는 것이다. 그러나 중공군의 참전은 불법 침략이다. 북한군의 남침을 유엔에서 불법으로 간주한 바 있다. 따라서 이를 돕겠다고 참전한 것은 불법이며 이것은 침략이다. 그러나 무엇보다도 중공군의 참전을 예상하지 못했다는 것은 한반도라는 지정학적인 중요성과 중국과의 길고 긴 역사

12) 한겨레 신문, 「한국전 최악의 패전 장군, 국립현충원에 안장」, 2011.11.30.
민족문제연구소, 『친일인명사전』, 2010, pp.613~614.

를 통찰하지 못한 결과였다고 볼 수 있다. 먼저 중공군의 참전으로 인한 영향을 우선 몇 가지 열거해 보기로 한다. 첫째, 민족사적의 관점에서 중공군의 침략이 가져온 것은 통일의 기회를 상실하게 했다는 것이다.[13] 국군과 유엔군은 국경선을 거의 확보하는 단계에서 중공군의 개입은 우리의 의도를 좌절시켰다. 또한 이것은 북한 주민들이 민주주의 제도 속에서 살 수 있는 기회를 상실시켰다. 공산주의의 모순은 이미 소련이 해체되면서 증명이 되었다. 그러나 여전히 북한만은 공산주의 체제와 세습되는 독재 아래에서 복지와는 거리가 먼 고난의 세상을 살고 있다. 민족사의 비극은 분단과 함께 북한의 처참한 생활이 계속된다는 것이며 그 중심에 중공군이 있었다. 둘째, 전쟁 이전의 상황으로 회귀시켰다. 중공군의 공세로 한때 수도를 다시 내어 주었으나 다시 수복하는 과정을 겪으면서 결국은 38도선을 중심으로 하여 전선은 교착상태를 맞게 되었다. 그리고 교착된 상태에서 정전을 맞았다. 전쟁 이전의 상황과 크게 달라진 것이 없게 된 것이다. 양측의 피해만을 가중시킨 결과를 가져왔다. 셋째, 전쟁의 장기화와 이로 인한 피해가 가중되었다. 1950년이 가기 전에 전쟁은 종결될 수 있었으나, 중공군의 침략은 이를 장기화시켰고, 그로 인한 인적·물적 피해는 증가되었다. 넷째, 전쟁의 성격이 변화되었다. 유엔군이 참전하면서 국제전의 성격으로 변화되었지만, 중공의 침략은 공산주의와 민주주의의 대결이라는 구도로 나타났다. 즉, 국제전과 이념전이라는 구도를 세운 것이다. 중공의 침략에 따른 영향은 이상과 같이 정리해 볼 수 있다. 그렇다면 왜 중공은 개입할 수밖에 없었는가를 보다 큰 틀에서 살펴보기로 하자. 이는 당시 우리나라가 처한 지정학적 특징과 국제질서 속에서 살펴보아야 할 것이다. 우리나라는 한반도라는 지정학적인 중요성으로 인하여 우리의 의지와는 관계없이 외세에 시달린 세월이 즐비하다. 한반도의 특성은 대륙과 해양세력 모두에게 중요성을 주고 있다. 해양으로 진출하려는 대륙은 한반도가 해양으로 향하는 항구의 역할을 한다. 반면 대륙으로 진출하고자 하는 해양세력에게는 교두보의 역할을 한다. 이러한 지정학적인 중요성으로 인하여 우리나라는 끊임없는 외세의 영향권에서 벗어날 수 없었다. 그러나 우리의 힘이 강했던 시절에는 그러한 영향을 물리치기도 했으나, 그렇지 않을 때는 반드시 수난과 직결되었다. 유엔군이 38도선을 돌파하

13) 국방군사연구소, 『한국전쟁, 중』, 1995, p.649.

고 북진의 시기에 중공군은 참전하였다. 즉, 중공은 그들과 적대적인 세력과는 국경을 맞대고 싶지 않았다. 이는 입술이 없어지는 결과였다. 전통적인 '순망치한'의 군사전략을 고수하고자 하였다. 중공의 참전에 대해서는 앞에서 언급한 역사적인 관계 등 복잡한 요소는 많이 존재한다. 그러나 그러한 역사가 형성될 수밖에 없었던 것은 지정학적인 위치의 중요성이 작용했었다. 이와 같이 우리나라와 강대국의 관계는 한반도의 지정학적인 문제가 대부분을 차지할 수밖에 없다. 유엔군이 38도선을 돌파하기로 한 이후의 미국 정책결정의 주요직위자들의 관심은 중공과 소련의 반응이었다. 따라서 이들의 전쟁개입 징후를 예의주시하고 있었다. 특히 소련의 묵인 또는 지원 아래 중공이 병력을 지원하는 문제를 중시하고 있었다. 당시 맥아더는 중공의 군사적 능력이 빈약하다는 사실 등으로 가능성을 낮게 평가하고 있었다. 트루먼 행정부도 미국이 중공의 영토보전을 보장하면 참전은 하지 않을 것으로 기대하고 있었다. 어떤 면에서 보면 참으로 순박하고 지극히 눈에 보이는 현상만으로 정세를 분석했다고 볼 수도 있다. 그러나 중공은 유엔군이 38도선을 넘어 북진을 하는 즉시 개입하였다. 그리하여 미군은 물론이고 미 행정부는 중공으로부터 기습을 당하게 된 것이다. 한국의 통일은 그 순간 신기루처럼 사라져 버린 것이다. 시간이 지남에 따라 군사작전을 통한 한국문제 해결은 불가하다는 것을 미 행정부는 인식하게 되었다. 그것은 참전중인 중공과 배후의 소련도 동일한 생각이었다. 그들은 적절한 선에서의 완충지대가 확보된다면 만족하겠다는 심산을 갖고 있었다. 아마 중공의 능력으로 유엔군의 북진을 막지 못했다면 소련이 참전하는 상황까지 진행될 수도 있었을 것이다. 물론 당시에 소련은 직접적인 군사작전은 지양하고 있었지만, 상황이 크게 틀어지면 달라질 가능성을 갖고 있었다. 그것은 한반도가 주는 영향이 너무 크기 때문이다. 극동지역에서 해양세력과 대륙세력이 충돌한다면 그곳은 필히 한반도에서 발생하게 되어 있기 때문이다. 만약 미국이 한반도 전 지역을 석권한다면, 소련과 중공의 태평양으로 향하는 진출 교두보는 심각한 타격을 받으며 미국의 세력을 견제할 공간마저도 상실되는 것이다. 미국이라는 해양세력이 한반도 모두를 차지한다면 대륙세력은 위기를 맞는다. 반대로 한반도가 완전히 공산화되면 미국은 이들의 태평양 진출을 억제하기가 곤란해진다. 따라서 미국이 중공의 참전을 예측하지 못했다는 것은 이해하기 힘든 면이 너무 많다. 중공군의 개입은 미국으로서는 또 다른 전쟁수행을 경험하게 되었다. 그것은 문명의 차이에서 오는 새로운 경험이라고 해도 될 것이다. 전혀 예상하지 못한 상황으로 몰고 가는 중공군의 전쟁수행방법은 유엔군 군사지도부에게는 불확실성을 증대시켰다. 불확실성의 증대는 상황판단 오류를 몰고 왔으며, 이것은 미 행정부와의 견해 차이로 발전하였다. 그 단적인 예가 맥아더와 미 행정부의 갈등이었다. 따라서 결국은 맥아더를 해임하는 수순으로 정리하였던 것이다. 상황의 불확실성은 중공군 개입이 가져온 가장 큰 난제였다. 이러한 상황에서 전쟁을 지속한다는 것은 더욱 큰 불확실성으로 빨려 들어가는 불안감을 떨칠 수 없었다. 미국은 전쟁개입 이래 전세의 변화에 따라 시행착오를 거듭하였다. 특히 중공군 참전 이후는 그 전의 상황과는 차원이 다른 것이었다. 따라서 미국의 대한(對韓)전략개념은 정전협상을 모색한다는 것으로 결론을 모으게 되었다. 이것은 쉽게 수긍하기 어려운 대목이다. 당시의 전력은 유엔군이 크게 앞서 있었으며 무엇보다도 전쟁 당사국인 우리나라의 전쟁을 통한 통일열망은 지대하였다. 그러나 유엔군의 전력과 우리의 전쟁 열망이 중공군과 북한군의 전력과 전쟁의지를 크게 상회한다고 하여도 더 이상의 북진은 할 수 없는 상황이었다. 이것은 중공군 참전이 가져온 결과였으며, 중공군이 던지는 불확실성에서 기인하고 있었다. 전술 수행면에 있어서 중공군은 미군의 상식과는 전혀 다른 그들만의 전술을 구사하였다. 대표적인 것이 기동전이었다. 미군의 기동전 개념은 반드시 차량화된 장비가 필요했지만 중공군은 '인간 다리'의 힘으로 이 모든 것을 해냈다. 미군이 가장 싫어하는 야간, 산악에서 기동전을 구사하였다. 그 결과 항상 교묘하게 침투하여 후방을 차단한 후 포위하여 혼란에 빠지게 하였다. 우리가 중공군 전술의 대표적인 것으로 '인해전술'이라는 말을 많이 언급한다. 그렇다면 이렇게 말도 안 되는 전술을 구사한 중공군을 화력의 절대 우세를 점유하고 있었던 유엔군이 왜 일격에 깨뜨리지 못했는지에 대한 논리적인 설명이 필요할 것이다.

Chap.

7 전선교착과 정전협정

제1절 전선교착

제2절 정전회담

제 1 절

전선교착

1. 고지쟁탈전

중공군의 공세가 한풀 꺾이고 전선이 소강상태를 지속한 시기를 교착기라고 부른다. 그러나 대체로 회담이 순조롭게 진행될 때에만 전선은 소강상태를 유지하였다. 회담이 결렬되거나 의견이 심하게 대립되면 오히려 전투는 더욱더 치열하게 전개되었다. 전투현장의 장병은 지쳐갔으며 막대한 인명이 손실되어 갔던 시기가 교착기였다. 전투는 주요고지를 사이에 두고 국지전 형태를 벗어나지 못한 상태에서 이루어졌다. 정전협정에서의 주도권 쟁탈을 위한 소모적인 전투만을 반복하고 있었다. 전선의 상황은 38도선을 연한 주요 고지를 둘러싸고 양측이 오르고 내림을 반복하는 상태였으므로 대규모 공격과 철수작전은 없었다.

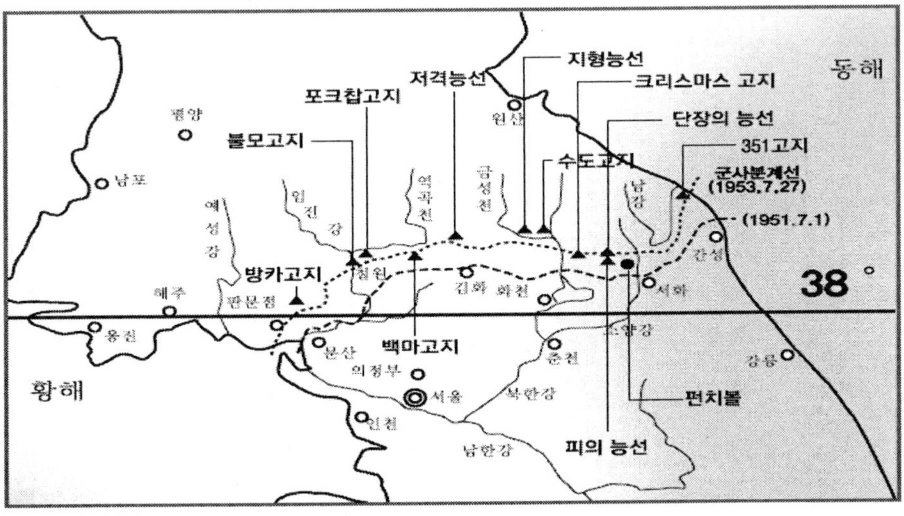

〈교착기의 주요 고지전〉 출처: 국가기록원

더 이상 북진은 요원하였고 통일에 대한 가능성도 낮아진 상태에서 벌이는 전투였다. 서로는 38도선을 근처로 하고 있는 대치된 선에서 오르고 내리는 치열한 전투를 전개하고 있었다. 따라서 고지 하나를 점령하기 위하여 수많은 인명은 속절없이 쓰러져 갔다. 전선의 병사들은 한 눈으로는 회담장을 주시하고 있었다. 회담의 성과 여부에 따라 치열한 고지전이 발생한다는 것을 알고 있었기 때문이었다. 정전협정 체결까지 양측은 38선상에서 피의 능선고지전투, 단장의 능선전투, 펀치볼전투, 고양대전투, 백마고지전투, 저격능선 전투, 금성전투 등 수많은 고지쟁탈전을 수행하였다. 주요 고지를 놓고 하루에도 몇 차례나 주인이 뒤바뀌는 혈전을 전개하였고 그 과정에서 엄청난 인명과 비용손실을 내었다. 어느 곳을 막론하고 막대한 인명이 손실되었다.

2. 백마고지전투

백마고지 전투는 6 · 25전쟁을 주요시기로 구분할 때 일명 '교착전기'에 해당하는 전투로서 사상 유례가 없는 가장 치열했던 진지전으로 평가받고 있다. 1952년 10월에 철원 북방의 백마고지(395고지)를 확보하고 있던 국군 제9사단이 중공군 제38군의 맹렬한 공격을 받고 열흘 동안이나 이를 막아내며 고지를 사수한 전투다. 백마고지 전투가 발생하게 된 배경은 이렇다. 백마고지 전투는 1952년 중반에 접어들어서도 비교적 쉽게 타결될 것으로 예상했던 포로 협상이 그 타결점을 찾지 못하고 결렬하게 되자, 공산군이 군사적으로 유리한 고지를 확보하기 위해 치열한 전투를 벌이게 된다. 백마고지 전투가 발생하기 전 쌍방은 모든 전선에 걸쳐 첨예하게 대치하고 있으면서도, 서로 대규모의 전면공세를 실시하지 않고 있었다.

쌍방은 모두 그 결과를 주시하며 군사력 증강에만 총력을 기울이고 있었기 때문이다. 그렇지만 협상이 결렬되자 공산 측은 정전협상에서 얻지 못한 것을 전투에서 얻으려는 듯 유엔군이 장악한 전선의 주요 고지들에 대한 공격을 일제히 재개했다.

〈백마고지와 철원평야 전경〉

이때 적은 비교적 전선이 안정된 서부와 동부지역보다는 중부지역의 연천-철원 북방의 역곡천 일대에서 유리한 지형 확보를 위한 일련의 고지쟁탈전을 전개했다. 백마고지(395m)는 철원 서북쪽 효성산(619m, 현재의 북한지역) 줄기의 동남쪽 끝단에 있는 무명고지이다. 하지만 철원평야를 내려다 볼 수 있고 서울로 통하는 주요 보급로인 5번 국도와 경원선이 지나는 군사적 요충지였다. 즉, 이곳을 통하여 북한군과 중공군의 군수지원이 손쉽게 이루어지는 것이다. 또한 이곳을 빼앗기면 철원평야라는 넓은 곡창지대를 잃게 될 뿐만 아니라 철의 삼각지대 중의 하나인 철원까지 위협받게 돼 반드시 확보해야 하는 곳이었다. 북한군은 철의 삼각지대[1] 중 두 곳(김화·철원)을 남쪽에 빼앗기고 있어서 반드시 철원을 확보해야 한다는 목표를 세우고 있었다. 백마고지 전투가 벌어질 당시 국군 제9사단은 미 제9군단에 배속돼 있었으며, 미 제9군단의 좌익에 제9사단이 위치해 있었다. 제9사단은 백마고지전투가 벌어지기 1년 전인 1951년 10월 17일부터 철원지역의 주저항선에

1) 김화-평강-철원을 잇는 지리상의 삼각지대 이다. 철원과 김화를 저변으로 하며, 평강을 정점으로 하는 이 세 지역을 철의 삼각지대라고 한다. 밴 플리트 8군 사령관이 처음으로 사용한 말이다. "적의 생명줄인 철원-평강-김화의 '철의 삼각지대(Iron Triangle Zone)'를 반드시 차지해야 한다." 라고 강조한 바 있다.

투입되었다. 사단의 책임지역으로는, 좌로는 백마고지, 우로는 중강리까지 11㎞의 철원평야를 방어하고 있었다. 사단정면의 적은 중공군 제38군이었다. 중공군 38군은 장융후이(蔣擁輝)가 지휘하는 일명 '만세부대'였다. 이 부대는 전쟁 전부터 중공 내에서 정평이 난 정예 부대였다. 예하의 제114사단의 340연대와 324연대가 제9사단의 정면에서 대치하고 있었으며, 제113사단이 좌측에 위치(제9사단 인접의 미 제2사단 정면)하고, 제112사단이 제38군 예비로서 수정덕산 부근에 배치되어 있었다. 이들은 왜식장총, 다발총, 기관단총, 중기관총, 무반동총, 박격포 등으로 장비되고 보급과 훈련 등도 양호한 것으로 판단되었다. 이처럼 강력한 부대의 예하 3개 사단의 연속적인 공격을 받아 이를 물리친 것이다. 제9사단은 공방전 동안에 수천 명의 사상자가 발생했으나, 국군 제1포병단의 화력지원과 유엔 공군의 항공근접지원 등에 힘입어 끈질기게 저항하던 중공군 1만여 명을 격멸하고 백마고지를 확보하는 데 성공했다. 사단은 적이 백마고지를 공격하는 기도를 분석하였다. 그 결과 적은 백마고지를 확보하여 철원평야를 제압하는 동시에 차기 대공세를 위한 발판을 구축하려 한다는 것으로 결론지었다. 즉, 적은 철원을 중심으로 한 광범위한 지역을 통제함으로써 중부전선에서의 전략적 이점을 확보해 아군을 크게 위협할 것으로 판단하였다. 따라서 사단장은 비장한 각오로 예하부대를 적절히 배치하여 이에 대한 방어태세를 강화했다. 당시 전투에 투입된 전력은 다음과 같다. 제9사단 예하의 제28 · 29 · 30보병연대와 제51 · 52 · 53포병대대, 제53전차중대, 미 제214자주포대대, 제955중포병대대, 제73전차대대의 지원을 받는 규모였다. 제9사단은 9월 22일부로 좌측에 제30연대, 우측에 제29연대를 배치하고, 제28연대를 예비로 확보했다. 또 배속받은 제51연대는 대대단위로 운용하면서 주저항선을 방어케 했다. 전방의 백마고지를 담당한 제30연대는 395고지에 1대대, 중마산(284고지) 일대에 2대대, 역곡천 남안에 예비인 3대대를 배치해 방어준비를 하였다. 백마고지를 중심으로 한 주요 지형 중에는 백마고지 후방에 천연 장애물인 역곡천이 흐르고 있었다. 주저항선 5㎞ 전방에 위치한 봉래호는 작전지역의 역곡천을 범람시킬 수 있어 작전에 큰 영향을 미칠 수 있었다. 6 · 25전쟁사의 교착시기 전투에서 백미 중의 백미라는 평가를 받는 백마고지전투를 총지휘한 사단장은 김종오였다. 전쟁초기 춘천대첩과 북진작전에서 한만국경에 가장 먼저 도달한 화려한 전공으로

'나라를 구한 사단', '6·25전쟁 중 가장 전투를 잘한 사단'으로 칭송받게 만든 제6사단장이었던 그가 지휘한 전투였다. 잠시 백마고지를 중심으로 한 중요지형과 안보관광지를 소개하면 다음과 같은 지역이 있다. 경원선의 남측구간 최북단 월정리역이 있다. 월정리역은 끊어진 철로로 분단의 상징이 된 역이다. 역 맞은편에는 '철마는 달리고 싶다'라는 대형 간판이 분단의 아픔을 전하고 있으며, 폭격 맞아 뼈대만 앙상한 '철마'가 세월의 풍상에 더 야위어져서 누워 있다. 간판 아래 철로에 누워 앙상한 잔해를 드러내고 경원선의 복원을 애타게 기다리고 있는 모습이 애처롭기까지 하다. 월정리역의 '월정(달 우물)'이란 이름에는 현대사의 상처만큼 아픈 전설이 담겨 있다. 과거 이름 모를 병으로 고생하는 홀아비를 봉양하는 딸이 있었다. 달이 지기 전 바위에 고인 물을 천 모금 길어주면 아비의 병이 낫는다는 말에 가냘픈 손으로 천 번을 길어 결국 아비를 살렸지만, 그 딸은 지쳐서 죽고 말았다는 전설이다. 남방으로 내려가면 1946년 해방 직후 북한에서 철원지역을 통치하기 위해 세운, 악명 높았다던 '철원노동당사'가 있다. 그 비극을 잊었는지 철원의 평야에는 겨울이면 흑두루미가 찾고 있기도 하다.

〈철원 노동당사〉 출처: 철원군청 〈월정리역〉

백마고지 전투 중 피아간에 엄청난 양의 포탄이 백마고지에 떨어졌다. 중공군이 5만 5,000발, 아군이 21만 9,954발의 포탄을 발사함으로써 총 27만 4,954발이라는 막대한 양의 포격이 이 작은 고지에 집중됐다. 유엔군의 항공기도 754회나 출격해 폭격을 가함으로써 고지 정상에는 풀 한 포기 남지 않았다. 이처럼 유례없는 포탄 세례로 고지의 정상이 1m 가량 낮아졌다고 한다. 극심한 폭격과 포격으로 고지의 수목이 모두 없어져 하얗게 된 민둥산의 모습이 마치 백마(白馬)가 누워 있는 것처럼 보였기 때문에 이후부터 395고지 일대를 백마고지라 부르게 되었다. 우리가 흔히 참전 노병들의 회고록을 보면 중공군과의 육박전투에서 서로 머리를 만져보고 피아를 구분하였다는 이야기를 듣는다. 이는 백마고지전투에서도 예외는 아니었다. 당시의 신문기사를 보면 이에 대한 내용이 실리기도 하였다.

머리털로겨우彼我識別
卄回에걸친白兵의血鬪
白馬高地

'제9사단은 어제 밤 초저녁에 격전 후 정상으로부터 부득이 후퇴하였던 것인데 한국부대는 10일 고지 정상에서 중공군과 7회에 걸쳐 육박전을 전개하였으며 최후의 전투에 있어서는 너무 어두워서 머리를 만져보지 않고서는 적을 알 수가 없을 정도였다. 머리카락이 짧으면 중공군으로 인정하고 칼로 찌르거나 총대로 때려서 죽였으며 머리카락이 길면 우군으로 알았다 한다. 쌍방의 포격은 컴컴한 동안은 완화되었으나 구름사이로 달빛이 보이게 되자 다시 증가되었다. 백마고지에서 나는 소리는 칼에 찔려 죽는 사람의 비명과 부상자의 신음뿐이었다. 고지를 빼앗겼던 한국군은 11일 이른 아침에 수류탄과 총검으로 백병전을 전개한 후에 고지를 탈환하였다'고 기사는 전하고 있다.

〈머리털로 겨우 피아식별〉 출처: 동아일보(1952.10.12.)

백마고지 주변의 지형을 보면 '중마산, 하마산' 등이 있는 것으로 보아, 예로부터 산의 모습이 말을 닮았던 것으로 생각되며 이 산이 벌거숭이로 드러나게 되자 백마처럼 보였을 것이다. 이렇듯 국군 9사단은 10월 6일부터 중공군 38군의 공격을 받아 연 10여 일간 7번이나 주인이 바뀌는 대혈전을 벌인 끝에 마침내 백마고지를 확보하게 됐다. 이 전투에서 중공군 제38군은 총 9개 연대 중 7개 연대를 투입해 그중 1만여 명의 피해를 입은 반면, 제9사단은 그 3분의 1에 해당하는 3,416명의 피해만 입었을 뿐이다.[2)] 백마고지 전투는 6・25전쟁에서 국군의 전투능력과 투지를 유감없이 발휘한 결전방어의 대표적인 전투로 사상 유례를 찾아보기 힘들 정도로 치열했다. 제9사단이 이 전투에서 승리함으로써 국군은 계속해 철원평야를 아군의 통제하에 둘 수 있었다. 또 중부지역의 작전을 위해 필수적인 주요 도로를 확보함으로써 중부지역에서 작전의 주도권을 행사할 수 있게 됐다. 또한 한국군 지휘관의 전투지휘 능력과 한국군 부대의 전투능력을 세계적으로 인정받는 계기가 됐다. 제9사단은 백마고지 전투 중 적시 적절한 예비대 투입과 부대교대로 부대원들의 생기를 불어넣어 주었으며, 최악의 위기 속에서도 목표탈취를 위한 투지를 견지하고 있었을 뿐만 아니라 강력한 포병 및 항공화력을 지원받았다. 결국 이러한 요인이 복합적으로 작용해 제9사단은 철의 삼각지를 지배하기 위한 적의 전략적 기도를 꺾고 끝내 고지를 확보했다. 이 전투로 국군 제9사단은 철의 삼각지대의 좌변 일각인 철원지역을 계속 장악하게 됐으며, 중공군 제38군은 그들의 제23군과 교대한 후 후방으로 물러나게 되었다. 한마디로 말해 백마고지 전투는 우리 국군이 단독으로 수행한 6・25 전쟁사에서 몇 안 되는 '지상전의 꽃'이라고 부를 만한 매우 값어치 있는 전투였다. 이 전투를 통해 우리 국군의 명예는 크게 올라갔고, 이에 따라 국군 장병들의 사기도 크게 고양됐다. 이 전투는 매일 신문지상에 보도돼 이승만 대통령과 유엔군, 그리고 온 국민의 관심거리가 됐다. 이승만 대통령이 한 전투에 유례없이 두 차례나 방문한 것도 이 때문이었다. 이 대통령은 10월 13일 오후 미 제8군사령관 밴 플리트 대장과 함께 사단을 방문한 자리에서 "귀관들이 막강한 미군 사단들 못지않게 용감하게 승리해 주고, 국위를 선양하고 있기 때문에 내가 용기를 얻어 국정을 보살피고 있다."고 격려했다.

2) 국방일보, 「6・25 결정적 전투들」, 2010.6.17.

〈백마고지 전투 후 밴 플리트 사령관과 사단장〉

대통령의 격려를 받은 김종오 사단장은 “노(老) 대통령이 내 손을 꼭 잡고 눈물을 적실 때 가슴이 멨으며, 기필코 이 전투를 이기고야 말겠다는 각오를 다지게 됐다.”고 술회한 바 있다. 이 대통령은 백마고지 전투에서 제9사단이 승리하자 이를 격려하기 위해 부슬비가 오는 궂은 날씨에도 아랑곳하지 않고 경비행기로 전선을 방문하기도 하였다고 한다. 이 자리에서 대통령은 “대단히 수고했다.”며 격려를 아끼지 않았다. 이때 함께 따라 온 밴 플리트 장군도 “제9사단이 이렇게 잘 싸워줄 줄은 몰랐다. 마이 디비전(My Division)”이라고 했다. 대통령이 유례없이 두 차례의 방문을 할 정도로 백마고지전투는 중요성이 큰 전투였다. 이처럼 대통령의 방문은 제9사단의 장병들에게 절대 져서는 안 된다는 결의를 다지게 했으며, 명장의 지휘로 제9사단은 백마고지전투의 신화를 만들었던 것이다. 김종오는 서전과 종전의 시기에 어느 누구와도 비교할 수 없는 업적을 이루어 냈던 것이다. 당시 정전회담 기사 취재를 위해 판문점에 상주하던 내외 기자들은 제9사단 장병들의 용맹성을 극찬했으며, 이 기사를 우방국의 주요 일간지에 보도함으로써 국군의 발전내용과 전투 역량을 찬탄했다. 이 백마고지 전투의 승리로 제9사단은 당시 이승만 대통령으로부터 ‘상승백마부대’로 명명되면서 지금까지 백마부대로서의 명성을 떨치고 있다. 그로부터 전쟁 이후에는 맹호부대에 이어 월남전에 참전하기도 하였다.

3. 저격능선전투

국군과 유엔군은 1.4 후퇴로 다시 서울을 빼앗긴 후 1951년 3월 서울을 재탈환하였다. 이후부터 전황은 38선을 사이에 두고 주요고지를 사이에 두고 뺏고 빼앗기는 전투가 치열하게 전개되고 있었다. 저격능선전투는 이 시기에 있었던 전투 중 하나이다. 저격능선은 현재 강원 철원군 김화읍 북방한계선 이북 지역 오성산(1062m)의 한 줄기이다. 오성산이라는 이름은 다섯 개의 별처럼 산봉우리가 생겼다고 해서 부르게 된 이름이다. 오성산의 전략적 가치를 따지는 말 중에 적이 "오성산은 한국군 장교 군번줄 한 트럭과도 바꾸지 않겠다, "평양을 뺏기는 한이 있어도 오성만은 포기할 수 없다."라고 회자 될 정도였으니 얼마만큼의 가치가 있는지 알 수 있다. 그만큼 중요한 지역인 김화 동북방의 오성산으로부터 철원 남쪽으로 이어진 능선에 위치한 580고지의 돌출 능선은 오성산을 확보하는 데 필수적인 접근로상의 요충지였다. 능선 아래로는 드넓은 벌판이 펼쳐져 있는데 봄에 노란 민들레가 많이 핀다고 하여 민들레 벌판이라고 불리기도 한다. 민들레뿐 아니라 주변에 꽃이 많아 화강(花江)으로 불리기도 하는 곳이다. 이처럼 평화로운 이곳이 저격능선이라는 명칭을 얻게 된 것은 1951년 10월 미군이 김화 지역으로 진출해 중공군과 대치하게 되면서부터이다. 이때 중공군은 능선상에 저격수를 배치하여 미군에게 상당한 피해를 주고 있었다. 이처럼 미군이 능선에 위치한 중공군으로부터 저격을 많이 받게 되자 병사들 사이에서 이 무명능선을 가리켜 저격능선(스나이퍼 리지 Sniper Ridge)이라고 부르게 되면서 유래하였다. 이 능선의 규모는 소대단위 정도의 부대만이 기동할 정도의 폭이 좁은 지형이었다. 그러나 적에게는 철의 삼각지의 전초진지로써 아군의 주저항선을 위협할 수 있는 중요한 접근로가 되었다. 반면 아군에게는 적의 주거점인 오성산을 위협할 수 있는 중요한 가치가 있었다. 따라서 적은 오성산을 방어하기 위해서는 이 능선 확보가 반드시 필요하였다. 그러나 무엇보다도 정전을 앞두고 서로 휴전선 설정에 유리한 조건을 만들기 위해 혈전을 벌이던 시기였다. 이러한 전략·전술적 가치로 인해, 철원 북방에서 백마고지전투가 끝나갈 무렵에 인접 지역인 김화에서도 저격능선전투가 꿈틀대기 시작했다. 백마고지의 상대 쪽에 위치한 철의 삼각지대인 김화에서 치열한 전투가 서서히 다가오고 있었던 것이다. 이름만 다른 백마고지전투가 시작되려는 것이었다. 저격능선 전투는 백마고지 전투와 유사하게 진행된 측면이 많이 있다. 비슷한 시기인 가을이 깊어 갈 무렵인 1952년 10월 14일부터 11월 24일까지 6주간에 걸쳐 42회의 백병전을 거듭하면서 주인이 12차례나 바뀐 처절한 전투였으며, 소부대 위주의 백병전으로 그 치열함을 더하였다. 그리고 피아 공히 고지의 정상이 낮아질 정도의 대단한 양의 포탄을 사용했다는 것이다. 바로 이 전투의 주역이 국군 제2사단과 미 제7사단이었다. 정전을 앞두고 또 한 번의 혈투가 전개된 것이다. 백마고지를 상실한 중공군은 이곳을 지키기 위해 총력을 기울였으며 국군과 유엔군도 철의 삼각지대를 차지하려고 한 치의 양보도 없이 최후의 결전을 준비하고 있었다. 앞서 설명한 이 지역의 가치에 따라, 중공군은 이곳을 지키기 위해 총력을 기울였으며 국군과 유엔군도 철의 삼각지대를 차지하려고 한 치의 양보도 없이 최후 격전을 벌였다. 특히 중공군은 이 지역을 '생명선'처럼 여기고 사수하려는 의지가 강해 피아의 격전이 극심했다. 마치 제2의 백마고지를 잃지 않겠다는 듯 사력을 다하였다. 그러나 저격능선 전투가 6 · 25전쟁사에 그 어떤 전투 못지않게 중요한 전투였음에도 불구하고 많이 알려지지는 못하고 있다. 여러 가지 이유가 있겠으나 정전협정이 조인되기 하루 전날 밤 중공군에 이 고지를 빼앗긴 채 정전협정을 맞게 되었다. 따라서 지금은 북방한계선 바로 이북 지역에 위치하다 보니 상대적으로 찾기 힘든 전투 전적지가 된 것도 이유 중의 하나일 것이다.

6 · 25전쟁 후반 중부전선에서 이루어진 수많은 고지전 중의 하나인 저격능선전투는 전투에 참가한 국가별로 명칭을 달리 하여 부르고 있다. 우리나라는 저격능선전투, 미국은 삼각고지전투로 부르고 있으며, 중국은 상감령 전역(戰役)이라고 칭하고 있다. 상감령은 삼각고지와 저격능선 사이의 고개 이름이다. 중국은 저격능선전투를 승전한 전투의 전형적인 예로 대대적으로 선전하는 전투 중의 하나이다. 그렇기 때문에 영화까지 제작되기도 하였다. 전투 당시 얼마나 승리에 집착했으면 일명 '만리장성'을 구축 하였을까? 다소 생소하게 들리겠지만 중공군은 땅굴을 파고 전투에 임하였다. 결과적으로 땅굴의 위력에 힘입어 중공군은 한국군 제2사단의 공격목표였던 저격능선의 일부만 빼앗겼을 뿐이다. 여기에서는 중공군의 전사 등과 당시 전투에 참전한 인민지위원군 부총사령관 홍학지의 회고를 보면

땅굴을 파고 전투에 전력을 다했음을 알 수 있다. 저격능선은 중공군 제45사단이 방어하고 있었다. 사령부에서는 제45사단에, "땅굴을 끝까지 사수, 시간을 벌면서 상대의 진공을 분쇄, 진지 전부를 회복할 수 있는 결정적인 반격준비에 나설 것"을 명령했다. 상대의 보병이 밀려들고 공중 또는 야포공격이 치열한 상황에서 아군은 땅굴에 숨어 식량, 탄약, 물이 엄청나게 모자라고 공기가 탁하며 산소가 부족한 엄청난 고통을 정신력으로 이겨내야 했다. 상대의 포위공격을 막아내고 땅굴의 안전을 확보하는 것이 땅굴전투의 관건이다. 아군은 땅굴을 사수, 상대의 접근을 막는 것 외에 전술상의 변화를 꾀해 저격병을 동원, 야습하는 전술을 새로 채택했다. 중공군은 땅굴전투가 오래 계속될수록 땅굴에서 겪는 어려움이 더욱 늘어났다. 하루 종일 등잔불을 켜야 했기에 등불용 콩기름이 필요하였다. 또한 식수부족으로 혀가 갈라지고 코피가 터지는가 하면 야맹증 환자가 급증하기도 했다. 이를 극복하기 위해 그들의 민간요법을 활용하였다. 중공군은 솔잎을 1시간쯤 삶아 일주일간 거푸 마신다든가, 물에 개구리 알을 넣고 끓인 뒤 하루 2~3차례에 걸쳐 이틀 동안 마신다든가 하는 방식이었다. 땅굴에 있는 병력의 전투능력을 보존시키기 위해 제15군단은 땅굴 밖에 있는 병력을 동원하여 최대한의 지원을 하였다고 한다. 정확하고도 맹렬한 야포지원으로 갱도입구의 안전을 효과적으로 확보하는 한편 예비 병력으로 이 두 고지에 대해 끊임없이 반격을 시도하고, 그 틈을 타 갖가지 꾀를 내 땅굴 안에다 병력과 물자보급을 하였다. '삼각고지'와 '저격능선', 즉, 중국의 표현인 '상감령'은 요충지 중의 요충지였다. '철의 삼각지대'의 왼쪽 어깨가 '백마고지'라면, 오른쪽 꼭짓점은 바로 이 오성산 일대였던 것이다. 당시 공산군 측은 "상감령을 잃게 되면 오성산이 직접 위협을 받으며 유엔군은 높은 지형에서 아래를 바라보게 되어 지원군(중공군)이 평강평원에서 버티기 힘들다."면서 상감령 사수작전을 펼쳤다. 10월 14일 마침내 유엔군의 공격이 시작되었다. 이 전투는 무려 42일간이나 치열한 공방전으로 중공군 자료에 따르면 이 과정에서 유엔군은 3개 사단이 넘는 6만여 병력과 300여 문의 화포, 200여 대의 탱크, 3,000여 대의 항공기를 투입했고, 포탄 190만 발, 폭탄 5,000여 발을 쏟아 부었다. 중공군 역시 3개 사단(4만 명)과 산포와 야포・유탄포 133문, 로켓포 24문, 고사포 47문, 박격포 292문이 35만 발의 포탄을 발사했다.

〈중국의 상감령전투 선전 사진〉

이 전투로 상감령 산봉우리는 2m나 낮아졌고, 융단폭격으로 1m가 넘는 흙먼지가 쌓였다고 한다. 전투결과 한국군 자료로는 2만 명(중공군 1만 4,815명, 유엔군 4,683명), 유엔군 자료로는 2만 8,000명(중공군 1만 9,000명, 유엔군 9,000명), 중공군 자료로는 3만 7,000여 명(중공군 1만 1,529명, 유엔군 2만 5,498명) 등이 손실을 입었다. 아군 전사(戰史)에서도 "심지어 백마고지 전투에서도 이렇게 많은 사상자가 발생하지 않았으며, 단일전투에서는 이렇게 많은 인명피해가 일어나지 않았다."라며 혀를 내둘렀다. 이 치열한 전투의 승리자는 어느 편이었을까? 한마디로 말하기는 어려운 측면이 있다.[3] 앞의 전투경과에서 살펴본 바와 같이 40일이 넘는 작전결과 유엔군은 목표인 삼각고지를 빼앗는데 실패하고 저격능선의 일부인 A고지와

---

3) 국방부와 육군본부에서 출간되는 전사에서는 저격능선전투를 승리한 전투로 규정하고 있다. 중국이 상감령전투를 승리한 전투로 인식한다는 견해에 대해서 "우리군의 공식 전사들은 저격능선 전투에서 국군이 승리했다고 간주해 왔다. 같은 전투를 놓고 양측이 모두 승리한 전투로 기억하는 기묘한 상황이 벌어진 것이다."라고 한 바 있다. (국방일보, 「다시 쓰는 6 · 25전쟁」, 2013.1.5.)

돌바위 고지를 점령하는 것으로 만족해야 했다. 물론 저격능선 전투로만 한정한다면 유엔군의 승리로 평가할 수도 있다.

반면 중공군은 "상감령 전역은 전쟁 막바지 대공세였던 금성 전역(전투)과 함께 중국 지원군이 조선전쟁에서 거둔 최대의 승리였다."고 자화자찬하며 선전영화까지 제작하기도 했었다. 유엔군은 맨 처음 작전을 펼칠 때만 해도 낙관론을 펴고 있었다. 삼각고지와 저격능선에 미군과 한국군 1개 대대씩만 투입한다 해도 단 5일간의 작전기간에 약 200명의 인명손실만으로도 승리할 수 있으리라 여겼다. 그러나 그 예상은 여지없이 깨졌다. 40여 일간 엄청난 피해를 입고도 삼각고지 확보에 실패하고 저격능선 일부만 확보하는데 그쳤기 때문이다. 특히 유엔군이 고전하자 미국내 여론도 급격히 악화됐다.[4] 미 제7사단이 맡은 삼각고지에서 미군 2,000여 명이 전사하거나 부상하자 미국 언론들은 "한국전선에서 미군이 명분 없는 싸움에 쓰러져 가고 있다."고 연일 보도했다. 급기야 미군은 삼각고지 전투를 한국군 제2사단에게 인계하기에 이르렀다. 한국군 내부에서도 "우리가 미군의 희생양이냐,"는 반발의 목소리가 터져 나왔다. 특히나 한국군의 경우 손실된 병력을 아무것도 모르는 신병들로 채웠다. 신병들은 소속부대마저 모르고 전투에 투입됐고, 일선 지휘관들도 자기 부하가 누구인지도 모른 채 전투를 해야 했다. 그러나 이 '삼각고지+저격능선 전투'(중국의 입장에서는 상감령 전역) 실패의 요인은 따로 있었다. 중공군과 북한군이 1년 가까이 오성산 일대의 고지에 구축해놓은 지하갱도 때문이었다. 이 지하갱도를 그들은 '지하 만리장성'이라 했다. 지하갱도의 위력은 엄청났다. 저격능선 전투를 지휘한 당시 정일권 한국군 제2사단장의 회고담을 보자. "작은 구멍에 지나지 않은 동굴 입구에 들어가면 안은 사통팔달이었다. 중공군의 반격속도가 상상을 초월할 정도로 빨라 이상하다고 생각했는데, 바로 동굴진지에 숨어 있다가 들어온 것이었다."

당시 중공군 제45사단은 오성산 일대에 총연장 8.8㎞의 갱도 306개와 엄개참호 160개, 교통호 53㎞, 그리고 대전차호 4개를 구축해놓고 있었다. 게다가 참호 2,400개와 노루방책 2.6㎞, 철조망 2.3㎞, 동굴 양식 창고 61개, 동굴 탄약창고 65개, 갱도와 연결된 엄폐식 취사장 140개, 각급 지휘소 및 관측소 204개를 건설했다. 투항

4) 경향신문, 「이기환의 흔적의 역사, 비무장지대에 지하만리장성이 있다」, 2018.5.24.에서 정리.

한 한국군으로부터 유엔군의 공격 첩보를 입수한 중공군은 저격능선 하단~상단을 수직으로 연결한 폭 2m, 깊이 1.5m의 교통호를 20m 간격으로 뚫었다. 8부 능선 좌우로 연결된 교통호를 따라 8~10m 간격으로 폭격과 포격에 견딜 수 있는 엄체호를 구축했다. 능선 북단에 100~150명을 수용하는 대피호를 쌓기도 했다. 오죽하면 미군 군사전문가들은 "설령 원자폭탄을 사용했다 해도 저격능선과 오성산의 공산부대를 모두 소탕하는 것은 불가능했을 것"이라고 하였다. 하지만 오성산의 지하갱도는 '빙산의 일각'에 지나지 않았다. 경기 연천의 불모고지 전투를 취재한 일본 기자의 기사내용을 보면 흥미롭다. "포격전이 한창일 때 F-80제트 전투 폭격기 편대가 나타나 공산군 진지에 일제히 네이팜탄을 투하했다. 진지 아래의 중공군들이 전부 불타 없어졌을 것이라고 생각했다. 그러나 30분이 지나자 공산군 진지에서 박격포가 날아왔다." 이것이 바로 그들이 전 전선에 뚫어놓은 이른바 지하만리장성이 있었기 때문이다.

〈갱도에서 오락을 즐기는 중공군〉

중공군은 전쟁이 교착상태로 전개되던 1951년 8월쯤부터 방어진지를 난공불락의 요새로 만들기 시작했다. 제2차 세계대전의 마지노선이나 독일의 서부방벽을 능가하는 견고한 진지였다. 화력의 열세를 극복하려 고지의 후사면을 이용, 땅굴과 참호를 파고 전 병력을 수용할 수 있는 지하요새를 구축한 것이다. 이는 쌍방이 협상을 통해 전쟁을 더 이상 확대시키지 않는다는 원칙을 세우면서 전선이 교착화한 데 따른 것이다. '난공불락의 지하만리장성'을 건설한 것이다. 250㎞의 한반도 중부전선에 중공군이 판 갱도는 7,789통로, 길이 198.7㎞, 엄체호 75만 2,900개, 노천 및 엄폐식 참호길이 3,420㎞, 북한군이 판 갱도는 1,730통로, 길이 88.3㎞, 각종 엄체호 3만 1,700개, 참호길이 263㎞가 되었다고 한다.

'상감령 전역' 전황은 종군기자들에 의해 시시각각으로 대륙에 전해졌다. 중국인들은 한반도 중부전선에서 분투하고 있는 지원군의 승전소식에 열광했다. 본토에서 파견한 위문단원들은 상감령 전역의 갱도를 찾아 대륙에서 보낸 대량의 위문품과 위문편지를 중공군에게 전달했다.

또한 1950년대에는 바로 이 '상감령 정신'이 대륙을 풍미했다. '상감령 정신'이란 곧 '어려움을 극복하고 조국과 인민의 승리를 위해 봉헌하는 불요불굴의 의지, 그리고 일치단결로 용감하고 완강하게 전투에 임해 끝까지 승리를 쟁취하겠다'는 정신을 뜻했다. 1956년에는 영화 '상감령'이 중국 내에서 개봉됐으며, 영화 마지막에 나오는 노래 '나의 조국(我的祖國)'은 중국인들의 심금을 울렸다고 한다. 2시간짜리의 흑백 영화인 '상감령'보다 더 유명한 것이 바로 영화 주제가인 '나의 조국'이라고 한다. '나의 조국'이란 노래는 중국이 온 국력을 기울여 개최한 지난 2008년 베이징 올림픽 개막식에도 등장한 일이 있다. 그만큼 중국인에게 친숙한 노래이고, 그 노래만큼이나 상감령전투도 중국인들 사이에서 유명하다. 중국은 6·25전쟁 인식에서 가장 중시하는 것이 바로 상감령전투다. 중국은 1952년 하반기 미군의 대대적인 공격에 맞서 상감령에서 의지와 끈기로 버텨내 결국 북한을 지켜내는 데 성공했다고 생각한다. 중국의 관점에서 상감령전투는 흔했던 고지전 중의 하나가 아니라, 중국이 북한을 지켜낼 수 있었던 결정적 전투로 보고 있는 것이다.[5] 2011년 1월 19일 백악관에서 미국을 방문한 후진타오(胡錦濤) 중국 국가 주석을 위한

5) 국방일보, 「다시 쓰는 6·25전쟁」, 2013.1.5.

〈중국의 상감령 영화 포스터〉

국빈 만찬이 열렸다. 이때 중국이 자랑하는 피아니스트 랑랑이 후진타오 주석의 방미 만찬에서 반미(反美) 음악을 연주했다. 저격능선의 고지쟁탈전 '승리'를 찬양한 영화 '상감령(上甘嶺)'의 주제가 '나의 조국(我的祖國)'이다. 당시에는 이 곡의 정체를 제대로 알지 못하였던 것 같다. 만약 알았다면 사전에 연주곡을 조율했을 것으로 보인다. '승냥이와 이리가 침략해 오면(若是那豺狼來了), 엽총으로 맞이할 것이네(迎接的有獵槍)' 가사에 나오는 '승냥이와 이리(豺狼)'는 곧 미군을 지칭하는 것이다.

제 2 절

정전회담

1. 정전회담 배경과 추진과정

현재 우리가 일상적으로 사용하는 용어로 휴전과 정전이 있다. 유사해 보이지만 엄밀하게 보면 그 차이는 존재한다. 휴전(armistice)과 정전(truce)의 차이점을 먼저 살펴보기로 한다. 휴전은 정치적인 목적을 두고 당사자 간의 협정에 의한 적대 행위의 중지를 의미하고 있다. 반면에 정전은 군사적인 목적을 두고 쌍방 군당국자 간의 적대 행위의 중지를 일컫는다. 즉, 정치적인 목적과 군사적인 목적으로 구분을 할 수 있다. 개념상으로 보면 정치적인 목적이 군사적인 목적보다는 큰 개념으로 이해할 수 있다. 따라서 휴전이 보다 포괄적인 개념이며 정전을 통해 전쟁의 적대행위가 일시적으로 중단되는 것을 뜻한다.[6] 38도선에서 출발한 전쟁은 밀고 밀리는 과정을 쌍방이 전개한지 1년여의 세월이 흐르며 막대한 인명피해와 재산의 피해를 가져오고 있었다. 그러나 공교롭게도 1년 후에 팽팽히 대치한 선은 전쟁 이전의 그 선과 별반 다르지 않았다. 따지고 보면 1년간 양측이 서로 비슷한 피해만 입히며 별반 소득 없이 진행되고 있었다. 소득이 없는 것을 떠나서 죽어나는 것은 남북한의 일반국민이었다. 그러나 다른 측면에서 보면 기득권 세력은 전쟁을 통하여 오히려 위치를 굳히고 있었다. 특히 친일파의 경우에는 반공을 외치며 그 기반을 굳건히 만드는 기회이기도 하였다. 양측은 중공군이 참전한 이래 여섯 차례의 공세를 통하여 최대의 격전을 치렀다. 그리고 최대의 인명피해를 발생시켰다. 그러나 결국 1951년 6월을 즈음하여 상호 무력에 의한 상대방 제압이 불가능

6) Yoram Dinstein, "Armistice", in R. Bernhardt(ed.), Encyclopedia of Public International Law, Vol.3(New York : North Holland Publishing Co, 1982), pp.31-34(이서항, 『유엔과 한국전쟁의 휴전과정』, 2004, 강성학 편 『유엔과 한국전쟁』. 리북, p.57 재인용).

하다는 것을 깨닫게 되었다. 즉, 평화에 의한 해결 방안을 모색하기 시작한 것이다. 또한 그 당시에 미국이 염려하고 있었던 것은 소련의 개입이었다. 소련이 본격적으로 개입하게 되면 이 전쟁은 세계대전으로 확전될 가능성이 크다는 것이었다. 세계대전을 치르면서까지 대한민국의 완전한 통일을 미국은 바라지 않았다. 그렇다면 그간의 정전진행 과정을 알아보기로 하자.

유엔군과 조・중연합군(북한과 중공)은 1951년 6월 한반도 문제를 더 이상 군사적으로 해결하기 어렵다고 판단하고 협상에 의해 해결하고자 하였다. 군사적인 승패가 아닌 정치적 타협으로 전쟁을 마무리하기로 결정하고 1951년 7월 10일부터 개성에서 정전회담에 들어갔다. 그러나 최소 6주 정도면 타결될 것으로 기대되었던 회담은 처음부터 난항을 거듭하였고 매 의제마다 장기간 설전을 벌였다. 개전 직후 미국과 인도 등은 6・25전쟁의 정전을 모색하며 소련과의 접촉을 시도하고자 하였다. 전쟁의 초기 단계에서 다양한 외교적 탐색이 이루어진 이유는 한국전쟁을 한반도 지역에 제한하고 확전을 막아야 한다는 인식이 널리 퍼져 있었기 때문이었다. 그러나 미국과 소련은 전쟁의 발발과 성격에 대해 서로 다른 규정을 하고 있었다. 미국은 북한의 남침을 주장하였으며, 배후에 소련이 있다고 보았다. 반면 소련은 남한의 북침에 대한 반격이라는 주장이었다. 그러므로 남북한의 전쟁은 남북한이 해결해야 할 내전이라는 입장을 갖고 있었다. 따라서 개입하지 말아야 할 데 미국이 참전하였다는 논리였다. 이러한 상반된 입장이 좁혀질 여지는 별로 없어 보였다. 이때 인도가 양 진영의 중간자적 역할을 자임하고 나섰다. 인도에 의해 중재가 비밀리에 추진되었지만 미국은 거부의사를 표시하였다. 그렇지만 이것은 한국의 문제가 정치적 해결방법으로 풀어 나갈 수 있다는 희망적인 암시이기도 했다. 그런 도중에 인천상륙작전의 성공은 전쟁초기에 대한민국을 지원한다는 유엔의 결의안이 유엔군의 북진을 허용하는지에 대한 논쟁을 일게 했다. 유럽의 국가들이 북진을 허용하지 않는다고 보았지만, 미국은 초기에 통과된 결의안에 따라 북진이 가능하다고 보았다. 그 무렵 소련은 한반도에서 정전과 외국군의 철수를 요지로 한 결의안을 유엔 총회에 제출했지만 부결되었다. 다시 시간은 흘러 중공군의 참전으로 전세는 역전되었다. 위기에 몰린 측은 유엔군이었다. 미국은 정전을 모색하였다. 이때 인도를 비롯한 아랍국들은 1950년 12월 5일에 중공군과 북한군은 38도선에서 정지하고 정전을 요구하는 성명을 발표하였으나, 중공은 이를 무시하였다. 이 시기에 소련은 평양과 서울을 점령하여, 미국이 먼저 정전을 제시하게 압력을 가하는 것이 최선의 방법이라는 생각을 하고 있었다. 소련과 중공이 반대의사를 제시했으나 인도를 비롯한 13개국은 유엔정치위원회에 '한국전쟁 정전안과 정전3인위원회(Cease-Fire Group 3 Persons)' 설치안을 정식으로 제출하였다. 유엔총회에서 아시아 및 아랍 13개국이 제출한 정전안과 정전3인위원회 설치안이 채택되었고, 그에 따라 유엔 정전3인위원회가 설치되었다.[7] 이러한 논의를 거쳐 12월 15일 미 국무부는 유엔 정전3인위원회의 요청에 응하는 형태로 유엔군사령부의 정전조건을 발표하였다. 그러나 중공정부는 12월 21일 방송을 통해 유엔의 회담 제의를 거부하였다. 1951년 1월 중순 이후 유엔군이 반격작전을 개시하면서 전황이 변화하기 시작하였다. 전선의 변화는 정전협정을 유리하게 전개할 수 있었다. 미국은 1951년 5월이 되자 정전에 관한 메시지를 전달하려고 시도하였다. 이를 인지한 중공은 정전에 기울어지는 입장이었다. 그동안 중공군은 공세를 단행했지만 화력의 열세 등으로 인한 한계를 절감하여 군사적 작전으로는 더 이상 목적달성이 어렵다고 본 것이다. 또한 설상가상으로 1951년 2월 1일의 유엔총회 결의와 중공에 대한 경제적 봉쇄를 취한 1951년 5월 18일의 유엔의 조치도 중공의 입장에 변화를 주었다. 그러나 북한은 정전을 원하지 않았다. 그렇지만 소련과 중공의 입장을 따를 수밖에 없었다. 그리하여 공산권 조·중·소 대표가 1951년 6월 13일 모스크바에서 회담을 갖고, '38도선의 경계선을 복구하는 조건부 정전이 유익하다'라는 결론을 도출하였다. 결국 공산측도 정전으로 정책이 변화되고 있었던 것이다. 이렇게 보면 유엔군측과 공산군측 모두가 정전을 원하는 방향으로 흐르고 있었던 것이다. 그러나 한국정부는 정전을 반대하고 있었다. 결과적으로 한국만 소외된 상태가 되고 있는 상황이었다.

1951년 6월 23일 소련의 유엔 수석대표 말리크(Yakov A. Malik)는 '피의 대가'라는 라디오방송프로 연설에서 공식적으로 정전을 제안하였다.[8] 1952년 6월 29일 트루먼 대통령은 국가안전보장회의 결의를 거쳐 합참을 통하여 릿지웨이 유엔군사령관에게 공산 측과 직접 정전을 교섭하라는 훈령을 내렸다. 다음날인 1951년 6월 30일 릿지웨이는 서울과 동경의 라디오방송을 통해 정전을 위한 군사회담을 제안

7) Resolution 384(V) Adopted by The General Assembly on 14 December 1950, 『유엔韓國問題決議集(1947-1976)』, 외무부, 1976, p.107.

8) 국방부 군사편찬연구소 역, 『중국군의 한국전쟁사 3권』, 2005, p.75.

하였다. 이때 제안한 회담장소는 원산항에 정박중인 덴마크 병원선 유틀란디아호(Jutlandia)였다. 그러자 공산측은 7월 1일에 북경방송을 통하여 조선인민군최고사령관 김일성과 중국인민지원군사령관 팽덕회 공동 명의로 38도선 상의 개성에서 정전회담이 개회되기를 원한다고 회신하였다. 회담은 양측이 화답하면서 일단 이루어질 가능성은 높아졌다. 그러나 공산측은 장소를 개성으로 변경할 것을 제안하였다. 그 당시에 개성은 양측의 점령지는 아니었지만 공산측이 통제에 유리한 위치에 있었다. 이에 대해 릿지웨이는 개성으로 장소를 양보하고 예비회담부터 개최하자고 통보하였다. 최초의 회담은 개성에서 열렸지만 유엔군측의 주장으로 장소가 변경되었다. 경기도 장단군 진서면 널문리의 널문리 가게 앞에 있는 콩밭이었다. 판문점이란 말은 '널문리 가게'를 중국어로 표기하면서 유래가 되었다. 이제부터 각종 의제 등을 둘러싸고 밀고 당기는 회담이 2년 여간 진행된다.

2. 정전회담의 개막과 주요쟁점

〈정전협정이 열린 판문점〉

가. 회담의제 선정

정전회담의 개최를 준비하기 위하여 쌍방 연락장교의 예비회담이 7월 8일 예정대로 개성에서 개최되었다. 여기에서 7월 10일 본 회담을 열기로 합의하였다. 회담이 시작되고 쌍방의 대표들은 토의사항을 교환하였다. 유엔군 측은 오직 전쟁을 종결하기 위한 문제만을 의제로 삼자고 하였다. 그러나 유엔군 측은 기자단의 출입 거부 문제와 외국군 철수 등을 의제로 하자는 공산군 측의 견해 차이로 진척을 보지 못하고 있었다. 정전회담의 의제에 대하여 의견을 일치한 것은 7월 26일의 회담을 통해서였다. 그 주요내용은 다음과 같다. ① 회의 의제의 채택 ② 한국에서의 적대 행위 정지를 위한 비무장지대와 군사분계선 설정 ③ 정전 수행을 감독하는 기관에 관한 사항 ④ 포로에 관한 협의 ⑤ 양측의 관계 정부에 대한 건의 등이었다. 난항을 거듭한 협의를 위한 사항에 대한 의견일치가 17일 만에 겨우 이루어졌다. 이 중에서 가장 쟁점이 된 것은 군사분계선 확정과 포로교환 문제였다. 이 두 개의 의제를 놓고 치열한 설전이 오고 갔다. 회담이 시작될 때만 하여도 정전회담은 단기간 내에 마무리될 것으로 낙관하고 있었다. 그것은 서로가 전장에서의 우세를 낙관하고 있었기 때문이다. 양측은 군사적 압력을 적절히 활용하면 상대측에서 협상에 응할 것으로 기대하고 있었다. 그러나 양측의 예측은 보기 좋게 빗나가고 말았다. 정전협정을 마무리하기 위해서는 무려 2년의 긴 세월을 견디어야 했다. 정전협정을 앞두고 일명 고지전의 큰 피해가 발생하게 된 원인이기도 한 것이다. 국지전에서의 우세를 통하여 상대방을 협상에 응하게 한다는 의도는 거대한 인명의 손실을 필요로 하였다.

나. 군사분계선 확정

군사분계선 문제는 의사일정의 가장 첫 번째 문제였다. 이 문제를 해결하기 위해서 양측은 오랜 시간을 보내야 했다. 군사분계선 협상은 1951년 7월 26일 본회담에서 시작되어, 1951년 11월 27일 잠정 군사분계선 설정에 합의할 때까지 계속되었다. 군사분계선 설정 문제는 정전회담의 가장 첨예한 문제였다. 유엔군 측은 정전효력이 발생하는 그 순간의 양군의 접촉선을 정전을 위한 분계선으로 확정해야 한다고 주장하였다. 그 반면에 공산군 측은 38도선을 분계선으로 해야 한다고 주장하였다. 이후 4개월간의 양보 없는 주장이 계속되었다. 공산군 측은 전력 회복을 목적으로 회담을 질질 끌다가 8월 23일 일방적인 회담 불참을 선언하여 회담을 결렬시켰다. 유엔군 측은 공산군 측의 의도적인 지연 전략에 제한 목표 공격이라는 강수 전략으로 맞서 압력을 가하기 시작하였다. 이때 전략적으로 공세 행동을 취한 곳이 바로 단장의 능선, 피의 능선, 해안 분지 등이었다. 이렇게 회담 중단 상황이 공산군 측이 바라지 않는 방향으로 흘러가자 위기를 느낀 공산군 측은 두 달을 견디지 못하고 10월 25일 회담장으로 복귀하였다. 이 무렵 유엔군 측은 회담장소인 개성의 불리한 점을 극복하고자 장소 변경을 요구하였다. 그 결과 회담장소가 판문점으로 변경되었고 여기서 정전협정에 서명을 하게 되었다. 공산군 측은 유엔이 판문점 바로 뒤쪽의 개성을 공격하지는 못하리라는 판단에 따라 판문점으로 회담 장소를 수용한 것이었다.[9] 회의가 진행되면서 큰 이견을 보였던 군사분계선 설정문제는 '현 접촉선' 방향으로 가닥을 잡아 나갔다. 이제는 개성을 두고 양측이 공방을 펼쳤다. 국군의 입장에서 개성은 결코 양보할 수 없는 지역이었다. 전쟁 이전에 남한의 영토였고, 서울과 인접하여 군사적 측면에서 결코 양보할 수 없는 지역이었다. 반면 공산군 측 입장에서는 '전쟁에서 지지 않았다'는 증거로 최소한도로 전쟁 이전에 남한 땅이자 유서 깊은 개성만큼은 확보해야 했다. 우여곡절 끝에 유엔군 측이 개성을 양보하고, '현재의 접촉선을 변경함 없이 군사분계선으로 한다'는 내용에 상호 합의했다. 개성을 공격하여 점령하지 않겠다는 것이었다. 그러나 또 문제가 발생하였다. '현재의 접촉선'이라는 시점이 언제인가 하는 것이었다. 결국 유엔군은 세계 여론을 고려하여 협상의 조기타결을 위해 '현 접촉선을 잠정 군사분계선으로 설정하되, 협정이 1개월 이내에 조인되지 못하면 당시의 접촉선으로 한다는 안을 내놓았다. 그리고 쌍방은 군사분계선으로부터 각각 2km 물러나 비무장지대를 설치하기로 합의했다. 이로써 4개월에 걸친 군사분계선 설치에 관한 의제가 타결되었다. 이렇게 1951년 7월 10일 시작된 정전회담은 1953년 7월 27일까지 회담과 피비린내 나는 전투를 계속해가며 2년 17일 동안 지속 되었다. 1953년 1월에 이르러서 미국은 정전회담에 더욱 속도를 내기 시작하였

---

9) 일본육전사보급회(이원복역), 『한국전쟁(9권)』, pp.263~276.

다. 미국의 아이젠하워 신임 대통령은 이승만 대통령의 확전 주장을 일축하고 공산군에 정치·군사적 압력을 가중시키면서 정전을 압박하였다. 그 무렵 3월 5일 스탈린의 사망이 발표되면서 정전회담은 급진전되었다.

다. 포로문제

정전회담이 개시되었을 때만 하여도 포로문제가 쟁점이 되리라고는 예상하지 못하였다. 포로문제가 정치문제화 되어 정전회담 자체를 혼란하게 한 것은 유엔군 측에 수용되어 있는 포로 중에 절반가량은 본국으로의 송환을 원하지 않았기 때문이다. 그러나 양측의 주장은 정반대였다. 유엔군은 포로의 자유송환을, 공산군은 강제송환을 각각 주장하였다. 이 문제로 인하여 협상은 오랫동안 교착상태에 접어들기도 하였다. 가까스로 양측은 정전회담을 재개하였다. 정전회담에서 양측은 귀환 거부 포로는 중립국송환위원회를 통한 심사를 거쳐 정전 후 정치적 문제를 타결하기 위한 정치회담 이후에 석방하기로 합의했다. 마침내 6월 8일 제146차 본회담에서 '중립국 송환위원회 관련 협정'이 체결되었다. 합의된 내용은 다음과 같다.

① 송환을 원하는 모든 포로는 60일 내에 송환한다.
② 송환에 영향을 미치거나, 이를 막기 위하여 힘에 의한 위협을 사용하지 않는다.
③ 60일 후에도 송환을 선택하지 못한 이들은 중립국송환위원회에 인도한다.
④ 그 후 90일 동안 포로의 소속국가가 대표를 파견하여 포로들의 고국으로 복귀할 권리에 대한 '해설'을 하게 한다. 해설은 중립국송환위원회의 각 회원국 대표와 억류 측에서 나온 대표 앞에서 실시한다.
⑤ 90일간의 기한이 마감되면 나머지 송환거부포로는 정치회담으로 넘긴다. 그 회담에서는 30일간의 기한 내에 포로처리 결정을 한다. 그 기간 후에도 남는 포로는 민간인 신분으로 석방한다. 그들이 원할 경우 중립국으로 가도록 중립국송환위원회가 지원한다.

이승만은 정전협정 그 자체를 반대해 왔다. 또한 이 송환위원회 심사 과정에서 반공포로들이 강제로 송환될 것을 우려하였다. 그동안 정전을 반대해온 이승만 대통령은 6월 18일 반공포로 2만 6천 명을 석방시킴으로써 회담을 저지하고자 하였다. 공산측은 이에 대해 강력히 항의하였다. 이때 팽덕회는 이에 대한 보복으로 정전회담 이후 가장 강력한 공격작전인 '7 · 13 공세'를 취함으로써 한때 위기국면을 맞기도 하였다. 이 무렵 이승만 대통령은 반공포로 석방문제, 정전반대 등으로 미국과 심각한 정치적 대립을 겪고 있었다. 미국은 급기야 '이승만 제거계획'이라는 '에버레디계획(Everready Plan)'을 수립하기에 이르렀다. '에버레디계획'은 국군 독자적인 행동을 우려하여 이승만 대통령 제거를 위한 비상계획을 말한다. 만약 이대통령이 끝까지 유엔의 정전계획에 동의하지 않으면 그를 독방에 감금하고 총리를 필두로 새로운 정부를 수립한다는 계획이다. 작성 시기는 1953년 5월이었다. 시행 조건은 다음과 같은 상황이 발생할 경우였다. ① 국군이 유엔의 지시를 거부할 경우 ② 국군이 독자적인 행동을 취할 경우 ③ 국군이나 민간인이 유엔군에게 적대적으로 나올 경우 등이었다.

그러나 이승만 대통령은 정전협정을 최소한 방해하지는 않는다는 대가로 미국으로부터 한 · 미 상호방위조약의 체결과 군사 · 경제원조, 그리고 한국군 증강 등의 약속을 받아냈다.

3. 정전협정 조인

1953년 6월 8일의 포로 송환문제라는 난제를 합의함에 따라 정전협정의 조인은 정해진 수순이었다. 그간에 반공포로 석방이라는 변수도 발생했지만, 그것은 한 · 미 간의 근본적인 불화는 아니었다. 미국은 반공포로 석방 그 자체가 정전에 미칠 영향에 관심이 더 많았었다. 그 이후에도 한국은 여전히 정전을 반대하고 있었다. 이를 해결하기 위하여 미국은 1953년 6월 25일 미 국무부 차관보 로버트슨을 서울로 보낸다. 로버트슨과의 회담에서 이승만은 한국에 대한 경제원조와 한국군 20개 사단 증강 원조, 상호방위조약 체결 즉시 보장 등을 요구하였다. 1953년 7월 중순 이승만 대통령과 미 특사 로버트슨 간의 협의에 따라 한국 정부도 정전을 인정하게 되었다. 미국 측의 정전회담 본회의 개최 요구에 따라 회의가 진행되어 조인식

〈정전협정 서명〉

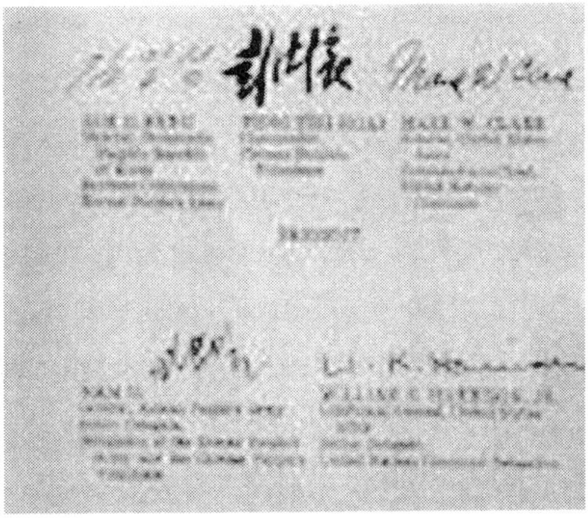

〈정전협정서〉

은 정전회담 수석대표들 간에 거행하고, 쌍방의 군사 지휘관들은 후에 서명을 받기로 합의하였다. 정전협정문은 7월 27일 10시에 조인하여 당일 밤 10시에 효력을 발생시키도록 합의했다. 1953년 7월 27일 오전 10시 판문점 정전협정 조인장에서 유엔군 측 수석대표 해리슨 미 육군 중장과 공산군 측 수석대표 남일이 나왔다. 그들은 다음과 같은 전문으로 시작하는 한국어・영문・중문으로 된 정전협정문에 서명하였다.

"국제연합군 총사령관을 一方(일방)으로 하고 조선인민군 최고사령관 및 중국 인민 지원군 사령관을 다른 一方(일방)으로 하는 下記(하기)의 서명자들은 쌍방에 막대한 고통과 유혈을 초래한 한국 충돌을 정지시키기 위하여서 최후적인 평화적 해결이 달성될 때까지 한국에서의 적대행위와 일체 무장행동의 완전한 정지를 보장하는 정전을 확립할 목적으로 下記(하기)조항에 기재된 정전조건과 규정을 접수하며, 또한 그 제약과 통제를 받는데 각자 공동 상호 동의한다. 이 조건과 규정들의 의도는 순전히 군사적 성질에 속하는 것이며, 이는 오직 한국에서의 교전쌍방(交戰 雙方)에만 적용한다."

이로써 정전협정은 기나긴 여정을 마무리하였다. 이들은 피차 외면하면서 나타나 서명 후에는 악수 없이 현장을 떠났다. 정전회담 당사국 중에서 한국 대표만 유일하게 빠져 있다. 이유는 조인식에 이승만 대통령이 한국 측 대표에게 불참할 것을 언질하였기 때문이다. 이는 정전에 대한 항의의 일종이었다. 이날 판문점에서 정전협정이 조인되고 2시간 후에 이승만 대통령은 유엔군의 정전협정에 동의하며, 통일에 대한 희망을 잃지 말기를 당부하는 대국민 방송을 하였다. 그리고 송환을 원하지 않는 포로가 송환되는 결과가 발생한다면, 국군은 다시 총을 잡겠다고 못 박았다. 이승만 대통령의 성명과 때를 같이하여 미국 대통령도 성명을 발표하였다. 당일 오후 1시에 유엔군 사령관 클라크 대장은 16개국 참전 대표 등이 참석한 가운데 정전협정 확인 서명을 마쳤다. 북한의 김일성은 이날 오후 10시에 평양에서, 팽덕회는 다음 날 서명함으로써 정전 절차는 모두 끝났다. 그러나 끝내 이승만 대통령은 정전협정 서명을 거부했다. 정전협정 조인 후 조문에 따라 전투는 중지되었으나 포격전은 계속되었다. 유엔의 폭격기들은 유엔 감시단이 임무수행을 하기 이전까지는 공산군의 전력을 약화시키기 위하여 북한의 전략 거점에 대한 포격을 계속하여 실시했다. 그리고 전함들은 원산을 포격하였다. 이날 밤 10시에 이르러서야 하늘과 땅 그리고 바다의 모든 전선에서 포격은 멈추었다. 마침내 3년 1개월 2일, 1,129일간 계속된 전쟁이 막을 내리고 정전상태에 들어가게 되었다. 정전회담은 1951년 7월 10일에 개시된 이래 25개월이라는 너무나 오랜 시일이 걸렸다. 이로써 비무장지대 내의 군사분계선 표지판이 1,291개가 세워졌다. 그렇지만 155마일 휴전선은 말은 휴전선이지만 중무장한 양측의 병력에 의해 팽팽하게 대치되었다. 분단선을 사이에 두고 천만 이산가족은 서로의 얼굴도 보지 못하는 한을 안고 살고 있다. 북한은 1973년부터 정전기념일을 전승기념일로 바꿔 성대하게 기념식을 열고 있다.

Chap. 8

해 · 공군작전

제1절 해군작전

제2절 공군작전

제 1 절

해군작전

1. 국군 최초의 응징 · 보복작전(몽금포작전)

육상과 마찬가지로 해상에서도 6 · 25전쟁 이전부터 북한의 도발은 계속되고 있었다. 따라서 당시 함정 간부들은 출동 중 좌익 승조원에 의한 함상 반란에 대비해 권총을 차고 잠을 자는 등 하루하루가 긴장의 연속이었다. 이처럼 반란사건, 납북 · 월북 사건으로 해군의 지휘체계도 어려움을 겪고 있었다. 정부 수립 직후 혼란을 거듭하던 시기에 좌익 승조원들에 의해 함정 4척 납북과 9척 납북 미수사건이 발생하였다. 급기야 1949년 8월 10일 해군 인천경비부에서 관리하던 주한 미 군사고문단장 윌리엄 로버트 준장의 전용 G보트가 행방불명되는 사건이 발생했다. 이에 따라 우리 해군이 이를 응징 · 보복하기 위해 계획한 작전이 몽금포작전이다.

〈작전에 참가했던 통영함〉 출처: 국방일보(2018.5.2.)

6 · 25전쟁이 벌어지기 직전 우리 군이 처음으로 북한을 향해 도발 원점과 지원 전력을 타격한 역사적인 작전이다. 손원일 참모총장을 비롯한 해군은 결국 거듭된 북한의 불법행위를 강력히 응징하기 위한 작전을 수립하여 이승만 대통령의 승인을 얻었다. 역사적으로 최초의 응징보복작전이 시작된 것이다. 해군은 서해 첩보부대장 이태영 소령의 정탐을 통해 1949년 8월 10일 납북된 미국 군사고문단 함정이 황해도 몽금포항에 계류 중이란 사실을 확인했다. 몽금포항을 목표로 한 응징작전계획은 당시 정보감이었던 함명수 소령에 의해 수립됐다. 작전의 내용은 간단했다. 1949년 8월 17일에 북한의 몽금포항에 함정 5척과 특공대 20명을 투입하여 적을 응징하기로 한 것이다. 작전 당일 새벽 2시 충무공함(PG-313) 등 해군 함정 6척은 정보부대 특공대원 20명을 싣고 인천 월미도에서 출항했다. 적의 감시망을 피해 몽금포 서쪽을 돌아 이튿날 새벽 6시에 몽금포 앞바다에 도착한 함정들은 적을 향해 일제 사격을 가했다. 예상보다 거센 적의 저항으로 상륙에 어려움을 겪자 통영함(JMS-302) 정장 공정식 소령은 함수에 달린 대전차포를 발사하며 특공대원들을 뒤따라 나갔다. 당시 특공대원들이 탄 보트 5대 가운데 4대는 이미 총탄에 맞아 전진하지 못하는 상황이었다. 특공대원들을 독려하며 전진하던 함 소령까지 적의 총탄에 부상을 입었다. 자칫 특공대원 모두가 전멸할 수 있는 위기에서 공 소령은 필사적으로 대전차포를 쏘며 함 소령이 있는 곳까지 달려갔다. 다행히 함 소령의 생명에는 이상이 없었고 공 소령은 그를 단정에 태워 충무공함으로 이송시킨 뒤 몽금포항 내로 돌진했다. 통영함은 우선 부두에 계류 중인 적 경비정 4척을 격침시켰다. 용맹한 수병들의 활약으로 승조원 5명(장교 1명, 사병 4명)을 생포하고 경비정을 나포하는 데 성공한 통영함은 작전을 마치고 본대로 복귀했다. 치열한 전투 끝에 몽금포작전은 대성공으로 끝났다.

1949년 5월에는 국군 2개 대대가 대대장에 의해 집단으로 월북한 사건도 발생하는 등 매우 어수선한 상황의 연속이었다. 이런 상황에서 북한을 응징한 몽금포작전은 군의 분위기를 쇄신하는 결과를 가져오게 될 소재였다. 작전결과를 보고받은 이승만 대통령은 매우 고무됐다. 비록 속력이 느리고 노후 된 소해정이었지만 큰 성과를 거둔 해군의 용맹을 극찬하며 격려했다. 그 당시에 해군은 이러한 함정의 전력을 증강하기 위하여 전투함 구매를 목표로 성금을 모금하고 있었다. 이후 이 대통령은 이 사실을 알게 되었다. 그는 속력이 빠르고, 화력이 강한 전투함 몇 척을 더 구입하라면서 당시로는 큰 액수인 4만 5,000달러를 손원일 해군참모총장에게 보내 주었다. 이에 해군은 PC-701함(백두산)을 포함한 전투함 4척을 구매함으로써 6·25전쟁 발발 이전 북한 해군력과 대등하거나 우위에 서게 되었고 백두산함이 맹활약을 하게 된 계기가 되었다. 이 작전의 의미는 우리 해군 단독으로 감행한 한국군 최초의 대북 응징보복작전이었다는 점이다. 그러나 당시 무쵸(John J. Muccio) 주한미국대사가 '남한 부대의 38도선 월경 위반사건'으로 규정하고, 한국정부에 항의함에 따라 유공자에 대한 포상이 이루어지지 못했다. 이에 따라 늦은 감은 있었으나 2015년 9월 8일 국무회의 심의에서 7명에 대한 정부포상을 결정하였다. 작전 당시 JMS-302 정장이었던 공정식(6대 해병대사령관, 당시 소령)은 무공훈장 중 최상위인 태극무공훈장(1등급), 작전계획을 입안하고 특공대를 이끌었던 함명수(7대 해군참모총장, 당시 소령) 을지무공훈장(2등급)을, 김상길 JMS-301 정장(예비역 소장, 당시 소령)에게는 화랑무공훈장(4등급)을 수여하기로 하였다.

2. 개전초기의 작전

가. 지휘통제 단일화를 통한 신속한 대비

해군은 개전초기에 신속하게 비상경계태세에 돌입하고 작전지휘 체계를 일원화하였다. 그리고 해군본부를 서울에서 해상작전이 용이한 부산으로 옮겼다. 1950년 6월 25일 4시 30분에 손원일 제독을 대신하여 총참모장직을 수행하던 김영철 대령은 동해안의 옥계 해상에서 적의 게릴라부대가 수송선단에 편승 남하하여 상륙을 시도하고 있다는 정보를 보고받았다. 이어 국방부를 통해 북한군의 전면남침이 개시되었음을 알게 되었다. 해군본부는 6월 25일 9시를 기해 해군본부 작명 제48호를 하달하여 예하 모든 기지 및 정대에 비상경계 돌입과 전투준비태세를 갖출 것을 명령하였다. 6월 27일 7시에는 해군의 모든 작전지휘권을 진해통제부 사령장관 김성삼 대령에게 일임하였으며, 작전지휘권을 부여받은 통제부 사령장관은 1950년 6월 27일부터 7월 8일까지 해본작명으로 동·서·남해안의 작전을 지휘하였다. 일련의 조치를 취한 해군본부는 전선 상황이 급변함에 따라 수원으로부터 철수를 단행하여 28일 오후 4시에 대전에 도착하였다. 그리고 7월 1일에는 해군본부를 해군작전본부로 개편하여 유엔해군과의 협동작전 수행에 돌입하였다.

나. 개전초기 육군지원 및 해상전투

개전 당일 서해안 지역의 옹진반도에서는 육군 제17연대가 6월 26일 옹진 부포에 고립되었다. 해군은 이에 따라 LST 801함을 파견하여 병력 1,050명과 군용물자를 인천까지 수송 지원하였다. 또한 YMS 502정은 강화 수로에서 40톤급의 적 수송선 2척을 격침시키는 한편 인천에 상륙하기 위해 강화도 남단에 집결해 있던 적에게 포격을 가하였다. 새벽 4시경 YMS 509정은 동해안의 옥계와 삼척 등지에 상륙을 시도하는 적의 수송선단을 격퇴하였다. 그리고 유일한 전투함이었던 PC 701함은 대한해협 근해에서 약 600여 명의 무장병력이 승선하여 남하 중인 적의 대형 수송선을 격침시켰다.

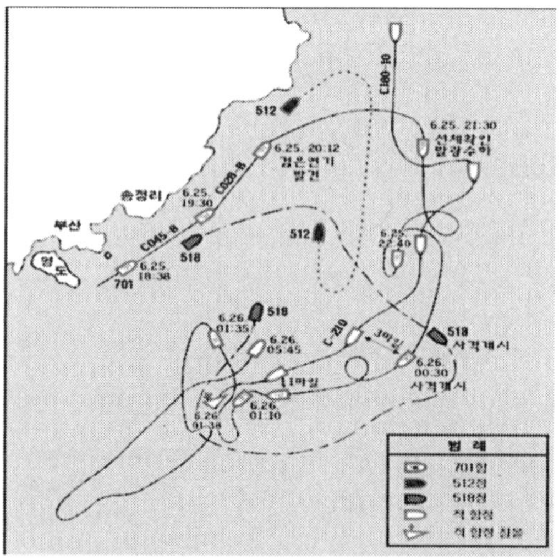

〈대한해협해전 상황도〉 출처: 해군본부

〈대한해협해전 승리 기념행사〉

이 전투는 훈련만 거듭하던 대한민국 해군이 최초로 성공시킨 단독해상작전으로 남해안에 상륙 침투를 기도하던 적의 게릴라부대를 해상에서 격멸함으로써 그들의 후방교란 기도를 미연에 방지하였다는 점에서 높이 평가되는 작전이었다. 전투경과를 살펴보면 다음과 같다. 백두산함은 당시에 해군이 보유한 유일한 전투함이었다. 앞에서 소개한 바와 같이 해군 전장병이 봉급을 쪼개고 부인들은 삯바느질을 하면서 성금을 모아 마련한 전투함이었다. 백두산함은 전쟁 발발 당일 6월 25일 동해로 긴급출동 명령을 받고 오후 3시에 진해항을 출항하였다. 6월 25일 오후 8시 12분 부산 근해 항해 중 부산 동북방 약 30마일 해상에서 검은 연기 발견하였다. 이를 수상히 여겨 검은 연기 쪽으로 접근한 후 오후 8시 30분경 피아식별을 시도하기 위하여 정선을 명령하였다. 그러나 이에 불응하자 적 선박으로 판단하고 해군본부에 사격명령 허가를 요청하였다. 6월 26일 밤 0시 10분 해군본부로부터 사격명령을 받고 0시 30분에 적 선박에 사격을 개시하자 쌍방 간 교전이 벌어졌다. 교전결과는 600여 명의 무장병력이 탑승한 1,000톤급 적 무장선박 침몰이었다. 적 선박은 새벽 1시 35분에 침몰 되었으며, 백두산함의 피해는 승조원 중 전병익 중사와 김창학 하사가 전사하였다.

"사격 훈련 못해봤지만 죽을 각오로 싸워"

6·25 당일 최초승전보 백두산함 최영섭씨

"승무원 42명 포탄100발로 1,000t급 北 수송선 격파

그때 침몰 못시켰으면 초반전세 몇배 불리했을것"

전쟁 당시 단 한척의 전투함이었던 백두산함은 국가의 명운을 가르는 역할을 성공적으로 수행하였다. 이후 백두산함의 무공을 기리는 소설이 출간되기도 하였다.

〈대한해협해전 참전용사 증언〉 출처: 경향신문(1997.6.25.)

701함의 대한해협해전은 6 · 25전쟁의 분수령이 되었다. 적은 6월 25일 오후에 부

산에서 북동쪽으로 불과 수 마일 떨어진 곳까지 진출해 있었던 것이다. 이를 백두산함이 발견하지 못했다면 적병 600여 명은 부산에 상륙하여 활동했을 것이다. 그렇다면 전쟁의 양상은 크게 달라졌을 것이다. 이러한 승리로 이후 부산은 한반도에서 유엔군의 최후 보루가 되었으며, 또한 증원병력과 물자의 도입항으로써 역할을 할 수 있었다. 유엔군은 전쟁기간 중 부산항을 통해 연병력 590만 명, 군수물자 5,200만 톤, 유류 2,200만 톤을 수송할 수 있었다. 이로써 지속적인 해상교통로 보호로 전쟁 지속능력 유지에 크게 기여하였다. 이와 같이 해군은 단독으로 전 해상을 봉쇄하고 있었다. 그러던 중 6월 27일 유엔해군 함정이 출동하게 되었다. 따라서 이후에는 작전해역을 분할하여 작전하였다. 즉, 유엔해군은 37도선 이북 해상을 봉쇄하였고 37도선 이남에서는 우리 해군이 해상봉쇄작전을 수행하였다.

3. 인천상륙작전을 위한 작전

인천상륙작전은 널리 알려져 있다. 그러나 잘 알려지지 않은 상륙작전이 또 있었으며, 인천상륙작전을 성공시키지 위해 활동한 특수첩보부대의 활약이 있었다. 맥아더는 인천상륙작전의 성공을 보장하기 위하여 양공작전을 계획하였다. 그 중에는 직접 병력을 상륙시켜 전투까지 전개하는 작전계획이 있었다. 1950년 9월 14일 새벽 5시 40분 경에 펼쳐진 장사동상륙작전은 육본 직할 독립 제1유격대대에 의해 이루어졌다. 그들은 대원 772명으로 편성되어 지원요원 56명과 함께 부산에서 해군 수송함인 문산호를 타고 장사 해변으로 상륙을 실시하였다. 이때 작전에 참여한 대부분의 병력은 학도병이었다. 이들은 결국 상륙에 성공하여 적의 후방을 교란하고 적 보급로를 차단하는 등의 역할을 하였으나 대부분이 희생되었다.[1] 장사동상륙작전은 준비기간이 너무 짧았고, 특수훈련과 장비를 갖추지 못한 대원들로 구성되어 아군의 피해가 많았다. 그렇지만, 당시 평양방송에서는 국군 2대 연대가 동해안에 상륙하였다고 보도하였을 정도였다. 따라서 북한군의 주의를 분산

1) 이 내용은 학도의용군 '장사동 상륙작전'을 참조바랍니다.

시키는 데에는 크게 성공한 작전이었다.

인천상륙작전은 맥아더 장군이 지휘한 세기에 빛날 작전이다. 맥아더는 북한군의 병참선과 배후 공격을 가능케 해 북한의 남침 이후 수세에 몰린 전세를 역전시킬 기회를 노렸다. 그가 지목한 지점은 인천이었다. 인천상륙작전은 노르망디 상륙작전과 함께 역사상 가장 성공적인 상륙작전으로 기록되고 있다. 이에 앞서 우리 해군이 수행한 역할이 있었다. 인천 앞바다의 덕적도와 영흥도 탈환작전이 그것이다. 영흥도[2]는 인천과 가깝고 인천상륙의 진입로인 비어수도의 초입에 위치한 섬으로 전략적 중요성이 큰 섬이었다. 손원일 제독은 이 임무를 당시 서해지구 해상전투사령관 이희정 중령에게 부여하였다. 당시 이 중령은 제702함의 함장이었다. 이 중령은 임무를 부여받자 즉시 육전대를 편성하였다. 덕적도를 탈환하고 8월 23일 영흥도를 공격했다. 적의 저항은 완강하였다. 우리 육전대의 피해도 컸다. 적 사살 40여 명, 포로 1백여 명의 전과를 올렸다. 손제독은 이어서 함명수 소령에게 첩보수집 임무를 부여하였다. 당시 함소령은 해군본부 정보국장이었다. 인천상륙작전을 앞두고 인천에 미리 잠입하여 적정을 탐지하여 보고하라는 것이었다. 함소령은 특수첩보대를 편성하였다. 해군본부 작전국의 김순기 중위, 장정택과 임병래 소위를 포함하여 모두 17명으로 특수임무대를 구성하였다. 그들은 부산에서 출발하여 이희정 중령이 탈환한 영흥도에 다음날 상륙하였다. 한편, 맥아더 사령부에서도 미 해군정보장교 클라크 대위의 첩보대를 이 섬에 출동시켰다. 클라크 첩보대의 임무는 월미도의 등대불을 9월 14일 24시에 밝히라는 것이었다. 이때를 기준으로 하여 대기하고 있던 상륙함이 인천을 향해 공격하기로 한 것이다.

함소령은 인천 수비대의 병력규모, 인천항의 기뢰부설 상황, 상륙지점의 지형, 암벽 등을 낱낱이 탐지했다. 정찰결과는 인천부두 암벽진지에 북한군 1개 중대, 월미도에 고사포 2문이 있고 소월미도에는 기관총 25정, 포 5문이 있다는 것 등을 상세히 파악하였다. 그리고 월미도 정면에 20문의 해안포가 있으며 콘크리트 진지와 터널이 섬 전체에 뚫려 있다는 사실도 밝혀냈다. 이러한 기초적인 첩보를 바탕으로 인천상륙작전이 성공한 것이다.

2) 현재의 영흥도는 다리가 건설되어 육지가 된 섬이다.

인천상륙 불밝힌 「켈로」용사들

팔미도 등대와 "감격의 해후"

생존26명 오늘 기념방문

15일은 한국전쟁(6·25)의 흐름을 바꿨던 인천상륙작전 47주년 기념일. 당시 이 작전에 투입됐던 켈로(KLO)부대원 중 생존자 26명이 20일 격전지였던 인천앞바다 팔미도 등대를 찾는다.

켈로 8240부대 전우회 최규봉(崔奎奉·75)회장과 손진(孫鎭·[illegible]) [illegible]씨(실향민 중앙회회장) 등은 해군의 허락을 받아 20일 오전 생명을 걸었던 격전지를 찾기로 했다.

최씨는 닷새간의 격전 끝에 팔미도 등대를 탈환, 맥아더 장군이 지휘한 인천상륙작전의 횃불을 밝힌 증인.

50년 8월10일 당시 켈로부대 고트부대장으로 대구에서 방어전을 펴고있던 28세의 청년 최씨에게 「부산에서 백구호를 타라」는 극비명령이 하달됐다.

켈로부대는 미 극동사령부 「주한연락처」(Korean Liaison Officer)의 약칭인 비밀부대. 서북청년단 출신으로 해방 직후부터 이 부대에 몸담았던 최씨는 덕적도에 도착해서야 인천상륙작전 계획을 알게 됐다.

하루에도 몇 m씩 높낮이가 바뀌는 인천항의 수심과 복잡한 섬사이의 정확한 해도를 그리기 한 달여만인 50년 9월10일 그에게 「팔미도 등대를 확보하라」는 명령이 떨어졌다.

소음총으로 무장한 25명은 그날 밤 북한군을 사살하고 등대를 확보했으나 그 뒤 5일 동안 등대를 뺏고 뺏기는 치열한 전투를 치렀다.

D-1일인 14일 저녁7시, 「15일 0시를 기해 등대불을 켜라」는 최후 명령에 따라 최씨 일행은 등대탈환작전에 나서 약속 시간보다 1시간40분 늦은 15일 오전2시20분 등대불을 밝혔다.

이를 신호로 7개국 연합함대 2백61척이 인천항을 향해 밀려들었다.

최씨는 「아직도 명예를 회복하지 못한 켈로부대원 3천여명의 명단을 전쟁기념관 벽에 새기는 데 여생을 바치겠다」고 말했다. 02-273-8746 〈인천=박정규기자〉

〈인천상륙 불 밝힌 켈로용사들...〉 출처: 동아일보(1997.9.20.)

인천상륙작전의 성공을 위해서는 팔미도(소월미도)의 등대불을 밝혀주어야 했다. 이를 수행한 켈로부대원이 있었다.

이와 같은 승리의 요인 중에는 대부분의 북한군 병력이 낙동강 전선에 치중하고 있어서 상대적으로 인천과 같은 후방지역은 방어가 취약하고, 전쟁 초기부터 유엔 해군이 해상우세권을 장악하고 있었던 것도 하나의 요인이었다. 인천상륙작전의 성공으로 반격부대와 상륙부대가 망치와 모루의 역할을 하게 되어 낙동강 전선으로 이어지는 북한군의 보급선을 차단하고 협공함으로써 북진의 발판을 이루었다.

팔미도 등대에 불을 밝힌 참전용사의 증언을 참고해 보기로 하자. (최규봉, 당시 24세 · 켈로부대장)[3]최씨의 증언에 의하면 1950년 8월 말, 맥아더사령부는 인천상륙작전을 성공시키기 위해 팔미도를 미리 점령해 '등댓불'을 밝히는 작전계획을 수립하고 KLO부대[4] 요원들을 투입했다. 특공대는 한국인 3명과 미국인 3명 등 모두 6명으로 구성됐다. 미 해군 첩보대대 클라크 해군 대위가 총책을 맡았다. 대원은 클락 혼 미 육군소령, 존 포스터 육군중위 그리고 한국의 계인주 육군대령, 연정(延禎) 해군소령, 그리고 한국 KLO 고트대(隊) 대장이었던 최규봉이었다. 특공대는 해군의 도움을 받아 영흥도에 미리 상륙하여 첩보 활동을 벌이던 중, 9월 14일 특명이 떨어졌다.

"15일 00시 30분을 기해 등댓불을 켜라!" 최규봉 등 특공대원 6명은 팔미도로 향

3) 국방일보, 「팔미도 등댓불 밝힌 최규봉, 전세 역전 희망불 밝혀」, 2016.7.6.

4) '켈로(KLO)'는 주한 첩보 연락처(Korea Liaison Office)의 약어이다. 1948년 대한민국 정부가 수립된 다음 해인 1949년 미국 극동군사령부가 조직한 북파 공작 첩보부대를 말한다. 부대원은 주로 북한 출신으로 구성됐으며 6 · 25전쟁 당시 북한군이나 중공군으로 위장해 대북첩보를 수집하고 후방을 교란하는 게릴라 작전을 벌였다. 인천상륙작전에서 많은 역할을 하였다.

했다. 기습적으로 팔미도에 상륙해 북한군 경계병 8명을 사살하고 마침내 등대를 점령했다. 9월 14일 밤 11시 30분쯤이었다. 그러나 '등댓불'을 켤 수 없었다. 점등장치의 나사못이 빠져 있었기 때문이다. 대원들은 칠흑 같은 어둠 속에서 한참 동안 헤매다가 지쳐서 바닥에 엎드렸다. 이때 최 대장은 손에 무엇인가 잡히는 느낌을 받았다. 바로 나사못이었다. 이 나사못을 연결하는 순간 등대의 불이 켜졌다. 특공대는 아군이 점령했음을 알리기 위해 등대 난간에 성조기를 게양했다. 등댓불이 켜진 시각은 약속보다 1시간 20분 늦은 새벽 1시 50분이었다.

팔미도 등대는 1903년에 불을 밝혔다. 우리나라에서 가장 먼저 세워진 등대이다. 해발 71m 정상에 위치하고 있다. 인천상륙작전 당시에 해군관계자가 덕적도로 찾아와 도움을 요청하였다 한다. 며칠을 고생하며 정비한 끝에 불을 밝힐 수 있었다고 당시의 등대지기는 회상한 바 있다.

〈인천상륙 불 밝힌 팔미도 등대〉 출처: 동아일보(1986.4.8.)

초조하게 기다리던 맥아더 사령관은 불빛을 확인하자 연합군 함대에 진격명령을 내렸다. 이를 신호로 연합함대 261척은 곧바로 상륙작전에 돌입할 수 있었다. '등대작전'을 성공시킨 이들은 오전 10시쯤 발동선을 타고 맥아더 사령관이 지휘하고 있는 마운트 매킨리함으로 가서 맥아더에게 격려를 받았다. 그는 여기서 등대에 게양했던 성조기를 선물로 받아 기념품으로 보관하고 있다가 1955년 미국에 기증했다. 성조기는 현재 미국 버지니아주 노퍽에 있는 맥아더기념관에 전시돼 있다. 그러나 당시 미첩보부대장 클라크는 자신이 불을 밝혔다고 밝힌 바 있었다.

제 2 절

공군작전

1. 개전초기작전

개전초기 6월 25일 10시에 적기가 김포와 여의도의 기지를 정찰하였다. 그로부터 정오경에는 북한군의 YAK 전투기 4대가 서울 상공에 출현하여 용산역 등에 기총소사를 가하고 폭탄을 투하함으로써 서울시민의 불안은 더하였다. 당시 한국 공군은 여의도 · 김포 · 수원 · 대전 · 군산 · 대구 · 진해 · 김해 · 여의도 등에 기지를 두고 있었으나 보유 항공기는 겨우 24대이었다. 이 중에서 훈련용인 10대는 국민들의 헌납으로 1950년 5월에 캐나다로부터 구입한 것이었다. 그 밖에는 즉각 가동할 수 있는 항공기가 전혀 없었고 여의도기지 하나만을 사용하고 있었다. 공군은 적기의 정찰이 시작된 25일 10시에 여의도 기지 내에 공군작전지휘소를 설치하고 당면한 전황을 검토한 후 신속한 전투태세를 갖추는 한편, T-6 및 L형 항공기로 적의 남하를 최대한 저지하기로 결정하였다. 그러나 제공권은 북한공군이 장악하고 있었기 때문에 일몰 경에야 T-6기가 편대를 편성하여 적의 접근로에 대한 정찰을 할 수밖에 없는 형편이었다. 북한의 YAK 전투기가 25일 12시에 김포와 여의도기지를 폭격하였고, 한국 공군기들이 즉각 출격하여 문산 지역과 동두천 · 포천-의정부지역의 적 보병, 차량, 그리고 보급품 등을 폭격하였다. 26일 북한군 공군은 YAK기 4대가 3차에 걸쳐 김포비행장과 여의도 비행장을 공격하고, 영등포역과 한강 남쪽 일대에 기총공격을 가했으며, 수색역을 공격하여 군용열차와 창고를 소각했다. 오후 1시경에는 북한 항공기들이 주한미국인 후송작전을 수행 중이던 미 공군의 F-82기 2대를 위협하기도 하였다. 한국군 공군은 6월 26일부터 T-6기에 8개의 폭탄을 장착하고 북한군의 주공이 지향된 동두천과 포천으로 출격하여 북한군에 대한 공격을 감행하였다. 또한 L-4 / 5기도 후방석의 관측사가 2개의 폭탄을 가슴에 안고 출격하여 저공비행으로 산간 계곡을 비행하며 동두천 방면에서 남하하는 북한군을 공격하였다. 특히 이날 6시경에는 "임진강 철교가 차단되었는지 여부를 확인하고 만일 차단되지 않았으면 차단해 달라."는 육군 측의 요청에 따라 T-6기(제103호)가 8개의 폭탄을 장착하고 문산 방면으로 출격하였다. 이 공격은 비록 목표를 달성하지는 못했지만 지상군과의 협조 아래 이루어진 작전이라는 점에서 의의가 있었다. 또한 이승만 대통령과 맥아더 원수 간에 협의한 바에 따라 이근석 대령 등 10명의 조종사가 10대의 F-51전투기(Mustang) 인수를 위하여 일본의 이타츠케 기지로 출발하였다. 한편, 미 공군은 맥아더 사령관의 지시에 의거하여 주한 미국인들에 대한 철수작전을 지원하였다. 27일 아침 김정렬 공군총참모장은 국방장관의 국방부 수뇌 회의 시 지침에 따라 오후 여의도기지에서 작전회의를 개최하고 수원으로 철수를 결정하였다. 공군본부는 27일 저녁부터 수원으로 철수하였고, 28일에는 대전역에 도착하여 대전여자중학교에 본부를 설치하였다. 또한 김포기지를 포함한 공군지상부대도 이동을 개시하였다. 공군은 6월 28일 전선이 남쪽으로 이동함에 따라 L-4/5기와 T-6기를 분리하여 작전하기로 결정하였다. L-4/5기는 참모부장 박범진 대령의 지휘하에 계속 수원기지에서 정찰작전을 수행하도록 하고, T-6기는 총참모장 김정렬 준장 지휘하에 대구기지로 이동한 다음 작전을 수행하기로 하였다. 이에 따라 6월 28일 11시에 T-6기 9대가 대구비행장으로 향했으나, 갑작스런 폭우로 인해 대전으로 돌아왔다. 7월 2일에 공군 최초로 F-51 전투기 10대를 미군으로부터 인수받고, 7월 3일에 육군을 지원하기 위하여 이근석 단장은 F-51기 편대(3대)를 이끌고 첫 출격에 나섰다. 수원 · 안양 지역에서 탱크를 몰고 남하하던 북한군에 대하여 폭탄 투하로 저지하였다. 그러나 기총소사를 하던 중 적의 집중사격을 받고 전투기 1대(이근석 단장)가 격추되었다. 공군 첫 출격에 첫 전사로 기록되었다.

공군은 이를 기념하기 위하여 2008년에 F-51 무스탕 전투기 첫 출격일인 7월 3일을 조종사의 날로 제정하였다. 공군력을 근대화 시킨 F-51 무스탕 전투기는 2016년에 문화재로 등록되었다.

2. 인천상륙작전과 반격시기의 작전

낙동강 전선에서 마지막 방어선을 구축하고 반격의 기회를 노리던 한국군과 유엔군은 9월 15일 여명에 개시된 인천상륙작전을 계기로 염원하던 반격의 기회를 포착하게 되었다. 인천상륙작전은 1950년 8월 30일 수립된 유엔군 사령부 작전명령 제1호에 따라 알몬드(E. A. Almond)소장이 지휘하는 제10군단과 이들에 대한 해상병력수송, 항공근접지원과 함포사격 및 병참지원을 위해 미 극동해군이 합동으로 실시하였으며, 유엔 공군은 9월 16일부터 대구-대전-수원 축선으로 공격하는 미 제8군을 공중지원하고 필요시에는 제187공정연대전투단의 공수투하 및 엄호, 기타 공수작전에 대한 임무를 부여받았다. 유엔군의 북한군에 대한 최초 공세는 1950년 9월 15일 알몬드 소장이 지휘하는 미 제10군단이 낙동강 전선으로부터 약 240km 북방에 위치한 인천에 상륙함으로써 시작되었다. 낙동강방어선에 고착되어 있던 한국군, 미군, 영국군으로 구성된 제8군이 다음날로 반격을 개시하였다. 이 시기 한국공군은 유엔군의 반격을 지원하면서 부대확장 및 기지 이전을 단행하였다. 공군비행단은 9월 23일 여의도기지로 이동하여 지상군 지원 및 후방차단작전을 수행하였으며, 10월 24일 미림기지로 전개하여 지상군 공격작전을 지원하였다. 정찰비행전대는 14대의 L형 항공기로 전대본부 및 육군 3개 군단 파견대를 운영하면서 지상군에 대한 정찰과 연락 및 포관측 등 지상군 작전을 지원하였다. 지상에서 순조롭게 펼쳐지던 북진작전은 중공군의 개입으로 다시 밀렸다. 유엔군의 반격작전으로 전선은 38도선을 연하는 선에서 형성되었고, 치열한 고지전이 전개되고 있었다. 중공군은 군수물자를 만주를 거쳐 운송하고 있었다. 그들의 보급물자가 전선으로 향하는 중요한 길목은 평양 인근의 대동강 지류인 남강에 설치된 승호리 철교였다. 이 철교는 중공군의 보급을 위한 주요 목에 해당하는 지점이었으므로 그들의 전력을 약화시키기 위해서는 반드시 차단해야 할 대상이었다. 이러한 전략적인 이점을 갖고 있던 철교였으므로 미 공군은 수차례에 걸쳐 승호리 철교에 대한 폭격을 시도하였다. 그러나 이 철교를 방호하는 북한군도 중요성을 인식하여 대공망을 완벽에 가깝게 갖추고 있었다. 이러한 적의 방호준비로 미 공군은 번번히 폭격에 실패하고 있었다. 미 공군은 이에 대한 폭격임무를 한국공군에 인계하게 되었다. 임무는 공군 10전투비행전대가 수행하였다. 당시 10전투비행전대장은 백범 김구 선생의 아들인 김신 대령이었다. 그는 이 임무의 중요성을 인식하여 '승호리철교폭파작전' 임무를 공군에서 가장 우수한 조종사로 손꼽히는 김두만 소령에게 부여하였다. 김 소령은 공군 최초로 100회 출격을 달성하기도 하였다.[5)] 1952년 1월 12일 아침 7시 40분 편대장 김두만 소령이 지휘하는 F-51 전폭기 편대(5기)가 강릉기지를 이륙하였다. 철교를 향하여 500파운드 폭탄 10발을 투하했지만, 모래바닥과 물속에 떨어지는 바람에 폭파에는 실패하였다. 비행전대장은 실패원인을 분석하였다. 그것은 목표로부터 너무 먼 공중에서 폭탄을 투하한 결과로 분석되었다. 따라서 최대한 목표에 근접하여 폭탄을 투하하는 것이 성공시킬 확률을 높일 수 있다는 결론을 얻었다. 그러나 이러한 방법은 대단히 위험한 것이었다. 즉, 적의 대공포화에 격추될 확률이 높은 것이므로 고난도의 조종술이 필요하였다. 1952년 1월 15일 오전 8시 25분, 6대의 F-51 전폭기가 다시 출격하였다. 여기에서 마침내 승호리 철교를 폭파하는데 성공하였다. 미 공군도 실패한 작전을 성공시킨 것이다. 이 작전을 계기로 미군은 우리 공군의 우수성을 인정하게 되었다. 이를 배경으로 영화 〈빨간 마후라〉가 제작되기도 하였다. 이때 전대장이었던 김신 대령은 대한민국 공군의 창군 멤버 중의 한 명이었다.

3. 팔만대장경을 지킨 '빨간 마후라, 김영환' 대령

1921년 출생. 조선경비사관학교를 졸업하고 1948년 5월 공군을 창설한 7명 중 한 명이자 역시 7인의 한 명으로 제7대 국방부 장관 및 1, 3대 공군참모총장을 지낸 고 김정렬 장군의 친동생이다. 그는 1946년 미 군정청 정보국에 근무할 당시 유창한 영어로 김정렬 장군과 함께 미군 측에 한국공군 창설의 필요성을 설파해 공군 창설에 큰 영향을 미친 인물로 알려져 있다.[6)]

---

5) 김두만 소령은 1952년 1월 11일에 100회 출격을 성공한 인물이다. 11일에 금강산 일대의 북한군 보급기지 폭격임무를 성공적으로 마치고 귀환하였다.

6) 중앙일보, 「해인사 팔만대장경 살려낸 김영환 장군, 지하에서 통곡」, 2009.7.24.

1950년 공군비행단 참모장에 이어 1951년 공군 대령으로 진급했다. 6·25전쟁 당시 제10전투비행단장을 지내며 무스탕기(F-51)로 32회 출격했다. 1951년 8월 해인사 폭격을 거부한 주인공으로 2002년 해인사 입구에 그의 공적을 기리는 공적비가 세워졌다. 그는 특히 6·25전쟁 당시 공군 전투 조종사의 이야기를 그린 영화 〈빨간 마후라〉의 주인공이다. 김 장군은(당시 대령) 1951년 8월 지리산 공비 토벌작전을 수행하면서 '공비가 잠입해 있는 해인사를 폭격하라'는 명령을 받았지만 이를 거부했다. 경남 합천 해인사는 우리의 호국 자존심인 장경판전[7]과 고려대장경판[8]이 보관되어 있는 곳이다. 어떠한 수단을 강구해서라도 지켜야 할 가치가 있다. 이에 대한 가치를 김영환은 알고 있었던 것이다. 이렇게 지켜진 결과, 1995년 유네스코에 해인사 장경판전과 고려대장경판을 세계문화유산과 세계기록유산으로 등재할 수 있었다. 그리고 이를 계기로 조계종이 김영환 장군의 업적을 기리는 사업을 추진해 2002년 6월 17일 해인사 입구에 김영환 장군 공적비를 세웠다. 그리고 김 장군은 이러한 공을 인정받아 2010년 금관문화훈장을 받기도 했다. 해인사는 매년 6월 호국보훈의 달을 맞아 추모재를 봉행하고 있다.

그가 명령을 거부하자, 해인사에 폭탄을 투하하라는데 왜 명령을 듣지 않느냐?'는 상부의 지시가 다시 떨어진다. 그러나 나라의 자존심을 공비 잡는 것으로 대체할 수 없었다. 그는 이러한 신념을 갖고 계속 불복하였다. 그는 일부 장교들이 명령을 내려달라고 하였지만 이를 거부하였다. 그리고 그는 해인사 뒤쪽 가야산 너머 산자락에 폭탄을 투하하는 것으로 작전을 마치게 하였다. 참으로 장엄한 판단이자 결단이었다. 폭탄 한 발에 세계의 문화유산이자 민족의 자존심이 통째로 날아갈 판이었다. 그는 이를 지키기 위하여 자신의 목숨을 걸고 거부한 것이다. 그의 담대한 인품이 느껴진다. 이는 대장경판이 보존되는 장엄한 순간이기도 하였다.

이날 폭격 명령에 불복한 김영환 사건에 대해 미국 군사고문단은 대통령 이승만에게 강력히 항의했다. 그러자 이승만은 크게 분노하여 김영환을 총살도 아닌 포살(砲殺)로 죽이라며 화를 내었다. 배석하고 있던 공군참모총장 김정렬(김영환의 형)이 팔만대장경의 중요성을 역설하여 즉결처분은 모면했다고 한다. 그날 저녁,

---

7) 해인사 장경판전은 고려시대에 만들어진 8만 여장의 대장경판을 보관하고 있는 건물이다. 해인사에 남아있는 건물 중 가장 오래된 건물이며 국보 제52호이다.

8) 국보 제32호이며, 흔히 '팔만대장경'이라 부른다.

미군사고문단 책임자가 한국공군 작전참모, 김영환 대령 및 그의 편대원 전원이 모인 자리로 와서 군인의 가장 큰 죄인 명령불복종 행위에 대해 엄중히 추궁했다. 약소국의 비애를 느끼는 순간이었을 것이다. 이미 죽기를 각오하고 폭격 명령을 거부했던 김영환 대령은 당당하게 대답했다.[9)]

〈해인사 전경〉 출처: 한국문화원

〈김영환 공적비〉

"태평양전쟁 때 미군이 일본 교토를 폭격하지 않은 것은 교토가 일본 문화의 총본산이라 생각했기 때문이 아니었습니까? 뿐만 아니라 영국이 인도를 영유하고 있을 때, 영국인들은 차라리 인도를 잃을지언정 세익스피어와는 바꾸지 않겠다고 했습니다. 이와 마찬가지로 우리 민족에게 팔만대장경은 인도하고도 바꿀 수 없는 세계적 보물입니다. 이를 어찌 유동적인 수백 명의 공비를 소탕하기 위하여 잿더미로 만들 수 있겠습니까?" 얼마나 통쾌하고 논리 정연한 답변인가? 지도층의 무능함도 있었지만, 우리는 이렇게 멋진 장교를 보유하고 있었던 것이다. 이승만은 이를 배워야 했다.

9) 오마이 뉴스, 「폭격명령 거부하고 끝내 팔만대장경 지킨 군인」, 2016.3.4.

Chap.

9 6·25전쟁 시기의 정치와 외교

제 1 절

국민방위군 사건

1. 호국군과 청년방위대

국민방위군의 전신으로 볼 수 있는 호국군과 청년방위대의 기원을 우선 살펴보기로 한다. 호국군은 우리나라 향토예비군의 효시이다. 호국군이 창설된 배경에는 병역법과 관련이 있다. 1948년에 정부가 수립되고 육군과 해군이 정식으로 창설된 이후에도 군은 국민개병제가 아닌 지원병제였다. 이러한 현상은 병역법이 제정될 때까지 그대로 지원병제를 유지하게 되었다. 또 한 가지 이유는 주한미군의 철수에 대비한 측면이다. 군정이 종료되면서 주한미군은 철수하는 단계였다. 따라서 급격한 병력 공백에 대비하여 창설되었다.

志願兵制에依據
護國軍組織着手

지원병 제도에 의한 개인 자격으로 응모된 장병으로 조직된다는 호국군에 관련한 보도이다. 복무규정은 자택에서 침식을 함을 원칙으로 한다는 내용이 있다. 응모자격은 '17세부터 18세까지의 청년을 표준으로 한다.'로 되어 있다.

〈지원병에 의거 호국군 조직착수〉 출처: 경향신문(1948.12.8.)

그 창설로부터 불과 반년의 짧은 기간에 호국군은 4개 여단, 10개 연대로 확장되었고, 병력도 약 2만 명에 달하였다. 눈부신 발전을 이룩한 것이다. 1948년 11월 제정 · 공포된 '국군조직법' 제12조에 호국군에 대한 규정을 두었다. 국군조직법에 따라 1949년 1월 20일에 호국군 병역에 관한 임시조치령을 긴급대통령령으로 제정 · 공포되었다. 법적 제도적 근거에 따라 초대 국방부장관 이범석은 정규군 이외에 호국군 창설을 적극 추진하였다. 따라서 군에 복무할 것을 지원하는 애국청년들을 기간(基幹)으로 하여 호국군이 창설되었다. 호국군의 창설과 함께 이들을 편성, 관리하기 위해 육군본부에 호국군무실(護國軍務室)을 설치하고, 이미 편성된 각 현역 연대에 호국군고문부를 설치하였다. 호국군의 규모가 점차 증강됨에 따라 그 지휘체제를 강화하기 위하여 1948년 12월 29일에 육군본부의 호국군군무실을 호군국으로 승격 · 개편하고, 1949년 1월 11일에는 이를 다시 개편하여 국방부 직할로 호국군사령부를 설치하였다. 그러나 헌법에 명시된 국민개병의 원칙에 따라 1949년 8월에 병역법이 제정 · 공포되었다. 병역법은 징병제를 채택하고 있었으므로 지원제는 폐지되었고 이에 따라 호국군 제도는 해체되는 과정을 겪는다. 그러나 1949년 8월 6일 병역법 제정으로 예비군인 호국군을 해체했지만 징병제가 곧바로 시행되지는 않았다.[1] 징병제의 시행은 1950년 2월 1일 '병역법 시행령'이 공포되면서 비로소 이뤄졌다.

京鄕新聞

20萬民兵制의豫備隊로

青年防衛隊組織

李大統領當面問題에言及

이승만 대통령은 중앙청 회의실에서 기자단과의 회견을 통하여 국내외 정세를 감안하여 20만의 청년 민병대를 조직하여 국내를 자치자위(自治自衛)할 능력이 필요하다고 역설하였다.

〈20만 민병 조직을 역설한 대통령〉 출처: 경향신문(1949.12.3.)

1) 국방일보, 「청년방위대」, 2008.4.2.

그런 상황에서 이승만 대통령은 모든 청년단체의 통합을 주장하며 국내외 정세를 감안하여 20만 명의 민병을 조직해야 한다고 역설했다. 1949년 11월 초, 병역법 제77조 '청년에 대하여 병역 편입될 때까지 대통령이 정하는 바에 의해 군사훈련을 실시한다'는 규정에 의거하여 청년방위대가 창설됐다. 청년방위대는 당시 난립하던 청년단체의 통합을 위해 신성모가 1948년 결성한 우익청년단체인 대한청년단을 주축으로 창설한 것이다. 그러면 여기서 대한청년단을 살펴보자. 1949년 12월 19일 이승만 대통령은 민족청년단 등 각종의 청년 정치단체를 해산시켜 자신의 정치적 기반을 강화하고자 했다. 그리하여 전국의 각 청년단체들을 일괄 통합하여 대한청년단을 조직하였다. 이승만 자신이 직접 총재직을 맡았고 장택상 · 지청천 · 전진한 · 유진산 · 신성모 · 노태준 등이 최고위원으로 추대되었다. 대한청년단은 전국적으로 200만 단원을 확보하는 규모로 확대되었다. 조직이 거대화되자 조직 계파 갈등과 지분 싸움으로 인해 점차 내부분열이 격화되기 시작하였다. 1950년 1월 최고위원간에 내부분열이 심각해지자 최고위원회제를 단장제로 변경하였다. 초대 단장으로 신성모 국방부장관이, 제2대 단장으로 안호상, 제3대 단장으로 김윤근이 각각 임명되었다. 대한청년단은 이승만의 정치적 기반을 위한 조직이었다고 보는 것이 합당할 것이다. 대한청년단은 청년방위대 창설 과정에서 주로 부대편성에 관여했으며, 1950년 3월 초 청년방위대 조직을 위한 세부계획을 발표했다. 그들은 전국적으로 도 · 군 · 면 · 동 단위까지 조직을 확대해 대부분의 청년들을 포섭했고, 여자청년단도 조직했다. 본격적인 군사조직이나 민병은 아니었지만 반공 · 치안유지에 협력하는 활동을 전개했다. 그리고 각 지부에서 선발한 제1 · 2기 간부요원 720명을 육군보병학교 배속장교교육대에 파견해 40일간의 훈련 후 예비역 소위로 임관, 대한청년단 배속장교로 전국에 배치돼 청년들의 군사훈련을 지도했다. 청년방위대가 창설되자 육군본부 교도국은 1949년 12월 15일부로 청년방위국으로 개칭하고 청년방위대의 지도감독 업무를 맡았다. 12월 1일 인력 양성을 위해 충남 온양에 청년방위간부훈련학교를 설치한 뒤의 일이었다. 방위대 편성은 1950년 1월 16일 김종평 대령이 초대 청년방위국장으로 부임한 후 본격화됐다. 그날 간부요원이 선발돼 간부훈련학교에서 1개월간의 군사훈련을 받고 방위소위로 임관한 후 충원됐다. 대한청년단 배속장교, 호국군장교를 우선적으로 청년방위훈련학교 수정반에 보내 2주간의 교육을 통해 고급간부로 임용시킨 것이다. 부대편성은 전국 시·도 사단급에 해당하는 방위단을 설치하고 단장에는 방위중령을, 군 단위에는 연대급인 방위지대를 설치하고 지대장에는 방위소령을, 그리고 면 단위에는 대대급인 방위편대를 두고 편대장에 방위대위를, 그 밖에 중대인 구대를 두고 구대장에 방위중위를, 그 이하 소대에는 소대장으로 방위소위를 임명했다. 이로써 1950년 3월 15일부로 육군본부 직할로 17개 단과 3개 독립단 등 20개 청년방위단의 부대편성이 완료됐다. 한편, 1950년 6월 10일 청년방위국을 폐지하고 청년방위대고문단을 설치했다. 초대 단장에는 송호성 준장이 부임했으며, 각단에는 고문관으로 현역 소위급 장교를 배치했다. 또 청년방위간부훈련학교가 온양에서 경기도 수원의 옛 육군보충대 건물로 이동해 제5차 간부양성을 끝으로 같은 날인 6월 10일부로 폐교됐다. 그러나 청년방위대는 본격적인 활동에 들어가던 중 전쟁이 일어나 조직적인 활동을 수행하지 못했지만, 대부분의 장교가 현역에 편입됐고 대원들도 전열에 가담했다. 중공군의 참전으로 전세가 악화되면서 청년방위대는 국민방위군을 조직하는 근간이 되었다.

2. 국민방위군

전쟁이 발발하고 중과부적의 적을 맞아 국군은 수없이 쓰러져 갔다. 전쟁 초기 정부는 비상계엄령을 7월 8일에 선포하고 나아가 7월 18일에는 징발·징용에 관한 성명을 발표함과 동시에 징발에 관한 특별 조치령(대통령령 긴급명령 제6호)을 공포하여 장비와 인력동원을 위한 긴급조치를 취하여 유엔군이 낙동강 전선으로 후퇴하는 상황에서 가두모집과 현지입대를 통해 손실된 전투병을 충원하였다. 낙동강에서 악전고투 끝에 인천상륙작전이 성공하였지만 병력부족 현상은 해결되지 않고 있었다. 38도선 돌파와 함께 유엔군과 국군이 북진을 계속하게 되자 국군의 병력이 더 필요하게 되었다. 중공군의 참전으로 전세가 악화되자 1950년 12월 16일 국민방위군 설치법을 통과시키고, 1950년 12월 21일 국민방위군 설치법(법률 제172호)을 공포하였다. 이에 따라 군과 경찰, 공무원과 학생을 제외한 제2국민병에 해당하는 만 17세 이상 40세 미만의 장정을 동원하여 국민방위군을 창설하였다. 이 국민방위군에 청년방위대원들이 합류함으로써 청년방위대 조직은 자연스럽게 해체되었다. 당시의 전황은 설상가상으로 중공군의 대규모 참전으로 전세가 역전되고 있었다. 전선은 다시 남하하기 시작하였고 수도 서울은 또 다시 위기에 처하게 되었다. 그러자 애국 청년들을 중심으로 우리 힘으로 전쟁을 해결하자는 국민적 의기가 분출되기 시작했다. 그들은 즉시 전투에 참가해 적을 물리칠 수 있도록 무기를 지원해 줄 것을 촉구했다. 이에 정부는 바로 특명 사절단을 미국에 파견해 백만 청년을 무장할 무기를 지원해 줄 것을 호소했다. 이러한 시대적 분위기에 따라 정부는 전시에 병력을 신속하게 동원할 목적으로 국민방위군을 창설하기로 하였다. 정부는 이들을 지휘할 지휘부 구성을 서둘렀다. 대한청년단 단장인 김윤근을 일약 준장으로 임관시켜 사령관에 임명했으며 교육 연대장과 극소수 기간요원을 제외한 지휘관 모두가 청년단 출신의 급조된 방위군 장교로 충원됐다. 그들은 사실상 이승만 정권의 배후 정치 세력으로서 1949년에는 이를 근간으로 청년방위대가 창설됐고 6 · 25전쟁이 발발하자 국가 기구를 대신해 모병과 후방 치안을 담당할 정도의 막강한 실력을 발휘하기도 했다.[2] 그 보상 차원에서 어처구니없는 인사가 이루어진 것이다.

〈국민방위군〉

전쟁 중에 발생한 국민방위군 사건은 '방산비리'의 전형으로 볼 수 있다는 점에서 그 심각성을 더하였다. 역시 이 사건에서도 정치인이 관련된 의혹은 있었으나 이를 밝히지는 못하였다.

2) 국방일보, 「국민방위군 사건」, 2006.3.30.

며칠 뒤 서울에 소집된 방위군만도 최소 50만 명에 이르렀다. 대병력을 모집은 하였으나 중공군의 참전으로 전세가 불리해지면서 후방으로 이동하여 훈련을 할 수밖에 없었다. 또 하나의 이유는, 전쟁 초기 남한 대부분의 지역을 북한이 점령함에 따라 피난을 가지 못한 점령지의 많은 청년들이 북한군 의용군으로 끌려가서 전투원으로 활용되었던 오류를 되풀이하지 않겠다는 조치이기도 하였다. 1·4후퇴 시기 전국 각지에서 창설 작업을 하고 있던 국민방위군은 지역별로 대구, 부산 등지로 남하하기 시작하였다. 그러나 이 과정에서 사령부의 고급간부들이 보급품을 부정으로 착복함으로써 급기야 사고가 발생하고 말았다. 영하의 기온에서 장거리를 이동해야 하는 장정들이 식량과 피복을 지급 받지 못해 1천여 명의 아사 및 동사자가 발생하였고 수만 명이 영양실조에 걸려 이후 사망하는 사고가 발생하였다. 이때의 사망자 수는 9만여 명 이상으로 추산된다. 혹독한 추위에도 불구하고 군복조차 제대로 지급되지 않았고, 식사는 하루 세 덩이의 주먹밥과 소금국만 제공됐다. 참혹한 행진을 목격한 야당의원들이 1951년 1월 15일 국회에서 방위군 참상을 지적하며 처우 개선을 요구하고 나섰다. 하지만 당시 국민방위군 사령관 김윤근과 국방장관 신성모는 이 같은 움직임을 '불순분자의 책동'이라며 오히려 적반하장의 행동을 하였다. 이처럼 부당한 처우를 견디지 못한 국민방위군들은 집단탈출하기 시작했다. 그리고 이러한 사실이 국민들에게 알려지자 문제가 되기 시작하였다. 이를 국민방위군 사건이라 한다. 국가의 명운이 걸린 상태에서 지도층의 한심한 작태가 만든 결과였다. 의기로 뭉쳐서 입대한 청년들은 그렇게 죽어 갔다. 차라리 싸우다 적의 총탄에 죽었다면 덜 억울했을 것이다. 국민적 여론이 심각해지기 시작하였다. 그러나 정부는 고위급 일부만을 신속하게 척결하면서 이를 덮다시피 한 정치적인 사건이었다. '역사는 반복된다'는 말처럼 현대의 방산비리가 이 사건과 무엇이 다른가? 아마도 이러한 풍조가 현재 발생하는 방산비리 등으로 승계되고 있는 듯하다. 어쩌면 이때부터 한국지도층의 인식은 한국의 방위는 미군이 지킨다는 안일함이 축적되고 있었던 듯하다. 그렇지 않았다면 전쟁 중에 어떻게 이처럼 큰 비리가 발생할 수 있겠는가? 그 사건의 전말을 살펴보면 다음과 같다. 신성모 국방장관은 이 사건을 적극적으로 축소 은폐하려 했다. 그는 부사령관 윤익헌을 처벌하는 선에서 사건을 종결시키고자 했다. 이를 위하여 그는 군사법정에 자신의 친구인 국방부 정훈국장 이선근을 재판장에 임명하여 사건을 축소하려고 하였다. 이선근이 재판에서 김윤근에게 무죄, 윤익헌에게 징역 3년 6월을 선고하였다. 그것은 오히려 사건을 더 확대시켰다. 국민적 공분이 들끓어 혼란이 극에 달하였다. 이어서 3월 말 결국 '국민방위군 의혹사건 국회특별 조사위원회'가 결성됐다. 위원회는 조사 한 달 만에 방위군 간부들이 당시 돈으로 77억 원 넘게 부정으로 지출한 사실을 밝혀냈다. 이 과정에서 국민방위군 사령관 김윤근, 부사령관 윤익헌, 재무실장 강석한, 조달과장 박창언, 보급과장 박기환 등 국민방위군 간부들이 방위군 예산 10억 원을 착복하였으며 정치계에 수천만 원의 자금을 제공한 사실이 드러났다. 이로 인해 국민방위군에게 제대로 된 식량 및 피복 등 보급품을 지급하지 못하였다. 이로 인해 엄동설한에 남하하던 국민방위군은 수만여 명의 아사자와 병자를 발생시켰던 것이다. 사건의 결과에 대한 책임으로 이시영 부통령이 사표를 제출하였으며, 신성모를 해임하고 그 후임에 이기붕을 임명했다. 또한 다시 재개된 군법회의에서 국민방위군 사령관 김윤근, 부사령관 윤익헌, 재무실장 강석한, 조달과장 박창원, 보급과장 박기한 등 관련자 5인에게 사형을 선고하였다. 군사재판은 통상 비공개 하에 진행되는 것이 보통이지만 국민여론의 관심을 반영하여 국민방위군사건의 재심은 공개재판으로 진행되었다. 그들은 1951년 8월 14일 대구 근교 야산에서 그들을 공개 처형했다. 그만큼 여론의 관심이 지대했음을 보여주는 것이었다. 그러나 부정한 정치자금을 받았던 정계의 인사들에 대한 처벌은 이루어지지 못했으며 상납 된 자금에 대한 수사도 착수되지 못하였다. 국민방위군 해체법안이 통과되기 이전인 3월 중순부터 정부는 국민방위군 교육대를 해산하기 시작하여 3월 25일 이전에 26세 이상의 장정 15만 8천 명을 귀향시켰다. 국민방위군 사건으로 인하여 대통령의 친위조직으로 행세해온 조직은 해산을 맞게 되었으며 새로운 정치 실세가 떠오르게 되었다. 우선적으로 국회는 1951년 4월 30일 국민방위군설치법 폐지안을 결의하였다. 이로써 국민방위군을 해산하게 되었다. 이승만의 정치적 기반세력 중의 하나였던 대한청년단은 1953년 9월 10일 대통령의 명령으로 해산의 운명을 맞게 되었다. 또한 이 사건으로 전쟁초기의 실책에도 불구하고 건재하였던 신성모 국방부장관은 세력을 잃게 되었다. 그 반면 그 후임으로 사건의 해결을 맡았던 이기붕의 세력이 급상승하는 계기가 되었다. 이후에 그는 이승만 대통령의 후계자로 급부상하게 되었다.

〈국민방위군 해체를 결의한 제2대 국회본회의장〉 출처: 동아일보(1974.2.22.)

국민방위군의 죄상이 드러나자 여론은 이를 아예 해체해야 한다는 방향으로 기울어졌다. 따라서 국회에서는 이에 대한 찬반양론이 격렬하였다. 그러나 결국 해체 쪽으로 법안이 가결되었다.

제 2 절

부산정치파동

1. 발췌개헌 배경

우리 헌법의 개헌사를 먼저 살펴보자. 현행 헌법은 1987년에 대통령 선거의 직선제를 골자로 한 개헌이었다. 정부는 끝까지 호헌을 주장하였으나 민주화의 열기에 더 이상 어찌할 수가 없어 일명 6 · 29선언을 하기에 이른다. 이른바 대통령 직선제를 수용한 것이다. 모두 아홉 차례의 개헌을 거쳤다. 그러나 개헌만 보더라도 언제나 그랬듯이 권력은 국민의 편에서 국민을 위한 정치를 지향하지는 않았다. 더 오래 권력을 유지하기 위한 방향으로 개헌은 이용되었고, 그것이 우리나라의 개헌사라고 해도 무방할 정도이다.

발췌개헌은 직선제를 추진하기 위한 개헌이었지만 국민에게 대통령을 선출하는 권한을 주기 위해 추진했다고는 절대 볼 수가 없는 개헌이었다. 이 때문에 발췌개헌은 현대사와 헌정사의 오점으로 회자되고 있다. 개인의 권력욕과 여기에 편승한 공권력 행사의 잘못된 결과였다. 6 · 25전쟁이 교착상태에 빠진 1952년은 일명 고지전으로 불리는 전투가 한창일 때였다. 교착상태라는 말이 무색하게 수많은 병사들이 고지를 사이에 두고 밀고 당기는 전투를 벌이는 동안 인명의 피해는 극심해지고 있는 암울한 상황이었다. 이처럼 전선의 국군과 유엔군은 생사의 갈림길에서 고군분투하고 있었다. 그러나 정치판은 그렇지 않았다. 정권욕에 사로잡힌 대통령은 다시 한번 대통령을 꿈꾸고 있었다. 전쟁에 대한 책임은 안중에도 없는 듯하였다. 1948년 5월 10일에 제헌국회의원 선거를 치르고 제헌 국회의원[3]들은 헌법을 제정하여 공포한다. 그리고 그 헌법에 따라 7월 20일에 초대 대통령을 선출하였

3) 제헌국회의 경우, 임기는 2년이었다. 제2대에서 4년으로 연장되었다.

다. 즉, 간접선거 방식이었다. 그 결과 출석의원 196명 중 90%에 달하는 180표를 획득한 이승만이 압도적으로 당선되었다. 제헌국회의 의원들이 전폭적으로 이승만을 지지한 것이다. 그런데 1950년 5월 30일 제2대 국회의원 선거를 치르고 난 뒤의 상황은 예전과 같지 않았다. 이대통령을 지지하는 세력이 급격히 감소한 것이다. 이것은 국민이 기성 정당에 대한 혐오감을 표현한 결과이기도 하였다. 그러나 다른 한편으로는 초대 국회의원선거에 참여하지 않았던 많은 중도세력과 남북협상 세력들이 대거 무소속으로 참여한 것도 하나의 이유로 볼 수도 있는 결과였다. 제2대 국회의 인적구성은 기성정당 정치인들이 대거 탈락함으로써 총 210명의 의원 중 재선의원은 29명에 불과하였다. 대통령에 비판적인 무소속 의원이 126명으로 3분의 2를 차지하고 있었다. 총선 민심은 이미 대통령과 정부를 떠났다.

〈정부에 의한 관제데모〉 출처: 국가기록원

국민은 어서 빨리 대통령이 교체되기만을 고대하며 총선에 임한 결과로도 볼 수 있었다. 이승만의 4년 임기가 끝나는 1952년에 치러야 할 국회에서의 대통령선거에서 이길 가망이 없게 된 것이다. 그러자 장기집권의 욕심이 있는 그는 직선제를 골자로 한 개헌안을 1951년 11월에 제출하였다. 그러나 1952년 1월 18일 제12회 국회 제9차 본회의에서 표결 결과, 반대 143표, 찬성 19표, 무효 1표로 보기 좋게 부결되고 만다. 한편 야당에서는 1952년 4월 17일 곽상훈 의원 외 123인이 내각책임제를 중심으로 한 개헌안을 발의하였다.[4] 정족수를 넘는 124명의 명의로 발의하면 통과하는데 큰 문제는 없어 보였다. 이에 대응하여 5월 14일에 제출되는 정부 개헌안은 정·부통령 직선제와 국회양원제가 주요골자였다.[5] 그러나 정부가 제출한 대통령 직선제 개헌안은 이미 부결된 바 있었기 때문에 사실상 불가능한 일이었다. 그렇지만 권력에 집착한 이대통령은 관제 데모와 민의 조작을 시도하는 등의 행위를 자행하였다. 이로 인해 내각책임제 개헌반대 관제데모가 잇달아 일어나고 소위 백골단, 땃벌떼 등 정체불명의 폭력단이 국회해산을 요구하며 국회를 포위하기도 하는 등 폭력이 난무하였다. 이승만 대통령은 이와 같은 혼란상황과 후방지역의 공비토벌을 구실로 하여 헌병사령관을 앞세워 5월 25일에 부산과 경남 등 23개 시·군에 계엄령을 선포하였다.

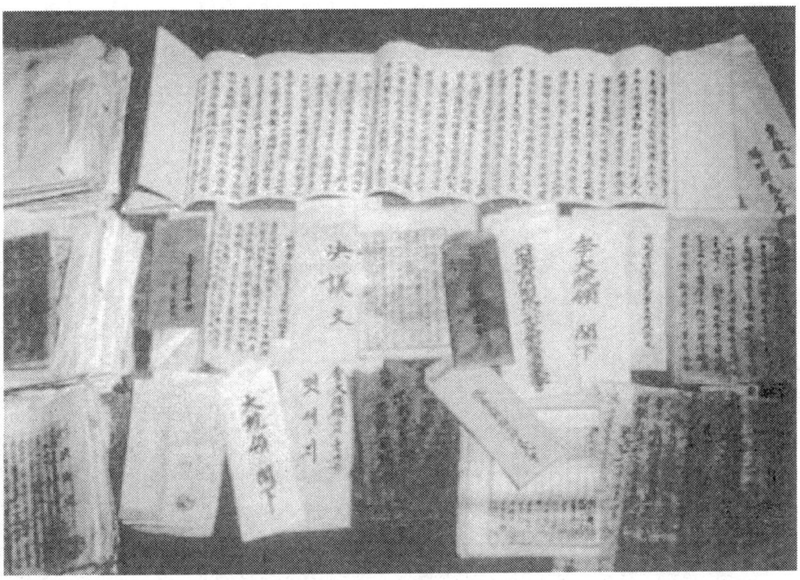

〈직선제 결의문〉 출처: 국가기록원

계엄령을 선포한 후 의원들에게 물리적인 탄압을 가하는 등의 행위를 하며 공포

4) 의원내각제는 이전에 한 차례 제출되었으나 기각된 적이 있다. 그러나 이제는 의원 구성이 크게 변한 상황에서 다시 추진하려는 것이었다.

5) 두 번째로 직선제안을 제출한 것은 장택상을 중심으로 한 일명 '신라회'였다.

분위기를 조성하였다. 정치에 관여하려는 군의 잘못된 습성은 이때부터 시작되었다고 볼 수도 있다. 또한 장면 총리를 해임한 뒤 장택상을 후임으로 임명하였고, 이범석을 내무부 장관에 기용하여 본인의 친위세력을 구축하고자 하였다. 대통령이 직선제에 이토록 집착하는 이유는 국회의원에 의한 간선제로 대통령 선거를 치를 경우 당선 가능성은 희박했기 때문이다. 정부의 계엄령선포와 탄압이 도를 넘자 이에 분노한 민주인사들은 부산국제구락부에서 '반독재호헌동지구국선언대회'를 개최하였다. 그런데 이때 폭도와 경찰관들이 행사장을 습격하는 사건을 일으켰다. 이 사건을 소위 '국제구락부사건'이라 한다.

2. 발췌개헌 통과

6 · 25 전쟁 중이던 1952년 5월 26일 임시수도 부산에서 야당 소속 국회의원들이 탄 통근버스가 경상남도 도청 앞에서 견인차에 끌려 헌병대에 연행되는 사건이 발생하였다.

〈헌병대에 의한 국회의원 출근버서 연행〉 출처: 국가기록원

이른바 '부산 정치 파동'의 시작이었다. 내각책임제를 추진하던 주동 의원들이 체포되었으며, 국제 공산당 사건 혐의로 11명의 국회의원이 구속되었다. 그러나 5월 28일 국회는 계엄령 해제를 결의하였고, 29일에는 부통령이던 민주 국민당의 김성수가 헌정 유린 사태에 항의하여 사임하였다. 이승만은 국회해산 보류를 표명하였지만 계엄령은 철회하지 않았다. 정권에 눈이 먼 결과였다. 6월 21일 정부는 직선제 개헌의 정부안에 야당의 양원제안 일부를 수용한 소위 발췌개헌안을 국회에 제출하였다. 개헌 정족수를 채우기 위해 경찰이 피신해 있던 의원들을 붙잡아 강제 등원시키고, 국제 공산당 사건 관련자들도 석방하였다. 7월 4일 경찰과 군인들이 국회 의사당을 포위한 가운데 기립 투표 방식으로 발췌개헌안 표결이 진행되었다. 개헌안은 출석의원 166명 중에 가(可) 163명, 기권 3명으로 통과되었다.

7월 7일 개정된 헌법이 공포되기에 이르렀다. 주요 개정내용은 다음과 같다.

① 대통령 · 부통령은 직접선거에 의하여 선출한다.
② 국회를 민의원과 참의원의 양원제로 한다.
③ 국회는 국무위원에 대하여 불신임 결의를 할 수 있도록 한다.
④ 국무위원은 국무총리의 제청에 의하여 대통령이 임면하도록 한다.

〈발췌개헌에 서명〉

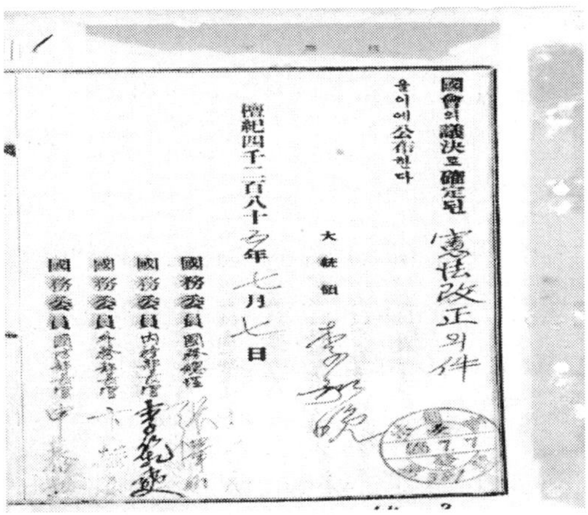

國會의議決로確定된憲法改正의件
을이에公布한다
檀紀四千二百八十五年七月七日
大統領
國務委員國務總理
國務委員內務部長官
國務委員外務部長官
國務委員國防部長官

〈발췌개헌 대통령 재가〉

이 발췌개헌은 정부 · 여당의 대통령직선제 및 양원제국회안과 야당개헌안 중에 들어 있던 의원내각제요소인 국무원불신임제를 함께 채택한 내용이었다. 그러나 내용면에서도 체제정당성을 무시하고 대통령제 요소와 의원내각제 요소를 무리하게 혼합하고 있을 뿐 아니라 그 개헌의 절차에 있어서도 헌법규정과 법 원리를 어기는 위헌·위법적인 것이었다. 국회의사당이 포위되고 국회의원의 토론의 자유 없이 강행된 것이기 때문에 더욱 그러한 것이다. 이승만은 6·25 전쟁이란 비극 속에서 우리나라의 헌법을 유린한 것이다. 결국 1차 개헌을 통하여 이승만은 1952년 8월 5일 제2대 대통령에 재선될 수 있었다. 이와 같이 집권자의 권력욕을 채우기 위하여 불법적인 개헌이 이루어진 것은 두고 두고 우리나라 헌정사의 잘못된 상징으로 인용되고 있다. 대한민국 정부수립 이후 첫 번째의 헌법개정은 이처럼 개인의 정권연장에 이용당하고 만 것이다. 이승만은 전쟁을 막지 못한 책임이 있다. 또한 전쟁초기에 대구까지 도주하다시피 서울을 떠났다. 그러나 정부를 믿고 서울에 남아 있었던 시민들은 적 치하에서 갖은 고통을 다 겪었다. 서울수복 후에 이들 중 다수는 북한군에 부역했다는 혐의로 두고 두고 고초를 겪게 되기도 하였다. 그러나 전쟁초기의 전쟁지도 실패에 대해 책임지는 사람은 아무도 없었다. 이승만은 이러한 초기 전쟁지도의 실책에 대하여 국가와 국민에 사죄하는 마음이 있었다면 차기 대통령 선거에 출마하지 않았어야 했다. 그러나 그는 무리수를 두면서 개헌을 성사하고 대통령에 당선되었다. 그 이후에는 사사오입 개헌으로 다시 3대 대통령 선거에서도 당선되었다. 1954년 9월 6일 자유당의원 등 135인으로부터 헌법개정안이 발의되었다. 그 주요골자는 이 헌법 개정 당시의 재임대통령에 대해서는 중임제한에 관한 규정을 적용하지 않는다는 것이었다.[6] 즉, 이승만의 3선 연임을 위한 개헌안이었다. 개헌안은 11월 27일 국회표결 결과 재석 202명 중 찬성 135표, 반대 60표, 기권 7표로 가결에 필요한 136표에 1표가 부족하여 부결로 선포되었다. 그러나 자유당 의원들은 11월 29일 재적의원 203명의 3분의 2는 4사 5입을 하게 되면 135명이 된다는 황당한 논리를 내세웠다. 사람을 반올림한다는 발상을 한 것이다. 따라서 이미 부결된 개헌안을 가결로 번복하여 선포하였다. 이에 항의하여 야당의원 60명은 원내교섭단체인 호헌동지회를 결성하고, 가결로 된 국회의록을 번복하기 위한 결의안, 가결로 공표한 정부규탄에 관한 결의안, 공보

6) 개정되기 이전의 헌법에서는 대통령은 3선 이상을 할 수 없다는 것이었다. 그러나 이를 헌법개정 당시의 대통령(이승만)은 허용한다는 것이었다. 제55조 대통령의 임기는 4년으로 한다. 단, 재선에 의하여 1차 중임할 수 있다.

처장 파면건의안을 제출하는 등 개헌 무효화 투쟁을 전개하였다. 제2차 개헌(4사5입 개헌)에 대하여는 절차상으로 의결정족수 미달이었으며, 성질상으로 '초대 대통령에 한해서 중임제한을 없앤다는 규정 적용'은 평등권에 위배된다는 비판이 제기되었다. 그렇지만 이승만은 이에 개의치 않고 대통령에 출마하여 당선되었다. 이것뿐만 아니라 선거 과정에서의 부정이 드러나기도 하였다. 그러자 성난 민심은 그를 더 이상 대통령으로 인정하지 않았다. 드디어 학생들과 시민 모두가 4 · 19의거를 성공시켜 그를 대통령직에서 스스로 물러나게 만들었다. 대한민국의 민주주의는 이렇게 하여 지켜지고 있었던 것이다.

제 3 절

반공포로 석방과 한미상호방위조약

1. 반공포로 석방

6·25 전쟁의 정전협상은 전쟁이 시작된 지 1년이 지난 1951년 7월 개성에서 시작됐다. 전쟁이 유엔군과 중공군의 개입으로 국제전으로 번진 뒤 전선이 고착화하며 지구전 양상으로 접어든 때였다. 159회의 본회담과 765회의 각종 회담을 거쳤고 협상이 여러 차례 중단되기도 했다. 이와 같이 회담이 진전이 어려웠던 이유는 군사분계선 설정과 포로송환 문제였다. 유엔군 측은 당시 양측 군이 대치한 접촉선을 분계선으로 설정하자고 하였지만, 공산군 측은 북위 38도선을 분계선으로 고집하고 있었다. 결국 유엔군이 주장한 안으로 결정되었지만, 지금의 분계선이 확정되기까지 양측은 고지전 위주의 전형적인 소모전으로 수많은 사상자를 발생하게 하였다. 반공포로의 송환문제를 놓고도 대립이 극심하였다. 1952년 이 문제로 무기한 휴회로 들어간 협상은 1953년 4월 재개됐다. 1953년 6월 8일 유엔군과 공산군은 2년여 만에 포로송환문제를 극적으로 타결했다. 조기 종전을 원하는 유엔군의 대폭적인 양보가 협상 타결의 요인이었는데 주요 내용은 다음과 같다. ① 송환을 원하는 양측 포로를 2개월 내 상호 교환한다. ② 송환을 거부하는 포로들은 체코·폴란드·인도 등 5개국으로 구성된 '중립국송환위원회'가 이들의 귀환을 설득한다. 등이 주요 내용이다. 난제가 해결된 것은 곧 정전을 의미하고 있었다. 이 상태에서의 정전은 또 다시 분단이 시작된다는 자명한 현실에 국민을 분노하게 만들었다. 국민은 분단을 전제로 한 평화안을 받아들이기 힘든 것이었다. 그렇지만 정전회담은 한국 정부의 의사와는 관계없이 마무리 단계에 접어들고 있었다.

〈반공포로수용소를 방문한 이대통령〉

이와 같은 현실에 대해 이대통령은 물론 국민적 분노가 폭발할 수밖에 없었다. 특히 포로문제에 있어서 국민이 분노한 내용은 '송환을 거부하는 포로들은 체코·폴란드·인도 등 5개국으로 구성된 중립국송환위원회가 4개월간 이들의 귀환을 설득한다.'는 것이 주 내용이었다. 그 결과 한반도 전역에서 거센 정전반대 운동이 전개되었다. 이러한 어수선한 상황이 전개되고 있을 무렵인 1953년 6월 6일, 이대통령은 헌병 총사령관 원용덕을 경무대로 호출하였다. 그리고 "반공포로를 석방하고자 하니 그 방법을 검토하여 보고하라."는 지시를 내렸다. 이틀 후 원용덕은 이대통령에게 관련 내용을 보고하였다. 제네바협정 가운데 '포로 교환은 의무적이 아니다. 전쟁포로는 그들을 관리하는 국가의 주권에 속한다.'라는 규정에 착안해 설사 국군의 지휘권이 유엔군총사령관에게 이양돼 있다 하더라도 한국은 교전 당사국으로서 영토적 주권을 행사할 수 있다는 점과 포로는 인도주의 정신에 입각하여 처우해야 하며, 수용소 관리는 미군이 책임지고 있지만, 경비는 주로 한국군이 하고 있으니 경비를 해제해 반공포로들을 탈출케 할 수 있을 것이라고 보고했다.[7] 이대통령은 즉석에서 반공포로에 대한 석방을 명령했다. 그 이유로는 '반공포로를 공산진영으로는 넘겨줄 수 없다'는 평소의 이념적 신념, 유엔군과 공산군 간 합의로 이뤄진 포로송환문제에 대한 반발, 정전 후 한국방위를 위한 외교적 주도권 장악 등을 염두에 두고 이러한 결정을 한 것으로 분석된다. 또한 전쟁 당사국인 한국의 입장이 고려되지 않고 정전이 진행되는데 따른 국민적 분노의 표시를 한 것이다.[8] 이러한 대통령의 결정에 따라 헌병사령관 원용덕은 1953년 6월 18일 0시를 기해 반공포로를 석방하였다. 각 지구별로 수용되어 있던 포로수용소의 전원이 끊기고 철조망이 뚫렸으며, 반공포로들의 대탈출이 시작되었다. 광주 · 마산 · 부산 · 영천 · 논산 각 지구별로 비밀리에 명령을 하달했다. 드디어 0시가 되자 3만 6,000여 명의 반공포로가 일순간에 석방됐다. 반공포로들이 자유대한의 품에 안기는 역사적인 순간이었다. 반공포로들이 석방되자 각 지역 경찰과 주민들이 그들을 돌보며 지원해 주었다. 이대통령은 대부분의 반공포로들이 탈출에 성공한 사실을 보고받은 후 이날 오전 사전에 준비된 성명을 발표했다. 이로써 워싱턴은 경악했다. 미국은 한국이 유엔의 권한을 침범한 것이라고 항의를 제기하였다. 또한 북한과 중공은 한국군과 유엔군이 공모하여 반공포로를 석방하였다고 비난하면서, 전원을 재수용할 것을 강력히 요구하였다. 그리고 정전회담을 무기한 연기시켰다. 그러나 한국 정부는 이에 굴하지 않았다. 미국은 천신만고 끝에 진행되던 정전협상의 중단으로 몹시 난감한 상황이 되었다. 반공포로를 석방한 가장 큰 이유는 정전회담을 막으려는 것이었다. 또 다른 이유로는 통일이 되지 않은 상태에서 정전협정이 되더라도 한국의 안전을 미국으로부터 보장받으려는 의도적인 행위였다. 당시 정전협정의 최대 쟁점이 포로교환 문제였기 때문에 이를 정치적인 측면에서 활용한 것이다. 이승만 대통령도 정전협정이 불가피하다는 점을 인식하고 있었다. 미국이 정전을 추진하고 있는 상황에서 단독으로 북한군과 중공군을 상대로 전쟁을 수행할 능력을 한국군이 보유하고 있지는 못했기 때문이다. 그러나 정전 후를 생각한다면 대한민국의 안전을 보장할 조치가 절실했던 것이다. 즉, 이승만은 미국이 정전회담에 속도를 가하자 반공포로 석방을 통하여 한국민의 뜻을 명확히 전달한 것이다.

---

7) 국방일보, 「반공포로 석방」, 2006.4.6.
8) 정전협정이 진행될 당시에 이 대통령은 이를 극구 반대하였다. 이 기회에 통일을 이루지 않으면 통일은 되지 않는다는 생각이었으며 국민들 대다수의 생각도 동일하였다.

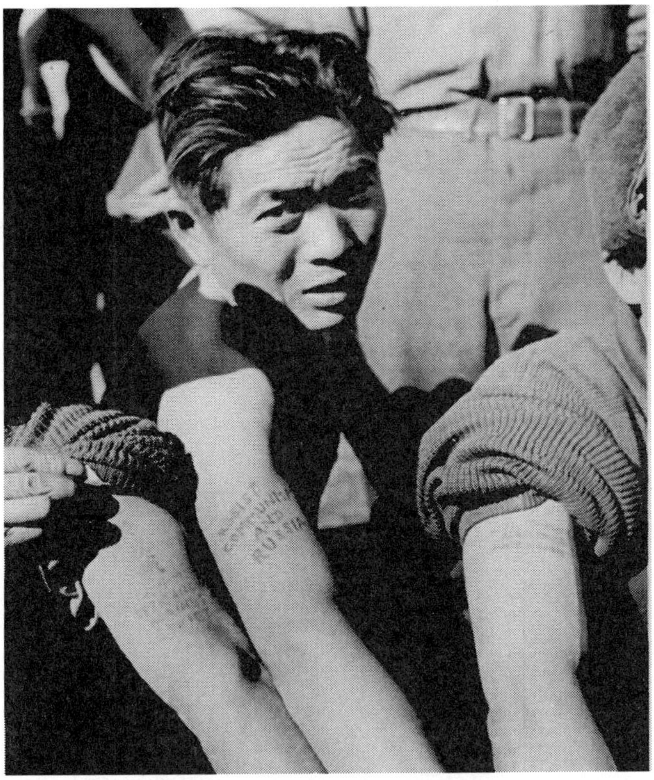

〈공산주의 반대 문신을 한 포로〉

2. 한미상호방위조약

반공포로 석방의 메시지는 통일에 있었다. 그리고 만약 정전협정을 체결한다면 한국의 안전에 대한 제도적인 장치를 미국이 주도적으로 강구해 주어야 한다는 것이었다. 이러한 이유를 가지고 정전협정이 체결되기 이전에 한미상호방위조약을 먼저 체결해 달라고 요구하기에 이른 것이다. 그러나 미국의 입장은 달랐다. 아이젠하워 행정부는 한국전쟁에서의 인적 소모뿐 아니라 경제적인 부담도 너무 컸기 때문에 정전 후에는 그 부담을 최소화하겠다는 입장을 갖고 있었다. 그렇지만 미국도 한국의 요청을 계속하여 거부한다면 언제라도 반공포로 석방과 같은 악재가 출현할 수 있다는 것을 의식하지 않을 수 없었다. 그들은 반공포로 석방 사건에서 한국의 대통령이 어떠한 일이라도 단독으로 단행할 수 있다는 사실을 실감하였다. 대한민국의 국군에 대한 작전지휘권이 유엔군사령관의 지휘 아래 있다고 할지라도 한국 대통령이 정전회담을 결렬시키기로 결심만 한다면 그것을 얼마든지 파기할 수 있다는 가능성을 인식한 것이다. 결과적으로 그러한 상황의 연속은 정전협정 추진에 어려움이 뒤따를 것임은 명확한 것이었다. 결국 미국도 한국의 요청을 수용하게 되었다.

〈송환되는 포로들〉

이승만 대통령의 반공포로 석방으로 정전협상이 결렬될 위기에 놓이자 미국은 정전 이전에 한국과 협상을 통해 문제를 해결하기로 결정하였다. 그리고 미국은 대통령의 특사를 6월 25일 파견하기에 이른다. 국무부 차관보 로버트슨(Walter Robertson)을 보내 이 대통령과 협상을 하도록 했다. 3차에 걸친 회담을 마친 후 7월 12일 이승만 대통령과 로버트슨 국무부 차관보는 공동성명을 통해 합의사항을 발표하였으며 그 내용은 다음과 같다.

① 정전성립 이후 한 · 미 양국은 상호방위조약을 체결한다.
② 미국은 한국에 장기간의 원조와 2억 달러의 무상원조를 1회 제공한다.
유엔군사령관은 정전협정이 조인되는 즉시 한국에 구호물자를 공급한다.
③ 정전회담 후 정치회담에서 90일이 지나도 구체적인 성과를 얻지 못할 때에는 한 · 미 양국은 한반도 통일에 대해 앞으로의 행동을 토의한다.
④ 한국군을 20개 사단으로 증강하고 이에 적당한 해군과 공군력을 증강한다.
⑤ 정치회담 개최 이전에 양국 간의 모든 문제를 토의하기 위해 한·미 고위급 회담을 개최한다.

이승만과 로버트슨 회담결과 합의된 한 · 미 상호방위조약의 체결을 협의하기 위해 정전협정이 조인된 직후인 1953년 8월 4일 덜레스(John Foster Dulles)미 국무장관 일행이 새로운 한 · 미 상호방위조약 초안을 가지고 방한했다. 8월 8일에 합의된 조약은 양국이 합법적으로 통제하고 있는 지역에 무력침공이 있을 경우에 양국은 헌법 절차에 따라 위협에 공동으로 대처한다고 규정하고 있다. 4조에서는 미국의 군대를 대한민국의 영토 내와 그 부근에 배치하는 권리를 허락해 줌으로써 한국주둔의 법적 근거를 제공하였다. 이 조항은 세월이 지남에 따라 한국측에 일방적으로 불리하다는 지적을 받고 있기도 한 조항이다.[9)]

한국 외무장관과 미 국무장관은 1953년 8월 8일에 합의된 한 · 미 상호방위조약에 가서명하였다. 그 후 한 · 미 간의 논의과정을 거쳐 두 달 뒤인 10월 1일 워싱턴에서 이를 정식으로 조인하기에 이르렀다. 11월 17일 미국무장과 덜레스와 한국의 주미대사 양유찬에 의해 비준서가 교환됨으로써 발효되었다. 이 조약의 체결로

9) 이를 제기하는 측의 주장은, '우리나라의 모든 영토를 사용할 수 있도록 되어 있다'는 것이다. 이는 경우에 따라서는 미국이 자국의 군사전략에 따라 우리의 국토를 마음대로 사용할 수 있는 근거가 되는 것이라는 것이다.

미국은 정전과 관련된 한국의 방해 활동과 단독행위를 포기하게 하였으며, 군대를 한국에 주둔함으로써 공산측의 무력사용 의지를 사전에 봉쇄할 수 있는 거점을 마련하게 되는 성과를 거두었다.

〈한 · 미방위조약 서명식〉

한국은 정전을 받아들이면서 장차 있을지도 모르는 공산측의 무력침공을 사전에 억제하고 한국의 안전을 보장할 수 있는 미국의 개입을 확보하게 되었다. 이러한 노력으로 '한미상호방위조약'이 태동된 것이다. 조약의 주요내용은 ① 국제적 분쟁에 대한 평화적 해결을 위한 노력 ② 무력공격을 받을 경우 상호원조 ③ 주한미군의 한국주둔과 대한민국은 이를 허락 ④ 유효기간의 무한을 명시한 것 등이다. 반공포로 석방이라는 묘수를 둠으로써 정전 이후의 안전을 보장받는 한미상호방위조약은 이렇게 하여 체결되었다. 미국은 한국 정부의 우려를 충분히 고려하여 한국에 2개 사단을 주둔시키기로 결정했다. 이로써 전쟁 직전 한국에서 철수했던 미군은 한국에 재주둔하게 되었다. 미국은 2개 사단을 휴전선 서부전선에 배치함으로써 북한이 재남침 할 경우 휴전선에 배치된 미군과 바로 전쟁을 하게 되는 것이다. 이것은 미국이 한국을 위해 자동적으로 개입하는 효과가 있었다. 즉, 유엔의 결정을 거치지 않고도 즉각 개입할 수 있는 것이다. 주한 미군은 한국방위의 핵심전력이 되기도 하며, 동북아 지역의 전쟁억지력으로서도 중요한 역할을 하고 있다고 할 수 있다. 정전협정이 가속화된 배경은 미국과 소련의 상황에서 찾아볼 수 있다. 아이젠하워는 1952년 10월 디트로이트에서 열린 유세에서 "대통령에 당선되면 한국전쟁의 '명예로운 조기 종식'을 실현할 것이며 이를 위해 한국을 방문하겠다."고 약속을 하였다. '명예로운 조기 종식'은 결국 정전을 의미하는 것이고 이것은 또 다시 분단된다는 것을 의미하는 것이었다. 한국민들과 이승만의 기대에 찬물을 끼얹은 발언이었다. 약속대로 아이젠하워가 당선 직후 한국을 찾아오자 이 대통령은 '정전반대'와 '북진통일' 추진에 협조를 구하기에 이르렀다. 그러나 전쟁의 조기 종식을 공언한 아이젠하워로서는 수용하기 어려운 요구였다. 아이젠하워가 돌아간 직후인 1953년 4월부터 정전회담이 물살을 타기 시작하였다. 그때는 공교롭게도 스탈린[10]이 사망한 시기이기도 하였다. 양측의 입장이 전쟁보다는 정전을 위한 출구전략을 모색하기에 이른 것이다. 그와 때를 같이 하여 우리나라는 대통령을 필두로 한 저항도 가속화되었다. 전국 곳곳에서 '정전반대' 시위가 벌어졌고, 4월 하순 국회는 이승만의 '북진통일'을 지지하는 결의안을 통과하기에 이르렀다. 그리고 이어서 반공포로 석방이라는 초강수를 두기에 이른 것이다. 이와 같은 반공포로의 석방은 다음과 같은 의미를 갖고 있다. ① 공산군 포로수용소 내에서 공산군 포로들과 생명을 건 투쟁에서도 자유를 향한 이념을 굽히지 않았던 수많은 포로들에게 자유의 길을 열어주었다. ② 정전 이후의 안전에 대해서도 사전에 확실한 보장을 받을 수 있게 하였다. ③ 전쟁을 마무리 지을 수 있는 중요한 명분을 얻을 수 있는 조치 등으로 평가할 수 있다.

10) 스탈린은 1953년 3월 5일 사망하였다.

한 · 미상호방위조약

본 조약의 당사국은 모든 국민과 모든 정부와 평화적으로 생활하고자 하는 희망을 재인식하며 또한 태평양지역에 있어서의 평화기구를 공고히 할 것을 희망하고 당사국 중 어느 일방이 태평양지역에 있어서 고립하여 있다는 환각을 어떠한 잠재적 침략자도 가지지 않도록 외부로부터의 무력공격에 대하여 그들 자신을 방위하고자 하는 공통의 결의를 공공연히 또한 정식으로 선언할 것을 희망하고 또한 태평양지역에 있어서 더욱 포괄적이고 효과적인 지역적 안전보장 조직이 발달 될 때까지 평화와 안전을 유지하고자 집단적 방위를 위한 노력을 공고히 할 것을 희망하여 다음과 같이 합의한다.

제1조

당사국은 관련될지도 모르는 어떠한 국제적 분쟁이나 국제적 평화와 안전과 정의를 위태롭게 하지 않는 방법으로 평화적 수단에 의하여 해결하고 또한 국제관계에 있어서 국제연합의 목적이나 당사국이 국제연합에 대하여 부담한 의무에 배치되는 방법으로 무력의 위협이나 무력의 행사를 삼갈 것을 약속한다.

제2조

당사국 중 어느 일국의 정치적 독립 또는 안전이 외부로부터의 무력공격에 의하여 위협을 받고 있다고 어느 당사국이든지 인정할 때는 언제든지 당사국은 서로 협의한다. 당사국은 단독적으로나 공동으로나 자조와 상호원조에 의하여 무력공격을 방지하기 위한 적절한 수단을 지속하고 강화시킬 것이며 본 조약을 실행하고 그 목적을 추진할 적절한 조치를 협의와 합의 하에 취할 것이다.

제3조

각 당사국은 타당사국의 행정 지배하에 있는 영토와 각 당사국이 타당사국의 행정 지배하에 있는 들어갔다고 인정하는 금후의 영토에 있어서, 타당사국에 대한 태평양지역에 있어서의 무력공격을 자국의 평화와 안전을 위태롭게 하는 것이라고 인정하고 공통된 위협에 대처하기 위하여 각자의 헌법상의 절차에 따라 행동할 것을 선언한다.

제4조

상호합의에 의하여 미합중국의 육군, 해군과 공군을 대한민국의 영토내와 그 부근에 배치하는 권리를 대한민국은 이를 허여하고 미합중국은 이를 수락한다.

제5조

본 조약은 대한민국과 미합중국에 의하여 각국의 헌법상의 절차에 따라 비준되어야 하며, 그 비준서가 양국에 의하여 워싱톤에서 교환되었을 때에 효력을 발생한다.

제6조

조약은 무기한으로 유효하다. 어느 당사국이든지 타당사국에 통고한 후 1년 후에 본 조약을 종지시킬 수 있다.

【양해사항】

어떤 체약국도 이 조약의 제3조 아래서는 타방국에 대한 외부로부터의 무력공격을 제외하고는 그를 원조할 의무를 지는 것이 아니다. 또 이 조약의 어떤 경우도 대한민국의 행정적 관리하에 합법적으로 존치하기로 된 것과 미합중국에 의해 결정된 영역에 대한 무력공격의 경우를 제외하고는 미합중국이 대한민국에 대하여 원조를 제공할 의무를 지우는 것으로 해석되어서는 안 된다.

* 한·미동맹의 배경과 의의[11)]

'한·미 상호방위조약'에 근거한 한·미 동맹과 한·미 연합방위체제는 외부세력의 침략에 대해 한·미 양국이 공동으로 대응하기 위하여 마련한 기본 틀로서 국가안보적 차원은 물론 정치외교적 차원에서도 커다란 의의가 있다. 먼저 한·미 동맹은 지난 반세기 동안 한국에 대한 외부의 위협을 억제하여 장기적인 평화를 유지함으로써 한국의 국가안보뿐만 아니라 동북아지역의 안정에도 크게 기여하였다. 이를 바탕으로 하여 양국 관계는 경제교류 및 민간협력 분야까지 확대되고 있으며, 한·미 동맹은 이제 단순한 군사동맹을 넘어 자유민주주의와 시장경제라는 가치를 공유하면서 양자·지역·범세계적 범주의 포괄적 전략동맹으로 발전하고 있다. 그리고 한국의 경제성장으로 더욱 호혜적이고 성숙한 동맹관계를 모색할 필요가 생김에 따라 한국의 방위 분담도 확대되고 있다. 한·미 동맹은 지금 그 어느 때보다 굳건히 유지되고 있으며, 양국의 안보 동반자 관계는 남북한의 평화적 통일이 이루어질 때까지 한반도에서 전쟁을 억제하여 평화를 보장할 것이다. 그리고 통일 이후에도 불특정 위협, 주변 강대국 간의 역학관계, 대륙과 해양세력의 이해관계가 교차하는 한반도의 지정학적 위치 등을 고려해 볼 때 한반도 안보는 물론 동북아지역의 안정을 유지하는 데 계속 기여할 것이다.

11) 출처: 국방부 홈페이지, '한미동맹의 배경과 의의'에서 발췌.

Chap. 10

6·25전쟁 시기의 미술

제1절 시각이미지의 중요성

제2절 종군화가단의 태동과 전쟁미술

제 1 절

시각이미지의 중요성

인체는 다양한 감각기관을 가지고 이를 통하여 대상에 대한 이미지를 만든다. 감각기관에 따라 시각적 이미지, 청각적 이미지, 촉각 이미지, 후각 이미지, 미각 이미지 등으로 구분해 볼 수 있다. 우리는 이 다섯 가지의 감각기관을 오관기능이라고도 한다. 이 중에서 이미지 형성에 가장 직접적이고 구체적으로 영향을 미치는 것은 시각적 이미지이다. 이로 인해 시각적 이미지는 감각이미지의 대표로 인식하고 있다. 그러므로 이미지는 곧 시각을 통해 인식한 것이라는 관념이 강하다. 이 시각이미지를 통해 전쟁의 참상을 알리고 그 고통을 함께 공감하는 대표적인 수단이 사진과 회화작품일 것이다. 6 · 25 전쟁 당시에도 시각이미지의 중요성을 공감한 국방부는 정훈국 산하에 미술인을 규합시켜 조직적인 활동을 하고자 노력한 흔적이 남아 있다.

우리에게 많이 알려진 퓰리처상의 한 부문에 보도사진 분야가 있다. 한 장의 사진은 특정 사건을 함축성 있게 그 내용을 전달한다. 사진은 눈에 보이는 장면을 정확하게 포착하여 전달함으로써 사실적인 기록의 필요성을 만족시키는 역할을 하여 왔다. 사진은 기계적인 특성으로 객관성을 인정받았으며 진실을 담은 기록물이라는 지위를 부여받았다. 한 장의 사진은 수많은 말을 대신하는 가치를 인정받은 것이다. 그러나 사진은 이와 같이 객관적이고 사실적인 묘사라는 장점이 있는 반면에 특정 장면을 의도적으로 담아낸다는 한계가 있다. 결국, 사진은 현재 보이는 현상 이상을 표현하기는 어렵다는 것이다. 1950년 12월 4일 폭파된 대동강 철교를 필사적으로 오르는 장면을 촬영한 사진이 있다. 한 장의 사진에 전쟁의 참상과 인간의 삶에 대한 의지가 고스란히 잡혀있다. 비극적인 한순간을 정확하게 포착하여 전달하였다. 또한 이를 감상하는 사람은 지극히 객관적인 사실에 입각하여 그날의 참상을 바라볼 것이다.

〈끊어진 대동강 철교〉 출처: 국가기록원

사진을 촬영한 AP통신의 맥스 데스포는 다음 해 1951년 퓰리처상을 수상했다. 1950년 9월 27일에 대한민국 해병대는 서울수복작전에 참가하여 마침내 중앙청에 태극기를 게양하였다. 이 한 장의 사진은 해병대의 강렬한 전투의지와 용감함을 짐작하게 해주며, 드디어 서울을 수복했다는 감격을 느끼게 해준다. 군더더기 없는 사실적인 기록의 정수를 보여주는 것이다. 회화는 사진과는 달리 주관적인 관점에 따라 해석과 인식의 차이가 발생할 수 있다. 즉, 존재하는 실재에서 주관에 따라 또 다른 실재를 구성하는 것이 회화이다. 시각적 이미지를 통한 경험을 기반으로 하여 그려지는 것이 회화이다. 시각을 통하여 인식했던 사실을 그려낸 것이다. 여기에 전쟁에 직면한 인간의 감성까지도 표현하는 것이 회화이다. 따라서 전쟁 시기에 그려지는 회화는 전쟁이라는 참상을 온몸으로 겪은 감성이 있는 표현의 산물이라는데 의미가 크다고 할 것이다. 이러한 의미로 보았을 때 회화와 사진 작품은 시각적 이미지임에는 동일하다고 할 수 있으나 각각의 개성과 의미를 지

〈중앙청 태극기 게양〉

니고 있다. 여기에서는 사진과 회화의 장단점을 구분하여 보고 따지려는 것은 아니다. 시각화된 미술작품으로는 6·25전쟁을 다 같이 시각적으로 표현한 사진과 회화는 그 나름대로의 의미를 가지고 있다. 그러므로 이를 통하여 미술에 미친 영향과 작가가 표현하고자 한 전쟁의 참상 그리고, 그날의 진실을 기록이라는 측면에서 바라보면 될 것이다. 여기에서는 전쟁 당시 미술인들이 중심이 되어 활동한 결과의 산물인 회화작품 위주로 살펴보고자 한다. 화가들은 전선의 모습을 캔버스에 담아 후방지역에서 전시함으로써 미술가로서의 역할을 다하고자 하였다. 즉, 전쟁화를 통하여 그날을 기록하고 그날의 실상을 알리게 된 것이다. 전쟁화는 표현하고자 하는 주제에 따라 분류된다. 대체적으로 전투장면, 전쟁에 참가한 군인 등의 인물, 전쟁의 피해상황을 다룬 분야 등으로 나누어 볼 수 있다. 고전적인 전쟁화는 대부분이 역사학적 기록으로써의 가치가 높다. 6·25전쟁은 통계적으로 약 300만 명의 인명이 손실된 전쟁이었다. 그 자체만으로도 대단히 참혹한 전쟁이었다. 또한 그로 인한 생활공간과 주요 문화재를 비롯한 각종 시설의 파괴를 가져왔다. 무엇보다 분단은 종식되지 않았다. 휴전선의 설정은 이산가족으로 불리어지는 비극적인 새로운 용어를 만들어 내었다. 이러한 비극을 담은 전쟁화를 감상해 보는 것도 통일을 위한 하나의 준비가 되리라 생각한다.

제 2 절

종군화가단의 태동과 전쟁미술

1. 6 · 25전쟁과 미술가의 비애

전쟁 전 정부는 전쟁이 발발하면 이를 기회로 북진통일을 할 것이라는 자신감 넘치는 발언을 공공연하게 하였다. 전쟁에 대한 자신감과 북진통일의 의욕은 넘쳐 흐르고 있었다. 그러나 정작 전쟁이 발발하자 북과 사흘 만에 수도서울을 속수무책으로 북한군에게 넘겨주고 말았다. 서울이 함락된 것이다. 많은 사람들이 피난짐을 꾸려 기약 없이 떠나야만 했다. 그러나 많은 서울시민은 피난을 가지도 못하였고 그 가운데는 유명 화가들도 끼어 있었다. 북한군이 재주 좋고 대중의 인지도 높은 그들을 가만 놔 둘리가 없었다. 북한군의 부역자가 되고 만 것이다. 서울을 함락시킨 북한군은 서울을 통치하기 위해 '서울임시인민위원회'를 조직하였다. 서울을 효과적으로 장악하기 위한 하나의 조직이었다. 그들은 추구하는 이념을 주입시키기 위한 선전이 필요하였고 미술가들은 활용 가치가 있는 '전문가'였다. 서울임시인민위원회의 산하에는 '조선미술동맹'이 있었다. 미처 피난을 가지 못한 화가들은 조선미술총동맹에 가입하기도 하였다. 이들에 대해서는 신분증을 지급하고 식량배급을 주기도 하였다. 미처 피난가지 못하고 조선미술동맹에 가입한 미술가들은 김일성과 스탈린 등의 초상화와 그들의 정책을 실현시키는데 필요한 포스터 등을 그리는데 동원되었다. 기록보다는 선전과 선동을 위한 활동에 중점을 둔 것이다. 그 결과 인천상륙작전으로 전세가 역전되고 국군이 서울을 수복하였을 때 시내에는 김일성과 스탈린 초상화가 넘쳐나고 있었다. 조선미술 동맹에서 당시 부역한 미술인은 대체적으로 초상화와 선전화를 제작하는데 동원되었다. 가장 영향력 있는 인물이었던 김일성과 스탈린의 초상화를 집중적으로 그렸다. 이들의 초상화는 북한군 통제하의 지역임을 상징했다. 9·28 수복당시 서울의 주요 거리에 스탈린과 김일성의 초상화들이 즐비하였다. 이들 초상화는 조선미술동맹에 가입한 남한출신의 미술인들이 공동작업으로 그렸을 것으로 추정된다. 약 3개월 간의 기간에 걸쳐 초상화만 총 1만 천여 점이 그려졌다는 것은 대단한 규모였다.

〈서울 화신백화점[1]에 걸린 스탈린과 김일성 초상화〉

이것은 당시의 통계에서도 증명되고 있다. 전국노동조합전국평의회(전평)[2]는 1950년 6월 30일부터 7월 8일까지 제작하여 배포한 선전문건에 대한 통계표를 작성하였다. 그 세부내용으로는 미제구축 궐기 포스터 1만 5천 장, 미제구축 삐라 8만 장이 포함되어 있었다. 전평이 서울인민위원회로부터 받은 물품 중에는 스탈린 초상화 4천점, 김일성 초상화 7천 점이 있었다.[3]미처 피란을 가지 못한 김환기·

1) 1931년에 세워진 우리나라 최초의 근대식 백화점이다. 1987년에 종로의 도로확장계획에 포함되어 철거되었다.
2) 1945년에 결성된 조선공산당 산하의 노동운동단체이며 약칭은 '전평(全評)'이라고 한다.

박고석 · 유영국 · 이쾌대 화백 등 수많은 미술가들은 목숨을 부지하기 위해서 이곳에 가입하여 활동하였다.[4] 이들 가운데 일부는 명동 마루젠 백화점에서 선전화를 그리는 데 동원되기도 했다. 그림은 사진과 비교할 때 대형화가 가능한 장점이 있었고 이미지를 조작하여 영웅적인 색채가 나타나도록 표현할 수 있는 장점이 있었다. 결과적으로 동맹에 가입한 예술가들은 자신의 의지와는 상관없이 선전의 도구로 전락해버린 것이다. 이들은 서울수복 후 고초를 겪게 된다. 고초를 겪은 것은 비단 이들뿐이 아니었다. 피란을 떠난 화가들도 수난을 당하기는 마찬가지였다. 이중섭 화백의 스승으로 알려진 임용련 화백처럼 피란길에 올랐다가 북한군에 체포된 경우가 대표적이다. 임 화백은 납북 도중 사망한 것으로 알려져 있다.

〈시가지작전 중인 미 해병대원들과 건물에 부착된 스탈린·김일성 초상화〉

인천상륙작전의 성공으로 서울을 되찾았다. 서울이 수복되는 과정에서 월북과

3) 박명림, 「한국 1950 : 전쟁과 평화」, 2003, pp.237~238.
4) 국방일보, 「6 · 25특집, 쏟아지는 포화 속에서도... 종군화가들, 예술혼 태우다」, 2015.6.24.

월남화가가 발생했다. 그 이유는 각자가 다를 수도 있겠으나 일반적인 원인은 다음으로 정리할 수 있다. 월남 미술인들은 주로 그 지역의 지주나 식자층으로 거의 대부분이 일본유학을 경험한 바 있다. 이런 이유로 사회주의 상황에서는 재산 몰수 및 생명위협에 1차 대상이 될 수밖에 없었을 것이고, 자연스럽게 이를 피해 월남행을 감행한 것임을 알 수 있다. 그러나 월북미술인들은 이와는 반대로 사회주의 이념이 제공하는 정치 및 사상적 이슈, 이데올로기 등이 한국전쟁 당시 미술인들의 월북을 결정짓는 가장 큰 요인이 되었다. 이는 한 개인의 측면에서 본다면, 두 가지로 구분된 이념에 따라 불가피하게 선택받거나 선택해야 하는 상황이었다. 이시기에 조선미술총동맹에 가입되어 그들의 선전에 동원된 일부 작가들은 월북을 선택하게 되었다. 조각가 이국전과 박용달, 서울미술제작소 초상화 반장이었던 현충섭 · 임군홍 · 엄도만 · 이순종 화백 등이 그들이다. 특히 이쾌대[5] 화백은 김일성의 초상화를 그렸던 것이 두려워 북한 인민의용군에 자원하여 입대했다.

이 화백은 낙동강 전선에서 종군화가로 북한군을 따라 다니다 체포돼 거제도 포로수용소에 수감됐다. 1953년 6월 포로교환협정이 체결된 뒤 반공포로로 남기를 거부하고 자진해서 북한행을 선택하기도 했다. 1950년 11월 11일 포로수용소에서 이쾌대가 부인(유갑봉)에게 보낸 편지이다.[6]

"오래간만에 내 소식을 알리게 됩니다. 9월 20일 서울을 떠난 후 5, 6일 동안 줄창 걷다가 국군의 포로가 되어 지금 부산 100수용소 제3수용소에 있습니다. 나의 생사를 모르는 당신에게 이 글월을 보내게 되니 - 중략 - 그리고 무엇보담도 한 푼 없는 당신 무엇으로 연명하는지 생각할수록 내 자신이 밉살스럽기 한량없습니다. 모든 것을 용서하시오 나는 이곳 포로수용소에서 나를 두둔해주는 친지들의 덕택으로 잘 있습니다. - 중략 - 이곳 부산은 남방인 관계로 기후도 따듯합니다. 내 걱정 과히 말고 모쪼록 당신 건강에 조심해 주시오 이곳 나의 희망은 무엇보다도 당신의 건강입니다. 아껴둔 나의 채색 등 하나씩 처분할 수 있는 대로 처분

5) 1913년 경북 칠곡에서 출생하였다. 1938년과 1939년 일본의 유수한 공모전에서 두 차례 입선하였다. 특히 1938년 입선작인 〈운명〉은 일제의 식민지 치하에서 고통 받는 민족의 현실을 상징적으로 표현하였다는 평가를 받는다. 그의 깨인 민족의식을 엿보게 하는 작품이다.

6) 한겨레, 「한세기를 그리다 -101살 현역 김병기 화백의 증언」, 2017.9.7.

하시오 그리고 책, 책상, 흰 캔버스, 그림들도 돈으로 바꾸어 아이들 주지 않게 해주시오 젊음이 사라져서 우리 다시 만나면 그때는 또 그때대로 생활 설계를 새로 꾸며 봅시다. 내 마음은 지금 안방에 우리 집 식구들과 모여 앉아 있는 것 같습니다."

구구절절 아내 사랑과 가족애로 넘쳐흐르고 있다. 그런데, 이 무슨 조화란 말인가. 포로 석방 때, 이쾌대는 서울의 가족 품을 버리고 북행을 선택했다. 분단은 월북작가와 월남작가라는 희귀한 용어를 만들었다. 가장의 월북 이후 남은 가족은 가시밭길의 나날이었다. '빨갱이 집안'으로 낙인찍혀 사회활동조차 마음대로 할 수 없었다. 그래도 부인은 홀로 포목점을 하면서, 남편 돌아오기를 학수고대하면서, 남편의 분신인 작품 전부를 목숨으로 간직했다. 1988년 월북작가 해금 조치 이후 '이쾌대 신화' 창조의 원동력이 그것이다. 그리고 그로부터 3년 후에 천재화가 이쾌대의 유족들은 보관하고 있던 그의 유화작품 40여 점과 수채화·스케치·서간 등을 출품하여 '월북화가 이쾌대전'을 1991년 10월 8일부터 27일까지 열기도 하였다. 9·28 서울 수복 후 미술가들은 한강을 넘어 피난을 갔던 이른바 '도강파'와 서울에 남아있었던 '잔류파'로 나뉘어 북한군 점령하에서의 부역문제로 갈등을 겪게 된다. 전쟁직전 이념의 좌우익 대립은 미술계를 두 토막으로 잘리게 했다. 통치방식의 상이함도 그렇지만 지향하는 이념의 대립은 민족의 앞길에 어두운 그림자로 늘 따라다니게 했다. 적 치하의 은신도 어려웠는데 서울수복 직전에 서울에 있었느냐, 있지 않았느냐에 따라 부역자가 되기도 하였다. 이른바 부역자 심사라는 것으로 도강파와 잔류파라는 유행어가 당시 분위기를 설명해 주고 있다. 화단의 경우 고희동을 중심으로 이종우, 이마동, 이순석 등의 도강파들은 적 치하 3개월간의 미술인 행적을 심사했다. 종군화가단 사무국장을 역임한 서양화가 이세득을 조사위원으로 하여 그 정도에 따라 A, B, C 등급으로 나누자고 한 것이다.[7] 서울이 수복되고 나서 이른바 도강파와 잔류파로 나뉘어질 수밖에 없었던 현실은 미술가의 비애였다.

---

7) 경향신문, 「화단 이면사, 일화로 엮는 명암 100년」, 1985.6.29.

이쾌대 〈군상1-해방고지〉

이쾌대 〈부인초상〉

이쾌대가 1948년에 그린 〈해방고지〉는 암흑 속에서 해방의 빛을 찾은 그 날의 감격을 그린 것이다. 왼편에 맨발로 달려오는 한복의 두 여인이 해방의 소식을 전하고 있다. 하늘의 왼편은 밝고 오른편은 어둡다. 광복의 햇빛이 어둠을 밀어내는 것으로 생각된다. 뒤편에는 소가 달리는 모습이 있다. 소는 농경문화의 상징이며 우리에게는 가족과 같은 존재이다. 다시 일어서서 일을 하겠다는 의지가 읽혀진다. 〈부인초상〉은 그가 포로수용소에서 그린 것으로 추정하고 있다. 유학시절에는 인물화에 몰두하였는데 모든 인물화를 그의 부인 유갑봉을 모델로 하였다고 한다. 아내는 그에게 예술의 영감을 제공해 주는 원천이었다.

납 · 월북 미술인에 대한 41명의 해금조치는 1988년 10월에 이루어졌다. 그 이전까지는 남쪽 미술사에서 그들의 이름이 거론되기조차 어려웠던 세월이었다. 개인의 아픔이자 미술가의 아픔이면서 민족의 슬픈 역사가 횡단한 사건이 바로 6 · 25 전쟁이었다.[8] 그러나 잔류파라고 하여 모두가 사상적으로 문제가 있거나 부역자는 아니었다. 미술가들은 1 · 4후퇴를 전후하여 많은 인원들이 종군화가단에서 활동하기도 하였다.

2. 종군화가단의 출발

1945년 8월 15일 감격의 해방을 맞이했다. 우리민족 모두는 독립된 국가에서 자유롭게 희망을 노래할 것으로 기대하였다. 그러나 누구도 상상하지 못했던 분단이 우리의 의지와는 관계없이 시작되었다. 이 시기부터 6 · 25 전쟁 기간 중의 특징은 동족 간의 전쟁이라는 슬픈 현실이 버티고 있었고 그 너머에는 이념이라는 배경이 자리 잡고 있었다. 따라서 예술인뿐 아니라 수많은 사람들이 월북인 · 월남인으로 엉켜 살아가야만 했다. 남북한의 정부는 이념의 구분을 뚜렷이 하였다. 그렇지만 평범한 사람들에게는 그 이념이라 것에 앞서 형제와 이웃이라는 끈끈한 혈육의 정이 우선일 수밖에 없는 고유의 정서를 간직하고 있었다. 그 역사는 반만년을 넘는 기간이었다. 이념에 따라 하루아침에 형제와 이웃을 적으로 구분 짓기가 곤란한 정서가 아주 오래부터 있었다. 그러나 전쟁이라는 소용돌이는 자의든 타의든 간에 이념을 피아 구분의 중요한 기준으로 만들었다. 전쟁은 '반공'이라는 이데올로기와 적과 아군이라는 이분법적 논리를 강요받기 적합한 환경이었다. 그로 인해 지식인뿐 아니라 모든 국민들은 이 서글픈 현실 앞에서 고뇌가 깊을 수밖에 없었다. 특히 자유로운 표현을 추구하는 미술인을 포함한 예술인들의 고뇌는 더 깊었을 것이다. 전쟁의 발발은 사회 대부분의 활동을 위축시켰다. 미술계도 예외는 아니었으며 그 역시 침체의 늪에 빠지게 된다. 그러나 군에서는 전쟁에 직접적으로

8) 한겨레, 「월북화가 이쾌대 작품, 40여년 만에 햇빛 본다」, 1991.10.4.

참여하고 있는 장병들의 사기진작과 전의를 고양하기 위한 다양한 활동의 필요성이 평시보다 더 절실히 요구되었다. 또한 전쟁의 참상을 기록하여 역사적인 자료로 보존하는 것도 중요한 일이었다. 그리고 이를 적극 홍보하여 전쟁의 참상을 알리고 반공의식을 고취시키기 위한 활동도 직접적인 군사작전 못지않게 중요한 요소로 등장하였다. 전쟁 당시의 미술인은 시대의 체험자이자 기록자로서의 역할을 하였다. 따라서 6·25전쟁 중에 활동한 종군화가단의 역할과 작품을 고찰하는 것은 미술을 통한 전쟁의 이해 측면에서 의미가 크다고 보인다. 또한 그 작품을 통하여 당대의 지식인 중의 한 부류였던 미술인의 비애를 짐작하게 해줄 것이다. 계속되는 전쟁은 미술가들의 작품활동을 제한시킨 부정적인 측면이 있으나 이들은 전쟁이라는 색다른 소재를 이용하여 그들의 작품세계를 개척하였다. 미술을 통하여 역사를 기록한 공로자였다. 그리고 이것은 인정받을 가치를 충분히 갖고 있는 의미 있는 활동이었다. 아이러니하게도 전쟁이 주는 참상은 미술의 또 다른 소재가 되었다. 이는 군에서 필요로 하는 적에 대한 적개심과 필승의 신념을 고취하고 사상을 무장하는 중요한 소재가 되었다. 전쟁시기의 미술활동은 군과 밀접한 연관성을 갖고 있으며 군으로부터 지원을 받았다. 따라서 작품내용은 국가의 이념과 정책에 부합되는 것이 대부분이었으나, 그 자체가 기록이라는 중요성은 변치 않을 것이다. 종군화가단은 군의 필요성에 의한 지원으로 추진되었으나 전쟁이라는 특수성은 미술계의 적극적인 참여를 유도하는 촉진제가 되었다. 즉, 종군화가단은 전쟁시기라는 특수성을 배경으로 한 군의 지원과 요구 그리고, 미술가의 자발적인 참여의사가 결합하여 태동된 것으로 볼 수 있다.

3. 종군화가단의 작품

6·25 당시 미술가들의 활동 조직을 알아보면 다음과 같다. 전쟁기간에 '전국문화단체총연합회(문총), 미술대, 종군화가단'의 3단체로 나누어 볼 수 있다. 그러나 이들에 대한 공식적인 기록은 부재하여 주로 증언 등에 의존하는 실정이다. 문총은 미술인뿐 아니라 문예작가 등도 포함되어 활동한 단체이다. 그러나 미술대와

종군화가단은 미술가로만 이루어진 단체였다. 이 단체들은 모두 국방부 정훈국 산하에서 활동하면서 지원을 받고 있었다.

국방부 정훈국 산하의 종군화가단은 1951년 봄에 결성되었다. 종군화가단에 관한 증언은 엇갈리는 부분도 존재한다. 국방부에서 발행한 『정훈 50년사』를 기준으로 보면 국방부 미술대가 창설된 후 그를 모체로 하여 종군화가단이 태동했다고 기록하고 있다. 9 · 28 서울수복 후에 국방부 미술대가 조직되었으며 국방부 종군화가단은 그 이후에 만들어졌다는 것이다. 국방부 미술대는 정훈국 소속의 강경모 대위가 조선호텔에서 대원을 모집하여 조직하였다. 당시의 정훈국은 5개의 과로 구성되어 있었다. 선전과, 기획과, 보도과, 편집과, 지도과 등이었다. 그 중에서 선전과는 선전대, 섭외대, 군악대, 미술대로 구성되어 있었다. 선전대에 속해 있었던 미술대의 대장은 육군중위 강경모였으며 대체로 젊은이들로 이루어져 있었다. 이를 모체로 종군화가단이 결성되게 되었다. 조직 체계는 정훈국 → 선전과 → 미술대로 이루어졌다. 미술대에 소속된 종군화가단은 기록화반, 보도선전화반, 만화반 등의 분과로 나뉘어 활동하였다. 기록화반은 전쟁과 관련된 사실을 기록하는 것이었으며, 보도선전화반에서는 이른바 선무작전을 위한 포스터 등을 제작하였다. 만화반은 전단, 포스터와 같은 선전물 등에 속성으로 활용될 수 있는 만화를 주로 그렸다.[9] 대부분의 종군화가단은 기록화반에서 활동하였다.

〈종군화가 표지장〉

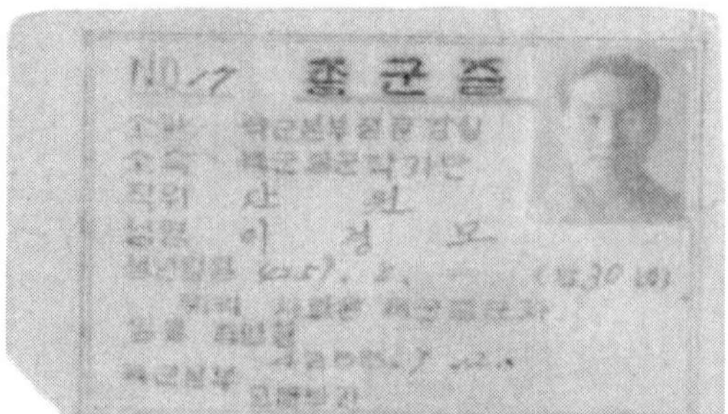

〈종군증〉

종군화가단이 주로 소속된 기록화반은 국방부 정훈국의 한 조직으로써 정훈 기

9) 박암종, 「고난과 극복, 싹트는 발전의 징후」, 『한국미술 100년』, 한길사, 2006, p.450.

능 중의 한 부분을 담당하는 부서였다. 이를 고려해 보면 종군화가단원들의 신분은 비록 민간인이었지만 군부대의 특정부서에 소속된 일원으로 역할을 수행했다고 볼 수 있다. 그들은 정훈국에서 달성하고자 하는 전쟁의 기록을 그림으로 그려내는 군에 소속된 민간인 신분이었다. 그 당시는 피란민들로 전국 각지가 혼란스러운 형편이었고 신분을 보장받기도 어려운 실정이었다. 이런 상황에서 군에 소속되어 있다는 것은 가장 훌륭한 신변보장 수단이 되었다. 많은 미술가가 종군화가단에서 활동하게 된 이유 중 하나가 바로 이것 때문이기도 하였다. 또한 국민방위병이나 제2국민병[10]에 소집되지 않도록 신분을 보장 받고자 하는 측면도 있었다.[11] 이들에게는 신분증과 마크 등이 지급되었다. 이러한 조치로 그들은 군에 소속된 예술인임을 보장받을 수 있었다. 군에 소속되었다는 것은 전시의 혼란기에 확실하게 신분을 보증받는 길이었다.

김성환 화백과 김병기의 증언을 보면 미술대가 조직되고 그 후에 종군화가단이 만들어지게 되었다는 것을 알 수 있다. 육군본부의 『정훈 50년사』와 증언이 일치한다. 전쟁기의 회화작품은 전쟁의 순간을 단순히 그림으로 옮기지는 않았다. 작가들은 사진이나 실제장면을 그들의 눈을 통하여 보았다. 그리고 그 사실적인 내용으로부터 전쟁의 참상과 삶의 치열함을 알리고자 하였다. 뿐만 아니라 장면에 등장하는 주인공들의 내면세계와 감성까지도 표현하고자 하였다. 여기에서는 주요작품을 대상으로 그날을 되새겨 보고 미술인의 기록을 위한 노력을 살펴보고자 한다.

조덕환의 〈이승만과 아이젠하워 대통령〉은 1952년 겨울에 정전회담을 위해 한국을 방문한 아이젠하워 대통령이 이승만 대통령과 함께 군부대를 시찰 중인 장면을 그렸다. 엄밀히 말하면 그는 당선자 신분이었다. 그는 11월에 대통령에 당선된 상태였다. 그가 선거공약으로 내세운 것 중 하나가 한국전쟁의 종식이었다. 이 그림을 그린 조덕환은 당시에 육군본부의 문관으로 회의에 사용되는 차트 등에 글씨를 쓰는 일을 하고 있었다. 방문 당시에 대통령은 방한기념 선물로 그림을 주고자 하여 그리게 되었다고 한다. 그림은 두 대통령이 담소를 나누는 장면이다. 뒤에 도열해 있는 군인들의 모습은 상대적으로 작게 표현되었다. 이로써 두 대통령

10) 6·25전쟁이 계속되던 1950년 말에 제정된 '국민방위군 설치법'에 의해 만 17세에서 40세 미만의 남자를 대상으로 조직되었던 군대를 말한다.
11) 「화필로 기록한 전쟁의 상흔, 6·25 종군화가단 8인의 육성」, 『월간미술』(2002. 6), p.124.

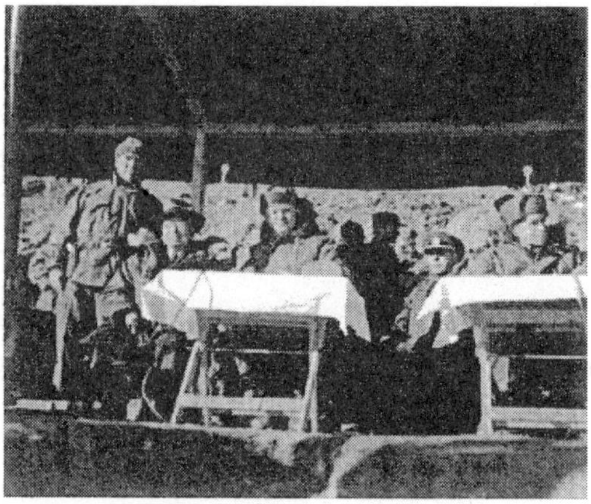

조덕환 〈이승만 대통령과 아이젠하워 대통령〉 우측은 사진

을 크게 보이게 하여 아군 최고 지도자의 이미지를 보다 힘 있게 전달하고자 하였다. 사진에서는 테이블이 두 개이며, 한 개는 두 대통령을 중심으로 거의 균등하게 위치하고 있지만 그림에서는 아이젠하워 대통령에게로 치우쳐 있다. 아이젠하워 제34대 대통령 당선자가 우리나라를 방문한 것은 1952년 12월 3일부터 5일까지의 사흘간이었다.[12] 그리고 위의 사진은 12월 4일에 수도사단을 방문하여 촬영한 것으로 알려져 있다. 미국 매릴랜드에 있는 국립문서기록보존소(NARA) 사진자료실의 한국전쟁 파일에 포함된 사진이다. 조덕환의 그림과 상당히 유사하다. 사진을 참조하여 그렸을 것으로 추정된다.

국립현대미술관에 소장되어 있는 김두환의 〈야전병원〉은 그가 종군화가단 시절에 그린 것으로 던컨의 사진과 매우 유사한 구도를 보이고 있다.[13] 또한 이 그림은 '라이프'지에도 소개된 바 있었으며 한국전쟁의 참상을 알려주는 전쟁화로 그 본래의 이미지는 던컨의 사진에서 차용했음을 알 수 있다. '라이프'에 소개된 사진의 내용은 다음과 같다.

"두 위생병이 한 한국여성을 치료하고 있다. 파편이 머리에 꽂힌 것이다. 파편을 뽑아내는 동안 아기는 무심코 젖을 빨고 있었다. 이웃 사람이 다가가서 무엇인가 말을 하자 여자는 얼굴을 돌렸다. 고통으로 일그러진 얼굴이었다. 그녀는 포탄에

12) 미국의 34대 대통령이다. 취임은 1953년 1월이었으므로 1952년 방문 당시는 당선자 신분이었다.
13) 김상미, 「시각이미지로 재현된 한국전쟁」, 성균관대학교대학원 석사학위논문, 2006, p43.

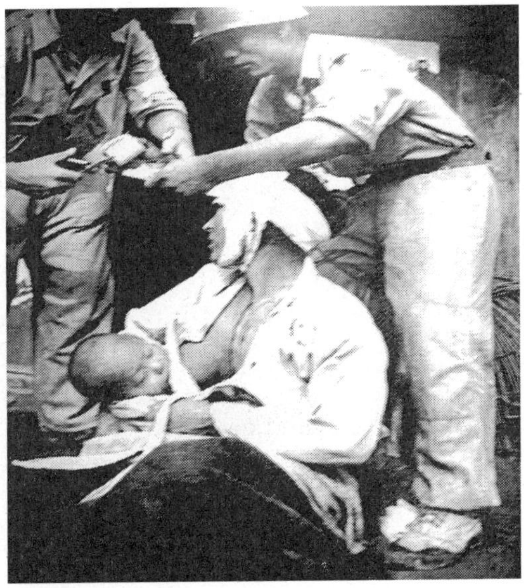

김두환 〈야전병원〉, 우측은 사진.

맞은 아들이 숨을 거뒀다는 얘기를 들을 것이다."[14] 그림 속의 어머니는 부상을 당했지만 허리 꼿꼿이 세워 앉은 모습을 유지하고 있다. 고통스러운 모습과 참고자 하는 모습이 동시에 느껴진다. 강한 생명력과 모성애를 함께 느끼게 하며, 고통 속에서도 의연함을 잃지 않으려는 모습이다. 자식에게 헌신과 사랑을 주는 우리나라의 생명력 강한 어머니의 전형적인 모습이 보인다. 종군이라는 극한 상황에서도 조형적인 표현 욕구에 목말랐던 당시 미술가의 모습도 발견할 수 있다.

---

14) 'LIFE', 1950년 9월 David Douglas Dancan의 사진설명, 재인용, 김형곤, 「한국전쟁 사진과 집합기억: 전쟁기념관에서의 사진전시회에 관한 연구」, 『한국언론학보』,vol.49 No.2, 2005, p138.

김흥수 〈출발〉

김흥수의 〈출발〉은 옷매무시를 다잡고 군화끈을 조여매고 있는 병사들의 결연한 표정이 모든 각오가 되어 있다는 것을 보여주는 듯하다. 지금 즉시 적진으로 진격이 가능하다는 느낌이 드는 작품이다. 전투에 임하고 있는 병사들의 심리가 표현된 작품이다. 국방부차관상을 수상한 작품이다.

이수억 〈야전도〉

이수억의 〈야전도〉는 참호 속에서 조명탄 아래 야간전투가 이루어지는 장면을 사실적으로 묘사한 유화 작품이다. 지휘자가 조명탄 방향을 가리키며 무언가를 지시하는 모습을 보인다. 마치 조명탄 불빛이 다하기 이전에 임무를 완수하여야 한다는 의지의 표현처럼 보인다. 작가는 그 당시를 이렇게 회고하였다. "전투지역의 참호속으로 들어가니 소대장이 전방이 보이는 지역으로 안내해 주었다. 바로 앞에 적이 보였다. 나는 이를 바라보며 직접 스케치를 하였다." 이 작품은 제1회 종군화가단 전시회에서 참모총장상을 받기도 했다. 그는 함흥에서 단신으로 월남하여 종군화가단에서 활동했다. 위의 세 작품은 1953년 7월 제 31호 '국제보도'에 실린 종군화가단전 수상작품 사진이다.[15)]

문학진 〈적전천호〉

문학진의 〈적전천호〉는 1952년에 있었던 수도고지의 전투장면을 그렸다. 수도고지는 행정 구역상 강원도 금성군 임남면 좌수동에 속하며 663고지에서 북쪽으로 뻗은 능선에 위치하는 해발 600m의 조그마한 고지이다. 1951년 7월 10일 개성에서

15) 김상미, 앞의 논문, 2006, p47.

정전회담이 개시되었으며, 1952년 전반기는 상당한 진전을 보이고 있었다. 1951년 11월 27일 회담에서는 '현재의 접촉선을 군사 분계선으로 하고 이 선을 기선으로 남북 각각 2km의 비무장지대를 설정하기로 하였다. 그러나 정전협정 조인시까지 적대 행위는 계속한다'고 합의하였다. 그 결과 전략적으로 가치가 있는 한 치의 땅이라도 더 확보하기 위한 치열한 전투가 전개되었으며, 그 중의 한 전투가 수도고지 전투이다. 그림에서 나타난 참호 속에서 수류탄을 투척하려는 모습, 호를 파기 위해 누운 자세에서 야전삽을 치켜든 모습과 언제라도 사용할 수 있도록 배위에 놓인 소총은 적과의 거리가 상당히 지척임을 말해 준다. 전장의 급박한 상황을 생생히 전달한다. 작품은 존재하지 않고 도판만이 남아있다. 다른 스케치 등의 작품에 비하여 비교적 구체적인 전투장면이다. 병사의 얼굴 표정은 절박함이 묻어있다. 이 작품은 제6회 종군화가단 전쟁미술전에서 국방부장관상을 수상하였다. 국방부 종군화가단은 1952년 7월부터 일진일퇴를 거듭하던 수도고지 탈환전을 생생한 현지묘사를 통해 영원히 남겨놓으려는 목적으로 10월에 문학진과 이수억을, 춘천 제2사단 지역에는 권영우 · 권옥연 · 김을 등을 파견했으나 열악한 환경 등으로 서울로 되돌아오기도 했다. 이때가 종군화가들이 가장 많이 전선에 나가 있던 시기였다.

우신출의 스케치 〈보병의 5분간 휴식〉은 언덕에 군장을 맨 채 기대어 쉬고 있는 병사의 모습을 그렸다. 잠시 전쟁을 잊은 병사의 고요하고 편안한 단잠을 표현하듯 화려하지 않은 색감이 오히려 잘 어울린다. 그리고 화면을 꽉 채우지 않고 하단부에 자리 잡은 병사의 자는 모습이 저 멀리에서 모든 것을 잊기라도 하는 듯하다. 특히 윗부분에 쓰여 있는 글귀가 보병의 애환이 서린 진한 향수를 느끼게 한다. '밤낮으로 쉴 새 없이 걷기만 하는 보병은 걸어서 자고 자며 걷는다.' 보병으로 군 생활을 마친 사람은 모두가 공감하며 지독했던 행군의 기억을 할 것이다. 그리고 잠시 동안 그날의 향수에 빠질 것이다. 우신출은 부산에서 출생하여 1930년대에는 조선미술전람회인 선전 등에서 입선하면서 작품활동을 시작하였다. 그는 서울수복 이후 원산까지 한 달가량 북진하는 국군과 함께 전장을 누비며 당시 상황을 그려냈다.

우신출 〈보병의 5분간 휴식〉

우신출 〈진군〉

우신출의 양양 북쪽으로 북진하는 〈진군〉이다. 이 지역에서의 북진은 국군 제3사단이었다. 작가는 제3사단에서 종군하면서 진군하는 국군을 그린 것 같다. 짚차에 탑승하여 산길을 따라 북으로 향하는 국군의 의기양양한 뒷모습을 그렸다. 우측에는 동해 바다가 보인다.

박영선 〈9월 서울 입성〉

박영선은 서울수복전투를 수채화로 표현하였다. 당시의 종군화가단은 서울수복 이후에 결성되었으나 그는 결성 이전에 이미 전쟁기록화를 그리고 있었다. 이러한 점에서 〈9월 서울 입성〉 작품은 그 의미가 있으며 가치가 크다. 국군병사들이 시가지 관측이 유리한 언덕에서 기관총 진지를 점령하고 전방을 바라보며 무언가를 이야기하는 듯하다. 왼쪽 옆에 있는 병사는 기관총 부사수이며 그 옆의 병사는 탄약수로 보인다. 적이 보이면 언제라도 사격을 할 태세이다. 이들은 소총수들의 전진을 엄호하기 위하여 전방이 잘 내려다보이는 어디에선가 자리를 잡은 듯하다. 건물들 사이에서 연기가 피어오르고 있다. 아마도 시가전에서 포탄의 영향으로 화재가 발생한 것으로 보인다. 전투현장이만 부드러운 느낌마저 든다. 아마도 수복이 되자 전쟁의 불안이 해소되면서 그 감정이 수채화에 스며들었기 때문으로 보인다.

김원 〈피난민〉

김원의 〈피난민〉은 1·4후퇴 때의 모습이다. 대단한 추위 앞에 온몸을 꽁꽁 동여맨 모습을 하고 있다. 언니인 듯한 아이가 동생을 보살피고 있다. 그 옆에는 그 추운 날씨에도 어린아이에게 젖을 먹이는 엄마의 지친 표정이 보인다. 언덕을 바람막이 삼고 있는 모습이 애처롭다. 옆에 있는 어린아이는 배가 고프고 추워서인지 울고 있는 모습이다. 그 뒤로는 하염없이 이어지는 피난민의 행렬이 이어지고 있다. 추위와 피로로 인한 전쟁의 참상이 보이는 작품이다.

이수억의 〈구두닦이 소년〉이다. 메고 있는 구두통, 허름한 옷차림과 다소 크게 보이는 고무신이 생활의 곤궁함을 알게 해 준다. 전쟁은 어린아이일지라도 생계를 위한 일에 뛰어들 수밖에 없는 상황을 만든다. 그리고 수많은 고아를 만들었다. 그림속의 어린 소년도 고아일지 모른다. 아니면 부모가 몸을 다쳐 가족의 생계를 책임져야 할 위치에 있는 소년일 수도 있다. 그 뒤에는 목발을 하고 걸어가는 남자의 모습이 보인다. 그리고 그 반대편에는 미군으로 보이는 군인과 일명 '양공주'로 불리는 여성을 그렸다. 전쟁은 이처럼 사람을 죽고 다치게 하며 어린 나이에도

이수억 〈구두닦이 소년〉

힘든 노동을 해야만 하는 환경에 놓이게 한다. 전쟁의 낳은 비극을 볼 수 있는 작품이다.

김성환 화백은 전쟁 발발 당시 19세의 소년이었다. 그는 전쟁 직후부터 수복 이후의 서울의 분위기를 생생하게 그렸다. 피난 대신 기록을 선택한 것이다.[16] 인천 상륙작전으로 서울을 수복하기까지의 90여 일을 다락방에서 숨어 지내며 적 치하에서의 서울 실상을 그렸다. 김성환은 6·25전쟁이 발발하자 피난을 가지 못하고 다락방에 숨어 지냈다. 이때 거리의 전쟁참상을 보면서 스케치로 남겼고 종군화가

16) 국방일보, 「피란 대신 다락방에 숨어... 종군화가로...」, 2016,7,26.

단에서 활동하게 되었다. 서울수복 이후에는 전쟁초기에 춘천전투에서 대승을 거둔 제6사단에 종군하면서 전투현장을 생생하게 전했다. 정훈국 미술대에서 신문, 포스터와 삐라, 주간만화잡지 『만화승리』와 『육군화보』 등에 참여하기도 했다. 전쟁 이후에는 시사만화가로 명성을 얻게 되었다. 특히 그가 연재한 '고바우 영감'은 불멸의 작품이었다. 〈서울 피탈 후 거리〉는 김성환이 그린 함락 직후의 서울 모습이다. 북한군의 전차가 돈암동 대로를 지나고 있으며 인공기가 펄럭인다. 펄럭이는 인공기에서 북한군의 의기양양함을 느끼게 한다. 옆에는 꼬마가 손을 번쩍 들고 있다. 어린아이가 생존의 법칙을 너무 미리 알아버린 것 같아 씁쓸함이 느껴진다. 밀짚모자 차림으로 걸어가는 사람이 작가 본인이다. 작가는 이렇게 변장 아닌 변장을 하고 전쟁터의 일상을 그렸을 것이다.

김성환 〈서울 피탈 후 거리〉

김성환 〈적 치하의 서울일상〉

〈적 치하의 서울일상〉이다. 북한군 병사 2명이 총을 메고 거리를 걷고 있는데 순찰하는 모습으로 보인다. 그 너머에는 북한군이 검문을 하고 있다. 검문당하는 그 시민은 얼마나 공포의 순간이었을까? 그리고 빨래터에서는 아낙들이 여느 때처럼 옷가지 등을 빨고 있는 모습이 보인다. 빨래터 부근에 완장을 찬 건장한 청년의 모습에서 인공치하임을 느끼게 한다. 그러나 아이들의 모습은 여느 때처럼 웃고 장난치는 모습이다. 그 아이와 가까운 친척 누군가는 전쟁터에서 이 순간 피를 흘리고 있을지도 모른다. 평온해 보이지만 감시와 검문이 일상화된 긴장감과 두려움이 혼재된 서울 시내의 일상을 보게 한다. 〈북한군 포로들〉은 서울이 수복된 직후의 모습이다. 국군이 북한군을 포로로 잡아 어디론지 가고 있다. 예전에 보였던 인공기는 보이지 않는다. 포로는 흰옷을 입고 있으며 맨 뒤에 걷고 있는 북한군은 총상을 입었는지 바지가 붉게 물들어 있다. 이를 보아 격렬한 시가전을 치렀을 것이다. 건물이 온전하지 않은 모습이다. 건물의 모습이 시민의 마음을 대변하는 것 같다. 적 치하의 3개월 동안 많이 괴로웠을 것이다. 천진난만한 아이들은 전쟁이 무엇인지도 모르는 듯 마냥 신이 나서 놀고 있다.

김성환 〈북한군 포로들〉

임응식 작가는 인천상륙작전에 종군하였다. 세계적인 보도사진 잡지인 라이프지의 헨크, 워커 등의 기자와 함께 종군하였다. 그들의 목숨을 건 기자정신과 직업정신에 크게 감명을 받았다고 한다. 서울의 모습을 찍기 위하여 서울에 들어간 것은 1950년 9월 24일로 9.28서울수복 4일 전 이었다고 한다. 미군복장을 한 그는 그 때까지 북한군의 잔당이 활동하는 서울을 다니면서 사진을 찍었다. 전쟁 전에 단골로 다니던 어느 여관을 찾아가니 주인이 제발 나가 달라고 사정을 하였다. 오전까지만 해도 북한군 지휘부가 2층에 있었다고 한다. 그러나 그는 다음날도 여전히 서울의 명동을 돌며 사진을 찍었다.[17]

17) 동아일보, 「명물풍물 카메라 추적 50년」, 1992.12.12.

임응식 〈구직〉

임응식 〈나목〉

1953년에 찍은 〈나목〉은 전화를 입어 까맣게 그을린 겨울나무와 막막한 표정을 지은 소년을 마치 동양화처럼 표현하였다. 그러나 그 어린 소년은 생명이 있는 푸릇푸릇한 나무를 상징한다고 보아야 할 것 같다. 절망 속에서 다시 일어설 수 있다는 희망을 암시하는 작품으로 보인다. 역시 같은 해에 찍은 〈구직〉은 환도 후의 서울에서 일자리를 얻지 못하여 고단한 나날을 보내는 남자의 일상을 결정적인 대비로 나타내었다. 어떤 허식과 가식도 없는 사실의 포착을 통해 일상에 스며든 엄청난 사회적 격변의 파장을 깊이 있게 보여주고 있다. 전란은 안정적인 직업도 직장도 송두리째 날려버린다. 전쟁의 변화 앞에 능력한 한 남자의 힘없는 모습은 당시의 상황이다. 오늘날처럼 평화로운 시대의 젊은이들도 직장 구하기가 힘든데 전쟁 상황에서는 오죽했겠는가? 임응식의 역작이라고 평가되는 이 작품은 '구직'이라고 표기되어 있는 이름 판을 달고 고개를 푹 숙이고 모자까지 눌러 쓴 한 남자를 주인공으로 하고 있다.[18] 그의 눈빛은 아래를 향하고 있는데 피난지에서 일자

18) 김상미, 앞의 논문, 2006, p.80.

리를 구할 수 없고, 전쟁으로 인해 일자리를 잃은 모습을 상징하고 있다. 그의 옷차림 역시 군용야전복 윗도리로 군대보급품들이 암시장을 통해 나돌던 시대의 궁핍한 모습을 읽을 수 있다. 청년의 뒤로 보이는 악수하고 있는 양복을 입은 신사들은 서로 즐거워하는 모습인데 청년의 모습과 대조를 이루어 사진의 주제를 더욱 부각시키는 촉매 역할을 하고 있다.

임응식 〈노점수레〉

〈노점수레〉에서 당시 생활용품의 출처를 알게 해 준다. 상표로 보아 미국산인 것 같다. 그 옆에는 소녀의 쪼그려 앉은 모습과 우울해 보이는 얼굴에서 위축된 생활 형편을 짐작하게 한다. 소녀의 옆에는 돈 박스로 보이는 철제로 된 통이 보인다. 아마 이것은 탄약통이었을 것이다. 전쟁이 평범한 우리들의 생활에 미친 영향을 보여준다. 전쟁으로 인해 가장 고통 받는 대상은 어린아이였다. 6 · 25전쟁은 수많은 아이들의 목숨을 앗아갔고 전쟁고아를 만들었다. 전쟁 발발 3일 만에 서울이 피탈되고 3개월 후에 서울을 수복하였을 때는 그 처참함 중에서 어린아이의 울음소리가 메아리쳤다고 한다. 부모 잃은 아이들의 절규였다. 사진에서 아이는 두

임응식 〈전쟁고아〉

눈을 크게 뜬 것처럼 보인다. 그러나 실상은 잘 먹지 못하여 퀭해진 얼굴 모습이다. 무언가를 먹는 것인지 아니면 먹을 것은 없지만 본능적으로 손가락을 입에 가져다 놓았는지 모르겠다. 전쟁으로 인한 가난함과 어린 아이도 피해가지 않는 전쟁의 혹독함을 보여주고 있다.

이경모 〈부산 피난시절의 학교〉

이경모 〈부산 피난시절의 학교〉는 전쟁의 폐허 속에서 희망을 이야기 하고 있다. 사진에서 나타나는 풍경은 비록 피난지에서의 학교생활이지만 생동감 넘치는 장면을 담아냈다. 뒤에 앉아 있지만 열심히 듣겠다는 의지와 선생님의 진지한 표정이 희망적이다. 한국인의 강한 생명력과 삶에 대한 집착력을 보는 듯하다. 이때의 이 어린이들이 한국의 산업화를 이끈 주역이었다. 우리는 이러한 고통을 겪으며 성장한 세대들에게 찬사를 보내야 할 것이다.

4. 전쟁이 미술에 미친 영향

미술계에서는 6·25전쟁 시기를 대체적으로 암흑기로 본다. 전쟁 중에 종군화가단을 중심으로 전쟁에 대한 기록과 참상을 알리기 위한 활동은 있었다. 그러나 앞에서 살펴보았듯이 소품 위주의 작품이 많았고 전쟁 본질과는 다소 주제가 먼 작품들로 전시회가 이루어지기도 하였다. 따라서 기록화로써의 가치가 크게 돋보이는 작품이 많지 않았다는 평가를 받고 있다. 19세기 유럽이나 태평양전쟁의 일본

역사화와 비교할 때 6·25전쟁미술에는 격렬한 전투의 장면 등이 거의 제작되지 않았다는 것이다.[19] 후방 피난민들의 생활현실이나 폐허의 풍경, 피난의 장면, 소품 위주의 작품 등이 주된 내용이었던 것은 '6·25전쟁이 타민족 국가와의 영토전쟁이 아닌 사상과 이념으로 인한 같은 민족 간의 상잔이었기 때문'이라고 분석하기도 하였다. 그러나 이시기를 호흡한 미술인들은 당대의 지식인으로서 한국의 당면한 상황을 인식하고 크고 작은 각종 미술단체들에 가입하는 등의 활동을 보이며 나름대로의 창작활동을 이어왔다. 비록 전쟁기록화의 걸작으로 호평받는 작품이 소수일지라도 그 당시의 풍경을 화폭에 담아 전쟁과 한국사회를 증언하려고 노력한 공로는 지대한 것으로 평가받을 수 있을 것이다. 전쟁 시기에 미술인이 국가에 동원된 것은 국가나 개인 모두에게 부합되는 환경이 있었기 때문이었다. 이에 따라 많은 미술인들은 국가의 부름에 응했으며 이를 계기로 미흡한 환경이었지만 작품활동을 계속할 수 있는 여건은 조성된 셈이다. 또한 국가는 전쟁의 참상을 알리고, 이를 계기로 반공의식을 조성할 수 있었다. 그러나 전후에 미술을 포함한 문화예술의 자유로운 표현이 제한되었던 것은 전쟁이 남긴 유산의 결과로 볼 수 있다. 전쟁 이후에도 반공, 친미 등으로 국가의 정체성이 자리 잡아 가고 있는 상황에서 그 이외의 주제는 사상을 의심받기 충분하였다. 분단의 고착은 국토에서의 고착만이 아니었다. 그 영향으로 사고의 고착과 표현의 이분법이 지배하는 분위기가 조성된 것이다. 전쟁은 미술인의 유동을 가져왔다. 사망과 실종도 있었지만 월북과 월남을 통하여 미술인의 유동이 있었다. 국민작가가 된 이중섭과 박수근은 월남화가이고, 이쾌대와 배운성은 월북화가이다.

19) 권영애, 「한국전쟁기 종군화가단의 활동과 미술계에 대한 연구」, 2011, p.76.

이중섭 〈싸우는 소〉

이중섭의 〈싸우는 소〉는 우리나라의 현실을 상징적으로 보여주는 의미가 있다. 그는 월남한 작가이다. 가족과 이별하게 된 근본적인 배경에는 분단된 현실의 조국이 있었다. 3년의 기나긴 세월을 견디었지만 분단은 계속되었다. 소는 우리민족에게 가장 친근하며 재산의 원천인 동물이다. 소는 우리민족을 상징하고 있다. 두 소가 사이좋게 풀을 뜯는 모습의 그림이 나오기를 기대해 본다. 1950년대 중반 환도 후 2~3년 사이에 미술계의 분쟁이 표면화되기 시작하였다. 이전까지는 전란으로 인하여 구국, 반공의 정신이 시대를 선도하고 있었다. 그러나 전쟁이 막을 내리자 표현의 자유를 중시하는 미술계는 다양한 의식을 가진 작가들에 의해 다극화되기 시작하였다. 특히 남하한 작가와 해방 후 각 미술대학에서 배출해낸 신진작가들을 통해 조형이념이 다양해지기 시작하였다. 이유인즉, 서구문화의 수용은 새로운 조형이념의 수용 및 국제적 교류를 가능하게 했고 국전을 중심으로 한 낡은 가치관에 항거하여 구미의 새로운 미술 사조를 통해 접한 정보의 충격과 그들의 격렬하고 급변하는 현대적 창조정신에 자극을 받아 당시의 젊은 세대는 추상미술을 받아들였기 때문이다.[20] 1950년대 문화를 더욱 독특하게 만드는 요인은 전쟁의 심리적 충격을 해결하는 그들만의 독특한 방식에 있었다. 이 방식은 오리엔탈리즘적이고 자학적인 친미주의, 실존주의와 개인주의 등의 특징을 가지고 있었다. 또한 젊은이들의 친미주의는 미국과 서구에 대한 진지한 관심, 그리고 서구적 가치관과 세계관의 전면적인 수용, 숭미(崇美)라고 표현해야 될 정도로 미국이라는 나라에 고도로 정신적 에너지를 집중시키고 미국의 기준에 비추어 한국의 기성가치 및 규범질서를 부정적으로 평가하는 점이 특징이었다. 즉, 체제가 내세우는 민족주의와 자유주의의 가치정립이 냉전과 반공체제에 의해 왜곡된 내용과 형식으로 이념화되어 모든 사회 · 문화영역으로 스며들어 왜곡된 내용과 형식 안에서 펼쳐질 틀이 생성된 것이다.

20) 이구열, 「한국의 추상미술-20년의 궤적」,서울: 『계간미술 편』, 1979, p.37.

Chap. 11

6·25전쟁 시기의 음악

제 1 절

전쟁시기의 대중가요

1. 우리나라의 대중가요

대중가요는 '널리 대중이 즐겨 부르는 노래'[1]이다. 흔히 대중가요를 '역사의 거울', '사회의 그림자'라고도 말한다. 이러한 표현은 우리의 역사를 잠시 살펴보아도 알 수 있다. 동학혁명 당시에는 녹두장군 전봉준을 생각하며 '새야 새야 파랑새야...'를 불렀다. 일제강점기 시절에는 '황성옛터', '눈물 젖은 두만강'을 노래했다. 광복 후 원치 않는 38도선이 생겼을 때는 '가거라 삼팔선'을 노래했다. 그리고 6 · 25전쟁 시절에는 '전우야 잘자라', '굳세어라 금순아' 등이 불렸다. 이것만 보아도 대중가요는 당시의 시대상을 정밀하게 묘사하면서 대중의 마음과 교류했을 보여준다. 우리나라 대중가요의 시작은 유행창가가 상업적 음반으로 만들어져 유통되기 시작하면서부터이다. 우리민족의 노래 사랑은 우리의 역사와 함께 유구함을 간직하였다. 이런 이유로 가요는 다른 대중문화에 비해 민중의 삶 속에 깊숙이 투영되어왔다. 수많은 가요가 우리의 정서를 대변하여 주었고 서정을 깨우쳐 주었다. 가요는 일상생활의 무료함을 달래는 것은 물론이고 슬픔과 기쁨도 함께 나누게 해주었다. 대중과 함께 시대의 애환을 묶어 수많은 세월을 함께 보내온 것이 대중가요이다. 대중가요는 유행성이 강하여 추억의 노래로 간직되는 것이 일반적이다. 그렇지만 오랫동안 국민의 사랑을 받고 있는 노래도 상당히 많이 존재한다. 그중에는 전쟁의 혼란함과 비극적인 상황에서 우리의 애환을 달래준 노래도 많이 있다. 해방이 되고부터 우리의 대중 가요인들은 잊혀져간 우리말의 노래 찾기를 활발히 하였다.[2] 1946년에는 국내의 직업가수 제1호였던 채규엽을 비롯하여 남인수

1) 국립국어원 표준국어대사전, 2018.

· 백년설 · 고복수 · 장세정 등이 정상에서 활발한 활동을 벌였다. 장세정의 '울어라 은방울아' SP레코드가 날개를 단것처럼 팔려나간 것도 이 무렵이다.

- 울어라 은방울 -

해방된 역마차에 태극기를 날리며 / 누구를 싣고 가는 서울 거리냐
울어라 은방울아 세종로가 여기다 / 삼각산 바라보니 별들이 떴네

자유의 종이 울어 8 · 15는 왔건만 / 독립의 종소리는 언제 우느냐
멈춰라 역마차야 보신각이 여기다 / 포장을 들고 보니 종은 잠자네

연보라 코스모스 앙가슴에 안고서 / 누구를 찾아가는 서울 색시냐
달려라 푸른 말아 덕수궁이 여기다 / 채찍을 휘두르니 하늘이 도네

(1948, 조명암 작사, 김해송 작곡, 장세정 노래)

조명암이 노랫말을 쓰고, 김해송이 곡을 붙였다. 이 노래는 가사에서 느낄 수 있듯이 해방의 기쁨을 말하고 있다. 광화문통이 아니라 세종로라고 표현한 것도 광복을 실감케 한다. 광화문통은 현재의 종로구 세종로의 일제강점기 명칭이다. 이 노래에서 처음으로 세종로라고 노래하였다. 그러나 당시의 미군정이 실시되는 답답한 현실을 담고 있다. '8 · 15는 왔건만 독립의 종소리는 언제 우느냐' 등은 그러한 정서를 나타내고 있다. 독립은 되었지만 미국에 의한 군정으로 사회는 무언가 꽉 막힌 답답한 현실을 노래로 표현한 것이다. 그렇지만 대부분의 가사내용은 해방된 조국에 대한 기쁨과 희망을 담아내었다. 가사의 내용이 무척 밝고, 곡도 경쾌하다. '태극기, 서울, 자

〈장세정 앨범 앞면〉

2) 경향신문, 「대중가요 46년에 '울어라 은방울 히트'」, 1986.10.6.

유의 종, 세종로, 독립의 종소리' 등의 가사에서 젊음과 희망이 넘치는 듯하다. 해방 직후의 희망이 넘실대는 사회분위기가 손에 닿을 듯한 내용이다. 일제의 그 악독함에서 벗어났으니 얼마나 감격했으랴. 이 시절이 영원할 것이라고 모든 국민은 생각했고 그렇게 되기를 기원했을 것이다. 아마 이 당시만 해도 동족 간의 전쟁이 일어나리라고는 생각하지도 않았을 것이다. 조명암과 김해송은 일제강점기부터 대중가요에서 두각을 나타냈으나 생소한 이름이다. '꿈꾸는 백마강' 등 많은 노랫말을 쓴 조명암은 일제 때부터 사회의식이 담긴 작품을 많이 썼다고 한다. 김해송은 전쟁와중에 실종 되었고, 조명암은 월북하였다. 이로 인해 그의 노랫말은 한동안 잊혀진 노래가 되었다. 그리고 일부가 수정되는 운명을 맞게 되었다. 그 수정된 내용이다.

은마차 금마차에 태극기를 날리며/ 사랑을 싣고 가는 서울거리냐
울어라 은방울아 세종로가 여기다/ 인왕산 바라보니 달빛도 곱네

연보라 코스모스 가슴에다 안고서/ 누구를 찾아가는 서울 색시냐
달려라 은마차야 보신각이 여기다/ 가로수 흔들흔들 네온 빛 곱다

성당의 음악종이 은은히도 들리면/ 자유가 나래치는 서울 지붕 밑
뭉쳐라 젊은 가슴 새 희망을 위하여/ 건설에 청춘복지 어서 달리자

수정된 가사 중에서 특히 2절은 최초의 정치색이 풍겼던 '8 · 15는 왔건만/ 독립의 종소리는 언제 우느냐'는 통째로 빠졌다. 일명 건전가요로 탄생한 것이다.

남북으로 조국이 분단되자 신탁통치의 거센 반대 물결에 따라 남인수의 '가거라 삼팔선아', '달고 하나 해도 하나'라는 노래가 크게 유행하였다. 또한 이 무렵은 해방의 영향으로 해외동포들이 고국으로 돌아오기 시작하였으며 이때의 환희를 '귀국선'이 대변해 주었다.

- 가거라 삼팔선 -

아 산이 막혀 못 오시나요 / 아 물이 막혀 못 오시나요
다 같은 고향 땅을 가고 오건만 / 남북이 가로막혀 원한 천리 길
꿈마다 너를 찾아 꿈마다 너를 찾아 / 삼팔선을 헤맨다

아 어느 때나 터지려느냐 / 아 어느 때나 없어지려느냐
삼팔선 세 글자는 누가 지어서 / 이다지 고개마다 눈물이더냐
손 모아 비나이다 손 모아 비나이다 / 삼팔선아 가거라

(1948, 이부풍 작사, 박시춘 작곡, 남인수 노래)

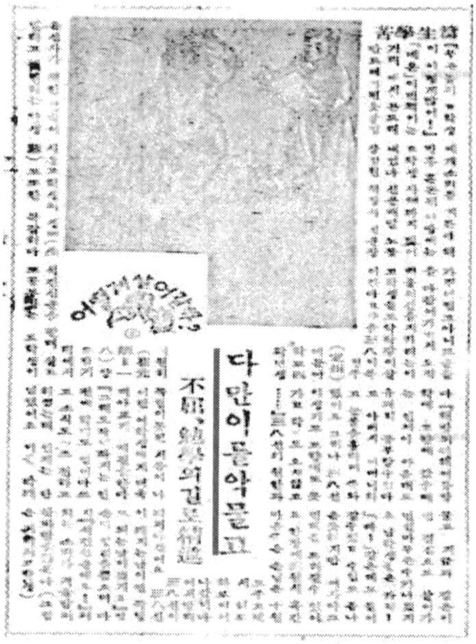
다만이를악물고

〈경향신문, 1947.12.3〉

〈38도선 팻말〉

해방 직후 삼팔선에 대한 국민의 인식을 엿볼 수 있는 자료를 살펴보자. 경향신문(1947.12.3.)에 보도된 내용에서 고학생 최원희 양은 38선이 생기고 집에서 돈도 안 오고 갈수도 없다면서, "어서 빨리 삼팔선이 깨져야겠어요. 삼팔선이 깨지는 날이면 독립이 되겠지요."라는 말을 하였다. 그 학생은 38선 이북이 집이었던 것 같다. 광복이 되고 서울에 와서 공부를 하는데 날이 갈수록 그 선을 넘기는 어려워지고 있었다. 38선은 이처럼 가족 간의 생이별을 가져온 것이다. 그러니 모든 국민의 소원은 38선이 없어지는 것이었다. 그렇지 않았다면 '삼팔선은 가거라' 라는 노래가 그다지 애창되지는 않았을 것이다. 어느 날 갑자기 찾아온 분단, 전쟁의 책임이 있는 일본은 멀쩡한데 피해국인 우리나라는 강대국의 논리에 의해 분단이라는 비극이 찾아왔다. 그리고 이를 거부한다는 심정이 가사에 짙게 묻어 있다. 전쟁 이전에도 전투를 소재로 한 노래가 등장하였다. 광복 직후인 1947년에 '안해의 노래'라는 이름으로 발표된 곡이다. 그 이유는 38도선을 중심으로 하여 북한의 잦은 도발이 있었기 때문이다. 대표적인 전투가 개성의 송악산에서 있었던 전투였다. 1947년 KBS(당시의 약칭 HLKA)방송국에서 최초로 방송가요로 만들어 보급한 노래이다. 그 당시의 시대적인 배경은 미국과 소련이 남과 북에 각각 진주한 상태였으며 38도선 사이에서는 남북 간에 무력충돌이 빈번했던 시절이었다. 남편은 전투지역으로 떠나고 아내는 가정에서 굳건히 살아가야 한다는 다소 계몽적인 내용이다. '영광의 길'이나 '눈물을 감추었소', '즐거움이 넘칩니다' 같은 가사는 자연스러운 서정적인 이미지와는 거리가 있어 보인다. 6 · 25전쟁 중에도 이 노래는 많이 불렸다고 한다. 가사에서 주는 의미가 전쟁과 관련이 있다 보니 전쟁 이전에 나온 노래이지만 가슴에 와 닿았을 것이다. 전쟁이 주는 시대적인 현상이 반영된 것이다.

– 아내의 노래 –

님께서 가신 길은 영광의 길이옵기에 / 이 몸은 돌아서서 눈물을 감추었소 / 가신 뒤에 내 갈 곳도 님의 길이요 / 바람 불고 비 오는 어두운 밤길에도 / 홀로 가는 이 가슴에 즐거움이 넘칩니다

(1947, 유호 작사, 손목인 작곡, 김백희 노래)

1947년에는 중국에서 귀국한 현인의 '신라의 달밤', '고향만리' 등이 일약 그를 스타의 반열에 올려놓았다. 국군창설과 때를 맞춰 김백희의 '아내의 노래', 손달협의 '꿈에 본 내고향'이 발표되기도 했다. 1950년 6 · 25전쟁이 발발하였다. 이때 나온 노래에는 '전우야 잘자라', '전선야곡', '군사우편', '임 계신 전선' 등이 나왔다. 이어서 피난민의 애환을 그린 '굳세어라 금순아'가 나왔다. 1953년 서울환도에 따라 부산과의 이별을 아쉬워하는 '이별의 부산정거장'이 선보였다. 이어서 납치 인사를 주제로 한 '단장의 미아리 고개'가 발표되어 이산의 한이 단장을 끊는 것처럼 아픔을 대변하였다. 1960년대에는 전쟁의 상처가 서서히 아물어 가는 시기였다. 그 영향으로 대중가요도 경쾌한 리듬이 나오기 시작하였다. '노란 셔츠의 사나이', '빨간 마후라' 등이 나오게 되었다. 앞에서 살펴본 바와 같이 전쟁을 소재로 한 가요는 6 · 25전쟁 시기와 그 이후의 전후복구 과정에서 주로 나왔다. 가요 속에서 전쟁의 이야기를 찾아보는 것은 그 시대를 살았던 사람들이 전쟁을 어떻게 느끼고 있었으며, 전쟁을 어떠한 정서로 받아들이고 있었는가를 알아보는 과정이다. 민족 최대의 비극인 6 · 25전쟁에서부터 전쟁의 상흔이 남아있던 그 이후의 과정까지를 살펴보기로 하자.

2. 전쟁시기의 대중가요와 가곡

해방 후부터 1950년대까지의 대중가요는 전쟁이라는 비극을 정서로 하고 있다. 한반도 안에서 3년이라는 긴 기간 동안 6 · 25라는 국제적 전쟁은 가요의 주된 소재가 되기에 충분하였다. 남북이 단독정부를 수립한 1948년 남인수가 불러 인기를 모은 〈가거라 삼팔선〉이 나온 이후 전쟁을 거치면서 분단과 전쟁의 체험은 1950년대의 가장 중요한 대중가요 소재로 떠올랐다. 특히 1950년대 트로트 양식의 대중가요의 주류 경향을 이루게 된다. 전쟁의 생생한 모습을 반영한 대중가요로 최초의 것은, 1950년 9 · 28수복 직후에 우연하고도 급작스럽게 만들어져 압록강까지 북진하면서 내내 즐겨 불린 진중가요(陣中歌謠) 〈전우야 잘 자라〉일 것이다. 그리고 1 · 4후퇴 이후 〈전선야곡〉 등 전쟁 소재 작품들이 발표되었다.

'전우야 잘 자라'를 작사한 유호(본명 유해준)는 6 · 25전쟁이 발발하였지만 피난을 가지 못하였다. 그의 집은 한강교가 내려 보이는 용산의 청파동에 자리 잡고 있었다. 벌써 북한군은 서울에 입성해 있었다. 그로부터 며칠이 지난 어느 날 그는 무심히 한강교를 바라보고 있었다. 그때 국군병사 한 명이 돌계단 뒤에 숨어 북한군을 향해 방아쇠를 당겼다. 그러나 소총의 고장이었던지 발사되지 않았다.

당황한 병사는 효창공원 쪽으로 달려갔다. 그 병사는 북한군의 총격을 받아 전사했는지, 아니면 무사히 아군 진지 어디론지 갈 수 있었는지 알 수 없었다. 그리고 여러 달이 흘렀고 서울은 수복이 되었다. 수복된 후 10월의 가을빛이 내리쬐던 어느 날 그는 작곡가 박시춘(본명 박순동)을 만났다. 전쟁과 관련한 이야기를 나누던 중 그는 "국군장병과 국민의 사기를 북돋울 수 있는 노래를 만듭시다."라고 제안하였다. 그때 유호는 효창공원 쪽으로 사라져간 국군병사의 모습을 떠올렸다. 그는 그 병사를 떠 올리며 노랫말을 만들었다. 노랫말마다 비장함이 녹아났다. 낙동강 전선으로부터 추풍령을 지나 서울을 탈환하고 북진하는 국군의 군화소리가 들리는 듯한 노랫말이 만들어졌다. 그리고 수많은 전우의 죽음에서 비장함과 애틋함을 느끼게 하는 불멸의 노래가 완성되었다.

- 전우야 잘 자라 -

전우의 시체를 넘고 넘어 앞으로 앞으로 / 낙동강아 잘 있거라 우리는 전진한다 /
원한이야 피에 맺힌 적군[3]을 무찌르고서 / 꽃잎처럼 떨어져간 전우여 잘 자라

우거진 수풀을 헤치면서 앞으로 앞으로 / 추풍령아 잘 있거라 우리는 돌진한다 /
달빛어린 고개에서 마지막 나누어 피던/ 화랑담배 연기속에 사라진 전우야

고개를 넘어서 물을 건너 앞으로 앞으로 / 한강수야 잘 있느냐 우리는 돌아왔다 /
들국화도 송이송이 피어나 반기어 주는 / 노들강변 언덕 위에 잠들은 전우야

터지는 포탄을 무릅쓰고 앞으로 앞으로 / 우리들이 가는 곳엔 삼팔선 무너진다 /
흙이 묻은 철갑모를 손으로 어루만지니 / 떠오른다 네 얼굴이 꽃같이 별같이

(1950, 유호 작사, 박시춘 작곡, 현인 노래)

노래에는 쉬운 멜로디와 북진통일을 열망하는 염원을 담았다. 곧이어 국방부 정훈국에서 발표하기에 이르렀다. 그러나 처음에는 정식군가로는 인정되지 못하였

---

3) 최초의 가사는 '적구(赤狗)'였으나 시간이 흐르면서 '적군'으로 변화되었다. 고의로 변화시킨 것은 아니다. 발음이 비슷하고 적군이라는 용어에 익숙하여 노래를 부를 때 이렇게 굳어진 것으로 추정한다.

다.[4] '화랑담배 연기 속에 사라진 전우야'라는 구절이 불길하다는 이유에서였다. 1951년 중공군의 참전으로 1·4후퇴를 한 즈음에, 가사가 왠지 불길한 느낌을 준다는 이유였다. 그러나 이 노래는 널리 애창되었고 정전이 되고 나서는 금지가 해제되었다. 오히려 듣는 사람에 따라서는 비장함을 느끼게도 해준다. 가사는 전체적인 전황을 묘사하고 있다. 낙동강에서 밀고 올라가 서울을 수복하고 38선을 깨뜨리는 용사들의 모습을 그리고 있다. 1절에는 낙동강이 나온다. 어찌 보면 지겹고 다시는 보고 싶지 않은 곳이기도 할 것이다. 그 낙동강을 뒤로하고 떠나면서 먼저 떠난 전우에 대해 묵념과 거수경례를 하는 용사의 모습이 보이는 듯하다. 2절은 경부가도를 따라 서울로 향하고 있다. 공세의 고삐를 쥔 국군과 유엔군은 달리고 달리며 전과를 확대하는 중이다. 3절은 드디어 한강을 목전에 두고 있다. 3일 만에 서울을 뒤로하고 맨몸으로 강을 건너다시피한 통한이 맺힌 한강과 반갑게 만나는 장면이다. 시원한 한강수로 목을 축이는 용사를 보는 듯하다. 4절은 노도와 같이 진군하는 용사의 발걸음에 드디어 38선은 무너지고 있다. 비장함과 함께 통쾌함으로 마지막을 끝내고 있다. 울분의 모습과 38을 넘는 웃음 가득한 용사의 모습이 오히려 조화를 이루고 있는 느낌이다. 가사의 내용 중에는 죽음을 통한 이별의 슬픔이 잔잔하고 애절하게 녹아내리고 있다. '달빛 어린 고개에서 마지막 나누어 피던, 화랑담배 연기 속에 사라진 전우야' 라는 가사는 포연이 자욱한 처절했던 전투현장을 눈앞에 그려준다. 아마도 그 당시 전투에 참가한 노병들은 아무리 오랜 세월이 흘렀어도 이 부분의 가사를 들으면 눈물을 흘릴 것이다. 이 노래가 불린 시기는 낙동강선까지 밀렸던 국군과 유엔군이 서울을 수복하고 북진을 시작하고 있었다. 바로 얼마 전까지 밤낮으로 생사를 함께 한 수많은 전우가 낙동강 전선에서 화랑담배[5] 연기처럼 산화해 갔다.

---

4) 국방저널, 「힘겨웠던 삶, 희망과 투지로 극복했다」, 2015.6월호, p.94.
5) 1949년 4월에 국군 창설 기념으로 발매되었다. 2개월 뒤인 6월 15일에 보급되기 시작하여 1981년 12월까지 약 33여년의 세월을 국군과 함께 하였다. 그 이후로는 '한산도', '은하수'라는 일반 시중에서 판매하는 담배를 보급하였다. 그 이후에는 '솔'과 '88라이트'라는 시중 판매물품을 지급하였다. 통계로는 27억 갑의 화랑담배가 생산되었다고 한다. 전쟁시기에 보급된 초창기의 담배는 노란 바탕에 국방부 마크가 들어갔다. 현재는 장병의 건강 등을 고려하여 군에서 담배를 보급하지 않는다.

〈화랑담배〉

〈작곡가 박시춘〉

그러나 치열한 전투현장에서 살아남은 역전의 용사는 애잔함과 비통함을 뒤로하고 북진의 대열에서 용감하게 전진하고 있다. 전우의 몫까지 모두 하려는 듯하다. 무엇보다도 용사들의 끈끈한 전우애와 강한 생명력을 느끼게 한다.

1952년 유호와 박시춘은 부산에서 위문공연을 했다고 한다. 이날 밤 가요에 대한 대화를 나누다가 전선야곡의 가사를 만들었다고 한다. 군인들이 직접 만든 가사는 아니지만 전장의 현실이 대단히 사실적으로 묘사되었다. '장부의 길 일러주신 어머님의 목소리'라는 구절이 주는 의미는 다소 거부감도 나타날 수 있다. 어머니가 아들을 전장에 보낼 때는 대부분 '부디 살아만 와다오'라고 할 것이다. 대부분의 보통 어머니가 아닌 모습은 오히려 사실감이 상실되는 느낌이 있다. 그러나 '어머니의 흰머리'라는 구절에서는 누구나가 목이 메일 것이다. 특히 생사의 갈림길에 있는 병사들이라면 그 심정이 어떠하겠는가? 가수 신세영은 전쟁이 한창이던 1951년 6월 대구에서 이 노래를 발표하였다. 발표하자마자 인기가 치솟아 '6월의 가수'라고 불리며 방송출연, 군부대 위문에 대단히 바쁜 나날을 보냈다고 한다. 이 노래는 '고지전'(2011년)에 나오기도 하였다. 특히 이 노래는 병사들이 보초를 서면서 즐겨 부르는 애창곡이기도 하다.

- 전선야곡 -
가랑잎이 휘날리는 전선에 달밤
소리 없이 내리는 이슬도 차가운데
단잠을 못 이루고 돌아눕는 귓가에
장부의 길 일러주신 어머님의 목소리
아아 아아아 그 목소리 그리워
(1952, 유호 작사, 박시춘 작곡, 신세영 노래)

'임 계신 전선'은 금사향(본명 최영필)이 제주도 모슬포의 육군 제1훈련소에서 군예대로 활동시 취입한 노래다. 군예대 활동시절 그는 최전방 등 수많은 전선에서 위문활동을 하였다. 위문공연도 생명의 위험은 항상 도사리고 있다. 그래서 일명 '먹물도장'을 찍었다는 연예인 중의 한 사람이다. '먹물도장'이라는 것은 '위문활동 중에 죽어도 이의를 제기하지 않겠다는 것'이다.[6] 즉, 죽더라도 국가에 보상을 청구하지 않겠다는 등의 각서를 말하는 것이다. 그만큼 그는 신념을 갖고 위문공연에 임했음을 알 수 있다. 그리고 위문활동은 생명의 위협이 많은 현장이기도 하였다.

〈문예대 시절 금사향(적색 원안)〉

- 임 계신 전선 -
태극기 흔들며 님이 떠난 새벽 정거장
기적이 울었소
만세소리 하늘 높이 들려오던 날
지금은 어느 전선 어느 곳에서
지금은 어느 전선 어느 곳에서
용감하게 싸우시나 님이여 건강하소서
(1953, 손로원 작사, 박시춘 작곡, 금사향 노래)

6) 박성서, 「한국전쟁과 대중가요」, p.169.

1953년 발표한 '임 계신 전선'은 남편이나 아들을 군에 보내야 했던 수많은 국민들의 절실한 염원을 고스란히 담고 있는 노래이다. '기적', '햇빛'은 일반적으로 희망을 나타낸다. 아마도 전선의 어디에선가 있을 임의 안전한 귀가를 소망하는 듯하다. 그는 이 곡을 위해 제주에서 배로 부산을 간 후 다시 대구의 '오리엔트'사까지 갔다고 한다. 그가 이 노래를 부를 때 실제로 태극기를 흔들며 불렀다. 그는 전투현장 곳곳을 가리지 않고 다닌 것으로 유명하기도 하다. '임 계신 전선' 노래비는 그로부터 50년이 지난 2007년에 강화도 선원사 옆에서 제막되었다.

'굳세어라 금순아' 노래의 배경은 중공군의 참전으로 통일을 눈앞에 둔 국군과 유엔군이 후퇴를 하게 되면서부터이다. 그때의 후퇴를 흔히 1 · 4후퇴라고 한다. 특히 흥남부두에서의 철수작전은 기네스북에 오를 정도의 신기록을 수립하기도 하였다. 노랫말에는 전쟁으로 헤어진 혈육 '금순이'가 잘 살기를 바라는 눈물어린 심정이 담겨 있다. 이 노래는 부산 출신의 가수 현인이 부른 노래이다. 그의 현란하게 떨리는 음색으로 더욱 애달프게 들리는 노래이다. 영도다리에는 고달프고 힘들었던 시절, 국민들과 애환을 함께하면서 슬픔을 달래주고 희망을 준 가수 현인의 노래비와 동상이 있다. 1995년에는 이 노래를 가지고 예술의 전당 오페라 극장에서 악극 '굳세어라 금순아'가 올려지기도 하였다. '굳세어라 금순아'는 1985년 어느 방송국의 6 · 25 애창가요에서 2위를 차지하기도 하였다.

〈흥남부두에서 배에 오르는 피난민〉

\- 굳세어라 금순아 -

눈보라가 휘날리는 바람 찬 흥남부두에
목을 놓아 불러봤다 찾아를 봤다
금순아 어디를 가고 길을 잃고 헤매었더냐
피눈물을 흘리면서 일사 이후 나 홀로 왔다

(1953, 강사랑 작사, 박시춘 작곡, 현인 노래)

가사에서 나타난 바와 같이 전쟁은 가족을 헤어지게 만들었다. 가족과 생이별을 하고 낯선 어느 도시로 피난온 서민들의 모습이 그려진다. 한 깊은 이산가족의 삶은 지금도 진행 중이다.

역(驛)에 대한 이미지는 '만남과 헤어짐'을 가지고 있다. '이별의 부산정거장'이라는 노래는 전쟁 이듬해인 1954년에 남인수가 부른 트로트 곡이다. 전쟁이 시작되자 부산은 전국 각지의 피난민으로 복새통을 이루었고 삶은 고단하였다. 누구나 어서 빨리 이 시절에서 벗어나고 싶어 했다. 드디어 꿈에도 그리던 포성이 멈추게 되었다. 1953년 7월 27일에 정전협정이 체결되고 다시 평화가 찾아왔다. 그리고 8월 15일이 되자 임시수도 부산에서 서울로 수도를 옮기게 되면서 피난민들도 하나 둘 부산을 떠나게 되었다. 이 노래의 주인공은 전쟁이 끝난 후 부산에서의 피난살이를 마치고 고향 가는 귀향열차를 타려는 참이다. 문득 생각해 보니 고향에 대한 그리움 못지않게 비록 힘든 생활이었지만 지난 3년간 정들었던 부산에 대한 연민의 정이 생긴다. 더욱이 여기에서 연인을 만난 사람이라면 그 감정은 더욱 복잡했을 것이다. 부산을 떠나면서 '부산정거장'에서 연인 또는 정들었던 사람과 이별하는 순간을 서정적으로 묘사하고 있다. 전쟁 이전의 부산 인구는 40만이었지만 피란 시절에는 200만이 훨씬 넘었다고 한다. 졸지에 부산은 복잡한 구석이 되었지만 그만큼 더 많은 사연을 간직하게 된 것이다. 가사는 이별, 슬픔 등으로 슬픈 내용이지만 멜로디는 그와는 다르게 힘차고 희망적이다. 전쟁이 끝난 후 희망을 찾던 정서와 멜로디가 잘 맞아 떨어졌는지, 당시 대중의 인기가 높았다고 한다.

- 이별의 부산정거장 -

보슬비가 소리도 없이 이별 슬픈 부산정거장
잘 가세요 잘 있어요
눈물의 기적이 운다
한 많은 피난살이 설움도 많아
그래도 잊지 못할 판자집이여
경상도 사투리의 아가씨가 슬피 우네
이별의 부산정거장

(1954, 유훈 작사, 박시춘 작곡, 남인수 노래)

〈구 부산역 전경〉

'단장의 미아리고개'는 정전이 되고 1956년에 발표된 노래이다. 정전이 되면 전쟁의 고통에서 벗어날 줄 알았지만 이번에는 이산의 고통이 찾아왔다. 그 고통은 전쟁 중에는 깊이 잠재되어 있었다. 그러나 정전이 되자 미처 느끼지 못했던 고통이 찾아온 것이다. 미아리 고개는 서울을 사수하기 위해서 국군이 방어선을 쳤던 장소이다. 그리고 많은 사람들이 그 고개를 넘어 납북되기도 하였다. 우리 현대사에서 가장 애환이 서린 고개일 것이다. 노래는 구체적인 장소를 적시하며 매우 애달프게 시작된다. 또한 여성가수의 한 맺힌 듯해 보이는 목소리는 듣는 이로 하여금 눈앞에서 끌려가는 비극의 장면을 보는 듯하다. 철사줄로 손을 묶이고 신발도 신지 못해 맨발로 다리를 절면서도 잊지 못할 정든 집과 가족을 남겨두고 강제로 끌려가는 남편의 모습이다. 그래서 가사에 등장하는 그는 자꾸만 뒤를 돌아보았을 것이다. 생이별을 하는 부부의 모습에서 북으로 향하는 남편의 모습을 구체적이고 사실적으로 묘사하고 있다. 그리고 부인은 남편이 십 년이 가도 백 년이 가도 살아서 돌아오기만을 바란다는 내용이다. 그 시절 한국의 대다수 여인의 심성과 정서를 묘사하고 있다. 이 노래는 대표적인 전쟁의 비극을 담았다. 이 노래의 가사가 특히 공감을 얻어 애창되었던 것은 작사자 반야월(본명 박창오)의 체험으로부터 탄생했기 때문일 것이다.

- 단장의 미아리고개 -

미아리 눈물 고개 님이 넘던 눈물 고개
화약 연기 앞을 가려 눈 못 뜨고 헤매일 때
당신은 철사 줄로 두 손 꽁꽁 묶인 채로
뒤돌아보고 또 돌아보고 맨발로 절며 절며
끌려가신 이 고개 한 많은 미아리 고개
(1957, 반야월 작사, 이재호 작곡, 이해연 노래)

〈고개가 확장된 1960년대 미아리〉

작사자는 전쟁이 발발하자 가족을 남겨두고 먼저 경북 김천으로 피난을 떠났다고 한다. 그러나 아무리 기다려도 가족은 오지 않았다. 드디어 기다리고 기다리던 서울이 수복되었다. 그는 부랴부랴 집으로 달렸다. 그러나 그의 아내는 영양실조로 몸져 누워있고, 딸(당시 5세, 수라)은 죽었다는 것이다. 피난을 위해 미아리[7] 고개를 넘다가 너무 허기가 져서 죽고 말았다는 것이다. 가족사의 슬픔을 가슴에 안고 작사를 한 것이다. 말 그대로 단장의 아픔을 지닌 노랫말이고 그 배경에는 '단장[8]'이 있었던 것이다. 이러한 배경을 지닌 가슴 아픈 가사는 수많은 사람들의 심금을 울렸다. 또한 가수 특유의 애절한 목소리도 더하여 진 결과였을 것이다. 반야월이라는 예명은 꽉 찬 보름달은 기울어 갈 것이지만 반월은 차츰 더 커져 갈 수 있다는 희망의 상징이라는 뜻에서 지어 사용하게 되었다고 한다. 1985년 어느 방송사에서 조사한 6·25 노래에 대한 애창곡 우선순위에서 1위를 차지하였다.[9]

〈단장의 미아리 고개 앨범 앞면〉

〈단장의 미아리 고개 앨범 뒷면〉

7) 미아리고개라 불리게 된 연유는 오래전부터 이곳에 미아사라는 절이 있었으므로 미아동의 동명이 생겨났고, 이 고개가 미아동으로 넘어가는 고개였기 때문이다. 혹은 일제 때 미아동에 공동묘지가 조성된 후 미아리고개라 칭하게 되었다고 한다. 서울이 지금처럼 발전하기 전에 미아리고개는 서울로 들어오는 관문이었다. 서울에서 북쪽으로 가는 길목의 첫 번째 큰 고개였고, 북쪽에서 서울로 들어오는 문턱이 되는 고개였다. 그러나 전쟁을 겪으면서 눈물 고개로 바뀌었다.

8) 진(晉)나라 환온(桓溫)이 촉(蜀)으로 가다가 장강 중류의 삼협(三峽)을 지나게 되었다. 한 병사가 새끼 원숭이 한 마리를 잡아 왔는데, 그 원숭이 어미가 강안(江岸)에서 울며 백여 리를 뒤따라와 배 위에 뛰어오르자마자 혼절하고 말았다. 원숭이의 배를 가르고 보니, 창자가 모두 토막토막 끊어져 있었다고 한다. 즉, 창자가 끊어지는 슬픔을 말하는 것이다. 출처: 다음백과 고사성어 대사전

9) 경향신문, 「단장의 미아리 고개는 반야월 자신의 사연」, 1985.6·25.

지금은 미아리고개가 험준하지는 않다. 그러나 6 · 25전쟁 당시만 하더라도 우마차가 다니기도 어려울 정도의 경사진 고개였다고 한다. 그 후 1960년대 중반 도로 확장공사로 지금의 모습에 가까워 졌다고 한다.

'잃어버린 30년'은 1천만 이산가족의 사연이 간직된 노래이다. 정전이 되었지만 전쟁 통에 헤어진 가족은 평생의 한으로 남기며 살아가는 국민이 1천만 명이었다. 그해 5월에 KBS '신인탄생'으로 데뷔한 설운도(본명, 이영춘)는 알려지지 않은 가수였다. 그러나 이 노래를 6월에 취입하게 되면서 그는 최고의 인가가수로 등극하였다.

〈각자의 사연을 적어 방송에 나온 광경〉 출처: KBS방송화면 중에서

1983년은 이산가족 찾기 행사가 전국적인 붐을 이루고 있었다. KBS1에서 1983년 6월 30일부터 동년 11월 14일까지 138일에 걸쳐 453시간 45분간을 방송했다. 단일 생방송 프로그램으로는 세계 최장기간 연속 생방송 기록을 갖고 있다. 당시 방송은 세계 언론의 주목을 받았고, KBS 여의도 본관은 이산가족들의 사연이 적힌 방

으로 둘러싸이기도 했다. 당시 후진국이었던 우리나라는 방송 매체가 지극히 제한적이었다. 신문, TV, 라디오, 전화 등 대중매체라고 할 만한 것이 미약했기 때문에 사실상 한번 헤어져 버리면 서로 만날 길이 없어져 버리는 것이었다. 살던 집마저도 전쟁 통에 흔적도 없이 사라져버린 마당에 누구에게 '내 가족을 보았냐?'고 물어볼 수도 없는 상황이었다. 80년대 초반은 집집마다 겨우 TV가 대중화되던 시기였다. 이때 이 방송을 내보낸 것이 주효했다. 전국민의 관심이 지대해지자 KBS는 이산가족 찾기 생방송을 상시편성으로 전환했다. 주로 금요일 밤부터 방송하여 주말 종일방송 릴레이를 하는 식으로 편성하게 되었다. 방송기간 동안 5만여 명의 이산가족이 여의도를 찾았고, 방송에서는 100,952건이 접수되었으며 그중 53,536건이 방송되고 결과적으로는 10,187명의 사람들이 서로 만났다. 이산가족이 생긴 지 30년(정전 기준)이 지나다 보니 헤어질 때 어린이였던 사람들도 대체로 각자 가정을 이뤘는데, 아이들이 아직 어리다보니 서로 얼싸안고 기쁨을 나누는 가족들 주변에서 멀뚱히 쳐다보기만 하는 모습이 화면에 잡히기도 했다. 당국과 KBS는 프로그램 관련 기록물 전반을 세계기록유산 등재를 추진키로 하였다. 마침내 2015년 10월 9일(현지시각) 유네스코에서는 '이산가족을 찾습니다' 프로그램 녹화물을 세계기록유산으로 지정하였다.

우리나라 국민들이 애창하는 가곡 중의 하나가 '비목'이다. 비목이란 말은 비석을 떠올리면 금방 알 수 있다. '나무로 세워진 묘비'라는 뜻이다. 세월은 무심히 흐른다고 했다. 그러나 전쟁의 슬픈 기억과 상흔은 세월이 흘러도 좀처럼 지워지지 않는다. 그 슬픔과 상흔을 노래한 것이 가곡 비목이다. 전쟁 후 강원도 화천군 백암산 기슭의 동부전선에서 근무하던 한 홍안의 소대장이 이름 모를 병사의 초라한 무덤을 보고 즉석에서 헌시를 지었다고 한다. 지금은 포성이 멈추고 고요함이 감도는 그곳도 옛날에는 격전지였다. 소대장의 이름은 한명희[10]였다. ROTC 장교로 임관하여 비무장지대에서 근무를 하였다. 그 당시의 비무장지대는 전쟁이 끝난지 얼마 지나지 않아 녹 쓴 탄피, 철모 등이 산재해 있었다. 어느 날 순찰을 하는데 이끼 낀 돌무덤을 발견하게 된다. 그 돌무덤에는 주인의 것으로 보이는 녹

10) 서울대학교 음악학과를 졸업하고 장교로 군 복무를 마쳤다. 음악평론가로 활동하였고 국립국악원장을 지냈다.

쓴 철모와 개머리판은 썩고 총열만 남은 카빈소총 그리고 묘비처럼 꽂혀 있는 썩은 나무 등걸만이 외로이 있었다. 주변에는 어느 젊은이의 죽음을 애도하듯이 산목련이 고즈넉이 피어 있을 뿐이었다. "그 무덤은 십자로 만든 외로운 나무만 한 개 서 있을 뿐이었다. 누가 언제 어떻게 왜 이곳에 묻혔는지 알 수가 없었다. 너무나 슬프고 복받치는 감정을 억제하느라 떠오르는 시상을 메모했지요. 전역 후 우연하게 이것을 작곡가 장일남씨에게 보였더니 즉석에서 곡을 붙여 노래가 되었네요." 그 후 젊은이들, 특히 대학생들에게 애창 받는 가곡이 되었다는 것이다. 비목이 처음으로 발표된 것은 1969년 5월 12일 서울 시민회관에서 열린 '우리가곡의 밤'에서였다. 앨토 이영애가 불렀고 그 후 이경숙, 황병덕 등에 의해 불려져 지금은 디스크 종류가 다양하다.[11] 화천군에서는 1996년 6월 6일 처음으로 '비목 문화제'를 개최하였으며 이 후로 해마다 열고 있다. 화천군은 화천군 화천읍 동촌리 평화의 댐 현장에 '비목의 노랫말 비'를 세우는 등 '비목의 계곡 달빛 동산'이라는 소공원도 조성하였다. 1997년 7월 30일 어느 신문사에서 설문조사한 결과 교과서 노래 중에서 가장 듣고 싶고 기억에 남는 노래로 비목이 1위에 올랐다.

- 비 목 -

초연이 쓸고 간 깊은 계곡
깊은 계곡 양지녘에
비바람 긴 세월로 이름 모를
이름 모를 비목이여
먼 고향 초동 친구
두고 온 하늘가 그리워 마디마디
이끼 되어 맺혔네

비목 노래비(화천군청)

11) 경향신문, 「옛 격전지에 잊혀진 넋만 외로이... 비목」, 1976.4.17.

전쟁의 상흔을 보듬어 주고 고통을 공감하는 정서로 어려웠던 시절을 극복하는 데 큰힘이 되었던 것은 항상 우리와 같이한 노래가 큰 역할을 하였기 때문이다. 그리고 그러한 노래가 있기까지 노랫말과 곡을 만들고 다듬은 음악인이 있었다. 그중의 한 사람이 작곡가 박시춘이다. 그는 '전우야 잘 자라'가 계기가 되어 전쟁 발발부터 정전이 되기까지 전선에서 장병과 함께하였다.[12] 그는 수복 직후 창설된 국방부 문예중대 소대장을 맡아 공연 활동을 벌이다 중공군의 개입으로 제주까지 밀려나게 됐다. 이 시기에 대구에 있던 제1훈련소가 제주도로 옮겨가는 바람에 당시 훈련소장의 권유로 연예인 40여 명을 이끌고 있던 박시춘은 그곳에서도 군예대 장직을 맡아 훈련병들의 벗이 되었다. "그때만 해도 노래가사는 하나의 시대상이고 민심의 표현이었지요. 곡만 좋으면 저절로 따라 부르며 공감도 했고……" 지금처럼 다양한 소일거리의 놀이가 없던 그때는 노래가 유일하였다고 해도 과언이 아니다. 장병의 고단함을 풀어주고 사기를 올려주는 역할을 톡톡하게 하는 것이 노래였다. 정전협상이 벌어지면서 박시춘은 대구로 옮기게 된다. 여기서 그는 '굳세어라 금순아', '전선야곡', '임 계신 전선', '병원선', '청춘무성' 등 심금을 울리는 노래로 전쟁으로 고통받는 국민의 마음을 달랬고 민심을 하나로 만들었다. 전후에는 '이별의 부산정거장' 등에 이르기까지 총 2천여 곡을 작곡하였다. 이러한 공로로 그는 정부로부터 1982년에 가요인 최대의 영예인 '문화훈장'을 받게 되었다. 14세 때 경남 밀양을 떠나 유랑극단을 따라나선 후 19세 때 데뷔곡 '애수의 소야곡'을 시작으로 50여 년의 세월이었다.

---

12) 동아일보, 「종군연예인 유공자 표창 받는 원로 작곡가 박시춘씨」, 1982.9.29.

제 2 절 전쟁시기의 군가

1. 군가의 중요성

군가는 군대 또는 군인들의 사기를 진작하고 전의 앙양과 애국정신의 고무를 목적으로 만들고 부르는 노래를 의미한다. "좋은 군가는 대포 소리에도 지지 않는 예술적 무기다." 이 말은 한국전쟁의 기승전결을 노래로 고스란히 담아낸 작고가 박시춘 선생의 말이다.[13] 음악은 커뮤니케이션의 한 수단으로 인류사회와 함께 발전하여왔다. 어느 시대 어느 사회에나 독특한 문화의 음악이 존재하였다. 음악은 음의 고저와 장단의 조합으로 기호화되어 의미를 전달한다. 인간의 생각과 감정을 타인에게 전달하는 일종의 언어이다. 인류 역사와 함께 발달하여 온 음악은 그 사회의 문화를 대표하는 역할도 한다. 이것은 군대 조직에서도 마찬가지이다. 인간은 사회적 동물로 살아가기 때문에 각 조직과 집단에는 그들의 단합과 통일성을 목적으로 하는 수단이 있다. 그중의 하나가 노래이며 이는 상징성이 된다. 군가는 주로 합창으로 부른다. 그리고 동적인 자세에서 부르는 경우가 많다. 국가에는 국가가 있고, 학교에는 교가, 회사에는 사가가 있듯 군대에는 군가가 있다. 조직과 집단은 이들 노래를 통하여 그들이 지향하는 목적과 목표를 전달함으로써 각기 상이한 존재인 구성원 개개인을 그들의 목적과 목표에 일치되는 동일한 감정과 관념을 지니게 한다. 즉, 통일적인 사회성을 확보하여 공동생활을 원활히 하도록 꾀하는데 음악을 활용하는 것이다. 군가도 이와 동일한 기능을 수행한다. 군대에서 군가를 부르는 목적으로 소속감과 단결심 함양을 우선적으로 꼽는다. 군가의 가사에서 내포하고 있는 부대의 전통과 역사성에서 소속감을 공유하며, 단결의 모

13) 박성서, 앞의 책, p.8.

티브를 얻게 된다. 음악 예술 한 분야인 군가는 예로부터 우리 인간의 감정을 고무시키고 용기를 북돋는데 크게 활용되어 왔다. 평상부터 군가를 듣고 부르는 것은 마음을 즐겁게 할 뿐 아니라 군인정신을 함양시켜 불굴의 투지와 전투의지를 고취시킨다. 그리고 그들을 단결시켜 질서를 유지하게 하며 조직적인 힘을 발휘하게 한다. 군가는 음악의 힘을 이용하는 것이다. 군가는 군대 특유의 음률과 가사를 사용하여 이를 부르는 용사들의 가슴을 뛰게 한다. 적진을 향하여 돌격할 수 있는 정신을 갖게 해 주기도 한다. 힘든 훈련을 마치고 복귀하는 도중에 들려주는 군악대의 연주 소리를 들어 본 사람들은 쉽게 공감할 것이다. 그러므로 군가는 각자의 힘을 군의 존재 목적에 부합되게 단결시키는 촉매제로의 역할을 하는 것이다. 군의 존재 의미는 국가 보위의 최후수단이다. 그러므로 전시에는 적과 싸워서 이길 수 있는 용기와 사명감을 지녀야 한다. 이를 위해 평시에는 원활한 대민관계를 통하여 군에 우호적인 환경을 조성해야 하며, 각개전투원의 정서함양 등을 통한 활동으로 충분한 휴식과 정신적인 무장을 갖추어야 한다. 군가는 이러한 활동을 효과적으로 수행하는 하나의 기능적인 역할을 수행하는 것이다. 그러므로 군가는 전투를 위한 무형의 힘을 발휘시키는 근원으로 작용하게 된다. 따라서 군가는 군가 특유의 강함이 있어야 한다. 그렇지만 전투는 군인만의 영역은 아니다. 현대의 전쟁은 국가총력전의 개념으로 이루어진다. 따라서 군가는 모든 국민이 공유할 수 있는 아름다움도 갖추어야 한다. 이렇게 함으로써 조화를 이룬 군가는 민 · 관 · 군이 함께 애창하게 되고 국민의 성원을 받게 된다. 군인의 전투의식과 국민의 국방사상을 고취하기 위한 군가는 순수군가와 진중가요 그리고 군민 합창곡으로 나누어진다.

2. 군가 발전과정과 국군 최초의 군가

군가를 부르며 행진하는 군대의 대열을 보면 군인다움을 느낀다. 이처럼 군가는 군인을 군인답게 보이게 한다. 뿐만 아니라 군가를 부르는 군인 자신은 스스로의 씩씩함과 용사다움에 도취되게 만드는 그 무엇인가를 갖고 있다. 그래서인지 군가를 군가답게 만들기 위한 노력은 계속되어 왔으며, 이는 관계기관의 주요 관심사항 이었다. 1975년 11월 12일에 국방위에서는 한 의원이 "우리 최초의 군가는 일본군 지원병의 노래였으며 군가 중에는 별로 감흥을 일으킬 만한 것이 없다."고 지적하면서 군의 사기진작을 위한 군가 대책을 질의하기도 하였다. 이에 대해 당시의 국방부장관은 "군가에 상당한 관심을 갖고 매년 포상금을 걸고 제작 중." 이라는 답변을 했다는 신문기사도 있었다. 이처럼 군가는 무형전력을 형성하는 중요한 수단임을 인정하고 나름의 노력을 다하고 있다. 군가는 주로 군대생활과 전투와 관련된 가사에 행진곡풍으로 작곡하여 그 목적에 맞게 만들어진다. 우리나라 최초의 군가는 무엇이었을까? 우리나라 군가의 시원은 동학혁명까지 거슬러 올라간다.[14] 문예연감에 따르면 동학혁명 당시 군가로 열다섯 곡이 작곡됐다는 기록이 있는 것으로 보아 이 땅에 군가가 불리기 시작한 것은 1894년 동학혁명 때로 볼 수 있다.

출처: 동아일보(1986.3.14.)

독립군가를 20여 곡 새롭게 발견했다는 신문기사이다. 기사의 일부에 나오는 독립군가 가사 중 한 부분이다.

"암흑 중에 빠진 역사 다시 빛내고
꺼지려는 나의 결의 살리려 하야
살이 뛰고 피가 끓는 열열한 청년
의로 일어난 우리 독립 독립 우리의 목적
자유 자유 우리의 생명 백두산에
평화종을 울릴 때까지
정의의 앞길로 가세"

14) 국방일보, 「군가는 예술적 무기...역사와 함께 한다」, 2014.10.1.

기록에 의하면 여러 종류의 의병가가 불렸다고 하지만 현존하는 것은 몇 개 되지 않는다. 의병가의 뒤를 이어 애국창가가 등장하였다. 황제와 국가에 대한 충성과 자주독립, 애국애족의 정신을 고취시키는 노래도 있었다. 대표적인 애국창가로는 스코틀랜드의 민요이자 찬송가인 올드 랭 사인의 선율을 차용한 〈애국가〉가 있다. 일제 강점기의 항일 투쟁기 시절에는 항일투쟁가와 독립군가가 대거 등장하였다. 이들 노래 중 상당수는 애국창가에서 가사를 바꾼 것이었고 일본군가의 선율을 차용하기도 하였다. 대표적인 것으로 〈독립군가〉, 〈용진가〉 등이 있었다. 독립군가를 이어 광복군가가 등장하였다. 광복 후의 군가는 외국의 행진곡을 주로 연주했으며 애국가도 많이 불렀다. 현재 국군의 군가의 효시는 해군에서 시작되었다. 먼저 우리나라는 정부수립에 앞서 해군과 육군이 먼저 창설되었다. 이런 이유로 광복 후 최초의 군가로 알려진 군가는 해군에서 만든 군가이다.

〈해방 행진곡과 해군 함정의 모습〉 출처: 국방일보(2015.8.27.)

해군은 가장 먼저 창설됐지만, 대한민국 해군에 맞는 군가는 없었다.[15] 그러나 해군에는 이화여전 음악과를 졸업하고 손원일 제독과 결혼한 홍은혜[16] 여사가 있었다. 해군에 맞는 군가가 전혀 없는 안타까운 사실을 알고 군가를 제작했다. 1946년에 연이어 3곡의 군가가 탄생하는데 1946년 1월에 〈해방행진곡〉, 그리고 같

15) 국방일보, 「군가이야기, 최초의 군가, 손원일 제독 작사 해방행진곡」, 2015.8.27.
16) '해군의 어머니'로 불린다. 군가 작곡뿐 아니라 해군의 발전을 위해 많은 노력을 한 분이다.

은 해 10월에 〈바다로 가자〉, 〈해군사관학교가〉 등이 나오게 된다. 따라서 〈해방행진곡〉은 현재 우리 군의 최초 군가인 셈이다. 〈해방행진곡〉과 〈바다로 가자〉의 작사자는 모두 손원일 제독이다. 해군의 군가발전은 상대적으로 빠르게 진행된 편이었다. 〈바다로 가자〉는 초대 해군참모총장인 손원일 제독 부인 홍은혜 여사가 작곡했다.[17] 홍 여사가 어느 날 아침 생도들이 행진하면서 부르는 노랫소리를 들었는데 일본 군가에 우리말 가사를 붙여 부르고 있었다. 우리 군가가 제대로 알려지지 않았던 당시에는 광복군도 일본 군가나 일본군이 부르던 곡을 개사하여 사용하는 경우가 종종 있었다. 생도들이 일본 노래를 군가로 부르고 있다는 사실을 깨닫고는 손 제독이 노랫말을 쓰고 홍 여사가 작곡을 했다는 일화가 있다. 국군 최초의 군가인 〈해방행진곡〉도 두 분이 작사와 작곡을 하였다. 가사를 보면 초창기 군을 창설하면서 느꼈던 지휘관의 고뇌와 심정이 잘 드러난다.

〈해군 최초의 여군들, 1950년 9월 교육 중 기념촬영〉

17) 국방일보, 「좋은 노랫말, 군인정신·사기진작 메시지 공유」, 2015.8.6.

육군 군가로는 일제강점기 만주지역에서 활동하던 독립군 또는 광복군 군가[18]를 주로 부르거나, 이러한 군가 곡조에 가사만 바꾸어 불렀는데 그 대표적인 곡이 1947년에 예관수 작사로 나온 〈용진가〉이다. 1948년에 나온 〈충성가〉는 6·25전쟁 기간 중 많이 불렸으나 정식 군가는 아니다. 두 곡 모두 작곡자는 알려지지 않고 구전으로 이어져 온 곡을 재구성한 곡이다.

〈광복 70주년 육군이 부른 독립군가〉 출처: 육군본부

〈양양가〉는 구한말에 불린 곡인데 가사가 워낙 애절해서 6·25전쟁 때도 많이 불렸다고 한다. 정부 수립 후인 1949년에 이르러 비로소 몇 개의 곡이 나오게 된다. 초창기 육군의 대표적인 군가로는 〈휘날리는 태극기〉가 있다. 지금의 서울 신라호텔 자리에는 1949년에 육군 군악학교가 있었다. 당시 육군 군악학교 행정과장으로 있던 정동주는 국기게양대에 높이 휘날리던 태극기를 바라보며 솟구치던 감정을 담아 만든 노래라고 한다. 서울 스카라 극장에서 군악 연주회 때 김희조 편곡으로 연주된 후 널리 불리기 시작했다고 한다.

---

18) 우리나라의 군가는 일제강점기 시절 무장독립 투쟁을 하면서 많이 불리게 되었다. 그러나 군가 중 상당수는 기존의 노래에서 가사를 바꾸거나 하는 방법으로 불렀다. 가사의 내용은 주로 일제에 항거하고 독립정신과 애국애족의 정신을 고취하기 위한 것이었다.

해병대는 1949년 4월 15일에 창설됐고 해군에서 태동했기 때문에 초창기에는 〈바다로 가자〉 등의 해군 군가를 불렀으나 해병대 군가의 필요성이 제기됐다. 이러한 분위기 속에서 당시 해병대사령부 참모장이었던 김성은 중령에 의해 〈나가자 해병〉이 탄생하게 되었다. 김성은 중령은 신영철 해병이 지은 노랫말을 수정한 후 경찰악대 김형래 단장에게 작곡을 의뢰해서 제작됐다고 한다. 오늘날 해병대가로 애창되고 있는 〈나가자 해병대〉는 이렇게 해서 해병대의 애창곡이 된 것이다.

공군은 1949년에 창설됐다. 최용덕 장군은 제2대 공군참모총장이다. 그는 〈공군가〉와 〈비행 행진곡〉 등의 노랫말을 직접 지었다. 두 곡 모두 현제명, 김동진 선생과 함께 당대 최고의 작곡가였던 김성태 선생이 작곡했다. 전쟁 중인 데다 최고의 지휘관이 쓴 노랫말인 만큼 당시 지휘관의 심중에 담긴 사명과 각오가 잘 담겨 있다.

〈독도를 비행하는 공군의 위용〉 출처: 공군본부

3. 전쟁시기의 군가

6·25전쟁 때 장병들의 사기와 필승의 신념을 고양시키기 위하여 많은 군가가 만들어졌다. 국군은 창군초기에 변변한 무기조차 부족하였다. 이런 마당에서도 군가는 만들어졌다. 정신무장의 중요성을 일찍이 인식했기 때문이다. 아무리 최첨단 무기로 무장한 군대라고 하여도 정신이 뒷받침되지 못하면 오합지졸과 다름없다. 그만큼 정신은 중요한 것이다. 군가는 사상무장을 강화하고 전투의욕을 솟구치게 하는 무언의 힘을 갖고 있는 것이다. 특히 전쟁 속에서의 군가는 신앙심과 같은 강한 힘을 주어 전투의 원동력이 되기도 한다. 창군되고 얼마 지나지 않은 상태의 우리 국군은, 군가는 고사하고 변변한 장비하나 갖추지 못한 상황에서 기습남침을 받게 되었다. 말 그대로 '맨주먹'으로 싸워야 하는 상황이었다. 전쟁 발발은 군가 제정을 어렵게 하였으며, 보급하는 것 또한 매우 어려운 상황을 만들었다. 설령 군가가 제정되더라도 곡을 전파할 방법이 극히 제한되었다. 악보를 만드는 기술도 직접 손으로 그리는 방법이었고 대량으로 생산해 내는 기술도 한계가 있었다. 이런 이유로 인해 6·25전쟁 기간에 불린 군가는 그리 많지는 않다. 따라서 군가는 1950년 이전에 제작된 군가를 주로 부를 수밖에 없는 형편이었다. 그러나 9월 28일 서울수복 후에는 군가제작을 위한 노력도 한층 활발해지기 시작하였다. 전선이 북상 중이던 10월 1일 해군정훈음악대를 시작으로 이듬해 육군교향악단, 그리고 국방부 문예대 등이 창설됐다. 각 분야의 우수한 예술가들이 많이 종군했고 군가 제작도 활기를 띠기 시작했다. 〈보병의 노래〉는 일진일퇴를 거듭하던 1951년 초에 태어났다. 국군은 인천상륙작전을 계기로 북진하여 통일을 목전에 두었으나 중공군의 개입으로 전 전선에서 대대적인 철수작전에 돌입했다. 1월 4일에는 다시 서울을 적들에게 내주어야 했다. 당시 육군본부 정훈감실에서는 울분에 차 있는 장병들을 달래주기 위해 피란 중이던 김요섭 시인과 권태호 작곡가에게 군가를 부탁했다. 이렇게 하여 〈보병의 노래〉가 탄생했다고 한다. 군가가 본격적으로 쏟아져 나오기 시작한 시기는 1951년 3월 빼앗겼던 서울을 재탈환한 이후로 볼 수 있다.[19] 1952년 10월에는 군가제정위원회가 발족했지만, 오래 유지 되지는 못했다.

19) 국방일보, 「군가 이야기」, 2015.9.3.

해방 이후 당시까지 만들어진 24곡의 군가를 공식 군가로 지정했다. 당시 활동했던 위원들은 국방부 정훈국장과 각 군의 정훈장교, 그리고 음악계에서 현제명 · 안병소 · 김성태 · 김동진 · 김대현 · 박태현 · 나운영 · 황문평, 문학계에서 조영암 · 모윤숙 · 이은상 등이 참석했다. 이들이 군가를 선별하고, 작곡하여 24곡을 레코드에 취입하여 전군에 300매를 보급하게 된다.[20] 군가 제정위원회는 1952년 10월, 박시춘곡 〈전우야 잘 자라〉를 군가로 채택하지 않고 진중에서 부를 수 있는 진중가요로 결정하였다. 현재 사용하고 있는 진중가요라는 용어는 이때부터 사용되기 시작했다. 그 당시 군가로 〈무적 국군의 노래〉, 〈승리의 노래〉, 〈보병의 노래〉, 〈육군가〉, 〈야영가〉, 〈전선의 밤〉, 〈행군의 아침〉, 〈전우야 잘 자라〉 등이 있다. 6 · 25전쟁 시기의 군가는 장병들의 사기를 높여 주는 역할을 하였다. 그리고 국민들도 군가를 같이 부름으로써 혼연일체가 되기도 하였다. 가사의 느낌이 좋아 현재도 애창되는 그 당시의 군가와 진중가요에는 〈보병의노래〉, 〈육군가〉, 〈행군의 아침〉, 〈전우야 잘 자라〉 등이 있다.

\- 보병의 노래 -
원수의 적을 향해 밀어나가자
굳세인 우리 앞엔 가랑잎이다
겨누는 조준 속에 몰려드는 적
우리는 무찌른다 추한 가슴들
우리는 보병이다 국군의 기둥
우리는 보병이다 국군의 자랑
우리는 보병이다 국군의 자랑

〈6 · 25전쟁 당시 전선으로 향하는 제8사단 장병들〉

정전 직전, 치열한 전쟁 중이던 1953년 7월 1일에 최초의 군가집이 발간되었다. '전쟁에 임하여 민족사기를 고무하고 국민의 전의를 앙양시키기 위해 만들어진 군가를 보급하기 위해 만들어진 책'이라고 머리말에 소개하고 있다. 이 군가집은 국

20) 박교선, 「우리나라 군가의 조사 분석 연구」, 강원대학교 석사학위논문, 1989, p.73.

민가요 편, 육군군가 편, 해군군가 편, 공군군가 편 등 네 단락으로 나눠서 75쪽으로 엮은 것으로 총 60곡이 수록되어 있다. 이처럼 우리 군은 창설 초기부터 전쟁 시기의 어려움에도 많은 군가를 제작해 장병들은 물론이고 국민 모두가 애창하게 하려고 노력하였다.

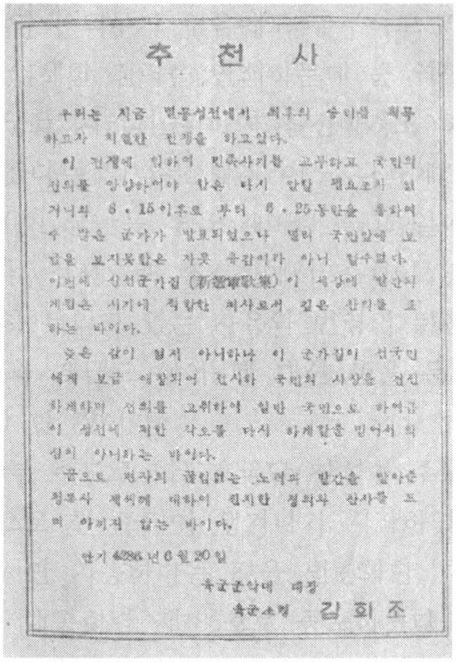

추 천 사

우리는 지금 멸공성전에서 최후의 승리를 획득하고자 치열한 전쟁을 하고있다.

[illegible]

단기 4286년 6월 20일

육군군악대 대장

육군소령 김 회 조

〈최초의 군가집과 추천사〉

Chap. 12

군번 없는 군인들

제1절 학도의용군

제2절 지게부대원

제 1 절

학도의용군

1. 역사가 주는 교훈과 학도호국단의 변천

지나간 우리나라의 역사를 살펴보면 지정학적인 위치의 특수성으로 대륙과 해양 세력으로부터 크고 작은 외침이 있었다. 삼국시대에는 한반도와 만주지역을 중심으로 국가를 건설하여 발전시키는 과정에서 끊임없이 대륙세력과의 전쟁은 물론이고 동일민족 간의 전쟁도 지속되었다. 이러한 긴 과정을 거치면서 결국에는 신라에 의한 삼국의 통일이 이루어졌다. 삼국의 역사를 놓고 볼 때 영토를 넓히고 국력이 굳건했을 때는 공통점이 존재한다. 그것은 투철한 상무정신을 바탕으로 한 강한 국방력과 변화하는 정세를 통찰하고 국력을 결속시킬 수 있는 지도층이 있었다. 또한 주변국과의 관계를 주도적으로 유지한 시대였다. 요약하자면 ① 국민의 상무정신 ② 지도층의 통찰력과 국민단결 능력 ③ 주변국과의 균형 있는 외교력 등으로 말할 수 있다. 삼국시대의 역사에서 교훈을 찾을 때, 지속적인 상무정신 유지와 지도층의 능력이 국가의 융성과 국민의 평안을 보장하는 길이었다는 것을 알 수 있다. 고려는 두만강 일대의 여진족을 몰아내고 우리의 국경을 두만강 일대로 확장시켰으며 몽골의 7차에 걸친 침입도 상승한 상무정신을 바탕으로 당당하게 극복하였다. 조선초기에는 큰 전란 없이 태평한 시절을 영위하였으나 전쟁에 대한 특별한 대비책 없이 국방력이 약화되면서 임진왜란을 겪게 되었다. 그 결과 국토의 황폐화는 물론이고 백성은 큰 고통을 겪어야만 하였다. 그러나 이 과정에서 우리민족 특유의 단결된 힘과 잠재되어 있는 상무호국의 정신은 의병을 일으키게 하였으며, 수많은 전공은 관군에게 큰 힘을 보태는 결정적인 역할을 하였다. 이러한 의병의 전통과 특유의 민족혼은 한말까지 이어져서 일제에 의해 국권이 피탈 당하는 상황에서 또 다시 의병이 일어났고 독립군과 광복군으로 이어지게 되었다. 우리민족의 국난 극복사는 강한 국방력이 없으면 반드시 침략의 역사가 뒤따랐다. 6·25전쟁도 당시의 여러 가지 정황으로 보아 북한의 침략이 있을 것으로 예견할 수 있었다. 그러나 그에 대한 대비를 소홀히 하여 기습을 당하는 결과를 맞이했다. 그 결과 3일 만에 서울이 함락되고 수많은 피해를 감수하면서 낙동강까지 밀려가게 된 것이다. 그러나 이때 병역의 의무가 없음에도 불구하고 각지에서 모여든 학생들의 자발적인 전투참여는 열세한 전력을 만회하는데 큰 역할을 하였다. 심지어는 바다 건너 일본에서도 모국을 지키기 위하여 참전하기도 하였다. 병역의무가 없는 학생들의 나라를 구하겠다는 일념은 세계 어느 나라에서도 찾기 어려운 사례가 되었다. 이것은 우리민족이 국난을 겪을 때마다 들고 일어선 의병정신이 발현된 결과로 보아야 할 것이다. 정전으로 휴전선에서 총성이 멎은 지도 많은 세월이 지나고 있다. 그러나 우리가 누리고 있는 자유와 번영의 뒤편에는 추억이 깃든 정든 교정을 뒤로하고 군번과 계급도 없이 펜 대신 총을 든 채 쓰러져간 학도의용군이 있었음을 잊지 말아야 할 것이다.

전쟁 이전부터 중학교 이상의 학교에는 정부 주도로 학도호국단 창설이 주도되었다. 따라서 전쟁이 발발하자 이들을 중심으로 한 조직이 생겨나기 시작하였다. 정부는 학생들의 활동은 학도호국단을 통해서만 가능하다는 것을 법령화한 '대한민국 학도호국단 규정'을 1949년 9월 27일에 대통령령 제186호로 공포하였다. 그 이전인 1949년 8월 6일에 공포된 병역법 제78조에서도 전국의 중등학교 학생 이상 대학생은 전원 의무적으로 학도호국단에 편입되어 학생군사훈련을 받도록 규정하였다. 따라서 1949년 말에 학도호국단은 전국의 중학교 이상 947개교, 총 단원의 수는 45만 명을 총괄하는 전국적인 학생조직으로 발전하였다. 학도호국단의 활동 중에서 가장 중요한 것은 군사훈련이었다. 1950년 2월 1일 대통령령 제281호에 의거하여 병역법 시행령이 공포되자, 각 학교에서는 군사훈련을 필수과목으로 채택하였다. 또한 군사훈련은 필요를 예상하고 신속하게 양성되어 각급 학교에 배속된 장교들의 지원 아래 실시되었다. 그러나 군사훈련으로 인한 갖은 문제가 발생하기도 하였다. 창설당시에는 부정적인 견해 등도 있었으나 결과적으로는 전쟁의 소용돌이 속에서 국가수호를 위한 큰 역할을 담당하게 되었다. 그 이후 학도호국단은

4·19학생의거 직후인 1960년 5월 3일 국무회의에서 해체를 의결함에 따라 1949년 9월 28일 대통령령 86호로 창설된 이래 약 11여 년을 존속하였다. 1960년 4월 말에 전면 폐지되면서 학생회가 부활 되었다. 그러나 월남 패망 등의 분위기로 안보의식이 고취되던 1975년 6월 7일에 학도호국단 설치령(대통령령 제7645호)에 따라 대학과 고등학교에 설치되었다. 그 후 학생운동의 자율화 바람으로 1980년부터는 대부분의 대학에서 학생회로 명칭을 바꾸고 자율화되었다.

2. 전쟁 발발 전후의 학도호국단 활동

지금까지는 학도호국단이 조직되었던 연혁을 중심으로 살펴보았는데 여기에서는 전쟁 이전부터 국군을 도와 각종 방어진지 구축 등의 방어준비에 기여한 내용과 전쟁 당일을 전후하여 전투에서 활동한 내용을 알아보기로 한다.

개성·문산·봉일천지구전투는 38도선의 청담·연백·개성·고랑포·적성일대에서 방어임무를 수행하던 국군 제1사단이 T-34형 전차 1개 연대로 증강된 북한군 제1사단 및 제6사단과 4일간 치른 방어전투이다. 이 전투에서 국군 제1사단은 임진강과 봉일천의 천연 장애물을 이용하여 북한군의 진출을 저지하고 있었으나 6월 28일 서울이 실함되어 퇴로가 차단됨으로써 부득이 행주-이산포 나루에서 한강을 도하하여 시흥으로 철수하게 되었다. 이처럼 사단이 효과적인 방어를 수행한 원인 중의 하나는 학도호국단을 동원한 방어진지 구축에 있었다.

이 지역을 방어하는 부대는 국군 제1사단으로서 사단의 방어계획은 지역내의 청단-고랑포에 이르는 90km의 38도선 경비임무를 수행하면서 북한군이 공격시에 임진강까지 지연전을 실시하여 문산-적성간 20여km에 이르는 주방어선을 점령하여 이를 고수하며 필요에 따라 파주 남쪽에 구축된 제2방어선을 점령할 준비를 하는 것이었다. 이와 같은 계획에 따라서 5월 초부터 부대병력과 서울지구 학도호국단 학생 1,000여명을 연일 동원하여 1개월간에 걸쳐 공사를 실시하여 임진강 진지와 방어선을 구축하였으며 일부 관측소와 화기진지는 통나무 유개호로 구축하였다.

사단은 이처럼 학도호국단원들의 도움을 받아 진지구축 등을 할 수 있었다.

동해안으로 공격을 담당한 북한군 제5사단은 동해안 도로로 2개 연대와 오토바이 정찰연대를 주공으로 지향하고 1개 연대규모로 태백산맥을 따라 진출시켜 사단을 동서로 양단하고 강릉을 침공하여 당일에 점령하고 동해안을 따라 공격하도록 하였다. 또한 제66유격연대와 제49육전대는 동해안의 강릉과 삼척 간에 상륙시켜 북한 제5사단의 진출을 용이하게 하고 사전에 태백산맥 일대에 침투시켜 활약하고 있던 공비와 연결하여 아 제8사단의 퇴로를 차단한 후 계속 내륙으로 침투하여 제5번 도로를 따라 진출하는 제2군단 주력의 전진을 지원할 계획으로 전술적·작전적 수준의 배합전을 기도하였다.

사단장은 이 전쟁이 장기화 될 것이라고 판단하여 6월 25일 10시를 기하여 작전지역내에 계엄령을 선포하고 모든 군수품은 대관령 너머 진부리로 소산시키며 군·경 가족과 공공기관을 후방으로 피난 및 소개시키도록 대책을 강구하고 민간차량을 징발하여 기동력을 확보하도록 하였다. 이에 따라 사단은 장병가족에게 6개월분의 봉급과 식량을 지급하고 계엄업무를 담당할 민사부장을 임명하였으며 주민의 피난계획까지도 준비하였다. 이처럼 장기전을 예상하고 대비한 것은 다른 사단에서는 볼 수 없는 일이었다. 이렇게 되자 주민들은 군을 믿고 적극적인 지원에 나섰다. 강릉 학도호국단 산하 1,400여명의 학생이 자발적으로 참여하여 탄약 및 보급품의 운반과 환자구호 그리고 연락업무를 수행하였다. 제10연대장 고근홍 중령은 적이 후방의 등명동에 상륙한 상황에 대처하기 위해 57mm대전차포 중대와 제4중대를 강릉 남쪽의 안목-안인진 일대로 급파하였다. 그 무렵에는 적의 상륙선단의 일부가 해안선을 따라 남하하고 있었으며 그 일부는 안인진 해변에 접안을 시도하고 있었다. 바로 그때 안인진에 도착한 대전차포 중대가 적의 선단에 맹렬한 포격을 집중하여 격퇴시켰다. 또한 제4중대는 등명동에 상륙한 적 육전대가 산악을 따라 강릉으로 북상 할 경우에 대비하여 가장 방어에 유리한 안인진 서쪽 대포동에 방어진지를 급편하고 경계를 하고 있던 중 때마침 북상 중이던 1개 중대 규모의 적을 발견하여 격멸함으로써 위급한 국면을 타개하였다. 이처럼 제8사단이 효과적으로 초기전투에서 적을 격멸시킬 수 있었던 주요 배경 중의 하나에는 학도호국단원 1,400여명이 지역주민과 함께 자발적으로 탄약과 보급품 등을 운반하면서 부상자에 대한 치료 등을 전개한 총력전이 있었다.

동부전선의 춘천과 홍천지역에서 국군 제6사단은 북한군 제2군단 예하의 2개 사단의 공격을 맞이하였다. 제7연대를 좌, 제2연대를 우, 제19연대를 예비로 하여 84㎞의 정면을 방어하고 있었다. 제7연대는 춘천 북방에서 포병화력과 험준한 산악 및 소양강 등 지형의 이점을 이용하여 각종 공세행동으로 27일 정오까지 춘천을 고수하였다. 진지공사에있어서는 춘천정면의 제7연대는 춘천시민과 학도호국단 학생들의 도움으로 9개소에 유개콘크리트와 중대마다 2~3개소의 통나무로 만든 유개호를 마련하고 진전에는 지붕형 철조망을 2중으로 설치하고 그 중간에는 대인지뢰를 매설하였다. 제16야전포병대대가 화력지원 임무를 성공적으로 수행한 것은 무엇보다도 탄약의 확보가 가능했기 때문이다. 당시 포병대대의 탄약고는 소양강 북방에 위치하고 있었다. 6월 25일 북한군의 공격기세를 고려했을 때, 적이 곧 춘천정면에 도달할 것으로 판단한 대대 군수장교는 정기백, 최갑석 일등상사와 함께 탄약을 소양강 남쪽으로 옮겼다. 이 과정에서 포탄을 옮기는데 병력 부족으로 어려움을 겪는 것을 본 춘천 사범학교 학도호국단과 인근의 주민들이 자발적인 협조를 하여 무려 50,000여 발의 각종 포탄과 기관총 및 소총 탄약을 소양강 이남으로 무사히 옮길 수 있었다. 이외에도 탄약운반이 끝난 뒤 최갑석 일등상사는 춘성군 곡물창고에 보관되어 있던 양곡을 강원도지사의 승인을 받아 소양강 남쪽으로 옮김으로써 군량미까지 확보할 수 있었다.

이와는 대조적으로 서부전선의 경우에는 황급한 철수작전 때문에 군이 보유하고 있던 각종 탄약의 80%를 소모도 하지 못하고 방치함으로써 극심한 탄약 부족 현상을 일으켰다. 탄약과 물자의 재보급이 어려웠던 이 시기에 서부전선에서는 이를 방치 또는 유기함으로써 더욱 극심한 부족현상을 초래하였다.

반면, 제7연대장이 개전초기에 내린 조치는 작전지역 내의 민간차량을 징발하여 기동력을 확보하고, 연대의 창고에 보관 중에 있는 각종 화기를 지급하며, 군량미를 확보하고, 학도호국단원들의 도움을 받아 탄약을 안전지대로 이전시키는 등 정확한 상황판단으로 사전에 확보대책을 강구하였다. 이로써 초기의 어려운 상황에서도 탄약과 식량의 제한을 받지 않고 적을 효과적으로 저지할 수 있는 계기를 마련할 수 있었다.

3. 비상학도대 결성

학도호국단 간부들은 북한군의 전면적인 남침 소식이 전해진 이후 6월 26일 오전 일찍부터 대부분의 중학교와 대학에 모여 북한군 남침에 대한 정보를 교환하면서 대책을 세우느라 분주하였다. 이와 같은 학생들의 활동에 큰 획을 그은 사건은 바로 서울의 실함이었다. 서울의 실함은 한국전쟁에서 학도의용군 활동이 시작되는 직접적인 계기가 되었다. 6월 27일 저녁부터 서울에는 북한군이 침입하기 시작했으며, 6월 28일 새벽에 한강 인도교가 폭파되어 사실상 서울이 적에게 함락되고 말았다. 이처럼 적이 불과 3일 만에 서울을 장악함에 따라 대한민국은 실로 풍전등화의 위기에 처하였다. 이러한 상황에서 결사적으로 한강을 도하하여 수원에 모인 학생들 중 2백여 명이 6월 29일 오후에 국방부 정훈국의 후원으로 '비상학도대'를 발족하였다. 이때 발족된 비상학도대는 이후 한국전쟁 중에 모습을 드러낸 여러 학도의용군 단체의 모체가 되었다. 국방부 정훈국은 이들에게 정훈국장 명의의 신분증을 발급하였으며, 모두 3개 소대로 편성하여 전투에 투입하였다. 그들 중 일부는 학도전투대를 편성하여 수류탄을 소지하고 다시 서울 방면으로 북상하여, 노량진 전투에 참가하기도 하였다. 한강을 도하 하려는 북한군을 저지하기 위해 국군이 필사적인 방어작전을 수행하고 있는 상황에서 용감한 학생들이 발 벗고 나서서 가담한 것이다. 훗날 한강방어선 전투로 알려진 이 전투에서 수많은 학도들이 전사하였는데, 비상학도대의 이와 같은 활동은 이후 전세가 아군에게 어려운 상황으로 전개되고 있던 순간에 대한민국의 많은 학생들이 직접 무기를 들고 참전하도록 자극하는 역할을 했다고 평가할 수 있다. 한편 비상학도대 소속의 몇몇 학생들은 '학도선전대'를 조직하여 국민들을 대상으로 전황을 보도하는 등의 가두선전과 피난민 구호, 남하하는 학생들의

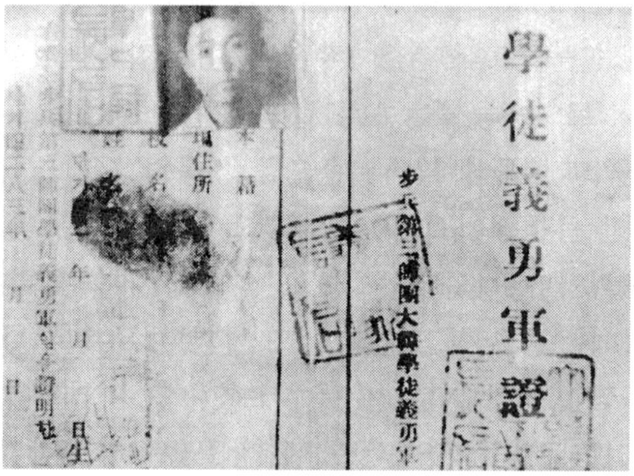

〈학도의용군 신분증〉

규합 등의 임무를 자발적으로 수행하였다. 그러나 한강을 도하한 북한군이 7월 3일 즈음에 수원을 탈취하자, 비상학도대 소속의 학도의용군들도 피난민과 후퇴하는 국군대열에 휩쓸려 뿔뿔이 남하할 수밖에 없었다.

6월 29일에 수원에서 형성된 비상학도대가 활동을 개시하고 있던 7월 초, 남하한 정부를 따라 대전에 내려온 학생들이 김득신 등을 중심으로 국방부 정훈국의 지도 아래 의용학도대를 조직하여 활동을 시작하였다. 이들은 700여 명의 학생들을 규합하여 학도병 모집, 보도선전 등을 통해 어려운 상황에서도 북한군의 진격을 저지하고 있던 국군에 적극 협조하였다. 그러나 또 다시 전세가 악화되어 정부가 대구로 내려가게 됨에 따라 의용학도대 소속의 학생들도 대구로 이동하였다.

이리하여 수원에서 철수한 비상학도대와 대전에서 내려온 의용학도대가 대구에서 모이게 된 것이다. 이후 두 조직은 7월 19일에 공식적으로 통합하여 대한학도의용대로 개편한 이후 활동을 지속하였다. 이와 때를 같이하여 부산에 집결되었던 학도들도 대한학도의용대를 조직하였다. 이 조직은 이름은 같았지만 초기에는 별도로 활동하였다. 그러다가 정부가 부산으로 내려와 임시수도를 정하자, 두 개의 학도의용대가 부산 동아극장에서 통합식을 통해 조직을 통합하는데 성공하였다. 이 조직이 바로 국방부 정훈국에 소속되어 활동했던 학도의용군의 본산이 되었다. 즉, 학도의용군의 실질적인 모체가 된 조직이다. 전쟁 당시 학도병의 대부분이 대한학도의용대를 거쳐 군에 입대함으로써 병력조달의 기능을 수행하게 되었는데, 이들 병력이 국군 10개 사단과 예하 부대에 배속되어 낙동강 교두보 전투에 참전하였다. 당시 대한학도의용대는 1951년 2월 28일 이승만 대통령의 학교 복귀령으로 인해 해산될 때까지 27,700명이 전투에 참가하였고, 27만여 명이 후방에서 선무공작 임무를 수행하였다. 그 현황을 보면 다음과 같다.[1)]

1) 육군본부, 『한국전쟁시 학도의용군』, 1994, p.70.

출신지	인원(명)	출신지	인원(명)
서울특별시	6,700	전라남도	23,800
경기도	23,500	경상남도	65,000
충청남도	42,000	경상북도	56,000
충청북도	21,500	강원도	6,500
전라북도	27,200	제주도	3,000
합계: 275,200명			

4. 낙동강전선에서의 학도의용군

1950년 7월 31일 부로 개전 직후 국군과 유엔군이 수행하던 지연작전이 종결되고 새롭게 형성된 낙동강 방어선을 중심으로 새로운 형태의 방어작전이 시작되었다.

그러나 낙동강 방어선에서의 국군과 미군의 부대 운용은 적이 방어선의 어느 정면에서 공격해 오더라도 막아내야 하는 것이었기 때문에 더 많은 전투력이 필요할 수밖에 없었다. 또한 공세이전의 계기를 마련하기 위해서는 반드시 병력증강이 선행되어야 했다. 그 노력의 일환으로 취해진 미국 본토로부터의 지상군부대가 증원되기 시작하였으며 한편 현지에서 한국군 신병을 차출하여 미군부대에 보충하는 등의 방법을 강구하고 있었다. 바로 이러한 상황에서 전국 각지에서 모여든 학도의용군들일 자발적으로 나서서 국군과 유엔군의 병력부족 상황을 해소하였으며, 이들의 사기진작에도 기여하였다. 낙동강 방어선이 형성된 이후에 전개된 학도의용군의 활동은 그 이전 시기와 비교해서 훨씬 다양하고 포괄적이었다. 이 무렵부터 자원한 학도의용군과 노무자의 수가 크게 증가하고 있었다. 학도의용군은 각 지구에서 수십 명씩 한국군부대에 입소하여 전투와 지원업무를 수행하였으며 7월 중순부터 상당수가 현지입대 하기도 하였다. 당시 대구의 신병교육대인 제5연대에는 현지 입대한 2천여 명의 학도의용군이 훈련을 받았으며 그중의 일부는 제주도에서 하사관교육을 받았고 일부는 간부후보생으로 임관하기도 하였다. 7월 27일 대한학도 의용대가 육군본부의 승인 하에 대구에서 "죽음으로써 나라와 겨레를 지

〈낙동강 전선의 학도의용군〉

킬 것을 선서한다."라는 출전선서를 하였으며 이와 별도로 육군본부 정훈감실은 8월 초에 유격전을 전개할 목적으로 1,500명의 학도기간대를 편성하고 밀양의 유격대와 통합 운용하였다.[2] 병력 부족을 타개하기 위하여 육군에서는 여군의용군 모집을 일간신문에 공고하기도 하였다. 응모자격으로는 초급중학을 졸업한 만 18세 이상에서 22세 미만의 미혼 여성으로, 사상이 확고한 사람으로 한다고 하였다. 1950년 9월 6일 한국전쟁 중 여군 인력에 대한 교육을 실시할 목적으로 여자의용군 교육대가 창설됐다. 학도호국단 교관요원으로 배속돼 있던 여자 장교들을 중심으로 임시수도 부산에 여군 모집본부를 두고 여군모병을 했는데 지원자가 3천여 명 몰리어 그중 5백여 명을 선발하여 정식으로 발족한 것이다. 초대 교육대장인 김현숙 소령을 비롯한 여자의용군 1기생들은 전란 중 국토방위에 남녀가 따로 있을 수 없다는 애국심을 부산시민에게 보여줘 열띤 환영을 받았다. 3주간의 맹훈련을 거친 뒤 491명이 배출되어 주로 후방지역의 행정, 경리, 통신 분야에서 근무했고 곧이어 12월에는 2기생 383명이 입소했다. 전쟁이 소강상태에 접어들자 여군의 역할이 줄어들어 모병이 자연스레 중지되었으며 이어 1951년 11월에 해체되었다.

〈여자의용군 훈련모습〉

1951년 2월 28일 정부는 개전 초기에 북한군의 공격을 저지하는데 크게 기여한

2) 합동참모대학교, 「6・25전쟁사」, pp.5～34.

학도의용군에 대해서 해산을 명령하였다. 그리고 3월 16일에는 이승만 대통령이 직접 학생 학교복귀 지시 담화를 발표하였다. 이에 따라 4월 3일을 마지막으로 국방부 정훈국의 정훈공작대가 공식적으로 해산하였다. 하지만 정부의 학도의용군 해산명령이나 학교복귀 지시담화를 들은 학도의용군 부대는 일부에 지나지 않았다. 1951년 2월 말과 3월 초에는 학도의용군으로 지원한 학생들 중 대부분이 이미 군번을 부여받은 상태에서 현역으로 복무 중인 경우가 많았다.[3] 이들은 비록 학생의 신분으로 지원했지만, 전쟁을 치르는 중 현역 신분으로 전환되었기 때문에 학교로 복귀할 수 없었다. 다만, 국방부와 육군본부에 의해서 학도의용군 부대로 별도로 관리되던 정훈공작대[4]와 같은 일부 단체들은 정부의 조치로 학교로 복귀할 수 있었다.

5. 장사동상륙작전

국군과 유엔군이 낙동강 교두보에서 반격으로 전환하였을 당시 독립 제1유격대대가 장사동 해안에서 수행한 작전은 상당한 의미를 갖는다. 유엔군사령부는 인천상륙작전에 모든 전력을 경주하고 있었다. 따라서 인천상륙작전 직전 반대편인 동해안의 장사동에 기습상륙을 감행해 적을 견제함으로써 경인(京仁)지역에 대한 북한군의 증원을 방해할 목적으로 이 작전(육본 작전명령 제174호, 1950.9.10)을 계획했다. 장사동은 경북 영덕에서 남쪽으로 15km, 포항 북쪽 26km에 위치한 동해안

3) 현역으로 전환되어 군 복무를 훌륭히 수행한 학도병 출신자들이 많이 있었다. 1993년 8월 31일 전역한 정육진 대령은 학도병으로 참전하여 43년간을 복무하였다. 당시 김영삼 대통령은 이 공로를 기려 준장으로 진급시킨 후 전역시키기도 하였다.

4) 대한민국 14대 대통령을 역임한 김영삼 대통령은 학도병으로 국방부 정훈국 거제도 특별파견대에서 근무하였다. 그는 선거 때마다 병역문제에 시달렸다. 6·25 전쟁 당시에 징집대상이었는데도 군 복무를 하지 않았다는 것이 주된 이유였다. 대통령에 당선되고 난후 함께 근무한 학도병이 이 사진을 우연한 기회에 전달하였다고 한다. 그 사진에는 '단기 4283년(1950년) 국방부 정훈국 거제도 특별파견대'라는 글씨가 쓰여 있었다. 당시에는 행정이 체계적이지 못해 병적기록에서 누락되기도 한 경우가 종종 있었다. 그에 따르면 정훈공작대는 대북방송 등을 전담하였다고 한다.

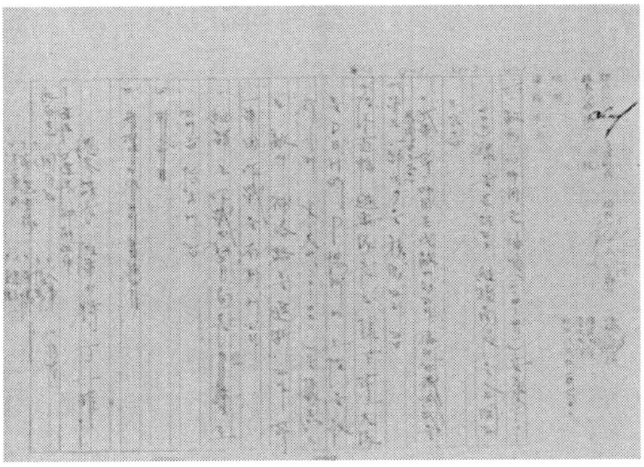

〈작전명령 제 174호〉

의 작은 어촌이다. 장사동이 유명하게 된 것은 인천상륙작전을 기만하기 위해 실시한 양공작전이 인천상륙작전 바로 전날인 1950년 8월 14일 이곳에서 실시됐기 때문이다. 이들은 6일간의 작전기간 중 772명이 참가하여 129명이 전사하고 110명의 부상자가 발생하는 인명손실을 겪었다. 인천상륙작전이 3일 만에 종결된 것과 비교해 보면 긴 시간 동안 전개되었다. 작전 중에 적 270명을 사살하고 학살 직전의 애국청년 10여 명을 구출하는 전과를 올리기도 하였다. 그러나 이 작전의 성과는 단순히 전과의 수립에만 있는 것은 아니었다. 당시의 평양방송이 "국군 1개 사단이 동해안에 상륙했다."고 보도했다. 또한 북한군 제2군단이 포항 전선에서 2개 연대와 4대의 전차를 장사동으로 재배치하였다. 이를 볼 때, 적의 전투력을 분산시키고 심리적인 위축을 가져오게 한 성공적인 작전이었다고 평가할 수 있다. 이 작전에 투입된 병력의 대부분은 경남 밀양에서 불과 보름 동안의 훈련밖에 받지 않은 학도의용군이었다. 육군은 이 작전을 위해 이명흠(李明欽) 대위를 지휘관으로 한 독립유격대 1개 대대를 차출했다.[5] 이명흠 대위의 가운데 이름을 따 일명 '명부대(明部隊)'로 불리는 이 유격대는 8월 말쯤 밀양에서 학도병을 기간으로 조직된 부대다. 이들은 오로지 애국심만으로 군에 자진 입대해 위험한 작전에 투입됐다. 작전에 동원된 학도병은 계급도, 군번도 없는 772명이 전부였다. 학도병이라 하지만 거의 대다수가 고등학교 2·3학년에 다니다 지원하여, 나이로는 18~19세의 청소년들이었다. 마침내 학도의용군으로 편성된 상륙부대를 태운 한국 해군의 문산호(LST)는 미 해군구축함의 호송하에 9월 14일 오전 장사동 해안에 상륙했다. 상륙은 순조롭지 못했다. 상륙 직전에 적 해안초소와 포대의 공격을 받은 것이다. 출항 때까지는 조용했던 바다가 태풍 케지아의 영향으로 강한 비바람이 몰아친 것이다. 칠흑 같은 어둠 속에 탄우(彈雨)와 비바람을

5) 국방일보, 「장사동 상륙작전과 학도의용군 그리고 전성호장군」, 2008.9.8.

맞으며 맨몸으로 감행한 적전상륙이었다. 적의 강한 저항으로 희생자가 속출하였으나 중요 거점인 200고지를 탈환하였다. 목숨을 건 상륙작전으로부터 꼭 10시간 만이었다. 이때가 9월 14일 오후 2시 50분이었다. 인원을 점검해 본 결과 전사 60명, 부상 90명이었다. 부대장은 부대를 재편하고 차후 작전에 대비하였다. 학도병들은 밤을 지새기 위해 산꼭대기와 중턱에 진지를 구축하고 경계에 돌입했다. 비가 내리는 밤에도 새벽은 왔다. 다음날은 중요 임무의 하나인 영천-포항 국도를 점령해 적의 보급선 차단을 도모했다. 또한 장사동 지서를 탈환하고 감금돼 있던 우익 청년들을 해방시켰다. 북한군들에게 온갖 고문을 당해 초죽음 상태에 있던 그들은 유격대원들을 부둥켜안고 기쁨의 눈물을 흘렸다. 생각지도 못했던 보람을 느낀 유격대원들은 뿌듯한 마음으로 선무공작도 했다. 그러나 성공한 작전의 기쁨은 그날 하루뿐이었다. 일시적으로 수적 열세에 밀려 후퇴했던 북한군이 대규모 지원병력과 함께 반격해 오고 있었다. 상황이 어렵다고 판단되어 부대는 철수를 시작하였다. 해군본부가 보낸 철수선 조치원호가 현장에 도착한 것은 19일 오전 6시였다. 배에 승선하기 시작하였다.

〈장사동상륙작전 위령탑〉

〈조치원호의 형상, 장사동상륙작전 기념공원 내〉

그러나 승선하는 일은 쉽지 않았다. 적의 반격은 강하였고 승선을 용이하게 해 줄 별다른 도구가 없었기 때문이다. 설상가상으로 파도에 떠밀려 철수선으로부터 멀어지는 대원도 발생하였다. 일부는 승선하였지만 아직도 해안에는 30여 명의 대원이 남아 적과 교전하면서 승선을 엄호하고 있었다. 적은 박격포로 맹렬하게 공격하였으며 이로 인해 포탄이 배 갑판에 떨어져 많은 수의 사상자가 발생하였다. 매정했지만 남겨두고 철수할 수밖에 없는 절박한 상황이었다. 우여곡절 끝에 조치원호는 640여 명의 대원을 구출해 부산항에 돌아왔다. 9월 20일 06시였으며, 인천상륙작전이 성공한 뒤였다. 부두에서 대기하던 대원들은 사방에 뿌려진 신문 호외를 보고서야 왜 자신들이 그 어려운 작전에 투입됐는지 알 수 있었다.[6] 신문에는 인천상륙작전을 기만하기 위해 특공대를 동해안에 상륙시켜 적을 혼란에 빠트린 양공작전이 있었다고 보도하고 있었다. 뒤에 알게 된 사실이지만 해변가에 남은 대원들의 심정은 배신감뿐이었다고 한다. 현장에서 포로가 되어 북으로 끌려가다 혼란을 틈타 탈출한 고규혁 대원은 뒷날 '버림받은 충혼'(1993)이라는 제목으로 수기를 출판했다. 지척에 있던 철수선이 수많은 대원을 남겨두고 떠나버린 데 대한 원망이 책 제목에 반영되어 있다. 얼마나 절망적이었겠는가? 앞에는 북한군이 뒤에는 바다가 버티고 있었던 상황은 이루 말할 수 없었을 것이다. 인천상륙작전의 성공 뒤에는 이와 같은 어린 학생들의 애환과 충혼이 숨어 있었다.

6. 재일학도의용군

재일학도의용군은 5차에 걸쳐 642명이 입국하였다. 1차는 도쿄 지역 청년 학생 78명으로 이뤄졌다. 이들은 미 8군 보충훈련소에 입소해 간단한 제식훈련을 마친 후 미 제7사단에 합류해 인천상륙작전에 참가했다. 일본에 거주하던 재일동포들은 전쟁 직후 재일학도의용군을 결성했는데 학생은 물론 일반인 등 1,000여 명이나 지원했다고 한다. 이어서 2차는 266명으로 편성되었다. 3차는 102명으로 10월 5일 인천항으로 상륙했다. 이후 규슈지방 자원병으로 구성된 4차 145명과 5차 52명도 차례로 입국하여 전선에 투입됐다. 4차로 들어 온 학도병은 한국군에 배속되어 백마고지전투와 김화전투 등에서 활약했고, 5차 학도병은 미 제3사단의 일원으로 전투에 참전했다. 5차에 걸쳐 참전한 재일학도의용군은 각종 전투에서 많은 전과를

6) 국방일보, 「장사동 상륙작전 4」, 2006.3.29.

거뒀다. 이들 가운데 52명이 전사하고 83명이 실종됐다. 재일학도의용군 대부분은 전쟁이 끝난 뒤 일본으로 돌아가지 못했다. 1952년 일본과 연합군 사이에 발효된 샌프란시스코 강화조약 때문이다. 이 조약으로 인하여 일본은 주권을 회복하였다. 일본은 재일학도의용군의 출국에 대하여 허락 없이 출국한 것으로 간주하였다. 그러므로 입국을 불허하는 것은 문제가 없다는 입장이었다. 졸지에 무국적자가 될 뻔한 이들은 조국에 정착했다.

7. 학도의용군이 기여한 공로의 의미

개전과 동시에 국군은 병력과 장비의 많은 부분을 손실하는 막대한 피해를 입었으나 지연작전을 전개하면서 마지막 보루인 낙동강에 이르게 되었다. 그리고 유엔군은 전세를 일격에 전환시킬 인천상륙작전을 계획하게 되는데 이때 무엇보다 가장 시급한 것은 병력충원의 문제였다.

〈현충원에 위치한 학도의용군 무명용사탑〉

인천에서의 상륙작전 성공을 기대하기 위해서는 낙동강 방어선을 지탱해야만 했다. 그러나 계속되는 병력의 손실은 북한군의 위협과 마찬가지로 방어선 유지를 어렵게 하고 있었다. 이러한 절박한 상황은 상륙작전을 구상하는 맥아더 원수도 잘 알고 있었다. 그는 병력의 보충 문제와 낙동강 방어선을 지켜내는 것을 대단히 중요하게 인식하고 있었다.[7] 이런 상황에서 학도병의 자발적인 참전은 국군과 유엔군의 사기에 크게 기여하였음은 물론이고 희생적이고 용감한 전투를 전개하여 전투상황을 유리하게 조성하기도 하였다. 앞에서도 언급했듯이 이처럼 많은 학생들이 자발적으로 참전한 사례는 흔하지 않은 경우이다. 또한 전선의 급박한 상황에서 학도의용군의 자발적 참여와 전투에서의 혁혁한 전과는 정규군과 비교해도 손색없는 전과를 나타내기도 하였다. 직접적인 전투활동 뿐 아니라 후방지역에서의 치안유지와 선무활동 등 다양한 활동으로 전쟁의 피해를 입고 상심해 있는 국민의 마음을 안정시키고 민심을 수습하는 데에도 크게 기여하였다.

이러한 자발적인 참여는 우리의 역사 속에서 국난이 있을 때마다 일어섰던 의병정신을 계승하였다는 것을 알 수 있다. 위에서 소개한 전투 이외에도 학도의용군이 참전한 전투는 무수히 많다. 전쟁을 통하여 우리는 전쟁에 대비하지 못한 결과가 어떠한지를 우리나라 역사의 수많은 교훈이 있었음에도 불구하고 불행히도 다시 한번 경험하게 되었다. 그리고 적의 공격이 있을 때는 전 국민의 의지가 통합되어야 극복이 가능하다는 것을 학도의용군 참전사례 등으로 알 수 있었다. 또한 한 가지 중요한 것은 자유와 평화는 저절로 얻어지는 것이 아니라 준비하는 자, 희생을 감수하는 자만이 누릴 수 있다는 것을 기억해야 할 것이다.

7) 경향신문, 「맥아더 원수와 한국」, 1964.4.10.

– 부치지 못한 편지 –

어머니!
나는 사람을 죽였습니다.
돌담 하나를 사이에 두고
10여 명은 될 것입니다.
적은 다리가 떨어져 나가고,
팔이 떨어져 나갔습니다.

어머니!
전쟁은 왜 해야 하나요?
어제 내복을 빨아 입었습니다.
물내 나는 청결한 내복을 입으면서
저는 왜 수의(壽衣)를 생각해
냈는지 모릅니다.
어쩌면 제가
오늘 죽을지도 모릅니다.
하지만 저는 살아가겠습니다.
꼭 살아서 가겠습니다.

어머니!
상추쌈이 먹고 싶습니다.
찬 옹달샘에서
이가 시리도록 차가운 냉수를
한없이 들이키고 싶습니다.
아!
놈들이 다가오고 있습니다.
다시 또 쓰겠습니다.

어머니 안녕! 안녕!
아, 안녕은 아닙니다.
다시 살아서 갈 테니까요...

- 이우근의 '부치지 못한 편지' 중 일부에서...-

서울 동성중 3학년에 재학 중 학도병으로 참전한 이우근(李佑根, 당시 16세) 학도병이 어머니에게 쓴 편지이다. 그는 1950년 8월 11일 포항여자중학교 앞 벌판에서 숨을 거뒀다. 이날 전투에서 제3사단 학도의용군 71명 중 그를 포함해 48명이 전사했다. 그들과 전투를 벌였던 북한군은 정규군 766부대였다. 그러나 군사훈련도 변변히 받아보지 못했던 학도병들은 이곳에서 무려 11시간 30분을 버텼다. 이들의 투혼으로 포항시민과 피란민 등 20만여 명이 형산강을 건너 무사히 탈출할 수 있었다. 그러나 이 편지는 안타깝게도 그의 어머니가 받아 볼 수는 없었다. 부치지 못하였던 것이다. 이 편지가 모티브가 되어 '포화 속으로' 영화가 만들어 지기도 하였다.

제 2 절

지게부대원

1. 지게부대의 유래

6·25전쟁은 3년간 지속된 전쟁이었다. 전 국토가 전쟁판이었고 하루 24시간이 전쟁이었다. 이런 영향으로 국군과 유엔군 등 정규군만으로는 치를 수 없는 치열한 전쟁이었다. 당연히 전장(戰場)도 전후방이 없이 진행되었다. 전선에서 멀리 떨어진 지리산 등에서 본거지를 두고 활동한 빨치산이 있었다. 전형적인 총력전을 필요로 하는 전쟁이었다. 우리나라는 국토의 70% 이상이 산지로 이루어져 있다. 주요진지는 대부분이 주변을 감제하기 용이한 산에 위치하고 있다. 전쟁도 먹어야 할 수 있는 것이다. 그리고 무엇보다 필요한 것은 탄약을 비롯한 군수물자였다. 또한 전투 중 발생한 전사자와 부상자도 신속히 후송시켜야 했다. 이처럼 전쟁의 형태와 지리적인 여건이 보급업무만을 전담할 병력을 필요로 하였다. 낙동강 전선에서 전의를 불태우던 유엔군은 전투 병력을 절감해야 할 필요성에 따라 노무자만으로 편성된 부대를 창설하기에 이른다. 전투병 한 명이 아쉬운 형편에 그들로 하여금 탄약과 보급품 등의 군수품을 운반하는 일을 시킬 수는 없는 형편이었다. 이러한 업무를 신속히 보급하기 위해서는 전문 노무자가 필요하였다. 이런 이유로 1950년 7월 26일에 '징발에 관한 특별조치령'[8]이 대통령 긴급명령 제6호로 공포되었다. 이를 근거로 하여 한국노무단(KSC)을 창설하게 된 것이다. 총 3개 사단과 2개 여단 규모였으며, 징집연령을 넘은 35세 이상부터 60세까지의 다양한 연령대로 구성되었다. 그러나 간혹 10대 후반의 어린 나이에 징집된 사례도 있었다고 한다. 이들은 총 30여만 명이 전투현장을 지원하였다. 우리나라 지형에서는 운송수단으

8) 이 조치령은 1963년 5월 1일부로 폐지되었다.

로 지게만한 것이 없다. 지게는 물건을 운반할 때 사용되는 한국의 대표적인 운반 도구다. 단순한 구조에 비해 그 효율성은 대단히 좋은 편이다. 무거운 물건도 지게에 싣고 나면 걷기가 그리 어렵지 않다. 자신의 몸무게 정도의 무게는 쉽게 운반할 수 있는 구조로 이루어졌다. 특히 도로망이 열악했던 그 시절은 더욱 그러하였다. 따라서 노무자를 모집하여 이들이 보급물자를 운반하게 하였고, 수단은 지게였다. 이들 대부분은 군복이나 철모도 착용하지 않고 민간복장 그대로 총알이 빗발치는 최전선에서 임무를 수행했다. 따라서 희생자도 많았다. 전사 2,064명, 부상 4,282명, 실종 2,448명 등 9,000명이나 희생된 것으로 파악하고 있다.

〈지게부대원의 출동준비 모습〉

전쟁 피난길에 모집된 사람들이라 민간 전통복장인 무명 바지저고리를 입은 그대로 전쟁에 투입돼 적으로부터 표적이 되기가 쉬웠던 것도 피해가 많은 하나의 원인으로 볼 수 있다. 은폐가 쉬운 녹색 군복과는 달리 무명옷 복장은 노출이 쉬웠을 것이다. 그러나 군인이 아니었으므로 희생이 돼도 적절한 예우를 받지 못했다.[9] 이들 부대는 노무자들이 지고 다니는 지게의 모양이 알파벳 'A'를 닮았다고 해서 '에이

프레임 부대(A Frame Army)'라고도 불리게 되었다. 일명 '지게부대'가 만들어진 것이다. 6·25전쟁은 이처럼 군인만의 전쟁이 아닌 모든 국민이 치른 전쟁이었다.

2. 지게부대의 활약과 애환

최초의 노무단은 사단별로 노무자를 관리했다. 자동차 수송이 불가능한 지역에 대하여 보급품을 운반하였고 탁월한 지원역량을 인정받기에 이른다. 이에 따라 보다 조직적인 관리와 지원을 위해 1951년 7월에는 군단 예하의 한국노무단으로 재편되게 되었다. 이들의 임무는 단순히 물품을 전달하는 것에만 국한되지 않았다. 군수품 운반은 물론이고, 철조망 설치 등의 진지 공사에도 동원되었다. 올라올 때는 탄약과 식량 등의 군수품을 지고 왔고, 내려갈 때는 부상자 후송과 전사자의 시체를 지게에 싣고 갔다. 한 사람이 매일 평균 45kg의 짐을 지게에 지고 50~80리씩 걸어서 운반했다. 매일 휴식도 없는 보급지원업무와 생명을 보호할 무기도 없다는 것은 육체적 피로는 말할 것도 없고 정신적 스트레스도 가중시켰다. 이들은 주로 인력에 의존할 수밖에 없는 험준한 지역에 주로 배치되었다. 특히 험난한 산악지대였던 춘천·화천·평강·인제·속초 지역에는 3개 사단이 집중적으로 배치됐다. 이것으로도 부족해 2개 여단을 추가로 징집, 배치했다. 이들은 군인은 아니었지만 급할 때는 총을 들고 싸우기도 했다. 만약 이들의 협조가 없었다면 작전에 큰 지장을 주었을 것이다. 워싱턴 DC의 '한국전쟁기념공원'에는 자유와 민주주의 수호를 위한 미군들의 엄숙한 모습의 동상과 함께 전투현장에서 생사고락을 같이한 한국인 지게부대원들의 모습이 새겨져 있다. 미군의 희생은 물론이고 유엔군을 도운 한국 노무자의 희생을 기리고자 한 것이다. 노무자들이 탄약을 운반하는 모습에서 그들의 공이 얼마나 큰 것이었나를 알 수 있게 해주고 있다. 당시 제8군 사령관이었던 밴 플리트는 만약 이들이 없었다면 최소 10만 명의 미군 병력 추가 파병이 필요했을 것이라고 한 바 있다. 정규군 10만의 역할을 훌륭히 수행한

9) 국방일보, 「군번도 없이 빗발치는 총알 뚫고 탄약 최전선 보급」, 2016.9.7.

것이다. 철의 삼각지대라고 부르는 평강·김화·철원 지구 전투에서 노무자들의 눈물겨운 희생 장면을 목격한 종군기자는 목격담을 다음과 같이 기록했다.

아군 조진지에서 탄약 부족을 느낄 때 생사를 가리지 않고 조탄과 식량을 날라다 주는 지게부대의 신뢰도는 날이 갈수록 더해졌다. 평강전투에서 조탄이 떨어져 공격을 중지해야 할 경우가 생겼는데, 본부에서 지게부대에 긴급하게 조탄을 운반해 달라는 연락을 취했다. 이 소식을 들은 지게부대는 상황의 긴박성을 인식하고 400명이 동원돼 1인당 20~30kg씩 짊어지고 50리 길을 달리기 시작했다. 40리를 1시간 반 만에 달려갔을 때, 조진지에서도 마중을 나와 이들은 결국 2시간 만에 조탄을 보급했다. 5시간 거리를 2시간으로 단축한 것이다. 이 전투에서 조탄이 신속하게 보급된 덕분에 중공군의 공격을 방어하고 역습으로 고지를 탈환할 수 있었다.

〈보급품을 운반하는 지게부대원〉

전쟁은 군수에 의해서 결말이 난다고 흔히 말한다. 아무리 훌륭한 작전계획도 군수의 뒷받침이 없이는 성공할 수 없다는 말이다. 노무단은 군수지원의 핵심에 있었다. 즉, 전쟁을 승리로 이끈 중요한 공적이 있었던 것이다. 이러한 공로로 지게부대원 400명에게는 부대장의 표창이 수여됐고 환희에 넘치는 표창식이 거행되기도 하였다. 그러나 이들의 근무와 처우는 너무나 열악하였다. 당시 국회 국방위원장(임흥순) 등은 현장을 확인하고 이 내용을 보고한 바 있다. 주요내용은 '군 장병에 비해 열악한 식사, 피복문제, 몸에 맞지 않는 지게(당시에 지게는 일본에서 제작하여 보급) 등이었다. 또한 봉급은 6백 6십 환을 매월 주는데 전사한 자에 대해서는 어떻게 처리하는지 알 수 없고, 4개월 치를 못 받은 경우도 있다는 내용과 부식의 경우 우리나라에서 나는 것도 일본에서 군이 사들여 와서 공급하는 등으로 문제가 많다는 내용 등이었다.[10] 그러나 이들이 임기를 마치고 귀향할 때 받은 것은 '징용 해지 통지서'와 종군기장, 기차표가 전부였다. 이름도 없이 빛도 없이 오직 애국심 하나로 나라를 위해 몸을 바친 지게부대는 그 역할에 비하여 보잘 것 없는 대우로 일관된 것이다. 일선 지휘관들이 노무사단을 가리켜 "전투의 절반은 그들이 해냈다."며 칭찬을 아끼지 않았지만 대우는 크게 못 미쳤다. 이들은 정전 후에도 계속 미군 측에 고용되어 일해 오다가 1967년 8월 9일에 정식으로 해체되었다. 16년 만에 해체됨으로써 현역 신분자는 원대복귀 하였으며 노무자 5,123명은 미 제8군 측과 고용계약을 맺게 되었다.[11] 이에 앞서 1965년에는 노동자 3권을 요구하며 쟁의 투쟁을 벌인 일도 있었다. 이들은 임금인상뿐 아니라 단체교섭, 단체행동, 단결 등 노동 3권의 보장을 요구한 것이다. 이는 곧 체결될 예정이었던 한·미 행정협정에서 노무조항을 우리 측에 유리하게 끌어오는 계기가 될 것으로 예상되기도 하였다. 실제로 협정을 위한 실무협의에서 미국 측은 군의 특성을 들어 노동 3권 보장에 부정적이었으나 우리 측은 강하게 요구하기도 하였다. 그 당시 미군이 주둔하고 있는 일본과 나토의 경우에는 이미 노동 3권을 보장받고 있었다.

마침내 1967년 2월 24일에 '한국노무단 지위에 관한 협정'이 체결되었다.[12] 주요 골자는 '간접체용 방식으로 한국정부가 노무자를 미국 측에 조달해 주는 형식이며, 노동 3권은 제한적으로 반영되었다. 즉, 노동 3권을 행사하기에 앞서 70일간의 냉각기간을 거치게 하고, 비상시에는 일부를 제한한다'는 등 만족할 만한 수준은 아니었다. 그러나 이들에 대한 법적 지위를 보장받는 계기가 된 것이다.

---

10) 동아일보, 「영양부족 목불인견」, 1953.5.24.
11) 동아일보, 「KSC 16년 만에 해체」, 1967.8.9.
12) 동아일보, 「한국노무단 지위 협정 체결」, 1967.2.24.

Chap. 13 잊을 수 없는 사람들

Chap. 13 잊을 수 없는 사람들

제1절 군인의 표상

제2절 안타까운 사연들

제 1 절
군인의 표상

1. 한강방어선을 지킨 광복군 출신 사령관 김홍일

김홍일의 생애는 여타의 독립운동가와는 다른 이력을 갖고 있다. 그는 중국으로 망명한 이후부터 귀국까지 중국군과 임시정부의 광복군을 오가면서 항일투쟁을 한 인물이다. 그는 중국군으로 대일전에 직접 참전하기도 하였으며 중국군으로서 한국독립운동을 지원하기도 하였다. 이러한 활동은 우리나라 임시정부의 독립운동의 활성화와 중국과의 연합전선을 구축하는 매개체가 되기도 하였다. 또한 귀국 후에는 군에 투신하였다. 중국군의 경력을 인정받아 1948년 12월 10일 준장으로 임관하게 되는데 주로 한직으로 보직을 받았다.[1] 이해하기 힘든 대목이다. 참모학교 학교장으로 재임 중에는 6·25전쟁을 맞아 시흥지구전투사령부 사령관에 임명되어 한강방어선을 지켰다. 다 쓰러져가는 군대를 모아 절제절명의 위기 속에서 김홍일다운 지휘력을 발휘하여 미군의 참전에 필요한 시간을 확보하였다는 평가를 받는다. 우리군의 미스테리 중의 하나가 이러한 독립투사가 왜 요직에 기용되지 못하고 한직을 맴돌다 군을 떠나게 되었는가 하는 점이다. 그 반면 일본군 출신들은 창군초기부터 주요 요직을 점유하기 시작하였다. 때마침 발발한 6·25 전쟁은 그들에게 구세주나 다름없었다. 그들은 전쟁 이후에도 승승장구하며 부귀를 누리는 이해하기 힘든 상황의 연속을 보게 된다. 현대사의 비극은 6·25전쟁이었으나 그 속에서 희극을 맛보는 사람이 존재했다는 것이다. 그들은 일본에 대를 이어 충성을 맹세했던 친일파였다. 김홍일은 1898년 9월 23일 평북 용천군 양하면

---

1) 육사교장을 거쳐 참모학교 교장의 보직을 받고 근무 중 전쟁을 맞았다. 이후 시흥전투지구사령관, 제1군단장을 역임하였다. 예편 후 중국대사로 취임하여 외교에서도 역량을 발휘하였다.

오송리에서 부친 김진건의 3남으로 태어났다. 그가 태어난 용천은 안동(현재의 단동)과 인접한 국경지역이었다. 이 지역은 교통이 편리하여 많은 사람과 문물이 모이는 곳이다. 인근 신의주와 용암포를 통해 나라 밖의 소식을 자주 접할 수 있어 지리적으로 문물을 받아들이기 유리한 지역이었다. 따라서 이 지역 출신들의 애국지사가 많은 것은 이러한 영향이 작용한 것으로 보인다.

國軍의 先輩五氏

陸海軍准將階級授與式

김홍일은 중일전쟁의 주요전투에 참여하여 무공을 세우고 중국군 소장급으로 진급하였다. 이것은 중국군에 참여한 한인 독립운동가들 중 가장 높은 위치이다. 기사에서 12월 10일 준장 진급자 중 김홍일 준장이 대표로 선서를 낭독하였다고 보도하고 있다.

〈육해군 준장 계급 수여식〉 출처: 경향신문(1948.12.23.)

그가 태어난 1898년은 일본을 비롯한 열강들이 우리나라에 대한 주도권을 가지기 위해 경쟁하던 시기였다. 김홍일은 어려서 러일전쟁을 직접적으로 겪기도 했다. 그가 7살이 되던 해였던 1904년 러시아와 일본이 조선을 무대로 전쟁을 벌인 것이다. 김홍일은 이 무렵 양시(楊市)라고 불리는 소읍에 살고 있었다. 양시는 신의주와 안동을 잇는 길목에 위치한 전략적 요충지로 전쟁 중 일본군과 러시아군이 교차로 주둔하는 지역이 되었다. 군대의 주둔과 함께 당시 양시에서 가장 큰 규모였던 김홍일의 집은 러시아군과 일본군의 사령부로 이용되기도 하였다. 때문에 김홍일의 집안은 필연적으로 두 군대가 끼치는 피해를 고스란히 받을 수밖에 없었다. 특히 전쟁중 일본군이 입힌 피해는 러시아군의 그것보다 훨씬 심하였다고 한다.[2] 김홍일은 중국식 이름으로는 왕웅으로 불리었다. '왕웅'은 백범일지에 등장하기도 하며 그가 김홍일이다. 소년 김홍일은 이승훈·조만식 선생의 가르침으로 민족적 사명감에 불타는 애국청년으로 성장하게 된다. 그는 오산학교 졸업 후 이승훈의 권유로 경신학교에서 교직생활을 시작했지만 비밀결사조직 혐의로 일제에게 모진 고문을 받았다. 김홍일이 여름방학을 이용하여 황해도 지역 민족운동자들을 순방하면서 독립운동에 대한 그들의 의견을 구한 적이 있었는데, 일제는 이를 꼬투리 삼아 김홍일 교사를 체포한 뒤 고문으로 혐의를 뒤집어 씌웠던 것이다. 그는 자서전에서 당시의 정황을 자세히 회고한 바 있다. "일제경찰은 '오산동문회사건'이라는 것을 만들어 나를 체포하였고, 이것은 당시 오산학교의 교장을 맡고 있던 조만식 선생을 체포하려는 의도가 숨어있던 사건이었다."는 것이었다.[3] 모진 고문 끝에 석방된 김홍일 장군은 이 사건을 계기로 중국 망명길에 오르게 된다. 상하이에 도착해 여운형 등 독립운동 지도자 및 중국 혁명가와 교류했던 김홍일 장군은 이듬해 구이저우 육군강무학교를 졸업하고 중국군 장교로 군문에 들어선다. 3·1운동 이후 만주 노령 지역에서 독립군 항전이 치열해지자 이에 동참하기로 결심하고, 중국군에서 나와 상하이 임시정부를 찾아가 법무총장 신규식, 군무총장 노백린 등을 만나 독립군 동참 의지를 밝혔다. 한국독립운동사에서 김홍일이라는 이름이 널리 알려지게 된 것은 한인애국단의 의거를 통해서였다. 한인애국단의 의거 중 특히 이봉창 의거와 윤봉길 의거는 김홍일의 결정적인 역할로 성공할 수 있었다. 이러한 활동은 그가 국민혁명군의 군인이면서 동시에 한인애국단의 단원으로서 추진한 것이었다. 임시정부는 1930년대 들어 새로운 독립운동의 방안으로 의열투쟁을 전개하고 있었다. 이를 위해 한인애국단을 조직하고 김구는 이를

2) 김종문, 「김홍일의 생애와 독립운동」, 단국대학교 석사학위논문, 2012, p.2.
3) 김종문, 앞의 논문, 2012, p.3.

총괄하고 있었다. 김홍일은 이봉창과 윤봉길의 의거에 필요한 무기를 제공하기로 하였다. 이봉창 의사의 의거[4]는 비록 실패하였지만 그 장소가 일본의 경시청 청사 정문 앞이라는데 의미가 있었다. 이로 인해 일본은 큰 충격을 받게 되었다.[5] 다음으로는 윤봉길 의사를 지원하였다. 윤봉길은 일본군 수뇌부를 몰살시킬 계획을 수립하고 폭탄을 준비하고자 하였다. 이때 김홍일은 김구 주석의 요구에 따라 포탄창 주임 왕백수에게 부탁하여 도시락과 물통 폭탄을 만들게 되었다. 이것이 완성된 뒤 김구 주석을 모시고 병공창에서 시험까지 해 완벽한 폭탄을 만들었다. 그 이전에 있었던 이봉창의사가 던진 폭탄이 불발되는 불상사를 되풀이 하지 않아야 했다. 따라서 군용폭탄을 재료로 하여 특별히 만든 것이었다. 그 결과 1932년 4월 29일 상하이 홍구 공원에서 열린 일왕 생일(천장절) 기념식에서 윤봉길 의사의 의거를 성공시킬 수 있었다. 이 의거에 대하여 중국 장개석 총통은 "중국의 100만 대군이 못하는 일을 한국의 한 청년이 능히 하니 장하다."라고 격찬하기도 하였다. 또한 중국은 이 의거를 기점으로 하여 임시정부에 대한 지원을 적극적으로 하게 되었다. 김홍일의 지원과 후원은 임시정부에만 한정된 것이 아니었다.

1932년 10월 의열단 단장 김원봉이 조선혁명군사정치군관학교을 세워 독립투사를 양성할 때도 장군은 후원자 역할을 톡톡히 하였다. 특히 1933년 김구와 장개석의 회담 결과 중국 군관학교에서의 한국 독립군 장교 육성 계획이 실현되었고 이에 따라 1934년 중국중앙육군군관학교 낙양분교에 한인특별반이 설치되어 운영되었다. 이때 김홍일은 한인특별반의 운영을 총괄한 김구를 도와 한국 청년들을 독립군 장교로 육성하는데 힘쓰기도 하였다. 나중에 이들이 임시정부 광복군의 핵심요원으로 성장한 것을 보면, 그 발판을 마련한 것으로 평가받기도 한다. 나아가 1937년 12월에는 김원봉이 이끌던 민족혁명당의 청년 당원 83명이 중국중앙육군군관학교 성자분교의 특별훈련반에 입학하자 선생은 이들의 교관 임무도 맡았다. 김홍일은 교육을 마친 청년단원을 인솔해 무한으로 이동시켰고, 이들이 그해 10월 김원봉을 사령관으로 하는 조선의용대 조직에도 기여했다. 그리하여 조선의용대원은 중국 각 지역 전장에 파견돼 한중연합작전을 수행하며 항일투쟁을 벌일 수 있

---

4) 1931년 12월 17일 일본으로 건너간 이봉창 의사는 다음해 1월 8일 일왕을 향하여 폭탄을 던졌다. 그해 9월 30일 사형이 선고되었고 10월 10일 형이 집행되었다.

5) 보훈처, 「3성장군 그리고 2성장군, 오성장군 김홍일 장군」에서 정리, 2012.8.10.

었다. 1939년 5월 대령에서 소장으로 진급함과 동시에 중국 제19집단군 총사령부의 참모처장으로 영전하게 되었다. 하지만 중국군에서 복무하면서도 김홍일은 광복군에 대한 지원과 후원을 계속하였다.

〈광복군 창설식〉[6)]

특히 장군은 한국광복군을 중국군사위원회에 귀속시켜 통합 지휘하려는, 대한민국임시정부의 국군으로서의 자주성을 훼손하는 '한국광복군행동 9개 준승'[7)]을 해결하기 위해서도 노력하였다. 이것을 해결하자 김구는 김홍일에게 "바야흐로 우리 조국을 위해 가장 좋은 기회가 찾아 왔으니 한시도 지체할 것 없이 중국군에서 손을 떼라."고 하였다. 이를 계기로 중국군에서 나와 광복군 참모장에 취임하게 되었다. 1945년 6월 1일 광복군 참모장에 부임한 뒤, 선생은 김구 주석과 지청천 사령관을 도와 미국 전략정보국과 합작해 진행되던 국내 진입작전(독수리 작전)에

6) 임시정부는 중국 중경에서 광복군을 창설하였다.(1940년 9월 17일)
7) 국민당의 광복군 규제를 위한 9가지 사항이다. 중국군은 한국광복군을 본회(중국 군사위원회)에서 통합 지휘케 된 후에 준행할 9항 준승을 마련하였다. 즉, 중국군의 지시를 받는 군대로 삼으려 한 것이다. 이 배경에는 1941년 3월에 조선의용대 상당수가 중국공산당 지역인 화북으로 넘어간 일이 있었다. 이에 중국은 광복군을 중국군에 예속시키려 한 것이다.

힘을 쏟았다. 해방 이후 김홍일은 다시 중국군에 복귀하게 되었다. 1945년 11월 동북보안사령부 고급참모 겸 한교사무처장에 취임하여 재만 한인동포의 생명과 재산을 보호하면서 귀국 편의를 도모하는데 앞장섰다. 중국군에서 사단장으로 소장 계급까지 달았던 광복군 참모장 김홍일 장군은 광복 후 1948년 8월 귀국해 국군에 입대하였다. 중국군 경력을 인정받아 곧 바로 준장으로 임관하여 건군에 참여한 것이다. 육군참모학교 교장으로 재직 중 6 · 25전쟁을 맞이하게 되었다. 김홍일은 당시 우리 국군에서는 사단급 이상 부대를 지휘한 경험이 있는 유일한 원로 장성이었다. 이러한 경력을 갖춘 장군이 주요부대의 지휘관으로 보직을 받지 못한 것은 분명히 문제가 있어 보인다. 전쟁과정에서 전투경험과 전술운용 경험이 부족한 채병덕 총참모장과 신성모 국방장관에게 건의를 하지만 모두 묵살되기도 하였다. 대표적인 사례가 의정부 지구에서의 무모한 역습보다는 한강에서 방어선을 구축해야 된다고 건의한 내용 등이다. 6월 28일 서울이 함락되자 다급해진 군은 국군 사단이 완전히 와해된 시점에 시흥지구 전투사령부(시흥사) 사령관을 맡게 한다. 한직이라고 할 수 있는 육군참모학교장이었던 김홍일은 여기서 진가를 발휘한다. 다행히 국군 제6사단이 춘천-홍천 전투에서 북한군 제2군단을 효과적으로 저지하고 있었다. 한강을 맨몸으로 도하하다시피 한 제1사단, 제7사단, 제2사단 장병들을 대대 단위로 재편, 한강방어에 투입하였다. 공황에 빠져 후퇴하는 병사를 수습하기란 쉽지 않았다. 김홍일은 후퇴하는 국군을 심리적으로 안정시키기 위한 대책을 마련하였다. 부녀자들을 동원해 주먹밥을 만들어 배를 채우게 하였다. 그리고는 큰 문짝을 이용하여 '미군 참전'이라는 글자를 큼지막하게 내걸었다. 배가 채워지고, '미군 참전'이라는 말에 용기를 얻은 장병들은 그제야 정신을 차려 싸울 수 있는 병사가 되어 갔다. 육사교장 시절의 김홍일 장군은 매주 월요일에 생도를 대상으로 정신훈화를 하였다. 모두가 감동 받는 강연이었다고 한다. 그런 김홍일이 이번에는 패잔병을 안정시켜 전투력을 발휘하는 군대로 만든 것이다. 시흥에서 병력을 수습하여 그 병력이 500명 선으로 채워지면 곧바로 혼성 몇 대대로 명명하여 한강선으로 투입하는 한편, 각 혼성사단에 책임지역을 부여하고 지역내에서 도하한 병력을 수습하여 강안에 재배치토록 독려하였다. 특히 김홍일 장군은 북한군이 교량을 이용할 것에 대비 노량진 부근을 방어하는 혼성 제7사단에 우선권을 두고 혼성대대들을 투입하였으며, 각 사단도 제각기 책임지역에 있는 나루터 방어에 중점을 두고 방어편성을 서두른 결과 6월 29일에 가서야 간신히 방어선을 형성할 수가 있었다. 이렇게 하여 임시 편성한 시흥지구전투사령부는 안양천에서 광진교에 이르는 한강 남안 24㎞에 대한 방어작전에 돌입하게 되었다. 혼성수도사단, 혼성2사단, 혼성7사단으로 방어부대를 편성하였다. 혼성사단은 말이 사단이었지, 병력은 연대 인원도 미치지 못했다. 화포는 한강을 도하하면서 버리고 온 상태였다. 교량 폭파로 인해 화포를 운반하지 못한 상황이었다. 따라서 포병전력은 거의 전무한 상황이었다. 통신장비도 부족하였다. 통신장비 부족은 상하급부대 간의 의사소통을 제한시켰다. 부대 간에 협조된 작전이나 효과적인 방어작전은 처음부터 불가능한 몹시 어려운 상황이었다. 오직 야전지휘관과 애국심에 불타는 장병들에게 의존하고 있었던 절박한 상황이었던 것이다. 그러나 김홍일 장군이 이끄는 시흥지구전투사령부는 혼성부대를 효과적으로 운용하여 일주일간이나 북한군의 진출을 저지하는 놀라운 성과를 이루었다. 이로써 미군이 한반도에 부대를 전개하는 데 결정적 기여를 하였다. 한강교 폭파시 인도교와 경인 하행선 철교는 폭파되었으나 경인 상행선과 경부선은 남아 있었다. 적은 경부선 철교를 복구하고 7월 3일 새벽 4시에 전차 4대를 도강시키는데 성공하였다. 이로써 국군은 7월 3일 수원으로 철수하였다. 한강선을 이용한 방어계획은 북한군의 전면 남침시 한강이 지연진지로 이용될 수 있다는 필요성만이 전쟁전 참모학교에서 강의안(講義案)으로 취급되는 정도였으며 그 구체적인 실행계획은 없었다. 그리고 6월 26일 오전 10시에 국방부장관이 주재한 군사경력자 자문회의의 석상에서 참모학교장 김홍일 소장 등에 의하여 "후방에서 투입되는 병력으로써 한강의 남쪽에 진지를 급편하고, 병력을 수용함으로써 한강남안에서 결전방어태세를 갖추자."는 의견이 대두된 바 있으나, 이 역시 공론으로 끝나고 말았다.[8)]

1951년 9월 당시 이승만 대통령은 자유중국(현 대만) 대사에 김홍일 장군을 주자유중국 한국대사로 임명하였다. "김 장군이 군인으로서 우리나라에 기여한 공로를 생각하면 오성 장군으로 제대시켜야 하는데, 우리 군에 그런 제도가 없다고 해서 그리 못했습니다. 하지만 김 장군은 우리나라 별 세 개에다 중국 별 두 개를 보태면 오성 장군과 마찬가지입니다."라며 그의 공적과 업적을 치하하며 위로하였다. 이때부터 김홍일 장군은 '오성 장군'이라는 별칭으로 불리게 된 것이다.

---

8) 육군본부, 「한국전쟁사」, p.192.

도시락 폭탄과 물병 폭탄을 제조

1932년 4월 29일 윤봉길은 상해 홍구공원에서 열린 일본 천황의 생일을 축하하는 자리를 노렸다. 일명 천장절 기념식장에서 일본군 고위급을 몰살시킬 계획을 세웠다. 그는 도시락 폭탄과 물병 폭탄을 휴대하고 절호의 기회를 기다렸다. 그렇다면 왜 일본군 수뇌부는 홍구공원에 몰려왔을까? 그것은 이봉창의사의 의거와 제1차 상하이 사변에 있었다. 이봉창의사의 의거는 일본 열도를 충격에 빠뜨렸다. 그 뿐 아니라 중국 언론에게도 주요 기사 소재가 되었다. 중국 각지의 신문들은 무력으로 일본에 대항한 독립운동가 이봉창에게 우호적인 내용으로 보도하였다. 이로 인해 일본과 중국의 관계는 악화되었다. 또 다른 영향은 제1차 상해사변에 있었다. 그 당시 상해는 세계 15대 도시였고, 아시아에서 2번째로 큰 경제대도시였다. 서구열강인 미국 · 영국 · 프랑스 · 이탈리아 등과 일본은 여기에 조계지를 설치하였다. 거대한 무역과 상업도시인 상해는 세계 각국이 거대 자본을 투자한 곳이었다. 1931년 9월 일제가 만주 사변을 일으키며 만주 일대를 점령하자, 중국 각지에서 격렬한 항일 운동이 일어났다. 특히 상해에서는 1931년 11월 일제의 만주 침략을 규탄하는 시민대회가 열리며 중국인과 일본인 사이에 충돌이 잇따랐다. 1931년 10월 11월 상하이의 일본인들은 상하이 거류민대회를 개최하였다. 이를 시작으로 양자강 유역 일본인 연합대회, 전중국 일본인 거류민 대회 등을 열면서 중국인을 자극하였다. 이 때문에 중국인과 일본인은 상해에서 충돌이 잦게 되었다. 그러던 중 1932년 1월 18일 일본인 승려 일행이 상하이 삼우실업사 근처에서 중국인들에게 구타를 당하는 사건이 발생했다.[9] 1월 20일 이를 구실로 일본인들이 항의 시위를 벌였고 이를 단속하는 과정에서 사상자가 발생하기도 하였다. 일본은 이를 구실로 1932년 1월 28일에 제1차 상해사변을 일으키게 되었다. 계속되는 일본군의 병력증원으로 일본군은 중국군을 격퇴시키고 상해를 점령한 뒤 3월 3일 전투를 중지하였다. 미국 · 영국 · 프랑스 · 이탈리아 등은 정전회담을 주선했고 정전협정이 성립되었다. 일본군은 상해사변 전승 경축식을 홍구공원에서 거행하기로 하여 이곳에 일본군 수뇌부가 모이게 된 것이다. 따라서 윤봉길은 이곳을 거사장소로 선정하여 일본군의 수뇌부를 폭사시키고자 한 것이다. 김홍일은 1932년 일본이 경악하고 세계를 감탄시킨 윤봉길 의사의 상하이 홍구공원 의거에 쓰일 물병과 도시락 폭탄을 준비한 것이다.

2. 해군의 아버지 손원일 제독

우리 국군의 창설초기의 대표적 인물로 손원일 제독을 꼽는데 주저할 사람은 없으리라 본다. 그는 상해 임시정부 초대 의정원장을 지낸 독립투사 손정도 목사의 장남으로 태어났다. 손원일은 해군의 아버지로 불리고 있지만 우리 국군의 아버지로 불러도 손색이 없는 분이다. 광복 후 제일 먼저 군사단체를 만든 사람이 그였다. 국가에서 가장 먼저 갖추어야 할 것을 군대로 본 결과였다. 중국 상해 중앙대학교 항해학과를 나온 그는 외국 상선 항해사로 일하다 광복 바로 다음날인 1945년 8월 16일 서울로 들어왔다. 당시의 국내상황은 각종 군사단체들이 난립하고 있었다. 광복군 출신뿐 아니라 일본군에서 부역한 자들까지 나서서 군사단체를 만들고 있었다. 혼란의 연속인 상황이었다. 이러한 군사단체의 난립은 신생국에서 서로의 실권을 잡으려 한 결과였다. 손원일처럼 순수한 열정으로 군사단체를 만든 인물은 많지 않았다.

해군의 발전에 커다란 공적과 영향을 남겼다. 상해 시절에 본 각국 해군들의 모습에 해방된 조국에서도 그러한 해군을 건설하고자 하는 마음을 가지게 되었다고 한다. 해군의 전력뿐 아니라 군가발전에도 크게 공헌하였다.

〈손원일 제독상〉 출처: 국방일보(2013.11.20.)

이런 혼란 속에서 손원일은 8월 21일 해사대(海事隊)를 결성했다. 중국과 독일 상선의 항해사와 부선장 등으로 일하면서 바다의 중요성을 일찍 깨닫고 있었다.

9) 그러나 이는 일본 측이 중국인을 고용하여 일부러 폭력을 조작한 것으로 알려져 있다.

그는 독립운동을 하면서 일찍이 해군의 중요성을 절감하고 있었다. 특히 우리나라는 삼면이 바다로 되어 있고 바다를 통하여 대양으로 진출해야만 강국이 될 수 있다고 믿고 있었다. 그리고 장차 조국의 바다를 지키는 해군을 창설하려는 원대한 꿈을 실현하기 위함이었다. 따라서 그는 가산을 털어 해사대(海事隊)라는 군사단체를 조직한 것이다. 그는 해사대를 만들기 위해 가산을 털어 충무공의 후예를 모집한다는 벽보를 거리마다 내붙였다. 그 결과 약 80여 명의 젊은이를 모을 수 있었다. 광복 후에는 나라 잃은 설움을 반복하지 않겠다는 의지의 표현으로 사설 군사 단체가 잇달아 창설되고 있었다. 그 중의 하나가 '해사대'라는 군사단체였다. 그 후 1945년 11월 11일 서울 종로구 관훈동 옛 충훈부[10] 건물에서 손원일 제독의 주도로 해방병단(海防兵團)이라는 준군사조직이 창설되었다. 해양인들이 결성한 해사대(海事隊)를 기초로 한 창단이었다. '해방(海防)'은 '바다를 지킨다'는 의미를 담고 있다.

〈표훈전에서 해방병단 창설기념〉 출처: 해군교육사령부

10) 현재의 국가보훈처와 유사한 기능을 한 조선시대의 관청이다.

우리 힘으로 해안·도서 순찰 임무를 수행하기 위해 70여 명의 인원으로 출발한 것이다. 해군은 그 뿌리를 해방병단을 창설한 날짜로 두고 있다. 결단식을 이날로 잡은 데는 각별한 뜻이 숨어있었다. 11(十一)은 선비 사(士)를 의미하고, 11월 11일 11시는 선비 사가 세 번 겹치는 형태로 해군의 신사도 정신을 강조하고자 한 것이다.[11] 그러나 해방병단은 이틀 뒤 미군정청에서 지금의 국방부격인 국방사령부를 출범시켰으나 그 휘하에 들어가지 못했다. 이듬해인 1946년 1월에 가서야 국방사령부로 편입되면서 군대 모습을 하나씩 갖춰 나갔다. 같은 해 6월 15일에는 조선해안경비대로 개칭했다. 정부가 수립된 후 1948년 정식 해군으로 재탄생했다. 초대 해군총참모장에는 손원일 제독이 임명됐다. 사령부인 해안경비대총사령부는 해군총사령부로 개칭했다가 12월 15일 해군본부로 새 출발했다. 해군의 창군 정신은 그들이 제창한 표어 안에 잘 드러나 있다. '국가와 민족을 위해 이 몸을 삼가 바치나이다' 이후 해군은 해방병단이 창설된 11월 11일을 해군 창설일로 기념해오고 있다. 그러나 해방병단이 미 군정청의 법적인 승인을 받은 상태가 아니었기 때문에 출발부터 많은 어려움이 있었다.[12] 사무실은 해결했지만 당장 식량을 비롯한 보급·지원 등이 문제였다. 그러던 중 1946년 1월 14일 해안에 관한 업무가 군정법령 제42호로 국방사령부로 이관되면서 해방병단은 안정을 찾게 됐다. 때마침 5월 10일 미 합참도 한국에 해안경비대 창설을 승인했다. 그러나 당시의 상황에서 먹이고 입히는 일은 쉽지 않은 시절이었다. 손 제독의 부인 홍은혜 여사는 그 당시 상황을 이렇게 증언한 바 있다. "해군 창설은 나라에서 한 게 아니라 개인이 한 것이다. 아무 예산이 없었다. 먹고 입고 잠잘 곳도 없었으며 바다에는 전투함 한 척 없었다. 사관생도들까지도 일본 군복을 고쳐 입고 신발은 고무신이나 사이즈가 큰 미군 구두를 신었다. 신사(紳士) 해군이 아니라 상거지였다." 기본적인 의식주를 해결하기도 바쁜 판이었으므로 초창기 해군은 정작 쓸 만한 군함 한 척도 없었다. 말만 해군인 것이었다. 가난한 신생국가의 재정 형편도 문제였지만 마땅한 기술력은 더없이 부족했다. 창설 초 우리 해군은 군함이라 할 만한 배는 한 척도 보유하지 못하고 있었다. 이에 손 제독은 군함 인수를 위해 미국과 협상을 시

11) 국방일보, 「해방병단 창단」, 2014.11.10.
12) 국방일보, 「해군창설과정」, 2008.2.20.

도하여 1948년까지 총 37척의 함정을 인수하였다. 그러나 이중에는 소해함, 지원함과 같은 비전투함이 고작이었다. 전투함 인수를 위해 고심하던 손 제독은 자신을 위원장으로 하는 '함정건조기금갹출위원회'를 결성하여 모금운동에 들어갔다. 결국 십시일반 성금을 모아 함정을 구입하기로 하고 모금운동에 나섰다. 말단 수병에 이르기까지 전 장병이 박봉의 월급을 쪼갰다. 가족들은 삯바느질과 뜨개질로 성금을 모았다. 이승만 대통령도 동참했다. 결국 해군장병 및 해군부인회 더 나아가 일반 국민들의 성금과 대통령의 하사금을 합쳐 총 12만 달러를 모금할 수 있었다. 손 제독은 직접 미국으로 건너가서 온 국민과 해군의 꿈인 전투함 4척을 구입하였다. 이렇게 해서 미국 해양대학교 실습선으로 사용되고 있던 낡은 군함을 구입하였다. 해군의 첫 전투함 '백두산함'이었다. 이렇게 구입한 백두산함이 6 · 25전쟁에서 크나큰 역할을 하였다. 이때 구입한 백두산함은 6 · 25전쟁시 대한해협에서 부산으로 상륙을 기도하는 적 함정을 발견하고 그 자리에서 격침시켰다. 아마 백두산함이 없었다면 북한군은 손쉽게 부산으로 상륙했을 것이고, 대한민국의 운명은 바뀌었을 것이다. 그 눈물겨운 과정을 잠시 살펴보기로 한다. 그것은 무에서 유를 창조한 것이었다. 마치 충무공 이순신제독이 12척의 함선으로 일본수군을 명량에서 몰살시킨 것과 다를 바가 없다.

〈최초의 전투함 백두산함〉 출처: 해군본부 자료실

손원일의 집념과 단원들의 열정은 여기서 그치지 않고 우리 손으로 군함을 제조하고자 하였다. 진해의 조함창에서 함정을 탄생시킨 것이다. 1946년 7월 15일 함정의 건조에 착수한 후 7개월 만에 건조를 완료하였다.[13] 1947년 2월 7일 해군사관학교 제1기 졸업식과 함께 명명식을 개최하였다. 공식적으로는 '정(艇)'급이었지만 해군의 전신인 '조선해양경비대'는 국내에서 건조한 첫 번째 함정이자 기함(旗艦)인 만큼 지휘관 호칭을 '정장'이 아닌 '함장'으로 격상해 불렀다. 우리 해군은 창설 때부터 충무공 정신을 계승하는 심혈을 기울였다. 우리 기술로 만든 첫 번째 함정을 '충무공정'으로 명명한 것도 거북선을 창제해 왜선을 물리친 충무공의 정신을 본받기 위함이었다. 초대 해군참모총장을 역임한 손원일 제독은 1947년 11월 11일 해군 창설 2주년 기념식에서 "직공들이 오로지 조국 재건을 위하여 공창과 운명을 같이 하겠다는 열성을 기울여 지난 2월 7일에는 해방 후 첫 공든 탑 '충무공호'를 내어 놓았습니다.… 우리의 각오와 포부는 충무공 정신을 계승하여 일단 유사시에는 일당백(一當百)이 아니라 일당천(一當千)으로서 오로지 조국 광복과 융성의 초석이 될 것을 서약하는 바입니다."라고 역설했다.

충무공정은 미국·일본으로부터 인수한 함정과 달리 처음부터 태극기를 게양했다. 이로 인한 승조원들의 자부심은 하늘을 찌를 듯 높았다. 충무공정은 1947년 6월 22일 마산 수로에서 시행한 첫 편대훈련과 1947년 8월 17일 광복 2주년 기념 해상 편대훈련에 기함(旗艦)으로 참가해 시민들로부터 환호를 받기도 하였다. 충무공정은 몽금포작전에서 적을 응징하는 작전에 투입되기도 하였다. 충무공정은 어선으로 남하하는 피란민을 검색해 위장 침투하는 인원을 색출하는 한편, 한국은행 금·은괴 이송 작전에도 참여했다. 6·25전쟁 발발 후 국방부는 한국은행 소유의 금·은괴를 진해통제부로 이송했다. 이어 낙동강 전선이 위험해지자 해군은 충무공정을 이용해 금·은괴를 부산으로 옮겼다. 조함창은 충무공정 건조 경험을 바탕

13) 1944년 9월 14일 일본이 운영하던 진해 공창에서 어뢰발사기 4문과 5톤짜리 기중기를 갖춘, 비행기 구조 겸 어뢰 발사 함정으로 설계되어 착공되고 있었으나 일본의 패망으로 제작이 중단된 후 방치돼 있었다. 이를 다시 건조하기 시작한 것이다. 일본은 충무공정을 유사시 일본으로 도망칠 때 사용하려고 했다. 그러나 그 의도를 간파한 배화상·윤태운 등 한국인 기술자들이 준공을 지연시켰다. 일본 항복 1개월 전에는 전면 파업으로 건조 작업을 중단했다. 그 결과 일본은 건조 중이던 함정을 남겨두고 도망갔던 것이다. 출처: 국방일보, 「충무공 정신 담아 우리 기술로 완성한 첫 군함」, 2018.4.11.

으로 새로운 함정을 건조했다. 6·25전쟁이 한창이던 1950년 12월 18일 착공해 1951년 5월 7일 준공한 이 함정은 1951년 8월 31일 '제2충무공정(PG-315)'으로 명명됐다.

6·25전쟁 당시 손 제독의 가장 큰 업적은 인천상륙작전 참가다. 이 작전을 성공하기 위해서는 영흥도와 덕적도 두 섬을 탈환해야 하는 선행과제가 있었다. 이에 손 제독은 이희정, 함명수에게 섬 탈환을 지시했으며, 마침내 1950년 8월 18일과 20일에 두 섬을 탈환하게 된다.[14] 또한 손 제독은 상륙작전부터 9·28 서울 수복작전까지 직접 전장에서 우리 함정과 해병대를 진두지휘했으며, 서울수복작전에서는 국군 최고 지휘관으로서 "국군과 유엔군은 수도 서울을 탈환했다."라는 포고문을 발표하여 전쟁의 상흔에 고통받는 서울시민들에게 큰 희망을 선물했다. 1953년 6월 전역 이후, 손 제독은 대한민국 제5대 국방부장관이 되었다. 국방부장관을 맡고서 맨 처음 부딪친 난관은 정전협정이었다. 손 제독은 이승만 대통령에게 정전반대가 우리의 의지만으로 성취될 수 없는 상황임을 설명하고, 정전협정에 옵서버(참관자)만 보낼 것을 이 대통령에게 강력하게 건의했다. 이런 손 제독의 노력으로 외교적 마찰을 피할 수 있었다. 또한 국방부 기구를 대폭적으로 개편하는 한편 연합참모본부를 설치하여 육·해·공군을 연계한 협조를 도모했다.

국방부장관을 사임한 후, 1957년 6월 27일 주 서독공사 임명장을 받고 독일로 떠나게 된다. 부임한지 약 1년 후 주서독공사관은 1958년 8월에 대사관으로 승격하게 된다. 재임기간동안 국제원자력기구(IAEA) 정기총회 참석 및 1960년 4월에 제2차 유엔해양법회의 등 각종 국제회의에 한국대표로 참가하여 국제사회에 대한민국의 위상을 높이는 데 공헌하였다. 또한 유럽국가는 물론 카메룬, 모로코 등과 외교관계를 성립시켰으며, 재임 3년 동안 눈부신 외교활동으로 국위선양에 크게 기여하였다. 손 제독은 1960년 대사직에서 사임한 후 1976년까지 한국재향군인회, 아시아반공연맹, 한국홍보협회 등의 단체에서 왕성한 활동을 하는 등 한국을 홍보하는데 박차를 가한 게 된다. 그러던 중 1973년 8월에 타이완 중화학술원으로부터 명예 철학박사 학위를 받는 등 노년에도 불구하고 학업정진에 혼신의 힘을 쏟는다. 하지만 평소 지병인 신장병으로 7년여의 투병 생활 끝에 결국 1980년 2월 15

14) 출처: 해군본부 자료실, '6·25전쟁과 장관 및 대사 시절'에서 정리.

일 72세로 생을 마감하고 국립묘지에 영면하게 된다. 재임기간 동안 능숙한 외교 수완을 발휘하여 막대한 군원을 획득함으로써 국방력 증강에 크게 기여하였을 뿐 아니라, 행정면에서도 국립묘지(지금의 현충원) 창설, 군목제도의 활성화, 국방대학원 창설, 국내외 위탁교육제도의 신설 등 인재양성에도 크게 공헌하였다.

3. 스스로 강등되어 전장을 찾은 군인 중의 군인 몽클라르

프랑스는 6·25 전쟁 당시에 1개의 전투대대를 파병하였다. 대대장은 몽클라르 중령이었다. 그러나 그의 이름과 계급은 '가짜'였다. 그의 계급은 중장이며, 본명은 라울 마그랭 베르느레(Raoul C. Magrin Vernerey)이었다. 당시 58세로 적지 않은 나이였던 그는 한국의 전장에 오기를 자원한 것이다. 몽클라르라는 이름은 나치 독일에 점령된 프랑스를 떠나 런던에서 자유 프랑스군으로 활동할 당시 사용했던 가명이었다고 한다. 사관학교를 갓 졸업한 1914년 1차 세계대전에 참전한 몽클라르는 1·2차 세계대전에 참전하여 수많은 전투를 승리로 이끌었던 백전노장이었다. 특히 우리에게 잘 알려진 프랑스의 '외인부대'를 지휘하기도 하였다. 6·25 전쟁 발발 당시 프랑스는 유엔의 결정에 따라 파병을 약속하였다. 그러나 나토의 일원으로 서독에 군대를 주둔시켜야 했으며 인도차이나에서의 북베트남군과의 전쟁을 치르고 있는 프랑스로서는 큰 부담이었다. 따라서 비전투원을 유엔군 사령부에 파견하는데 그쳤던 것이다. 당연히 미국을 비롯한 유엔군은 프랑스의 소극적인 참여에 실망하는 분위기였다. 또한 프랑스 내부에서도 자유세계를 공산 침략에서 방어하는 최초의 유엔군에 파병해야 한다는 여론이 일부 일기도 하였다. 이러한 주장에 대해 군에서 앞장선 사람이 몽클라르였다. 그는 정부의 정규군 차출에 대한 부담을 줄일 방안으로 예비역과 현역 지원병으로 편성되는 프랑스 독립부대를 창설해 파병하자는 제안을 하였다. 몽클라르의 강한 의지로 프랑스는 1950년 8월 24일 그를 대대장으로 한 유엔군 프랑스 육군대대를 창설하게 되었으며, 마침내 파병하기에 이른다. 부대원은 외인부대, 해병대, 공수부대 출신 등으로 구성되었다고 한다. 그는 대대급 부대를 지휘하기 위해 스스로 계급을 중장에서 중령으로 낮추는 묘안까지 발휘하여 생면부지인 한국의 전장에 들어오게 된다. 중령이 된 몽클라르가 이끄는 프랑스대대 600여 명은 같은 해 11월 29일 부산항에 도착하였으며, 미 제2사단 23연대에 배속됐다. 현지 적응을 마친 프랑스대대가 처음 이동한 곳은 수원이었다. 당시 수원에는 미 제2사단이 청천강 전투에서 피해를 입은 상황이었고 이를 보강할 필요가 있었다. 원주 부근에서 첫 전투를 맞이하게 되는데 이 전투가 쌍터널전투[15]이다. 얼어붙은 맨땅에서 휘몰아치는 칼바람을 맞으며 시도 때도 없이 몰아치는 적의 기습공격에도 프랑스대대는 꿋꿋이 버텨내며 전장을 사수하는 전공을 세우고 프랑스군의 용맹함을 세계에 알리게 된 것이다. 이때 이 전투를 지켜 본 미국의 특파원인 헤럴드 트리뷴의 마거리트 히긴스와 새터디 이브닝 포스트의 오머비거트가 극찬할 정도의 용맹성을 발휘하였다고 한다. 이후에도 지평리전투, 단장의 능선전투, 티본고지전투, 화살머리전투 등, 6 · 25전쟁을 대표하는 각지의 전투에서 용맹을 과시하였다. 미군들에게 6 · 25전쟁에서 가장 대표적인 전투를 꼽으라고 하면 으레 장진호전투와 지평리전투를 들곤 한다. 그만큼 두 전투는 여러 가지 측면에서 어려운 상황에서 극적으로 잘 수행했던 전투였기 때문이다. 지평리 전투는 1951년 중공군 2월 공세 당시에 미 제2사단 23연대는 배속된 프랑스군대대와 함께 북방의 지평리에서 중공군 제39군 예하 3개 사단의 집중공격을 막아냈다. 지평리전투에서 프랑스군의 역할을 빼놓을 수 없다. 프랑스군대대는 미군에 배속된 후 쌍터널전투의 전공으로 미 대통령의 부대표창을 받아 사기가 고조돼 있었다. 지평리는 조그마한 마을로 3개 방면의 주요 도로가 교차되고 사방이 고지로 둘러싸여 전략적 요충지였다. 1951년 2월 13일 이곳 방어를 맡은 미 제23연대전투단에 프랑스대대가 배속돼 있었다. 원래 미 제2사단장은 지평리가 돌출돼 있기 때문에 그 남쪽 여주로 철수시킬 복안이었다. 그러나 릿지웨이 제8군사령관은 지평리 확보를 명령하였다. 프리먼 연대장은 지평리에서 동서남북 어느 곳에서 공격해 온다 해도 방어할 수 있는 사주방어를 계획하게 된다. 지평리 자체가

15) 1951년 1월 31일부터 2월 2일까지 있었던 전투이다. 이때에도 미 제23연대에 배속되어 연대 규모의 중공군과 전투를 전개하였다. 이 전투에서 프랑스군은 백병전까지 전개하며, 적 1,300여명을 사살하는 전과를 거두면서 진지를 사수하는 투혼을 발휘하였다. 이 공로로 미 대통령 부대표창과 프랑스 육군 부대표창을 받았다.

5km의 반경에 300m 내외의 고지군이 병풍처럼 위치해 있어 이를 잘 활용하면 천혜의 사주방어 지형이었다. 그러나 반경 5km에 대한 방어선을 형성하기에는 곤란하여 최대한 중심으로 이동하여 부대를 배치하였다. 프랑스군은 서쪽을 담당하게 되었다. 이때 중공군은 유엔군 주력의 측면을 위협해 지평리를 공격하면 유엔군이 철수할 것으로 판단하고 있었다. 그리하여 중공군 제39·40·42군이 지평리를 확보하고자 공격을 개시했으며 제42·66군으로 원주 일대의 유엔군의 증원을 차단하도록 하였다. 미 전투단은 낮 동안 진지로 접근하는 적의 공격을 포병사격과 항공폭격으로 저지했으나 야간에 중공군이 자동화기와 박격포·포병으로 공격 준비사격을 실시한 후 경적·호각·나팔 등을 불면서 공격해 접전이 전개됐다.

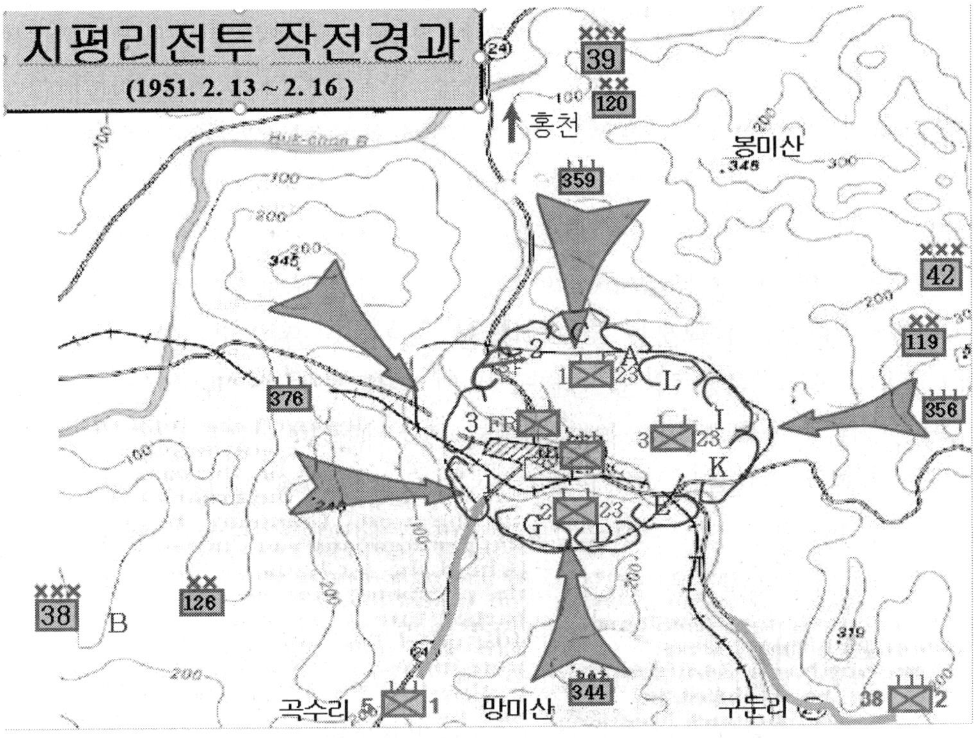

〈지평리전투 전경과 요도〉

이에 맞서 프랑스군은 수동식 사이렌을 울리며 맞대응했다. 심리전에 대한 심리전의 대응이었다. 그것은 노련한 몽클라르의 착안이었다. 몽클라르 대대장은 적이 포위망을 압축하면서 접근하자 적이 지근거리로 접근할 때까지 사격하지 않도록 통제하였다. 육박전에서도 우위를 점하도록 지휘해 적을 수차례 격퇴하는 데 성공했다. 중공군의 파상공격을 고립상태에서 4일 동안이나 막아냈다. 몽클라르 대대장은 부하들과 함께 소총에 착검을 하고 백병전으로 중공군에 맞섰다. 백병전을 불사하면서 버텨내는 미 제23연대와 프랑스군 대대의 결사 항전에는 중공군도 어찌할 방법이 없었다. 결국 15일 아침 중공군은 공격을 멈추고 후퇴할 수밖에 없었다. 한편, 이 전투를 지원하기 위한 미 제5기병연대의 활약을 알아볼 필요가 있다.[16] 미 제23연대가 지평리에서 혈전을 계속하자 릿지웨이 제8군사령관도 초조해졌다. 미 제23연대의 방어전은 단순한 1개 연대의 방어전이 아니라 유엔군이 과연 중공군의 포위 공격에 버텨낼 수 있는지를 가늠할 수 있는 시험대였다. 의도적으로 철수를 승인하지 않은 제23연대가 적에게 포위 섬멸될 경우 아군에게 미칠 심리적 악영향은 결코 작은 것이 아니었다. 릿지웨이 제8군사령관은 무슨 수를 써서라도 제23연대를 구원하도록 지시했다.

〈방어 중인 프랑스군〉

16) 국방일보, 「지평리전투」, 2011.2.7.

몇 차례의 구출 시도가 실패한 상태에서 마지막으로 구출 책임을 맡게 된 부대는 미 제5기병연대였다. 5기병연대장 마르셀 크롬베즈 대령은 사력을 다했으나 15일 정오께 지평리에서 6㎞ 정도 떨어진 양평 곡수리에 겨우 도달했다. 크롬베즈 대령은 현재의 진격속도로는 15일 해가 질 때까지도 제23연대로 향하는 길을 뚫을 수 없다는 점 때문에 고민했다. 해가 지면 중공군은 또다시 공격을 재개할 것이고 16일 새벽까지 제23연대가 버틸지는 아무도 몰랐다. 고민하던 크롬베즈 대령은 전차 23대에 병력 160명을 탑승시켜 적진을 돌파하기로 했다. 한국처럼 도로 주변에 산이 많은 지형에서 전차를 일렬종대로 돌격하는 것은 무모한 작전이었으나 달리 대안이 없었다. 15일 오후 3시 45분 미 공군의 근접항공지원을 받으며 크롬베즈 대령이 지휘하는 전차 종대는 돌격을 시작했다. 중공군은 박격포와 로켓포 사격을 퍼부으며 전차들의 돌격을 저지하려 했다.

〈지평리전투 전적비〉

〈몽클라르와 릿지웨이〉

하지만 이런 무기로는 전차 위에 탑승한 보병들만 제압할 수 있었을 뿐 전차 자체를 막을 순 없었다. 결국 이날 오후 5시 크롬베즈 대령이 지휘하는 전차 23대는 위풍당당하게 제23연대의 방어진지에 도착, 제23연대의 전차와 합세해 진지 주변의 중공군에게 맹렬한 전차포 사격을 가했다. 미군 증원 병력이 도착하자 15일 밤 중공군은 더 이상 공세작전을 전개할 수 없었다. 지평리를 결전장으로 삼은 릿지웨이 제8군사령관의 결단이 중공군 2월 공세를 결국 무산시킨 것이다. 지평리전투의 의의는 유엔군이 중공군과 싸워 얻은 최초의 전술적 성공이었던 반면, 중공군은 2월 공세의 좌절을 맛보게 한 전투였다. 미군과 함께 싸운 프랑스군은 그들의 용맹성을 증명한 전투였다. 또한 중공군에 대한 심리적 패배를 불식시키는 계기를 마련했다는 점이다. 중공군 참전 이후 유엔군과 국군은 계속 밀리고 있었다. 여기서 최초의 승리를 거둔 것이며 프랑스군의 활약이 지대하였다. 미군은 이 전투를 계기로 그동안 중공군 참전 이후, 지난 12월과 1월 초의 곤혹스러웠던 시기를 극복할 수 있었다. 사기가 떨어졌던 미군이 자신감을 되찾고 새로운 각오로 전투에 임할 수 있는 전환점이 되었다. 여기에 몽클라르와 프랑스군의 눈부신 활약이 있었다. 프랑스군은 참전 총인원 3,421명 이었으며 전사 262명, 부상 1,008명, 실종 및 포로 19명이었다. 프랑스군이 참전한 전투 중 화살머리전투가 있다. 화살머리고지(해발 281m)는 백마고지의 서남측에 있으며, 이곳은 백마고지로 향하는 길목에 해당되었다. 따라서 중공군은 이곳을 점령하면 백마고지를 고립시킬 수 있다고 판단하고 있었다. 따라서 백마고지전투 당시에도 이곳을 공격했으나 당시 미 제2사단에 배속된 프랑스군대대가 완강하게 방어하여 실패한 바 있었다. 프랑스군대대가 백마고지전투에 많은 기여를 한 결과이다. 현재의 화살머리고지는 비무장지대 내에 있다. 이곳이 바라다 보이는 남방한계선 부근에 프랑스군 참전기념비가 있다. 2009년도에 참전 프랑스군대대의 용사와 프랑스 대사 및 한국군 관계자들이 충혼비 제막식 행사를 개최하여 전사한 프랑스군의 명복을 빌고 프랑스군의 용맹을 기리는 행사를 하였다.

제 2 절

안타까운 사연들

1. 낙동강을 지켜 낸 워커

해리스 월턴 워커는 제2차 세계대전에서 조지 패튼 장군 예하의 20군단장으로 활약하였다. 한국전쟁이 발발하자 맥아더 극동군사령관의 명령에 따라 7월 13일 한국으로 파견되었다. 대한민국의 운명은 낙동강에서 절체절명의 위기를 맞게 된다. 낙동강 방어선전투에서 워커는 특유의 사생결단의 정신자세를 보이며 전투를 독려하였다. 그는 낙동강 전선을 시찰하면서 결연한 모습과 함께 비장함을 다음과 같은 말로 표현하였다. “우리는 더 이상 물러설 수 없다. 그리고 더 이상 물러설 곳도 없다. 무슨 일이 있더라도 결코 후퇴란 있을 수 없다.”, “여기서 더 후퇴하면 내가 장례식을 치러주겠다.”, “내가 여기서 죽더라도 끝까지 한국을 지키겠다. 물러설 곳도 없고 물러서서도 안 된다. 낙동강 방어선은 무조건 지켜야 한다.”, “지키느냐 아니면 죽느냐(stand or die)” 군인다움이 물씬 풍기는 명언이다. 그의 뚝심과 유엔군 장병의 피로써 낙동강 전선은 지탱되었고 이는 맥아더의 인천상륙작전 성공이라는 받침돌이 되었다. 그러나 그는 그해 12월 23일 애석하게도 운명을 달리하게 되었다. 예하부대인 영 연방여단과 미 제24사단 시찰과 한국전쟁에 나란히 참전한 그의 외아들인 샘S. 워커 대위의 은성무공훈장 수훈을 축하하기 위해 차량으로 이동 중 양주군 노해면(현재의 서울특별시 도봉구 도봉동)에서 마주 오던 트럭과의 충돌로 전사한 것이다.[17] 미 제8군 사령관으로서 전쟁 초기 낙동강 전선을 적의 침입으로부터 지켜냈던 월튼 워커. 현장을 누비며 불길을 진압하는 최고의 소방수였던 그가 세상을 떠났다. 1950년 12월 23일이었다. 타고 가던 지프가 국군

17) 동아일보, 「영원불후의 공훈 남기고 애통! 워커중장 서거」, 1950.12.25.

제6사단 소속 병사가 몰던 트럭에 부딪힌 것이다. 미 제25사단 소속으로 참전한 아들 샘 워커 대위가 공을 세워 전날 은성무공훈장을 받자 부대를 찾아가 축하해 주기 위해 이동하던 도중 의정부 근처에서 발생한 사고였다. 그의 애칭은 불독이다. 그는 잠시도 쉬지 않는 싸움꾼이었다.

〈사고 당시의 트럭〉

낙동강 전선에선 머물던 막사를 나서면 쉼 없이 전장을 돌아다니면서 장병을 독려했다. 한곳에 오래 머물지도 않았다. 별안간 나타나 전쟁터의 현황을 파악하고 간단한 말로 요점을 정리해 작전 지시를 내린 뒤 역시 바람처럼 사라졌다. 국군과 미군이 낙동강 전선에서 방어작전을 시작할 무렵이던 1950년 7월 말 그가 한 말은 아주 유명하다. "적에게 한 치의 땅이라도 내준다면 수많은 전우가 그 때문에 죽을 수 있다는 점을 명심하고 끝까지 싸워야 한다."며 내린 '전선사수(Stand or Die)' 명령은 전사로서의 그의 기백을 보여준다. 그는 또 당시의 미군들에게 "제2의 덩케르크작전(1940년 5월 프랑스 덩케르크 항구에서 독일군에 몰린 연합군 30만 명의 대규모 철수)은 없다."며 비장한 결전의 의지를 내비치기도 했다. 그는 결국 전쟁 초반 거셌던 북한군의 공세로부터 낙동강 전선을 지켜낸다는 '부산 교두보 작전'을 구상해 실천에 옮겼다. 그의 지휘로 마침내 국군과 연합군이 북진하는 역전의 기틀이 만들어졌다. 그는 늘 번쩍거리는 헬멧을 쓰고 지프와 L5 경비행기로 전투현장을 누볐다. 지프 바닥에는 모래포대를 항상 깔았다. 지뢰 폭발에 대비하기 위해서였다. 늘 빠른 속도로 움직이는 그의 지프는 결국 지뢰 아닌 충돌 사고로 주인을 보냈다. 바람처럼 나타났다가 바람처럼 사라진 장군이었다.

永遠不朽의 功勳남기고
哀痛! 워ー커中將서거
後任에 리中將
戰線視察中自動車事故

제8군 사령관 워커 중장의 전사를 전하는 신문 기사이다. 워커는 그를 아끼던 그의 상관이었고, 제2차 세계대전의 맹장이었던 패튼처럼 자동차 사고였다. 패튼은 1945년 12월 21일에 사망하였다. 낙동강 전선을 지탱한 것은 워커 특유의 뚝심과 군인으로서의 사명감이 바탕이었다. 그의 후임에는 릿지웨이 중장이 임명되었다.

〈애통! 워커 서거〉 출처: 동아일보(1950.12.25.)

워커 장군이 목숨을 잃자, 미 정부는 그의 공적을 기려 대장 계급을 추서했다. 그리고 그의 시신을 미 본국으로 운구하게 되었다. 운구 호송 책임자는 아들 샘으로 한다고 하였다. 그러나 "부하들을 두고 갈 수 없다."며 거절했다고 한다. 군인다움과 부하에 대한 진한 애정이 느껴지는 대목이다. 이에 맥아더 미 극동군사령관 겸 유엔군사령관은 "아버지의 시신을 모시고 미국으로 돌아가라."고 명령에 가까운 권유를 하게 되었다. 아들 샘은 명령을 받고서야 임무를 수행했다. 아버지를 잃은 샘은 군에서 계속 근무하다 1977년 미 육군대장에 올랐다. 미 육군 역사상 최초의 부자 4성 장군이었다.[18)]

우리나라 호텔의 대명사가 된 워커힐 호텔은 1961년 5월 16일 군사쿠데타에 성공한 군사정부에 의해 서울 광진구 광장동의 아차산 기슭에 워커힐 호텔을 준공하였다.[19)] 우리나라에서 순직한 워커장군을 기리기 위한 건물이다. 건립 당시 다섯 동의 호텔 건물에는 '맥아더, 릿지웨이, 밴 플리트, 테일러, 렘리처' 등 역대 유엔군 사령관의 이름을 사용하였다. 준공은 1962년 이었고 개관식은 1963년 4월 8일에 있었는데, 이때에는 미 제8군에 중령으로 근무하는 워커의 아들이 참가하였다. 1966년에는 방한한 미국의 대통령 존슨이 묵기도 하면서 서울의 명소로 자리를 잡기 시작하였다. 1972년 남북적십자 회담 때는 북한 측 대표들이 워커힐의 화려한 시설을 보고 '퇴폐적인 자본주의 문화의 전형'이라고 비난하기도 하였다.

워커와 관련된 유물은 부산에서도 발견된다. 전쟁 초기인 1950년 7월 말부터 형성되기 시작한 낙동강 전선은 위태로웠다. 대한민국의 운명은 그야말로 백척간두의 위기에 처해 있었다. 북한군의 8월 공세는 낙동강 방어선을 붕괴 직전까지 몰고 갔다. 1950년 9월 4일, 워커의 참모들은 낙동강 방어선을 삼랑진과 마산을 잇는 데이비슨 라인(Davidson Line)으로 후퇴하자고 건의하였다. 하지만 워커는 이를 거부하고 대신에 제8군 사령부를 대구에서 부산의 한 대학으로 9월 5일에 옮겼다. 그 대학이 현재의 부경대학교(당시는 수산대학교)이다[20)]. 워커하우스 건물은 한국전쟁 초기의 긴박한 상황에서 미 제8군 사령부가 옮겨오기 직전에 자연석과 콘크리트를 혼합한 가설 형태의 돌집으로 100평 규모로 건립된 것으로 추정된다. 벽 두께만 해도 무려 1m에 달한다. 전쟁 당시 군용으로 징발됐던 워커하우스 등 대학 교사(校舍)와 캠퍼스는 전쟁이 끝난 후 1957년 9월 완전히 대학에 반환되었다.

---

18) 국방일보, 「미군 장성 다들 142명 참전, 35명이 전사 · 전상」, 2013.4.28.
19) 국방일보, 「온고지신」, 2003.8.30.
20) 부산일보, 「미군 8군 사령부(현 부경대 워커하우스)」, 2018.5.23.

〈1974년과 현재의 워커하우스 모습〉 출처: 부경대학교

이후 이 돌집은 교수와 학생들의 식당으로 사용되었으며, 1981년 5월부터 동아리방으로 활용되기도 했다. 1990년 화재를 겪은 후 1995년 9월 현재의 모습으로 복원돼 학생식당으로 사용되고 있다. 돌로 쌓은 벽체는 그대로 남아있어 당시의 모습을 짐작하게 해준다. 여기에서 워커는 북진의 그날이 올 때까지 낙동강 전선을 지휘하게 되었다. 전세를 역전시킨 당시의 지휘소가 있었던 역사적 장소이다. 9월 6일 부산에서 대한민국 육군본부는 오전 8시, 미 제8군 사령부는 오후 4시에 문을 열었다. 워커 장군이 미 제8군 사령부를 부산으로 움직인 중요한 이유는 육군 신호 통신장비의 보호를 위해서였다. 미 제8군 사령부의 통신장비가 적에게 파괴되거나 빼앗겼다면, 극동 지방에는 그것을 대체할 유사한 중장비가 그 당시에는 없었다. 워커하우스는 낙동강 방어선이 가장 위급했던 시기에 미군 전쟁지휘본부의 역할을 담당했던 시설이다. 그런데, 이 건물이 그 역할을 담당했던 기간은 9월 6일부터 불과 18일 동안이었다. 왜냐하면 9월 15일, 유엔군의 인천상륙작전으로 전세가 역전되면서 미 제8군 사령부도 9월 24일 부산수산대에서 대구로 다시 이전해 갔기 때문이다. 워커하우스에서의 18일 기간은 6·25 전쟁에서 유엔군이 반격의 고삐를 잡느냐 잡지 못하느냐의 '골든타임' 이었다. 워커하우스는 전쟁초기 위급한 상황에서 최후 보루였던 낙동강 전선의 지휘본부로서 유엔군의 반격 전기를 마련한 역사적 장소이다.

2. '한국 육군의 아버지' 밴 플리트

밴 플리트의 제8군 사령관 임명은 투르먼 대통령에 의한 맥아더 해임에 따라 이루어졌다. 유엔군사령관 맥아더 원수는 전격적으로 해임되면서 그 후임에는 릿지웨이 미 제8군사령관이 임명되었다. 그리고 릿지웨이 사령관의 후임으로 미 제2군사령관 밴 플리트(Van Fleet) 중장을 맥아더가 해임된 3일 후인 1951년 4월 14일에 임명하였다. 그는 전쟁 당시 투르먼의 후임 대통령인 아이젠하워 대통령과 브래들리 합참의장과는 미 육사 동기생이었다. 직속상관이 된 릿지웨이 유엔군사령관은 웨스트포인트 2년 후배이기도 하였다. 제2차 세계대전에서는 노르망디상륙작전과 발지전투에 참전하였으며, 탁월한 전투지휘 능력을 인정받은 지휘관이었다. 밴 플리트는 한국군 발전에 크게 공헌한 인물로 유명하다. 특히 체계적인 교육과 훈련 지원으로 한국군이 기틀을 잡도록 도왔다. 북한군의 기습남침 당시의 한국군은 의욕은 충만했지만 훈련수준은 준비되었다고 볼 수 없었다. 그는 제8군사령관으로 취임한 직후부터 소수병력으로 적과 어려운 전투를 계속하면서도 한국군 사단을 9주간씩 교대로 재훈련시킬 만큼 한국군의 전력향상에 비상한 관심을 보였다고 한다. 그는 전쟁으로 고군분투해야 했던 우리 군을 훈련과 전력보강으로 도약할 수 있게 하였다. 밴 플리트는 6·25 전쟁시기의 미 제8군사령관 4명 중 가장 오래 재직했다.[21] 특히 한국군을 20개 사단으로 증강하는데 결정적인 역할을 하였다. 당시에 미국에서는 한국의 전력증강에 부정적인 시각이 우세하였으나, 웨스트포인트 동기생인 아이젠하워에게 간곡히 건의하여 이를 관철했다고 한다. 한국군이 20개 사단으로 증강되자 중추 역할을 담당하는 장교단의 체계적인 교육을 구상하였다. 이를 위해 웨스트포인트를 모델 삼아 4년제 육군사관학교를 설립하는 데 결정적 공헌을 했다. 미 육사 웨스트포인트는 우리나라 육군사관학교의 모델이다. 이승만 대통령의 뜻을 존중하여 전쟁의 와중에서도 웨스트포인트를 모델로 한 정규 사관학교를 세워 정예장교를 육성하는 데 크게 기여했다. 1952년 1월 20일 이승만 대통령을 수행하여 진해에서 열린 육사 개교식에 참석하였다.

21) 워커(6개월), 릿지웨이(4개월), 테일러(6개월)에 비해 훨씬 긴 2년(51.4~53.2)을 재직하였다.

陸士開校式盛大

李大統領 및 밴兩將軍도 參席

진해에서 육군사관학교 4년제 개교식을 1월 20일에 거행하였다. 이 행사에는 이 대통령, 릿지웨이 사령관, 밴 플리트 8군 사령관이 참석하였다고 기사는 전하고 있다.

〈육사 개교 성대〉 출처: 경향신문(1952.1.23.)

그의 공로를 알고 있는 한국인은 따뜻한 박수로 환영하였다. 그는 전역 후에도 모금 활동을 전개해 육사 도서관을 지어 기증하기도 하였다. 대한민국과 군의 백년대계를 생각한 결과였으며, 그만큼 진정으로 한국을 사랑했다는 증표이기도 하다. 그의 공적을 기념하여 동상을 육사 교정에 세우게 되었다. 육사뿐만 아니라 장교의 능력을 향상시키기 위한 노력도 관심을 기울였다. 조지아주 콜럼버스시 포트베닝에는 초급장교을 교육하는 미국의 보병학교가 있다. 그는 전투 현장에서 소부대 지휘관의 중요성을 절감하고 있었다. 그리고 이를 지휘할 유능한 전투초급간부 양성이 시급하다고 인식하여 포트베닝 입교를 건의하기도 하였다. 그 결과 1951년부터 1956년까지 약 1,500명의 한국군 장교가 선진화 된 교육을 받아 먼 미래를 바라보는 안목을 키울 수 있었다. 이들은 6·25전쟁에서 뛰어난 전투지휘능력을 발휘하였으며 전후에는 한국군의 수준을 현대화시키는 주역으로 성장하기도 하였다. 그는 교육과 훈련을 통하여 우리 군을 정예화·현대화시키는 초석을 마련해 준 인물이었다. 밴 플리트 장군은 군의 백년대계는 교육과 훈련이라는 개념이 명확한 인물이었다. 그의 전공 못지않게 우리나라에서 그를 더 큰 의미로 기억하는 이유가 여기에 있는 것이다. 그러나 밴 플리트는 우리나라에서 가슴 아픈 일을 겪게 되었다. 그의 외아들이자 6·25전쟁에 미 공군으로 참전한 밴 플리트 2세의 실종이었다. 1952년 4월 4일 밴 플리트 2세는 평안남도 순천지역의 폭격 임무를 부여받고, B-26 폭격기를 조종하여 북쪽으로 야간에 출격하였다. 그러나 그는 돌아오지 않았다. 임무를 마치고 귀환하는 도중 연락이 끊긴 것이다. 평양 남쪽 해주 주변이나 서북 도서 지역에 추락한 것 같다는 것이 미 제5공군의 판단이었다. 조종사를 찾기 위한 수색이 실시되었으나 진척이 없이 길어지게 되었다. 그러자 그는 수색 중단을 명령했다. 이미 아들이 사망했을 가능성이 높은 상황이라는 것이다. 단순히 시신을 찾기 위해 목숨을 위협받는 적지에 부하 장병을 계속 투입하는 것은 정당하지 않다고 하였다. 그의 외아들은 이미 그리스에서 한 차례 해외 근무를 마쳐 해외파병에 나가지 않아도 문제가 없었다고 한다. 그러나 그는 자원하여 전선에 나갔다. 파병이 결정되고 그가 어머니에게 남긴 작별편지는 심금을 울린다. 또한 노블레스 오블리주 정신이 무엇인지를 편지는 대신하고 있다. 실로 존경의 마음이 우러난다.

사랑하는 어머니에게

어머니가 이 편지로 눈물을 흘리지 않았으면 좋겠습니다.

아시다시피 저는 자원해서 전투 비행훈련을 받았습니다.

그리고 저는 이 전쟁에서 B-26 폭격기를 조종해 폭격수, 항법사 그리고 기관총 사수들과 함께 야간에 임무를 수행할 것입니다. 아버님께서는 모든 사람이 자유롭게 살 수 있는 세상을 지키고 확장하기 위해서 싸우고 계시며, 이제 이 싸움에 저의 미력한 힘이나마 보탤 시기가 온 것 같습니다.

어머니, 부디 저를 위해 기도하지 마십시오

대신 조국의 부름에 응한 저의 승무원들을 위해 기도해 주십시오

그들 중에는 그들이 무사히 돌아오기만을 기다리는 아내를 둔 사람도 있고,

아직 가정을 이루어 본 적이 없는 사람도 있습니다.

저는 제 임무 완수를 위해 최선을 다할 것입니다.

그럼 안녕히 계십시오

아들 지미 올림.

3. 최초 승전보의 숨은 공신, 김재옥 여교사

전쟁이 발발하고 최초의 승전보를 전한 전투는 동락리에서였다. 동락리전투는 개전초기 춘천대첩의 주역인 국군 제6사단 7연대 2대대였다. 대대급 부대가 적 연대를 몰살시킨 전투였으며, 제7연대는 개전초기의 선전과 이 전투의 공로를 인정받아 전 연대 장병이 국군 최초로 1계급 특진이라는 명예를 부여받았다. 더 의미있는 것은 완승의 이면에 한 여교사가 있다는 사실이다. 이는 유사시 평범한 시민의 역할이 얼마나 지대한지를 알게 해주는 내용이다. 그 당시의 피아 상황을 잠깐 살펴보기로 한다. 적은 서울을 함락하고 파죽지세의 여세로 남하하고 있었다. 적의 남하를 저지하기 위해 미군이 급히 파병되었지만 그 예봉을 꺾지 못하고 있었다. 의기양양한 적은 7월 5일에는 음성군 무극리까지 점령하고 충주방면으로 진출하던 중이었다. 7월 6일에는 북한군 제15사단 예하의 제48연대가 동락초등학교에서 휴식을 위하여 집결하고 있었다. 한강방어선이 붕괴된 후, 서부전선의 국군은 평택과 안성 지역으로 집결하고 있었다. 이 시기에 국군 제6사단 7연대는 남하 중인 북한군 제15사단을 저지하기 위해 장호원 방면으로 진출하던 중이었다. 당시 국군은 지연전투를 벌이고 있었으나 사단장인 김종오 대령은 북한군 제15사단이 장호원을 점령했다는 소식을 듣고 국군 제7연대를 음성 북쪽에서 매복하게 하였다. 매복으로 남하하는 적을 기습하려는 것이었다. 그러므로 동락초등학교로부터 수 km 부근에서 국군이 매복을 하고 있었던 것이다. 이러한 상황에서 북한군이 휴식을 위하여 동락초등학교에 진입한 것이다. 이때 동락초등학교에는 다른 교사들은 모두 피난을 갔지만 여교사 김재옥 만이 학교를 지키고 있었다. 적은 근처에서 활동 중인 국군이 있는지를 김교사에게 묻게 되었다. 김교사는 기지를 발휘해 국군이 모두 철수하였다고 북한군을 안심시켰다. 이에 안심한 적은 수십 대의 차량과 포 등 각종무기를 교정에 집결해 놓은 후 경계병도 없이 휴식에 빠져 들었다. 이틈을 이용하여 김교사는 학교에서 4km나 떨어져 있는 산길을 달렸다. "국군이 후퇴만 하면 어린 학생들은 어쩌란 말이냐?"라고 하면서 국군에게 적의 규모와 상황을 자세히 알려주었다. 그 부대는 제7연대의 제2대대였다. 7월 7일에 제2대대는 충주와 음성 중간 지점에 있는 644고지(부용산)를 점령하고 있었다. 제보를 받은 대대장은 은밀히 교정을 정찰하기로 하였다. 김교사가 선두에서 직접 안내했다. 무방비 상태의 적들은 경계병 하나 세우지 않고 나무 그늘에서 쉬고 있는 광경이 목격되었다. 그날 17시 정각에 기습은 감행되었다. 총탄이 우박처럼 쏟아졌고 박격포가 작렬했다. 여기에서 박격포반의 활약이 특히 돋보였다. 당시 아군은 81㎜ 박격포 1문이 적 포병을 잠재울 수 있는 유일한 화기였다. 그러나 기습 시간에 포판이 도착하지 못한 상태였다. 만약 적 포병이 일제 사격을 하면 대대 전체가 위기에 빠질 수 있는 긴급한 순간이었다. 다행히 피투성이가 된 부사수가 포판을 지고 결사적으로 달려와 사격 준비를 했으나 이번에는 조준경이 없었다. 그러나 더 이상 지체할 수 없었다. 박격포 대장 신용관 중위는 거리를 어림하며 제1탄을 날렸다. 다행히 첫 탄은 정확하게 운동장 중앙의 적 포진지에 떨어졌다. 효력사가 개시되었다. 제2탄, 제3탄이 계속 날았고 트럭에 실려 있던 포탄까지 연쇄폭발했다. 적은 우왕좌왕하고 있었고 적의 시체가 공중으로 튀어 오르고 있었다. 불의의 습격을 당한 적 제48연대는 몰살되어 가고 있었다. 적은 도주를 시작하였다. 불행히도 적은 1, 3대대의 매복지역으로 뛰고 있었다. 이제는 퇴로까지 막혀버린 것이다. 다음날까지 전투는 계속되었다. 더 이상의 저항이 없게 되자, 오전 8시에 전투를 종료하고 전과를 확인하였다. 적군 사살 800명, 포로 90명, 노획 차량 80대, 76㎜포 12문, 장갑차 10대, 소총 1,000여 정으로 파악되었다. 약 300여 명의 병력과 기관총 1정, 81㎜ 박격포 1문의 대대급 병력을 가지고 연대급 적군을 격파한 것이다. 특히 노획 물자 중에는 소련제가 포함되어 있었다. 일부가 소련이 전쟁에 적극 개입했다는 증거로 유엔에 제시됐다. 이때까지만 해도 소련에 의한 전쟁지원은 증명되지 않고 있었다. 정부에서는 이를 증거품으로 삼아 유엔에 제출하여 소련의 적극적인 지원이 있었음을 물증으로 증명하였다. 동락리전투는 적 1개 연대 섬멸이라는 승전고로 국군의 사기를 높인 6·25전쟁의 첫 승전이자 우리 전쟁사에 영원히 기억될 전투로 기록되었다. 덕분에 전 장병에게 1계급 특진의 영예가 주어졌다. 김교사는 1946년 상평초등학교를 졸업하고 1949년에는 음성여자중학교를 졸업, 1950년 5월에는 충주사범학교를 졸업하고 한 달 뒤인 6월 20일 충주 동락초등학교 교사로 갓 부임한 19세의 어린 나이였다. 부임한지 5일 만에 6·25 전쟁이 일어나자 김재옥 선생은 학교를 지켜야 된다는 사명감에 피난을 가지 않았다. 김재옥 교사의 증언은 이러했다. "7월 6일, 언제나 다름없이 학교에 나왔다. 점심 무렵 밖이 소란해 내다봤더니, 북한군이 학교 운동장에 들어서고 있었다. 곧 이어 마을 청년 한상준이 피살되고, 집집의 소·돼지·닭들이 도살됐다. 몰래 뒷문으로 나와 국군을 찾아 험한 능선을 몇 개 넘어서 달려갔다. 644고지 암자에서 겨우 국군을 만날 수 있었다."[22] 김재옥 교사는 그 후 군인 가족이 되었다. 제2대대의 이득주 병기장교(전투 당시 계급은 소위)와 결혼을 한 것이다. 전쟁 후 남편은 중령으로 진급하여 강원도 인제로 발령받았다. 그러나 1963년 뜻하지 않은 '고재봉 사건'[23]으로 아깝게 희생됐다. 국방부에서는 그녀의 공을 기려 '전쟁과 여교사'라는 영화를 제작했다. 김교사의 애국충절을 기려 김재옥 교사 현충탑이 1968년 건립되었고, 1990년 7월 동락 초등학교 내에 기념관을 세워졌다. 정부에서는 김재옥 선생님에게 2012년 9월 보국훈장 삼일장 수여하였다. 민간인에게의 보국훈장 수여는 이례적인 일이다. 충주시에서는 동락전승지 성역화 사업을 2016년 7월 7일에 완료하였다. 가엽산 기슭에 전승비를 세워 매년 7월 7일에는 6·25전쟁 첫 전승 충주 동락전투 기념행사를 개최하고 있다. 충주시는 2015년 신니면 송암리 585-2번지부터 577-27번지까지 150m 구간 도로를 '김재옥길'로 명명하였다. 이는 김재옥 교사의 용기 있는 선택의 길을 기억하기 위함이다. 충주여교사협의회에서도 '6·25참전 기념비'를 세웠으며 교정의 '김재옥 교사 기념관'은 아픈 역사의 산 교육장으로 활용되고 있다.

22) 육군본부, 「6·25전쟁, 다하지 못한 이야기들」, 2012, p.59.

23) 1963년에 대대장에게 앙심을 품은 고재봉(당시 대대장 당번병)이 도끼로 일가족을 살해한 사건이다. 그러나 안타깝게도 희생당한 대대장은 고재봉과는 무관한 사람이었다. 희생당한 대대장은 고재봉이 교도소에 있는 도중에 이·취임식을 마친 신임대대장이었다. 이때 김교사도 함께 희생되었다.

朴中領죽일려고 上京

前科者라고 冷待해

朴中領인줄알고 殺害

16日間 土窟에

〈전장과 여교사 영화 포스터〉

고재봉에 의해 피살된 박중령 가족에 관련한 기사이다. 당시 중1(성동중)이었던 장남은 친척집에서 학교를 다니고 있어 화를 면했다. "이제는 울지 않을게요…."라는 내용과 '박중령인 줄 알고 시해'라는 제목의 기사를 싣고 있다. 모두 6명을 살해한 희대의 큰 사건이었다. (경향신문, 1963.11.13.)

Chap. 14

6 · 25전쟁 총평

제1절 전쟁이 우리나라에 미친 영향

제2절 전쟁의 대외적 영향

제 1 절

전쟁이 우리나라에 미친 영향

1. 민족정기 확립의 기회 상실

전쟁은 친일 반역자로 처단되어야 마땅한 자들이 면죄부를 받는 결과를 가져왔다. 해방과 통일 정부 수립은 친일파로 표현되는 일제 부역 민족 반역세력의 생존을 위협하는 절체절명의 위기 상황이었다. 그러나 남한만의 단정을 추진한 이승만의 권력 장악과 곧 이은 전쟁은 반공 친미세력으로 변모하여 생존과 권력을 보장받을 수 있는 기회를 제공해 주었다. 오히려 그들에게 의해 또다시 독립운동 세력들이 탄압을 받는 상황으로 몰리게 되었다.[1] 국군의 경우에도 전쟁 당시 전방의 사단장급 지휘관 중 제8사단장 만을 제외하고는 모두가 일본군 출신이었다. 심지어 가장 악랄하다고 평가받는 간도특설대 출신까지 포함되어 있었다.[2]

전쟁은 이들을 구국의 영웅으로까지 만든 결과를 가져왔다. 이들 중 다수는 태극무공훈장까지 받게 된다.[3] 초전에 제6사단을 제외하고는 지리멸렬 하였으나 아무도 그들을 탓할 수는 없었다. 그 급한 와중에 출신을 운운할 여유는 없었을 것이다. 미국 또한 이런 것에는 개의치 않았다. 그들은 반공정신에 투철하다면 그들의 이익을 실현하는데 적합한 인물로 보았던 것이다. 전쟁 전에는 북한의 경우 친일파를 숙청하는 등 민족사적 입장에서는 정통성을 확보한 것으로 보였다. 그러나 선제공격(남침)으로 인하여 이러한 긍정적인 인식마저도 퇴색되는 결과가 되었다. 이로써 김일성은 민족에게 가장 큰 죄악을 지은 것이다.

---

1) 나상렬, 전남대학교 석사학위논문, 「한국전쟁이 국내외 정세에 미친 영향」, p.6.

2) 간도특설대는 조선인 특수부대이다. '조선인으로 조선인을 잡겠다'는 의도로 만든 부대이다. 따라서 대다수가 조선인이다. 총 740명 중에서, 특히 하사관과 병은 모두 조선인이며 군관 절반이 조선인이었다. 이들에게 살해된 항일무장 세력과 민간인은 172명에 달한다. 백선엽은 이 부대에서 근무한 전력이 있다. 출처: 「친일인명사전」, pp.208~209.

3) 총 7명의 일본군 출신 사단장 중 4명은 무공훈장 최고 등급인 '태극무공훈장'을 수여 받았다.

〈전쟁당시 국군 주요지휘관 출신 현황〉4)

직 책	계 급	성 명	나이(세)	비 고
총참모장	소 장	채병덕	35	일본군 소령
제1사단장	대 령	백선엽	30	만주군 중위
제7사단장	준 장	유재흥	29	일본군 대위
제6사단장	대 령	김종오	29	일본군 소위
제8사단장	대 령	이성가	28	중국군 소령
제2사단장	준 장	이형근	30	일본군 대위
제5사단장	소 장	이응준	59	일본군 대령
제3사단장	대 령	유승렬	60	일본군 대령
수도경비 사단장	대 령	이종찬	34	일본군 소령
독립 제17연대장	대 령	백인엽	28	일본군 소위

2. 이데올로기의 심화

전쟁은 대한민국을 세계에서 가장 강력한 반공 독재 국가의 하나로 완성시켜 주었다. 반공에 대해서는 더 이상 어떠한 이의를 제기할 수가 없었다. 설령 개인의 권리와 재산권이 침해되어도 '빨갱이'라는 말을 동원하면 힘을 쓰지 못하게 만들었다. 반공은 어떠한 상황에서도 반론을 제기해서는 안 되는 용어가 되었다. 더불어 북한에 대해 긍정적으로 표현하는 것도 금기시 되는 분위기를 조장하였다. 걸핏하면 '빨갱이'라는 딱지를 붙였으며 정당한 주장도 할 수 없는 상황으로 몰아갔다. 이러한 경향은 표현의 자유가 가장 보장되어야 할 문학에서도 예외가 아니었다. 그 반면에 '반공, 자유' 등의 용어는 즐겨 찾는 용어가 되었다. 정권은 과도하리만큼 이데올로기의 심화를 조장하였다. 특히 이승만은 자신의 정적을 제거하는 수단으로 활용하기를 주저하지 않았다. 대표적인 사례가 1959년에 그의 최대 정적으로 부상한 진보당의 조봉암을 국가보안법 위반으로 사형을 집행한 사건이다. 조봉암이 괴뢰간첩과 내통했다는 죄명이었다. 그는 '평화통일론'을 주장한 인물이었다.

4) 육군군사연구소, 「6 · 25전쟁의 실패사례와 교훈」, 2013. p.47.

이를 북한이 주장하는 통일론과 동일하다는 혐의로 없는 죄를 만든 것이다. 그러나 재심을 통하여 조봉암은 2011년에 무죄판결로 복권되었다. 이러한 현상은 박정의 시대에도 이어졌다. 그는 반공을 국시로 한다는 일명 '혁명공약'을 내세우며 쿠데타를 주도하였다. 그는 경제발전에는 기여했다는 긍정적인 평가도 받지만, 여전히 반공을 이용하여 민주화를 위해 노력한 양심세력을 탄압했다는 굴레는 벗지 못하고 있다. 정작 그는 군내에 잠입한 남노당 출신이라는 이력을 갖고 있었으며 일본군 장교로 복무하면서 독립군을 탄압한 인물이기도 하였다. 그러나 이 모든 것들은 반공 앞에서는 문제될 것이 없었다. 이러한 과도한 이데올로기는 최근까지도 이어지고 있다. 1994년에 조정래의 '태백산맥'이라는 소설이 빨치산을 미화했다는 국가보안법 위반(찬양, 고무 등) 혐의로 8개의 단체에 의해 고발된 사건도 발생하였다. 그러나 결국은 '혐의없음'으로 결론이 내려졌다. 창작의 자유를 보장받아야 하는 분야도 예외일 수는 없었다. 어느 분야를 막론하고 '반공 이외에는 어떠한 사상도 있어서는 안 된다'는 극단적인 이데올로기의 결과로 볼 수 있다.

3. 군부의 영향력 강화와 반공독재체제 구축

전쟁의 영향은 군의 강화로 이어졌다. 전쟁 당시 최초의 사단은 8개로 시작했으나 정전시점에는 18개로 강화되었다. 그러나 순수한 목적의 전력증강은 일부 정치군인들의 잘못된 망상을 가져왔다. 그 결과가 5 · 16군사 쿠데타이며 그 이후의 12 · 12 군사반란으로까지 연계되었다. 이승만은 전쟁의 와중에 그의 독재를 강화하기 위하여 발췌개헌을 주도하였다. 그 후의 4사 5입 개헌에 이르기까지 권력욕을 달성하기 위하여 전쟁을 최대한 활용하였다. 전쟁을 통하여 더욱 강력해진 군부는 본연의 임무보다는 정치에 관심을 갖게 되는 잘못된 현상이 발생하였으며 이는 정통성의 시비를 낳았다. 이를 극복하기 위하여 등장시킨 것이 반공이었다. 반공보다 더 효율적이고 효과적으로 정권을 유지하기 손쉬운 것 없었다. 따라서 어느 장소와 시기를 막론하고 반공이라는 구호는 자주 등장하는 계기가 되었다. 힘없는 민중들은 전쟁으로 인해 '천만 이산가족'이 발생하였다. 그러나 정권은 이러한 국민의 아픔에 대해서는 전혀 고려할 가치를 느끼지 못하였다. 남한에서의 월북가족은 적(빨갱이)으로 의심받지 않기 위해 가족을 부정하는 현상까지 발생하였다. 또한 독재체제 수호의 선봉에 서게 되는 아이러니한 현상까지 보이게 되었다. 이러한 반공지상주의 현상은 전쟁이라는 특수한 상황이 가져온 결과였다.

〈한국 육군 주요부대의 증 · 창설 현황〉5)

구 분	개전 당시	1950. 7	1950. 11	1951.12	1953. 1	휴전 당시
군단급		제1군단창설 (7.15)	제1군단	제1군단	제1군단	제1군단
		제2군단창설 (7.15)	제2군단	해 체	재창설	제2군단
			제3군단창설 (10.16)	해 체	?	제3군단 재창설('53.5.1)
사단급 이하	수도경비사	수도사단	수도사단	수도사단	수도사단	수도사단
	제1사단	제1사단	제1사단	제1사단	제1사단	제1사단
	제2사단	(해 편)	재창설	제2사단	제2사단	제2사단
	제3사단	(23연대)	재창설	제3사단	제3사단	제3사단
	제5사단	(해 편)	재창설	제5사단	제5사단	제5사단
	제6사단	제6사단	제6사단	제6사단	제6사단	제6사단
	제7사단	(해 편)	재창설	제7사단	제7사단	제7사단
	제8사단	제8사단	제8사단	제8사단	제8사단	제8사단
			제9사단 (10.25)	제9사단	제9사단	제9사단
			제11사단 (10.27)	제11사단	제11사단	제11사단
					제12사단 ('52.11.8)	제12사단
					제15사단 ('52.11.8)	제15사단
					제20사단 ('53.2.9)	제20사단

5) 국방부 전사편찬위원회, 「한국전쟁요약」, 1986, pp.79～80.

구 분	개전 당시	1950. 7	1950. 11	1951.12	1953. 1	휴전 당시
					제21사단 ('53.2.9)	제21사단
						제22사단 ('53.4.1)
						제25사단 ('53.4.1)
						제26사단 ('53.6.18)
						제27사단 ('53.6.18)
계	8개 사단	4개 사단	10개 사단	10개 사단	14개 사단	18개 사단

4. 다양한 분야의 변화 가속화

전쟁은 수많은 피난민을 가져왔다. 각지의 피난민 유입은 다양한 지역의 문화가 융화되는 현상을 나타내기도 하였다. 또한 전통적인 신분질서를 희석시키는 변화를 가져오면서 평등 의식도 높아졌다. 1950년대에 진입하면서 우리나라 대다수의 국민들은 전쟁이라는 엄청난 풍파 앞에서 생존을 위한 투쟁을 하여야 했다. 따라서 전통적인 관념의 남녀에 대한 인식이 무너지는 계기가 되었다. 전쟁의 극한 상황 속에서 자신과 가족이 살기 위해서는 환경에 적응하고 개척해야만 했다. 이러한 요구는 전통적인 남성의 직업영역에 여성이 포함되는 현상을 가져오기도 하였다. 또한 남녀 평등주의가 확대되는 변화를 겪게 되었다. 인구의 이동과 도시화가 진행되었다. 전쟁 중 우리나라는 엄청난 인구의 손실을 겪었다. 남한의 경우 전쟁 중 약 129만 명의 사상자가 발생하였으며, 전쟁을 피해 남하한 피난 인구는 80~100만 명 정도로 추산하고 있다. 전쟁은 인구의 증감뿐 아니라 피난이라는 인구이동을 수반하였다. 남북한 대부분의 주민들은 전쟁이 발발하자 죽음과 공포, 기아 등의 한계상황에 노출되었고 이는 생존을 위한 본능을 자극시켰다. 이러한 생존의 욕구에 따라 자연스럽게 인구이동이 이루어졌다. 인구이동은 다양한 지역의 주민들이 혼재하여 거주하면서 특정지역의 특징을 희석시켰다. 즉, 피난은 지방적 편견을 해소시켜 주기도 하였다. 또한 각지의 생활양식이 전쟁의 피난을 통하여 상호 교류를 촉진하였다. 이것은 한국 문화에 새로운 양식이 형성되는 계기를 마련하기도 했다. 전통적인 농업국이었던 우리나라는 전쟁으로 인한 피난민의 유입으로 도시화를 촉진시켰다. 한정된 농지에서의 경작은 이미 제한이 있었다. 따라서 인력 중심의 초기 산업현장에서는 많은 농촌의 인력이 대거 유입되는 현상이 나타났다. 이것은 경제개발을 기치로 내건 국가정책에 따라 더욱 촉진되었다. 전쟁은 교육에 대한 욕구를 더욱 향상시켰다. 한정된 자원의 국토 환경을 극복하기 위하여 개인이 선택할 수단은 교육을 통한 신분 상승이 가장 무난한 방법으로 인식하게 되었다. 전쟁은 부족한 자원을 더욱 부족하게 만든 원인이었다. 전쟁은 많은 학교시설의 파괴와 교원인력의 부족 등을 가져왔다. 그렇지만 높은 교육열을 잠재우지는 못했다. 우리나라는 이러한 영향을 받아 1950년대에 이르러 비로소 문맹이 퇴치되고 의무교육 실시와 중고등학교 및 대학교의 신설이 가속화되기 시작했다. 동양적인 전통문화에서 급격한 서구문화로의 흐름이 이루어졌다. 전쟁 중에 유엔군을 통한 서구의 문화 유입과 전후에 주둔한 미군이 남긴 문화는 시간이 흐르면서 다양한 형태로 전통문화를 변화시켰다. 특히 전쟁 이후에 미군의 주둔은 급격한 서구문화로의 변화를 가져왔다. 애초부터 전쟁을 우리 스스로 극복하기는 불가능하였다. 이를 극복하게 만든 절대적인 힘은 서구에서 왔다. 그러므로 전쟁을 겪으면서 보았던 강력한 미국의 존재는 미국의 문화마저도 우월하다는 인식을 갖게 될 수밖에 없었다. 이에 따라 새로운 서구문화는 비판없이 유입되는 환경이 조성되었다. 그 반면에 우리의 전통문화는 낡고 구시대적인 문화로 치부해 버리는 부작용이 발생하기도 하였다. 절대적인 서구의 힘은 문화에서도 절대적인 위력을 발휘하였다.

제 2 절

전쟁의 대외적 영향

1. 미국

6 · 25전쟁은 미국에게 소련을 중심으로 확산일로에 있었던 공산주의 세력을 일단 저지시키는데 성공하였다. 미국은 전쟁을 계기로 각국과 군사조약을 체결하고, 이를 확대한 '동북아시아 군사블록' 결성을 추진했다. 미국은 이 지역에서 군사기지를 확보해 미군을 계속 주둔시키면서 현지 군대를 자국 이해에 맞게 이끌었다. 아시아에서는 미일평화조약 및 태평양안전보장조약(ANZUS), 동남아조약기구(SEATO), 중앙조약기구(CENTO) 등 지역동맹체제, 한미상호방위조약과 미일안보조약 등을 통해 태평양안보체제가 구축되었다.[6] 6 · 25전쟁 이전부터 유럽은 미국을 중심으로 한 진영과 소련을 중심으로 한 진영으로 양분되어 있었다. 그런데 6 · 25전쟁 이후에는 이러한 관계국 간에 더욱 굳건한 군사동맹을 맺고 적대적 대립이 더욱 심화되었다. 세계는 미국과 소련이라는 2개의 질서로 묶이게 된 것이다. 제2차 세계대전 당시의 적대국 관계는 점차 소멸되었고 신질서를 가져오게 되었다. 특히 서독의 겨우 미국의 지원에 힘입어 군사대국으로 성장하였으며, 미국은 새로운 세계전략의 일환으로 동북아에서 한 · 미 · 일 동맹을 결성하여 중국과 소련을 견제하고자 하였으나 중국의 영향력을 축소시키지는 못했다. 이를 위해 미국은 동북아 지역에서의 한미일 삼각동맹이 필요하였다. 이를 위해서는 우선적으로 미일협정(안전보장조약), 한미협정(상호방위조약), 한일협정이 필요했다.[7] 그다음 수순으로는 한국과 일본의 결속이 필요하였다. 한일의 과거사를 정리하고 이를 추진할

6) 김광운, 「6 · 25전쟁의 국제적 영향」, 역사문제연구소 · 포츠담현대사연구센터, 「한국전쟁에 대한 11가지 시선」, 역사비평사, p.40. (나상렬, 앞의 논문, p.19에서 재인용).
7) 나상렬, 앞의 논문, p.20.

필요가 있었다. 그 전초전 성격이 한일 회담이었으나 이승만 정권의 반발로 실패하였다. 그러나 결국은 박정희 정권에서 1965년 한일협정 체결의 성사를 보게 되었다. 정통성이 희박한 박정희 정권은 무언가의 돌파구를 찾아야 했다. 그들이 찾은 돌파구는 경제개발이었다. 이를 위해서는 자금이 필요하였고 그 자금을 일본에서 마련하고자 하였다. 그러나 졸속으로 체결된 이 협정은 두고두고 문제거리로 남게 되었다. 소련의 팽창을 저지하는 것이 중요했던 미국은 막후에서 이를 성사시키기 위한 영향력을 행사하기도 하였다. 그 이후 일본과 2016년 11월 23일에 '한일군사정보보호협정'을 체결하기에 이른다. 미국은 동북아 지역에서의 패권을 유지하기 위해서 한·미·일 삼각동맹을 절실하게 필요로 하고 있다. 동북아 지역에서 중국의 세력확대를 견제하는 것이 미국의 영향력을 확대시키고 패권을 유지하는 것이다. 그러나 우리나라와 일본은 역사적으로 굴곡진 역사가 얽혀 있다. 이를 풀지 않고 삼각동맹을 맺기는 어려운 과제일 것이다. 6·25전쟁은 동북아시아 지역에서 미국의 세력을 확고하게 하는데 기여하였다. 특히 한반도 남부에서의 미군의 주둔은 중국을 견제하는 것은 물론이고 일본과의 군사동맹을 통하여 이를 극대화할 수 있는 유리점이 있다. 전쟁은 우리나라에서 미국의 입지를 절대적으로 강화시켜 주었다. 6·25전쟁 이후의 사회분위기는 미국은 우리를 지켜준 생명의 은인과 같았다. 미국은 한국에서 조선시대의 명나라와 같은 존재로 인식되었다고 해도 과언은 아닐 것이다. 현재까지도 미국에 대한 반론과 반미구호는 사상을 의심받게 하고 있는 실정이다. 그로 인해 한국에 대한 미국의 지배권은 더욱 공고하게 구축되어 졌다.

2. 소련(러시아)

소련의 위상은 가히 공산주의 종주국으로 불리면서 세계질서를 유지하는 한 축으로 위상을 고수하고 있었다. 그러나 6·25전쟁 이후의 소련은 한동안 전쟁의 배후국이라는 오명에서 벗어날 수 없었다. 그뿐 아니라 동일한 공산권에서도 소련의 미적지근한 전쟁지원에 대하여 비판의 수위가 있었다. 북한은 전쟁을 치르면서 소련보다는 중공으로 치우치고 있었다. 소련의 입장에서는 전쟁으로부터 얻은 것은 없다고 보아야 할 것이다. 그러나 미국과는 직접적인 전쟁을 하지 않았던 관계로 양국의 관계는 더 이상 악화되지는 않았다. 소련은 스탈린의 사망과 전후에 중국과도 국경분쟁 등을 겪으면서 종전의 종주국의 위상과 관계를 유지하지는 못하고 있다. 이러한 틈을 이용하여 북한은 소련의 입김에서 멀어지는 결과를 가져오게 되었다.

3. 중공(중국)

중공의 당시의 상황은 장개석 군대와 싸워 이들을 본토에서 축출한지 1년도 지나지 않아 참전하였다. 만약 중공은 전쟁에 참전하지 않았다면 대만에 대한 군사력을 사용하고자 했을 것이다. 그들도 통일을 이루지 못한 상태에서 남의 나라 싸움(북한은 해방전쟁이고 하였다.)에 끼어든 꼴이었다. 그러나 이를 계기로 현대화된 미군과 싸워 최소한 지지는 않았다는 인식을 전 세계에 심어주어 국가의 위상을 격상시키는 효과는 있었다. 중국은 그동안 일본과의 전쟁 등에서 계속 패전하여 왔으며 이로 인해 덩치만 큰 약체로 인식되어 왔다. 전쟁은 이런 인식을 불식시키는 계기가 되었다. 그러나 소련과 달리 미국과의 직접적인 전쟁을 겪으면서 미국과는 소원한 관계가 계속되었다. 그 결과 미국과의 국교 수립도 1979년에 가서야 이루어졌다. 중공은 전쟁 이전까지는 소련과 밀착관계를 유지했으나 이후부터는 소원해지기 시작하였다. 미국은 비록 전쟁에 따른 감정의 골은 깊었으나 이를 최대한 이용하였다. 오늘날 중국은 명실공히 G2의 위상을 누리며 경제대국으로 성장하였다. 이러한 중국의 경제적인 부상 배경에는 미국의 적극적인 지원이 있었다. 소련을 충실히 견제시키기 위한 치밀한 미국의 계산이 깔려 있었던 것이다. 북한은 항일무장투쟁을 중국과 함께 하면서 국민당군을 몰아내는데 기여했다. 따라서 중공은 자신들의 정권수립에 북한이 일정부분 기여한 사실을 인정해야만 했다. 이러한 관계는 당시의 참전이 제한되는 어려운 상황에도 불구하고 전쟁에 뛰어든 결과로 이어졌다. 중화민국(대만)은 6・25전쟁 발발로 중공의 위협에서는 벗어나는 계기가 되었고 이를 이용하여 국가체제를 구축하는 시간을 확보하였다.

4. 일본

전쟁으로 인한 최대의 수혜국이다. 전범국에서 미국의 동맹국으로 부상하는 계기가 되었다. 특히 1952년의 샌프란시프코 조약은 일본에게 전범의 책임에 대해 면죄부를 주는 결과를 가져왔다. 미국은 일본을 앞장세워 중공의 세력을 견제할 가치를 인식한 것이다. 여기에 더하여 6・25전쟁은 자위대의 전신인 경찰예비대 7만 5천 명을 만들게 한 계기가 되었다. 미국은 주일 미군 4개 사단이 잇달아 한국전선으로 투입되자 치안이 약화 될 것을 우려하여 경찰예비대를 조직하게 되었다. 이 조직이 존속하기 위해서는 역시 장비를 필요로 하였다. 이들이 사용할 물자를 공급하기 위한 발주 등은 경제의 부흥과 밀접하게 관련이 있다. 이처럼 한국에서의 전쟁은 일본에게는 경제의 부흥을 가져오는 기회가 되었다. 그들은 후방병참기지 역할을 수행하여 경제적 이득을 챙길 수 있었다. 심지어 일본에서 노무자 지게까지 만들어 올 정도였다. 일본 자동차의 대명사 도요타의 경우가 대표적 사례이다. 도요타는 과거 일본의 군수회사였다. 따라서 일본이 패전한 이래 제한회사로 지정을 받아 어려운 길을 걷고 있었다. 특히 6・25전쟁이 발발하기 직전에는 막대한 적자로 경영위기에 직면하였다. 그러나 전쟁이 발생하게 되자 유엔군에 자동차를 납품하게 됨으로써 새로운 도약을 위한 토대를 마련하였다. 토요타는 미 제8군과 계약을 성사시켜 전쟁을 거치면서 확장되어 갔다. 전투현장에서의 이러한 물자의 필요는 제2차 세계대전의 참화로부터 신속한 복구를 가능하게 하였으며 고도의 경제성장을 보장받게 되는 계기가 되었다. 일본은 다시 한번 한국을 이용하여 그들의 과실을 덮을 수 있었고 경제를 부흥시킨 것이다. 과거 군국주의 침략의 원흉이었던 2만 1,815명 인사 가운데 1만 80명이 한국전쟁을 기회로 다시 복권되었고 이들 중 일부는 미군 사령부 도쿄 본부에서 '고문'으로 복무하기도 하였으며, 직접

미 제8군과 함께 한국에서 작전에 참가하기도 하였다.[8]

일본 전 수상 요시다 시게루(吉田茂) 역시 6 · 25전쟁을 두고 '신이 내린 선물'이라고 하였다. 전후 일본의 부흥은 한국에서의 전쟁이라는 선물이 있었기 때문에 가능했다는 것이다.[9] 일본은 전범의 책임을 져야 했다. 독일처럼 분단은 일본에서 이루어져야 했다. 하지만 오히려 우리나라가 모든 것을 감수했다. 피해국이면서 분단의 아픔과 전쟁의 참화까지 떠안아야 했다. 새삼 강대국의 논리를 생각하게 한다. 그들의 논리는 정의가 아닌 철저한 국가이익에 있었다.

〈도요타 자동차의 월별 생산실적 (단위: 대)〉

년 / 월	보통형 트럭	보통형 버스	보통형 승용차	소형 트럭	소형 승용차	합 계
1950/1	485	15	0	476	30	1,006
1950/2	581	15	0	422	34	1,052
1950/3	594	20	0	338	40	992
1950/4	336	7	0	238	38	619
1950/5	**193**	**4**	**0**	**97**	**10**	**304**
1950/6	382	18	0	187	74	661
1950/7	510	46	0	241	29	826
1950/8	**731**	**20**	**0**	**299**	**46**	**1,096**
1950/9	815	35	0	339	39	**1,228**
1950/10	788	40	0	345	31	**1,204**
1950/11	975	9	0	384	52	**1,384**
1950/12	910	0	0	348	40	**1,334**
1951/1	922	0	0	376	57	**1,355**
1951/2	921	32	0	429	18	**1,400**
1951/3	985	40	0	460	57	**1,542**

출처 : 토요타 자동차공업(주), 『20년사』, 「자료2, 생산실적」, p.705, 시마다코지, 「한국전쟁이 일본자동차 공업에 미친 영향에 대한 연구: 도요타 자동차를 중심으로」, 서울대학교 석사학위논문, p.70에서 재인용.

8) 박세길, 『다시 쓰는 한국현대사』, 2015, p.284.

9) 김동춘, 『전쟁과 사회』, 2006, p.292.

Chap. 15

국가의 책무

제 1 절

현충일과 국립현충원

1. 현충일의 의미와 유래

정부는 1956년 4월 19일 대통령령 제1145호로 '현충기념일'을 제정했다. '현충일'로 명칭이 변경된 것은 1975년 1월 '관공서의 공휴일에 관한 규정'이 개정되면서부터이다. 그리고 1982년 5월에 '각종 기념일 등에 관한 규정'에 의해 현충일이 법정기념일에 포함되었다. 또한 이때 6월 25일은 '6·25전쟁기념일'로 지정되었다. 정부가 '6월 6일'을 현충일로 정한 것은 24절기 중 하나인 망종과 관련이 있다.

〈제1회 현충기념일 추도식〉 출처: 국가기록원

우리민족은 오래전부터 손이 없다는 청명과 한식에는 각각 사초와 성묘를 하고 망종에 제사를 지내는 풍습이 있었다. 농경사회에서는 보리가 익고 새롭게 모내기가 시작되는 망종은 예로부터 좋은 날로 여겨졌기 때문이다. 망종은 6월 무렵에 해당되고 6·25전쟁이 발생한 달도 6월이었다. 그리고 현충일이 제정된 1956년의 망종은 6월 6일이었다. 따라서 정부는 6·25전쟁이 발생한 달과 우리민족 고유의 망종에 올리는 제사 풍속 등을 고려하여 6월 6일을 '현충기념일'로 정한 것이다.

2. 국립현충원

인류는 평화로운 세계를 원하지만 세계 각지에서 전쟁은 계속되고 있다. 평화로운 세계를 추구하는 것은 모든 사람의 열망이지만 피할 수 없는 현실로 존재하는 것이다. 우리 인류는 일반사회에서도 범죄 없는 평온한 사회를 원하지만 도처에서 범죄가 끊이지 않는 것과 같은 이치인 것 같다. 이 둘의 공통점은 아무리 없애려 해도 잡초와 같은 생명력을 유지하고 있다는 것이다. 범죄의 피해는 개인과 가족의 삶과 가정이 파괴되며, 전쟁의 피해는 개인과 가정은 물론이고 국가를 유지하는 기존의 질서와 가치를 송두리째 빼앗아 갈 수도 있다. 사회의 평화로운 일상을 보장하기 위한 희생과 전란 속에서 국가를 수호하고자 하는 희생 모두는 고귀한 것이다. 특히 3년이라는 긴 세월의 6·25전쟁을 이겨내게 한 근원적인 힘은 국난극복을 위한 평범한 국민의 희생정신이었다. 6·25전쟁뿐만 아니라 수많은 국난극복의 현장에서 우리 선조들은 단 하나뿐인 자기 생명을 내놓고 조국을 위해 기꺼이 희생하였다. 따라서 국가는 6월 6일을 현충일로 제정하여 호국영령에 대한 희생정신을 추모하고 있다. 현충일의 역사를 잠시 살펴보자. 먼저 묘지 선정을 위하여 1952년 5월 26일 국방부 주관으로 국군묘지 후보지 선정을 위하여 3군 합동답사반을 편성하고, 1952년 11월 3일 '군묘지설치위원회'를 구성한 후 1952년 11월부터 1953년 9월까지 11개월 동안 7차에 걸쳐 10개 지역을 답사하였다. 답사 결과 동작동 현재의 서울현충원 위치를 국군묘지 후보지로 선정하였다. 1953년 9월 29일 이승만 대통령의 재가를 받아 국군묘지 부지로 확정하고 1954년 3월 1일 공사를 착공한 이래 3년에 걸쳐 묘역 238,017㎡ 을 조성하고, 그 후 연차적으로 1968년 말까지 광장 99,174㎡, 임야 912,400㎡ 및 공원행정지역 178,513㎡을 조성하였다.[1] 국군묘지 착공이 시작된 이래 3년에 걸친 묘역 조성을 거쳐 1968년 말까지 공원화가 추진되었다. 이 과정에서 국방부는 1955년 7월 15일에 일반명령 제218호로 '국군묘지관리소'를 창설하여 효율적인 관리체계를 구축하였다. 1956년 4월 13일 '국군묘지설치법령(대통령령 제1144호)'을 제정해 국군묘지에 대한 운영과 관리를 위한 제도적 기틀이 마련되었다. 따라서 전사 또는 순직한 군인, 군무원이 안장되고 순국선열 및 국가유공자는 국무회의 의결을 거쳐 안장이 이루어지게 되었다. 이때까지는 6・25전쟁으로 발생한 전사자 위주의 안장이 이루어져 왔다. 1965년 3월 30일에 국립묘지령(대통령령 제2092호)을 제정하여 국립묘지로 승격하면서 안장대상이 애국지사, 경찰관 및 향토예비군까지 확대되었다. 이로써 국립묘지의 위상이 정립된 계기가 되었다.

〈현충원 애국지사묘역〉 출처: 서울현충원

1) 출처: 국립서울 현충원 홈페이지, '현충원의 역사'.

또한 1979년 8월 29일에는 국립묘지관리소 대전분소가 창설(대통령령 9581호)되었다. 그 후 2005년 7월 29일에는 '국립묘지 설치 및 운영에 관한 법률'을 제정하여 공포하게 되었다. 이를 근거로 국립묘지 명칭을 '서울국립묘지'→ '국립서울현충원', '대전국립묘지'→'국립대전현충원'으로 변경하였다. 안장 대상도 확대되어 소방공무원과 의사상자도 포함되었다. 이러한 변천을 거쳐 국립현충원에는 전사 또는 순직한 군인, 군무원, 순국선열 및 국가유공자, 애국지사, 경찰관, 향토예비군은 물론 소방공무원과 의사상자까지 포함하는 국가적인 추모의 전당이 된 것이다.

제 2 절

유해발굴사업

1. 유해발굴의 의미

국가의 책무는 무엇인가? 가장 먼저 떠오르는 것이 '국가는 국민의 생명과 재산을 지키고, 국민이 행복한 나라를 만드는 것이다'를 떠올릴 것이다. 국가를 구성하는 가장 중요한 국민은 국가에 대한 의무를 지게 된다. 그중의 하나가 '국방의 의무'이다. 국방의 의무 중에서 가장 구체적인 이행으로의 으뜸으로는 병역을 마쳤다는 것임을 부인할 사람은 없을 것이다. 이런 이유로 사회지도층의 병역의무 불이행 또는 편법으로 면제받았다는 소식 등이 가끔 뉴스를 장식하기도 한다. 국민은 국가에 대한 국방의 의무를 당당히 마쳐야 한다. 그리고 국가는 국방의 의무를 다하고 있는 국민의 생명과 관련되는 모든 것에 대한 책임을 다해야 한다. 그렇게 되었을 때 국민과 국가의 책무 이행은 올바른 균형을 갖추게 되는 것이다. 즉, 국가는 국가의 존립과 주권을 수호하는데 공훈이 있는 사람의 명예를 선양시켜야 하고, 그들이 목숨을 다하여 지키고자 했던 국가를 존속시켜야 한다. 이것이 국방의 의무를 다하고 있는 국민에 대한 국가의 보답인 것이다. 그렇다면 가장 최근에 국가 총력전으로 극복한 6·25 전쟁에서 숨져간 호국영령의 현실은 어떠한가? 통계적으로 전사자 중 약 13만여 명의 유해를 아직까지 수습하지 못하고 있는 실정이다. 국가가 6·25 전쟁 중 수습하지 못했던 전사자의 유해에 관심을 갖게 된 것은 2000년 6·25 전쟁 50주년 기념사업을 시작하면서 부터이다. 50년 동안 명예선양을 위한 사업에는 그다지 적극적이지 못했다는 것이다. 3년간이라는 한시적 기간을 설정해 두고 시작된 6·25 전쟁 기념사업 중에서 유해발굴사업은 사업 첫해인 2000년부터 예상외로 많은 유해들을 발굴하였는데, 고(故) 최승갑 일병 등 3명의 신원 확인을 계기로 국민적 관심사로 부각되기 시작했다.[2)] 6·25전쟁에 참전했다가 '돌아오지 않는 국군 장병'은 15만 여명이다. 전쟁기념관 현황판 기준으로 보면 15만 2,279명이다. 그중 일부는 나중에 유해로 돌아왔지만 여전히 13만여 명은 유해조차 찾지 못하고 있다. 조국을 위해 목숨을 바친 분들의 영혼이 아직도 우리 들판과 골짜기를 떠돈다는 것은 가슴 아프고 참으로 부끄러운 일이다. 호국영웅들의 유해가 하루속히 발굴돼 현충원에 안치시키는 것은 국가의 책무이자 도리인 것이다. 국방부(2013)는 6 · 25 전쟁 전사자 유해발굴 사업에 대하여, 6 · 25 전쟁 당시 나라를 위해 하나밖에 없는 목숨을 바쳤음에도 미처 수습되지 못한 채 아직도 이름 모를 산야에 홀로 남겨진 호국용사의 유해를 찾아 국립현충원에 모시는 숭고한 국가적 사업으로 나라를 위해 희생된 분들을 국가가 끝까지 책임진다는 국가 무한 책임의 의지를 실현하는 것으로 정의하고 있다.[3] 참으로 다행스러운 일이다. 그에 따라 전사자 유해발굴 사업의 의의는, 국가의 무한책임에 대한 의지를 실현함으로써 ① 전사자들의 넋을 위로하고 한(恨)을 해소하여 국민통합의 계기를 마련하고 ② 국가와 국민간의 신뢰를 구축하여 국가 정체성 확립에 기여하며 ③ 국민의 생명과 명예를 소중히 여기는 국가적 의지를 가시화하는 것으로 말할 수 있다. 결론적으로 이를 통해 축적된 국가와 국민 간의 신뢰는 유사시 무한한 애국심으로 표출되는 것이다.[4]

2. 전사자 유해발굴사업 경과와 성과

최초의 발굴은 낙동강 전투의 중서북지역 작전지역인 경북 칠곡 다부동 328고지[5]에서 처음으로 발굴하였다. 현재 전국 주요 격전지에서 유해가 발굴되고 있으며 정부는 전사자 유해발굴사업의 중요성을 인식하여 이 사업을 지속적으로 실시할 것을 결정한 바 있다.[6]

---

2) 국방부 유해발굴감식단,「6 · 25전사자 유해발굴사업 13년의 기록」, 2013, p.3.
3) 국방부 유해발굴감식단, 앞의 책, p.35.
4) 국방부 유해발굴감식단 홈페이지 사업소개에서 참조.
5) 국방부 유해발굴감식단 홈페이지 발굴실적, '다부동 328고지 신원 확인 유해(故 하사 최승갑)', 영화 「태극기 휘날리며(2003)」의 모티브가 되었다.

〈조직과 사업수행체계의 변화〉

<table>
<tr><th colspan="2">구 분</th><th>사업 태동기</th><th>사업 기반 조성기</th><th>사업 도약 및 발전기</th></tr>
<tr><td colspan="2">기 간</td><td>2000.4. ~ 2003.7.</td><td>2004. ~ 2006.</td><td>2007. ~ 현재</td></tr>
<tr><td colspan="2">조 직</td><td>•육본 6·25전쟁 기념 사업담당관실
•충북대 중원문화 연구소(업무협약)</td><td>•육본 유해발굴과
•육본 유해발굴반</td><td>•국방부 유해발굴감식단</td></tr>
<tr><td colspan="2">사업중점</td><td>•유해발굴 및 안장
•주요 전투지역 위주 발굴</td><td>•유해발굴 및 신원확인
•유가족 DNA 채취</td><td>•영구적 유해발굴 및 신원확인
•DMZ 및 북한지역 확대 추진</td></tr>
<tr><td rowspan="4">수행단계</td><td>발굴준비</td><td>•증언 및 제보 위주</td><td>•증언 및 제보 위주
•전투사 등 자료연구</td><td>•6·25전사자 유해소재 분석지도
•연도별 발굴계획</td></tr>
<tr><td>발굴 및 수습</td><td>•잠정 유해발굴팀
•지역부대 지원병력</td><td>•유해발굴반
•지역부대 지원병력</td><td>•2009~2013 유해 발굴 활성화 시행
* 군단 단위 집중 발굴</td></tr>
<tr><td>신원확인</td><td>•현장 육안감식
•슈퍼임포즈기법
•부분적 DNA검사</td><td>•DNA 검사
•유가족 DNA 채취(채혈)</td><td>•DNA D·B 구축
•유가족 DNA 채취 (구강 내 상피세포)</td></tr>
<tr><td>후속조치</td><td colspan="2">•신원확인 및 미확인 유해 처리 분리
•신원 미확인 유해 DNA샘플 채취 보관</td><td>•미확인 유해 보관실 보관
•연1회 합동봉안식 거행</td></tr>
</table>

출처: 국방부(2013), 「그들을 조국의 품으로」, p.38.

유해발굴 노력을 위한 변천사를 보면 표에서 보는 바와 같이 2007년에는 사업 주관 부서를 육군본부에서 국방부로 전환하였다. 또한 미국의 합동 전쟁 포로·실종자 확인 사령부 JPAC을 벤치마킹하여 국방부 유해발굴감식단이 전문부대로 창설되어 국방부 주도 하에 본격적인 사업이 추진되고 있다. 2013년 들어 6·25전사자 유해발굴사업은 핵심 국정과제로 선정되었고 유해발굴사업은 온 국민들의 관심과 성원 속에 이제 범국가적 호국보훈사업으로 자리 잡아가고 있다. 또한 세계 각국과의 교류를 통하여 상호 정보교환과 질적 향상을 도모하고 있다. 그러한 노력의 일환으로, 한·미 국방부는 6·25전쟁 당시 전사한 미군의 유해발굴 지원, 감식, 신원확인을 위한 기술적 지원 및 실무연수와 과학적 자문을 제공하는 유해발

6) 정부는 2003년 지속사업으로 결정하였으며, 2005년에는 국가영구사업으로 결정하였다.

굴 교류 협력서를 체결하였다. 한국과 미국은 전사자 유해발굴업무 교류협력을 위해 2008년 1월에 미합동전쟁포로/실종자확인사령부(Joint POW/MIA Accounting Command : JPAC)의 사령관 등이 국유단을 방문하여 양국 간 협력방안을 위해 현안업무 토의를 시작하면서 그해 8월에 JPAC 사령관과 국유단장 간에 아래 내용의 양해각서를 체결하였다.[7)]

- 연례회의 연 1~2회 개최(상호 교환방문)
- 한국지역 내 양국 전사자 유해 공동 조사 · 발굴 등 상호 협력
- 공동 법의학 감식 및 발굴된 유해에 대한 정보 수시 교환
- 한국 측 관계자의 JPAC 실무연수 연 3명까지 허용
- 전사자 유해발굴 · 감식협력을 위해 공동임무단 편성 및 운영
- 북한 및 DMZ 지역 발굴을 위한 협력

한 · 미 양국은 위와 같은 협약을 통하여 국가의 정책적 차원에서 발굴업무를 수행하고 지원할 수 있게 되었다. 또한 2013년에는 6 · 25전쟁 참전 벨기에군 실종자 지원 양해각서를 체결하였고, 2014년부터 세 차례 중공군 유해 541구를 송환하기도 하였다. 한국과 중국은 2014년부터 중국의 청명절에 유해송환 인도식을 거행함으로써 양국의 우호증진에도 큰 역할을 하고 있다. 2015년 9월에는 한 · 베트남전 실종자 유해발굴 협력회의를 개최하는 등 활발한 활동을 계속하고 있다. 2016년에는 한 · 미 전사자 유해를 상호 봉환하는 행사를 개최하였으며 대외 협력과를 신편하고 유가족 관리과와 중앙감식소를 개편하였다. 2017년 국방부 유해발굴감식단은 계획운영과와 중앙감식소 등 6개 부서로 201명이 근무하는 조직으로 개편하여 인력과 조직 및 장비 또한 크게 개선하였다. 지금까지 발굴된 유해 중 121명의 신원이 확인되어 유가족에게 돌아갔으며 36,975명의 유가족 유전자 시료를 채취하는 실적을 거두고 있다.[8)] 2000년부터 현재까지 진행 중인 6 · 25전쟁 전사자 유해발굴은 국가가 최초로 법적토대[9)]를 마련하여 체계적으로 실시하고 있다. 17년간의 전

7) 국방부 유해발굴감식단, 앞의 책. p.57.
8) 국방부 유해발굴감식단, 「67년만의 귀향」, 2017, p.99.
9) 법률 제8924호 '6 · 25전사자 유해의 발굴 등에 관한 법률'로 제정(2008.3.21.)

사자 유해 발굴조사 중 유해발굴에 관한 기술적, 학문적 노하우가 축적되었으며 국민들에게도 유해발굴이 갖는 의미를 일깨우는데 지대한 역할을 하고 있다.

〈중공군 유해 인도〉 출처: 국방부 유해발굴감식단

호국용사의 유해발굴을 통해 우리는 '국가를 위해 희생한 분들을 국가가 끝까지 책임을 진다'라는 국민적 공감대를 이끌어 내면서 국론통합의 계기를 조성하는 사업으로 승화시키고 있다. 하지만 북한지역은 2007년 제2차 국방장관회담에서 남북이 6·25전사자 유해 공동발굴에 합의는 했지만 실행하지는 못했다. 비무장지대 일대와 북한지역에서 희생된 수많은 군인들의 주검이 수습되지 못한 채 수십 년의 세월이 흐르고 있다. 세월이 흐를수록 이들을 조국의 품으로 모셔오는 것은 어려워진다.

〈유해발굴 실적 (단위: 구)〉

구 분	계	아 군			북한 / 중국군		
		소계	국군	UN군	소계	북한군	중국군
계	11,579	10,250	10,273	13	1,329	725	603
2018	375	361	361	0	14	2	12
2017	481	455	454	0	26	8	18
2016	427	386	386	0	41	9	32
2015	622	563	561	2	59	22	37
2014	913	809	809	0	104	36	68
2013	736	671	671	0	65	32	33
2012	1,041	991	991	2	50	19	31
2011	1,387	1,301	1,300	1	86	43	43
2010	1,440	1,328	1,328	0	112	65	47
2009	1,284	1,145	1,143	2	139	67	72
2008	837	673	673	0	164	83	81
2007	534	378	378	0	156	122	34
00~06	1,504	1,191	1,183	8	313	217	96

출처: 국방부 유해발굴감식단 홈페이지.

다행히 문재인 대통령은 2018년 6월 6일 현충일 추념사에서 남북관계가 개선되면 비무장지대(DMZ)의 유해발굴을 우선 추진하겠다고 밝혔다. 이어서 남과 북은 남북정상회담의 후속조치로 2018년 9월 19일 「군사분야 합의서」를 체결하였다. 여기에는 남북공동의 비무장지대에서의 유해발굴사업도 포함되어 있다. 이를 근거로 강원도 철원군 대마리 '화살머리고지' 일대 비무장지대에서 남북공동유해발굴사업 실시를 합의하였다. 화살머리고지는 해발 281m의 고지이다. 2019년 3월 6일에 우리측에서는 '남북공동유해발굴단' 구성 현황을 북측에 통보했고, 3월 18일에는 남북공동유해 발굴 관련 세부 시행방안 등을 협의하기 위해 '남북장성급군사회담' 개최를 북측에 제의하였다. 그러나 북측은 호응이 없었다. 이에 따라 우리 단독으로 유해발굴을 준비할 수밖에 없었다. 유해발굴을 위한 사전 준비 차원에서 2019년 4월 1일부터 11월 30일까지 총 8개월여 기간 동안 화살머리고지일대 우리측 지역에서 지뢰제거 및 기초유해 발굴작업을 진행하여 8개월 간에 걸쳐 유해를 발굴하였다. 유해는 모두 261구를 발굴하였는데 국군 117구, 중국군 143구, 유엔군 1구로 잠정 추정하고 있다. 특히 전투에 참전한 국군 제2사단 소속 '故 박재권', '故 남궁선', '故 김기봉' 이등중사의 유해를 70여 년이 지났지만 유가족의 품에 돌려보낼 수 있었다. 화살머리전투는 프랑스군과 중공군도 참전하였다. 따라서 프랑스군의 유해는 프랑스의 유가족 DNA 채취 절차를 밟고 있고, 중공군 100여 구도 정밀 분석 작업을 진행 중에 있다. 이러한 사업이 종료되면 양국 간의 관계에도 긍정적인 영향이 미칠 것으로 기대된다.

〈유해발굴 및 호국용사 약식제례〉 출처: 국방부 유해발굴감식단 홈페이지.

비무장지대를 넘어 북한지역에 대한 유해발굴도 기대가 된다. 국군 전사자 유해는 4만 구 넘게 비무장지대를 포함한 북한 땅에 묻혀 있을 것으로 추정되지만 분단 이후 남북 공동 유해발굴 작업이 이뤄진 적은 없다. 한때 총부리를 겨눴던 남과 북이 함께 팔을 걷고 유해수습에 나서게 된다면 역사적 화해의 한 장면이 될 것이다. 북한지역의 국군 유해발굴과 낙동강 전선 등에서의 북한군에 대한 유해발굴에 대해서도 깊은 논의가 필요할 것이다. 남북한의 유해발굴 노력은 긴장을 완화하고 평화를 실천하는 상징적인 의미가 크다. 이를 대비하여 한·미 간의 양해각서 등을 근거로 북한지역에 대해 보유하고 있는 유해에 관련한 정보를 미 JPAC와 긴밀히 협조할 필요성이 있다. 아울러 유엔군으로 참전한 각국과도 이러한 공동의 노력을 함으로써 한반도가 분단과 전쟁의 상징에서 평화의 상징이 되는 계기가 되어야 할 것이다. 또한 이러한 노력이 국가의 책무를 성실히 이행하는 것이고 국민에 대한 도리인 것이다.

미 국방부는 6 · 25전쟁 당시 실종된 미군은 7,697명이며 이 중 북한에 묻혀 있는 유해는 5,300여 구에 달하는 것으로 보고 있다. 북한과 미국의 미군 유해송환의 역사는 1990년부터다. 그해 4월 26일 중국 북경에서 있었던 북 · 미관계정상화를 위한 제8차 참사관급 외교접촉에서 처음 논의되기 시작했다. 이후 20여 차례의 회담을 진행하면서, 1993년 '미군유해송환 등에 관한 합의서'가 발효되기도 하였다. 1993년에는 148구의 유해가 송환되어 희망을 열기도 하였다. 1996년 1월 하와이에서 열린 미군유해송환회담에서는 '북 · 미 공동 유해 발굴단 구성'이라는 전향적인 합의가 이뤄졌다. 북한이 보존하고 있는 6 · 25전쟁 자료의 열람과 수집이 허가되는 파격적인 합의가 이루지기도 했다. 'Leave no man behind(한 명의 병사도 적진에 버려두지 않는다)'를 철칙으로 삼는 미군은 북한과 협의할 때마다 유해 송환을 요청하고 관철시키기 위해 국가 차원의 노력을 경주해 왔다. 이는 우리가 깊이 본받을 부분이다. 그 결과 2007년까지 443구의 미군 유해를 송환하기도 하였다. 이후 북한이 한반도 비핵화 논의를 위한 6자회담에 복귀하지 않고 핵확산금지조약(NPT)에서 탈퇴하면서 중단되었다. 그러나 2018년 북미정상회담이 진행되면서 다시 활기를 찾고 있다. 6월 12일 북미 정상회담에서 공동성명의 첫 후속 조치로 6 · 25전쟁 당시 실종된 미군 전사자들의 유해 중 200여 구를 송환할 계획이라고 밝혔다. 북 · 미 간의 합의문 4항에는 '미국과 북한은 전쟁포로와 전투 중 실종자 유해를 발굴하고, 이미 신원이 확인된 유해는 즉각 송환한다'는 내용을 담고 있다. 문재인 대통령은 러시아 방문을 하루 앞둔 지난 2018년 6월 20일 러시아 언론과의 합동 인터뷰에서 "북한의 미군에 대한 유해 송환도 빠른 시일내에 있을 것이다. 북 · 미간에 빠른 실무협상이 시작되길 바란다."고 밝혔다.

〈미군유해 송환〉 출처: 경향신문(2018.7.28.)

이를 계기로 북·미 관계가 회복되고 한반도의 비핵화를 실현함으로써 영원한 평화체제가 정착되기를 밝힌 것이다.[10] 북·미 회담의 논의에 따라 북한은 2018년 7월 27일 정전협정일에 미군 유해 55구를 송환하였다. 이에 따라 미국은 북한지역에서 발생한 모든 미군 전사자에 대한 전면적인 유해발굴을 위해 대규모 북미 합동 발굴조사단 구성을 추진시킬 전망이다. 이는 미국 특유의 국가의 책무를 적극적으로 수행하는 정신을 엿볼 수 있는 대목이다.

10) 동아일보, 「北, 미군 전사자 유해 200구 수 일내 송환할 듯」, 2018.6.21.

– 설 명절 앞두고 68년 만에 가족의 품으로 돌아오다! –

故 김00 일병은 자진 입대하여 제주도에서 훈련 후 건설공병단으로 배치되었습니다. 1950년 10월, 당시 국군과 유엔군은 38도선 이남 지역을 회복한 후 북한군을 완전히 격멸할 목적으로 북한지역으로 총진격작전을 개시하였습니다. 전선은 점차 확대되었으며 이에 따라 아군의 작전을 지원하기 위한 가교 건설 및 도로 보수 등 부가적인 공병부대의 임무가 부여되었습니다. 故 김 일병은 북진작전을 위한 공병작전 지원간 가평 일대에서 북한군의 비정규 세력에 의해 전사한 것으로 추정되며, 유해는 미처 수습되지 못한 채 전사통지서만 가족에게 전달되었습니다. 故 김 일병의 유해는 그 후로 58년의 세월이 지난 2008년 5월 경기도 가평군 북면 적목리에서 발굴됐습니다. 하지만 발굴 당시 신원을 추정할 수 있는 특별한 유품이 없었고, 확보되어 있는 유가족들의 유전자와도 일치하는 데이터가 없어서 신원을 확인하는데 많은 어려움이 있었습니다.

故 김 일병의 신원을 확인할 수 있었던 계기는 아들 김00씨가 국립서울현충원 부부 합동 위패봉안을 신청하면서입니다. 김00씨는 군 복무 중인 사촌형으로부터 국가유공자의 경우 배우자가 사망하였을 때 합동 위패봉안을 할 수 있다는 사실을 알게 되었습니다. 현충원에 홀로 모셔져 있는 아버지와 지난 1988년 별세하여 강릉에 묻혀 계신 어머님을 늦게나마 함께 모셔 전생에 함께 하지 못한 한과 그리움을 조금이나마 풀어 들이기 위해 2016년 11월 국립서울현충원 홈페이지를 통해 부부 합동 위패봉안을 신청하게 되었습니다.

다음 해인 2017년 3월 부부 합동 위패 봉안식에 참석한 김00씨는 6 · 25 전사자 유해발굴 사업에 대해 안내를 받게 되었고, 자신의 아들 김00씨와 함께 유전자 시료 채취에 참여하게 되었습니다. 1차 검사 결과 기존에 발굴된 유해 중 유전자가 일치하는 데이터가 있는 것으로 확인되었으며, 추가적인 유전자 검사를 통해 12월 22일 최종적으로 부자관계가 확인 되었습니다 .

김00씨는 "유전자가 일치합니다." 라는 소식을 듣는 순간 "온몸이 저리고, 가슴이 먹먹했다."고 합니다. "지난 세월 쌓여온 그리움과 상처 때문이었던 것 같다. 나에게 아버지는 실체가 없는 추상적인 존재이고 무관하다고 생각되어 왔었다. 나도 모르게 흐르는 눈물과 함께 '나에게도 아버지가 있다!'는 외침이 터져 나왔다."고 그 순간의 심정을 밝혔습니다.

출처: 국군 전사자(호국의 영웅) 귀환행사, 국방부유해발굴감식단

참고문헌

1. 공식간행물 및 단행본

공군본부, 『항공전사: 한국전쟁』, 공군본부, 1989.

________, 『공군발전약사』, 1954.

국방군사연구소, 『건군50년사』, 서울인쇄공업협동조합, 1989.

국방부, 『2016 국방백서』, 2016.

국방부 군사편찬연구소, 『6·25전쟁사, 전쟁의 원인과 배경』, 2004.

____________________, 『6·25전쟁사, 인천상륙작전과 반격작전』, 2009.

____________________, 『6·25전쟁사, 중공군 참전과 유엔군 철수』, 2010.

____________________, 『군사 제7권, 중공군 참전과 유엔군의 철수』, 2010.

국방부 유해발굴감식단, 『67년만의 귀향』, 2017.

____________________, 『 6·25전사자 유해발굴사업 13년의 기록』, 2013.

국방부 전사편찬위원회, 『한국전쟁요약』, 1986.

____________________, 『대비정규사』, 1988.

국방부 정훈국, 『한국동란 1년지』, 국방부 전사편찬회, 1951.

____________, 『한국전란 2년지』, 국방부 전사편찬회, 1953.

____________, 『한국전란 3년지』, 국방부 전사편찬회, 1954.

____________, 『한국전란 4년지』, 국방부 전사편찬회, 1955.

대한민국 6·25참전 유공자회, 『6·25전쟁 참전수기 Ⅲ』, 2011.

민족문제연구소, 『친일인명사전』, 2010.

병무청 『병무행정사』, 2001.

육군교육사령부, 『군사이론연구』, 1989.

육군군사연구소, 『1129일간의 전쟁 6·25』, 2014.

____________, 『6·25전쟁의 실패사례와 교훈』, 2013.

육군본부, 『중공군의 한국전쟁 교훈』, 2005.

_______, 『지휘통솔 그 실제와 본질』, 2003.
육군본부, 『육군발전사 (상)』, 육군본부 군사연구실, 1970.
_______, 『육군발전사 제2집』, 육군본부, 1970.
_______, 『육군발전사 제3집』, 육군본부, 1977.
_______, 『6 · 25전쟁사 부도』, 육군본부, 2010,
_______, 『창군전사』, 육군본부, 1980.
_______, 『한국전쟁사(상)』, 육군본부, 2004.
_______, 『한국전쟁시 학도의용군』, 육군본부, 1994.
통일교육원, 『북한이해』, 2019.
한국전략문제 연구소, 『중공군의 6 · 25전쟁사(항미원조사)』, 세경사, 1991.
합동군사대학, 『6 · 25 전쟁사』, 2015.
헌병사편찬위원회, 『한국헌병사』, 1952.
해군본부, 『대한민국 해군사, 행정편 제1집』, 1954.
_______, 『대한민국 해군사, 행정편 제2집』, 1957.
강성학 『유엔과 한국전쟁』 리북, 2004.
김동춘, 『전쟁과 사회』, 돌베개, 2006.
김상섭, 『태극기의 정체』, 동아시아, 2001.
김영택, 『전쟁의 발견』, 진영사, 2013.
김영호, 『한국전쟁의 기원과 전개과정』, 서울: 두레, 1998.
김익달, 『철학대사전』, 학원사, 1993.
김창진, 『전사로 읽는 전술학』, 진영사, 2017.
김행복, 『알아봅시다! 6 · 25전쟁사 제2권』, 국방부 군사편찬연구소, 2008.
노병천, 『기적의 손자병법』, 양서각, 2011.
노정팔, 『한국방송과 50년』, 나남, 1995.
민병동, 『명장명언』, 병학사, 1995.
박명림, 『한국 1950: 전쟁과 평화』, 나남출판, 2003.
_____, 『한국전쟁의 발발과 기원I』, 나남출판, 2006.
_____, 『한국전쟁의 발발과 기원Ⅱ』, 나남출판, 2008.
박성서, 『한국전쟁과 대중가요』, 2010.

박세길, 『다시 쓰는 한국현대사1』, 돌베개, 2015.
박암종, 『고난과 극복, 싹트는 발전의 징후, 한국미술 100년』, 한길사, 2006.
서상문, 『알아봅시다! 6・25전쟁사 제1권』, 국방부 군사편찬연구소, 2008.
송요태 외, 『6・25전쟁사』, 선코퍼레이션, 2007.
안연희, 『현대미술사전』, 미진사, 1999.
양영조 외, 『알아봅시다! 6・25전쟁사 제3권』, 국방부 군사편찬연구소, 2008.
온창일, 『한민족 전쟁사』, 지문당, 2015.
윤용남, 『입체고속기동전』, 육군군사연구소, 2009.
이종근, 『6・25전쟁 1129일』, 2014.
이종학, 『6・25전쟁사』, 서라벌군사연구소, 2006.
임채욱, 『북한 상징문화의 세계』, 화산문화, 2002.
정명복, 『잊을 수 없는 생생 6・25전쟁사』, 집문당, 2015.
정호용, 『용병의 원리와 실제』, 삼화인쇄, 1985.
주시후, 『전쟁사』 한국학술정보(주), 2007.
채한국 외, 『한국전쟁 상』, 국방연구소.
최용성, 『간략한 6・25전쟁사』, 양서각, 2009.
한용원, 『남북한의 창군』, 서울: 오름, 2008.

2. 연구논문 및 학술지

권영애, 「한국전쟁기 종군화가단의 활동과 미술계에 대한 연구」, 동국대학교 석사학위 논문, 2011.
권자경, 「한국전쟁 전후복구와 자원동원 - 국방분야 인적자원추출제도의 형성과 제도화」, 『한국거버넌스학회보』 제18권 제2호, 한국거버넌스학회, 2011.
김계동, 「한반도 분단・전쟁에 대한 주변국의 정책: 세력균형 이론을 분석틀로」, 『한국정치학회보』 제35집 제1호, 한국정치학회, 2001.
김기조, 「38선 확정의 국제적 요인: 한반도 분할과정의 재조명」, 『한국현대사의 재조명』, 명인문화사, 2007.
김상미, 「시각이미지로 재현된 한국전쟁」, 성균관대학교대학원 미술학과 석사학위

논문, 2006.

김선숙, 「6 · 25휴전협상과정에 있어 이승만의 협상전술-포로교환문제를 중심으로」, 『국제정치연구』 제7집 제1호, 동아시아 국제정치학회, 2004

김정배, 「스탈린은 왜 한국전쟁을 '허락'했는가?: 새로운 시각」, 『역사학보』 제188집, 한국역사학회, 2005.

김행복, 「거제도포로수용소장 돗드 장군 피랍사건관련 미 하원청문회 논의 내용과 그 분석」, 군사 제40호, 국방군사연구소, 2000.

김형곤, 「한국전쟁 사진과 집합기억: 전쟁기념관에서의 사진전시회에 관한 연구」, 『한국언론학보』, vol.49 No.2, 2005.

김형묵, 「김홍일의 생애와 독립운동」, 단국대학교 석사학위논문, 2012.

나상렬, 「한국전쟁이 국내외 정세에 미친 영향」, 전남대학교 석사학위논문, 2010.

남 관, 「미술동맹과 쌀 배급-전쟁 중의 작품활동」, 『계간미술』, 1985. 가을.

리동인, 「중국 전쟁화의 이상과 현실」, 전남대학교 대학원 미술학과 박사학위 논문, 2014.

박교선, 「우리나라 군가의 조사 분석 연구」, 강원대학교 석사학위논문, 1989,

박웅진, 「한국전쟁의 국제적 기원- 미 · 소 대립을 중심으로」, 『국제정치논총』, 한국국제정치학회, 1990.

손동억, 「육군군가의 활성화 방안에 관한 연구」, 관동대학교 교육대학원 석사학위논문, 2003.

시마다코지, 「한국전쟁이 일본자동차 공업에 미친 영향에 대한 연구」, 서울대학교 석사학위논문, 2006.

안성현, 「6 · 25전사자 유해발굴 관리방안에 관한 연구」, 송원대학교 석사학위 논문, 2018.

안창호, 홍익대학교 박사학위 논문, 「국가상징으로서 국기의 인식과 통일국가기 제작방안 연구」, 2011.

유영옥, 「공공정책의 상징성에 관한 연구」, 한양대학교 박사학위 논문, 1994.

육군 제3사관학교 충성대연구소, 「1950년대 전쟁문학 속에 나타난 전장 리더십 연구」, 2007.

이구열, 「한국의 추상미술-20년의 궤적」, 서울, 『계간미술』, 1979.
이영미, 「1950년대 대중가요의 아시아적 이국성과 국제성 욕망」, 상허학보, 34.
이영호, 「군가의 일반적 성격과 주제에 관한 연구」, 고려대학교 교육대학원 석사학위논문, 1984.
이용길, 「부산미술사료」, (재)부산발전연구원 『부산학연구센터』, 2006.
이종학, 「한국전쟁의 현대전략적 조명」, 『국방학술논총 제2집』. 1989년 8월.
장상윤, 「한국 육군 군가요육에 관한 연구」, 관동대학교 교육대학원 석사학위논문,
정은선, 「회화적 언어에 의한 작품 비교 분석」, 전남대학교 대학원 석사학위 논문, 1994.
최태만, 「한국전쟁과 미술」, 동국대학교 대학원 박사학위 논문, 2008.
홍종명, 「월남작가들의 생활고-제주도 피난시절」, 『계간미술』, 1985.

3. 저널 및 신문기사

경향신문, 「6 · 25 40돌 문화 현주소, 절반의 갈등」, 1985.6.21.
________, 「단장의 미아리 고개는 반야월 자신의 사연」, 1985.6.25.
________, 「대중가요 46년에 울어라 은방울 히트」, 1986.10.6.
________, 「맥아더 원수와 한국」, 1964.4.10.
________, 「미 · 소, 애초부터 즉시 독립 구상 안 안했다」, 1994.11.11.
________, 「옛 격전지에 잊혀진 넋만 외로이... 비목」, 1976.4.17.
________, 「이기환의 흔적의 역사, 비무장지대에 지하만리장성이 있다」, 2018.5.24.
________, 「중국이 본 한국전, 전 인민지원군 부총사령관 홍학지 회고」, 1991.9.17.
________, 「화단 이면사, 일화로 엮는 명암 100년」, 1985.6.29.
국방저널, 「힘겨웠던 삶, 희망과 투지로 극복했다」,2015.6월 호.
국방일보, 「6 · 25특집, 쏟아지는 포화 속에서도... 종군화가들, 예술혼 태우다」, 2015.6.24.
________, 「군가는 예술적 무기...역사와 함께 한다」, 2014.10.1.
________, 「군가이야기」, 2015.9.3.
________, 「군가이야기, 최초의 군가, 손원일 제독 작사 해방행진곡」, 2015.8.27.
________, 「군번도 없이 빗발치는 총알 뚫고 탄약 최전선 보급」, 2016.9.7.

_______, 「미군 장성 아들 142명 참전, 35명이 전사 · 전상」, 2013,4.28.
_______, 「온고지신」, 2003, 8, 30.
_______, 「장사동 상륙작전 4」, 2006.3.29.
_______, 「충무공 정신 담아 우리 기술로 완성한 첫 군함」, 2018.4.11.
_______, 「팔미도 등댓불 밝힌 최규봉, 전세 역전 희망불 밝혀」, 2016.7.6.
_______, 「프랑스군 영웅 몽클라르」, 2007.2.26.
_______, 「피란 대신 다락방에 숨어... 종군화가로...」, 2016,7,26.
_______, 「해군창설과정」, 2008.2.20.
_______, 「해방병단 창단」, 2014.11.10.
동아일보, 「명물풍물 카메라 추적 50년」, 1992.12.12.
_______, 「문화의 밤 개최, 종군화가단서」, 1953.4.9.
_______, 「北, 미군 전사자 유해 200구 수 일내 송환할 듯」, 2018.6.21.
_______, 「영양부족 목불인견」, 1953.5.24.
_______, 「영원불후의 공훈 남기고 애통! 워커중장 서거」, 1950.12.25.
_______, 「종군연예인 유공자 표창 받는 원로 작곡가 박시춘씨」, 1982.9.29.
_______, 「KSC 16년 만에 해체」, 1967.8.9.
_______, 「한국노무단 지위 협정 체결」, 1967.2.24.
부산일보, 「미군 8군 사령부(현 부경대 워커하우스)」, 2018.5.23.
오마이 뉴스, 「폭격명령 거부하고 끝내 팔만대장경 지킨 군인」,2016.3.4.
장우성, 「화단 풍상 칠십년」, 『미술문화』, 2003.
중앙일보, 「6 · 25전쟁 60년, 떨어진 6 · 25의 별」, 2010.1.22.
_______, 「해인사 팔만대장경 살려낸 김영환 장군, 지하에서 통곡」, 2009.7.24.
한겨레, 「월북화가 이쾌대 작품, 40여년 만에 햇빛 본다」
______, 「전쟁과 예술은 상극이니 종군화가도 비현실적 단어다」, 2017.8.24.
______, 「한국전 최악의 패전 장군, 국립현충원에 안장」, 2011.11.30.
______, 「한세기를 그리다 -101살 현역 김병기 화백의 증언」, 2017.9.7.
한국역사연구회 현대사분과(편), 「역사학의 시선으로 읽는 한국전쟁」, 휴머니스트(주), 2010.
「화필로 기록한 전쟁의 상흔, 6 · 25 종군화가단 8인의 육성」, 『월간미술』, 2002.

4. 외국자료 번역본

국방부 군사편찬연구소, 『소련 군사고문단장 라주바예프의 6・25전쟁보고서, 1~4권』, 2001.
니콜로 마키아벨리, 『전술론』, 이영남 옮김, 서울: 스카이출판사, 2011.
드미트리 볼코그노프, 『스탈린』, 한국전략문제연구소(역), 세경사, 1993.
로버트 T.올리버, 『대한민국 건국의 비화: 이승만과 한・미관계』,계명사, 1990.
메리 풀브룩, 『분열과 통일의 독일사』, 김학이 옮김, 서울: 개마고원, 2000.
브르스 커밍스, 『한국전쟁의 기원(상・하)』, 서울: 청사, 1986.
새뮤얼 P.헌팅턴, 『군인과 국가』, 허남성・김국헌・이춘근(공역), 한국해양전략연구소, 2011.
아놀드 J.토인비, 『역사의 연구1・2』, D.C 서머벨 엮음, 박광순 옮김, 종합출판 범우(주), 2006.
이승훈 역, 『S.K, Langer, 예술이란 무엇인가?』, 고려원, 1982.
일본육전사보급회(이원복역), 『한국전쟁(9권)』, 명성출판사.
폴 F.브레임, 『위대한 장군 밴플리트』, 육군교육사령부 번역실(역), 육군본부, 2001.
칼 폰 클라우제비츠, 『전쟁론』, 류제승 옮김, 책세상, 1998.
홍학지, 『중공군이 본 한국전쟁』, 고려원, 1992.

5. 홈페이지 및 인터넷자료

「거제포로수용소 유적공원 홈페이지」
「공군본부 홈페이지」
「국가기록원 홈페이지」
「국가보훈처 홈페이지」
「국사편찬위원회 홈페이지」
「국회 홈페이지」
「국방부 홈페이지」
「국방부 유해발굴감식단 홈페이지」

「다부동전적기념관 홈페이지」
「육군제3사관학교 홈페이지」
「육군본부 홈페이지」
「육군사관학교 홈페이지」
「법제처 법령정보센터 홈페이지」
「통일부 홈페이지」
「해군교육사령부 홈페이지」
「해군본부 홈페이지」

색인

저 자 약 력

김창진

전쟁사를 연구하면서 특히 우리나라 현대사의 비극인 6 · 25전쟁에 대하여 많은 관심을 갖게 되었다. 단순히 전투 위주의 전쟁사보다는 다양한 분야를 조명하여 균형 잡힌 국가 발전을 위해 노력한 흔적을 알아보는 것이 의미 있다고 보았다. 이러한 생각으로 강의를 하면서 수집한 자료를 정리하여 책자를 만들어 보았다. 저서로 『전사로 읽는 전술학(공저)』, 『우리에게 6 · 25전쟁이란?』, 『대통령과 통일정책』, 『전쟁사와 무기체계』 등이 있다. 서예를 공부하고 있으며 전국대회 등에서 수상한 다수의 입 · 특선작이 있다.